忘 掉 地 平 线

［德］纳韦德·凯尔曼尼 / 著

李双志　王博 / 译

✝

沿坟墓而行

E N T L A N G　D E N　G R Ä B E N

✝

穿　越

Eine Reise durch das östliche Europa bis nach Isfahan

东欧大地

走　向

伊斯法罕

✝

歌德学院（中国）
翻译资助计划

社会科学文献出版社
SOCIAL SCIENCES ACADEMIC PRESS (CHINA)

Navid Kermani

Contents /

Contents /

/ 科　隆

那片位于火车站后的街区，我每天都会穿行而过。在这边听到人说阿拉伯语，那边又传来了波兰语，左边听起来像是巴尔干地区的语言，土耳其语是屡见不鲜了，偶尔也有零星一点儿让我竖起耳朵去听的波斯语，有非洲人说的法语，有亚洲人的语言，也有"色泽"和"味道"截然不同的各式德语，来自金发人，也来自东方人，来自黑人或者黄种人。这儿也不总让人感觉安心。那些流浪汉们，那许许多多的黑色人造革夹克衫（或者也可能是真皮革，我看不出来）；哦，神呀，那些身穿彩色长裙、用背巾把孩子抱在胸前的黑发女人，门牙镶金，手边身前还有第二个、第三个孩子；那些四处晃悠的少年，那些瘾君子，身上挂着伤痕，住在"科拉能树下"——我的街区这儿的街道真叫这个名字——的宿舍里；这之间还有几个留着"可疑"长胡子的穆斯林。不仅仅是在科隆的火车站后面会有这样的现实状况。在西欧的所有大城市里，多半都能找到混杂在一起的土耳其蔬菜店，中国食品，革命之前在伊朗的国家电视台做过导演的商贩卖的伊朗特色商品，传统的面包店，自助面包店，依次排开的手机店和网吧——打电话去伊朗19芬尼每分钟，土耳其9芬尼，孟加拉国24芬尼——廉价宾馆，性用品店，婚纱店，为土耳其人、阿尔巴尼亚人、非洲人、喝酒或不喝酒的土耳其人开设的特色酒馆、茶馆和咖啡馆，时髦或破旧的餐馆，泰式按摩馆，提供酒或不提供酒的赌厅；在进出口贸易商铺之间是出卖家具或印章的一家家老字号店铺，在主干道上有难民宿舍，住着把窗户玻璃卸下来好安装圆盘状的卫星接收装置的吉卜赛人。到了冬天，这里还会隔三岔五地出现身着蓝色或红色制服、戴尖角帽、配弯刀的一群中年男子先锋队，一群印第安人或者半裸的匈人——狂欢节社群。那些在自己超大尺寸的店铺里贩卖千篇一律、1.5欧元20节电池的商贩，他们靠什么为生？肯定不是靠电池，因为顾客盈门的老字号专业店铺一家接一家地败倒在了上涨的房租前。跨民族交往是在街区的首尾两端，在四条长吧台旁边，那里有最久经考验的科隆妓女在一直敞开的窗口和肥胖的德国人，也和喝醉酒的土耳其人一起唱起"洪穆巴·特特拉"①。这就是新的中心，而在科隆火车站后的中心要比其他地方平和不少，不，往往比这里所说的、比言语可表达的更为恬静安详。它们也足可以被称为纯净了。它们与这个地方的历史没有关系，不过它们也不会抹除历史，更不用说科隆已有2000年历史了。它们仿佛就是要让科隆回归它最初的词义，即殖民地。它们就好比异乡来客的殖民地，不过是许多不同的外来客，彼此之间也感觉陌生，就好比在网吧里两个隔板之间坐着，或者在电话商店门口成群站着时那样。我常常想，他们大概也是在丹吉尔（Tanger）②附近上的船，在深夜里，在一座斜坡下面，只是他们的船没有下沉，也没有被截获——即便他们还是得五个人共住一间，对警察感到恐惧。这些大抵都算是成功的故事吧？打电话去伊朗19芬尼每分钟，土耳其9芬尼，孟加拉国24芬尼。这些人不是边缘社会群体。他们是从城市中心往外晃荡的。边缘是那些看上去还是同样的人所居住的地方。在那里，城市按照收入分割开来。在中心一切都是互相交织在一起的。我走过街区，我在这边听到人说阿拉伯语，那边又传来了波兰语，左边听起来像是巴尔干地区的语言，土耳其语是屡见不鲜了，偶尔也有零星一点儿让我竖起耳朵去听的波斯语，有非洲人说的法语，有亚洲人的语言，也有"色泽"和"味道"截然不同的各式德语。有一

---

① Humba Täterä 是德国最流行的一首狂欢节歌曲。（除非特别注明，本书脚注皆为译者注）

② Tanger，摩洛哥地名。许多逃往欧洲的难民从这里启程。

半是我听不懂的，真的有一半。而我听得懂的一半，我大多也只懂其中一半，因为那些话要么是消失在了窗户或店铺门后面，要么发音不清或者离得太远，要么是我从别人身边走过时走得太快，或者是别人走过我身边时走得太快。我会自己把句子说完或者想出句子的开头，我要想象出一些故事，不是发生在德国或者发生在第二次世界大战期间，而是发生在中国的县城，在尼日利亚的大学，在船上，在集装箱和候机大厅里，在心奔驰的地方。

出自：《你的名字》（*Dein Name*）

"真的一点儿问题都没有吗？"我满腹疑惑地询问了一位在板式建筑组成的小区里为叙利亚儿童主持周日学校的女士。

"没有，"这位女士回答道，"没有什么大问题。"她偶尔会听到一两句针对她头巾的难听言语，但是这和她的家庭在叙利亚战争中所遭受的那一切相比又算得上什么呢。她腹中的孩子将会在和平中出生。

伽迪娅·哈纳（Ghadia Ranah）40 岁，她在叙利亚的时候就已经是一名职业教师了。现在她负责 136 名叙利亚儿童，这些孩子每周末都会在德雷仕（Dreesch），也就是什未林最大的平顶屋居住区，练习阿拉伯语以维持和故乡间的联系。然而，我课间在福利中心的操场上询问的那些孩子们却不再想要重返家乡。我几乎无法相信，他们已经将德语掌握得如此之好。他们在这里才八九个月，就已经可以运用虚拟式表达如果他们仍然留在叙利亚，日常生活会是什么样子：没有学校，不能在室外玩耍，担忧炸弹、坦克和战士。在这里，在德国，所有人对他们都十分友善。

2016 年 9 月，我的旅行才刚开始，我就已经意识到了自己原先多么闭目塞听：我之前的想法是，在我下午要听德国另类选择党（AfD）是如何评价这些难民之前，自己先和他们聊一聊。我当然有心理准备，以为自己会了解到天晓得多么可怕的情形。当时，在德国西部居民的设想中，曾经的东德土地对每个难民来说都会是一种惩罚：敌视外国人的邻居、无法胜任的政府部门、孤立，大概还会有侵犯。事实上，我遇到的是心情愉悦的救助者、积极进取的难民、玩耍的儿童，仿佛欢迎团体恰好就在这片板式建筑小区里为我上演了一部宣传片。

阿拉伯语志愿教师中的一人向我解释道，叙利亚人中流传着什未林的状况对难民而言尤其便利的说法。麻烦再说一遍？是的，两三个月后人们就能在这儿拿到自己的证件，可以开始工作。或许还不能从事需要接受培训的职业，例如药剂师或者工程师，但是可以去做工人福利机构或者工地上的翻译。除此以外，在有这么多空置房屋的情况下，难民也不会被安置在收容所，提供给他们的语言班还没有人满为患，政府门前还没有排成长队。不久，叙利亚人创建的协会将会向感兴趣的邻居免费提供阿拉伯语课程。在小庄园主居住地，难民为了表示自己的感激也已经开始提供帮助。

和邻居间的关系倒也没有这么简单，克劳斯·约勒金（Claus Oellerking）说道。约勒金年轻时曾担任过学校校长并在德雷仕参与创建了难民救助机构。这些叙利亚人是一个特别的群体，出自中产阶级，积极性高，受过良好教育，因此相较于其他棘手人群，他们的适应过程要快得多。棘手情况在难民中当然也存在，尤其是当涌入的难民潮因为常规的逃难途径受阻而变得完全不受控制的时候。一方面，这片板式建筑小区的大部分居民都是背井离乡来到这里的，不论是作为被驱逐出境者还是作为在俄罗斯的德裔，又或者是在兴建工厂的 1970 年代作为工人迁来什未林的人。相应的，这群人救助他人的意愿更为突出，尤其是年长者们——刚开始时，难民救助机构被涌来的礼物包围得水泄不通。另一方面，这里的许多德国人有着被时代甩到了后面的感觉。两德统一后工厂的关闭带来突如其来的失业，微薄的退休工资或者"哈茨四"救济金，高得出奇的单身比例，40 岁往上的年纪，过少的孩子，再加上东德时期遗留下来的配给心态——而如今数以百计的叙利亚人搬进了这片居住地，年轻的男人，尤其是年轻的家庭，在幸运地拯救了自己的生命之后，坚定地将生活握在自己的手中。他们或许更加情绪化，有着别样的风俗，说着另一种语言，此外女人还戴着头巾。这当然会招致抵触，即使抵触是悄然进行的。暴力行径在德雷仕几乎不存在，不论报刊围绕这个焦点报道了些什么，这里甚至没有出现乱涂乱画或是游乐场被损坏的现象。但是，人们来这里是为了参加阿拉伯语课程还是为了参加国际烧烤活动——对这一点约勒金先生持怀疑态度。

我询问起小庄园主们的情况。是啊，这事儿说来有趣，约勒金先生立刻回忆道，有趣，又有一些令人难过。正如这里的许多其他生命，小庄园也渐渐衰落了。老的庄园爱好者去世了，又没有足够的新庄园主加入，因此相关费用越来越高，这又再度阻碍了年轻家庭接管一个庄园的计划——恶性循环。更为糟糕的是，集体精神越来越淡薄。曾经，一张布告就足以让邻居们在指定的时间前来一起帮忙。但是现在却需要理事会出面号召才能把一位生病退休老人的庄园收拾一新——除了唯一一位还是德国另类选择党成员的小庄园主以外。只有叙利亚难民结队前来，自从科隆跨年夜事件①之后，叙利亚难民不放过任何一个能在德雷仕证明自身价值的机会。另类选择党的这位小庄园主失望地环顾四周，然后匆忙拿起电话，想要找来更多德国帮手，但是德国小庄园主们已经不再互相帮助了。那位生病的退休人员对这些叙利亚人还算中意，毕竟树叶被清扫、树枝被修剪完毕才是最主要的事。

我骑车穿过鲜花装饰的老城区，这里的每一块砖瓦似乎都被精心修葺过。我路过一张张德国另类选择党的巨幅宣传海报，海报告诫人们要警醒"德国毁灭"的危险。另类选择党邀请人们参加在林登花园餐厅举办的"退休金茶话会"，我刚一踏进用木质墙板装饰的宴会大厅，就听到一位女士在抱怨：德国的姑娘们都被"玷污"了。这就已经开始了，我想。我向四周望去，大约 50

---

① 在 2015 年 12 月 31 日的跨年夜庆祝活动中，德国科隆主火车站和科隆大教堂区域发生了多起主要由北非裔和阿拉伯裔男子犯下的集体性侵犯事件。

个人，或许有 60 个人正站在厅内或是已经坐到桌旁。桌子都被挪至两面纵墙边，似乎是要把中间的地方空出来跳舞。这些人没有什么不同寻常之处，没戴徽章，没有秃顶，没穿靴子，就连年纪也是有老有少。唯一一位穿着德国传统民族服饰的年轻女士看起来反而是茫然若失。当我在一张桌子边坐下后，有人也给我端来了咖啡和蛋糕。

/ 016

即将参加州议会选举的直接选举人首先进行了自我介绍，他们依次向大家保证，自己是普通公民。举止最居家的是一位金发女士，她直到不久前还在为阿拉伯客户提供应召服务。正如大厅中在座的每个人都知道的那样，她因此被从联邦议会候选人名单中除名。但是她仍然在选区获得认可，得以微笑着出现在宣传海报上。这些海报同样也张贴在德雷仕地区，海报中的她穿着传统民族短裙，骑着高头大马向下看，或许还是一匹来自阿拉伯的马。演讲者安德雷亚斯·卡尔比茨（Andreas Kalbitz）是勃兰登堡州的议会党团副主席，据说他在德国另类选择党内属于右派。造谣媒体还在背后议论他与一个极端右翼组织有联系。我本人在什未林与他商定会面事宜的时候，已经通过电话与他结识，当时他给人的感觉——对不起，我亲爱的左翼朋友们，我必须得说——一点儿也不具有攻击性。

就连在演讲中卡尔比茨也一遍又一遍地强调，人们当然应当视具体情况区别看待——然而在接下来的演讲中实际上却没有这样的区分，更多的是对体制党派、媒体和避难者们笼统的论断。列举的例子也仅仅说明了单方面的事实：卡尔比茨所在的选区政府为难民整修了板式建筑，而德国人却仍然居住在他们摇摇欲坠的屋子里；原东德地区每年面临着 2 亿欧元的养老金空缺，而疯狂的难民计划却获得了 900 亿欧元的预备资金；广播电台台长有 12000 欧元的退休金；政府部门处理逃票难民时手足无措；难民们在柏林可以获得免费的车票，而退休人员和领取"哈茨四"救济金的人却必须购买福利车票。此外还有：独立于主流社会之外的平行社会、伊斯兰教法法官、不再敢在深夜上街的德国女性，这些当然应该被区别看待。每个论据的出发点都是养老金：每个人都希望有尊严地老去，不论他的政治倾向是怎样的。当然，每次得出的结论也都一致：你们到老年时会缺少钱是因为现在正有人拿走了它们。坦白地说，这一切在我看来有些过于粗浅，听众们看起来并没有就这么被套进去。

　　直到提问环节我才明了，是什么让这个新兴的党派能够平步青云，可以在州议会选举中拿下20%的席位——不是候选人的说辞，而是人们在这里终于可以说出的心声。林登花园里的每个人都有着自己的烦恼，有人忧心退休金，有人担忧自己在老年时无法解除私立医疗保险合约，还有人害怕街头的陌生面孔，此外还要为小庄园主协会的高额费用发愁。所有人都读着相同的畅销书，这些书告诫人们要警惕伊斯兰。那些语句中流露的不是憎恨，而是恐惧，他们惧怕成为自己国度里的失败者，惧怕这次转折之后将要加诸自己身上的一切。聚集在这里的并不是德国国家民主党。秃顶更招人注意，比起像我这样拥有黑头发的人，秃顶可能更让人厌烦。聚集在这里的确实是一群普通公民，有着普通的职业或是极为微薄的退休金。就我在活动结束后与之交谈的情况来看，他们之中有手工师傅、计算机专业人士，甚至还有一位拥有国际经验，曾担任欧洲安全与合作组织的选举观察员。一位较为年长的男士早先曾试图在德国海盗党内作为一番，他留着长长的胡子，看起来更像嬉皮士。安德雷亚斯·卡尔比茨充其量有一些，不，他不像纳粹，小小的镍框眼镜、金黄的小胡子和大胆的措辞让他更像是威廉二世。而这个德国，这个已经具有民族意识却还没有被阿道夫·希特勒腐坏的旧德国，可能才是激进的爱国青年团伙最向往的，那时候一切都还中规中矩。

"我们希望，一切保持现状"，一位穿着徒步旅行长裤的年轻男士向我这样说道。他和所有在活动后主动与我交谈的人一样友善、好奇。"您可以希望拥有自己想要的一切，"我回应道，"您可以为自己的想法战斗，但是我也同样可以这么做。在我面前，您并没有优先权。"他震惊了，他无法理解这一点，无法理解移民的后代与本地人拥有相同的权利。而那位曾在欧洲安全与合作组织工作过的先生则表示能够理解。一场讨论立刻在德国另类选择党的支持者之间展开了。甚至政治避难的权利现在也受到了捍卫，不断地有人提醒到，德国需要一部移民法，毕竟党纲中也是这么写的。所有人都一致表示，像去年秋天那样杂乱无章是不行的，就连什末林难民救助机构的约勒金先生也这么认为。不过，很显然他们当中没有人曾和任何一名难民交谈过，更别说去过周日学校，即使学校离得那样近。好吧，我自己所属的那个所谓"被左翼—红色阵线—绿党污染的继承 68 精神的德国（links-rot-grün versifften 68er-Deutschland）"①——按照德国另类选择党领袖的叫法——又有哪位曾和自己党派的支持者交谈过呢？

/ 018

当大厅里的人群渐渐散去的时候，我坐到桌旁卡尔比茨的身边。他已经筋疲力尽了，因为炎热和竞选中的多次登台，再加上有增无减的感冒症状。他更乐意在一个阳光明媚的周日陪伴在家人身边，陪伴在三个孩子身边，但是人们的消极被动又让他倍感烦恼：听天由命的心态、低迷的选举参与度。德国另类选择党引领人们重回政治，给予他们一个发声的渠道，每一个民主人士都应当对此表示高兴，又或是说不是如此？我问他，另类选择党大张旗鼓地张贴宣传，

---

① 1968 年学生运动是 20 世纪五六十年代国际学生运动的一部分，反对越战，主张反省纳粹历史，反对威权，质疑和批判议会和政党、法律和警察、教会和工会、银行和企业集团、新闻和媒体、家庭和学校等政治和社会中的各个方面。

德国面临着毁灭的危险，难道你不觉得这很荒谬吗？毕竟在德国的每个人都知道毁灭意味着什么，如果有人忘记了，那么他可以看看那些来自叙利亚或者伊拉克的照片。但是在这里，在什未林秀丽的老城，在用木质墙板装饰的活动大厅——德国的毁灭？老实说，我还真不知道哪个国家能比这儿更安全、更富裕、更自由。瑞典或是挪威？

口号并不是我想出来的，卡尔比茨说，此外，口号只是表达了一种担忧，而不是既成的事实。是吗？我问道。当然是的，卡尔比茨着重保证，一种担忧，不是事实。然后他真的在对话中开始了一个接一个的区别看待，而这些在刚刚的演讲中却只是被匆匆带过，未被展开。突然间，除去跨年夜事件还有真正受迫害者的存在，他们拥有正当的避难权；除去恐怖袭击还有许多能够良好融入社会的穆斯林的存在。最后，从国家足球队黑人运动员博阿滕（Boateng）——据说德国人并不喜欢他作为自己的邻居——到德国国界上的射击命令事件，这些最具挑衅性的部分都被剔除得干干净净，只剩下清真寺的建造禁令可以或多或少地被视为独家卖点。然而卡尔比茨没能够让我完全理解，如果人们在一个国家里连自己的信仰都无法安放，他们又该如何认同这个国家。

另类选择党经常恰恰因为这一点而受到谴责：他们的代表故意挑衅，为的是紧接着强调，他们想表达的不是人们理解的那个意思。界定骇人听闻言论的底线因而被一点点地向后推移。但是，因为我正巧坐在安德雷亚斯·卡尔比茨的对面，我反而不知道该如何评判。他真的是那个在演讲中把克劳斯·约勒金这样的难民救助者嘲笑为"毛绒玩具投掷者"的人吗？或者，他是那个能与一位土耳其出身的副总理和平相处的人，只要这位副总理能够良好地融入德国社会——切姆·伍兹德米尔被他出于纯粹的政治原因否决了。最近，几个克罗地亚商人曾对他说，他们觉得德国另类选择党的观点其实挺好的，但是他们却难以支持这个党派，因为另类选择党反对外国人。不知怎么的，卡尔比茨总有这样的感受——自己竟是完全错误的！不过，卡尔比茨还是对这一切表示理解并祝愿我接下来的旅途顺利。

/ 第二天　从柏林到布雷斯劳

在罗莎·卢森堡广场上，在民族剧院的屋顶，红彤彤地亮着三个巨大的字母"OST"（东）。光是这几个字母便已经体现了重新统一后的柏林，甚至是统一后的欧洲的一种姿态，不，是一个矛盾："东"。过去的 20 年里，许多大型的，因其时长（5、6、7 个小时）而耗尽人体力的舞台演出都改编自俄国小说。系列讨论的题目叫"资本主义与抑郁症"，后来又叫"政治与犯罪"。市政府刚刚做出决定，要让这个德国最重要的话剧院成为国际节日文艺活动的多媒体演出场地，场上主要说英语。当然也会有涉及移民话题的演出。

开往火车总站的出租车路过了一个塑料立方体，其大小超过了菩提树下大街上的其他所有建筑：大教堂、大学、歌剧院、勃兰登堡门。我们还是很难相信，在这遮挡物背后，工人们在一砖一瓦地重建霍亨索伦宫殿的华丽外墙，就仿佛可以如此来修正历史。覆盖住楼正面的广告牌号召人们"有雄心，做更大"。广告代理商是不是仔细考虑了一番才挑选了这张海报？海报上恰恰颠覆性地展示了一片被智能手机镜头框起来的风景，一支笔在上面为现实风景添加内容。未来，这里恰恰要通过对普鲁士宏伟景观的模拟来展示世界文化。没有人知道怎么做得到。一个楼层已经改作他用，更恰当地用来呈现本国本地历史了。现在只要把 1848 年革命失败后象征国王承蒙上帝恩典的黄金十字架重新安放到宫殿上，让它像殖民藏品中的一面旗帜一样高高耸立，那么世故圆滑的面目就要完全展示出来了。

我在国会大厦——它的穹顶在柏林墙倒之后也重建了，但是没有拷贝历史原样——下了出租车。因为早到了几分钟，所以我没有拖着行李箱往右去火车总站，而是往左去了欧洲被屠杀犹太人纪念碑。这居于市中心的位置和纪念碑的尺度越是显得政治正确，这个混凝土方块组成的可进入的地段就越是让我感到不幸，因为这地形是要制出从来不可能有的感情共鸣。我现在第一次从北边走近了纪念碑，不由得吃了一惊，这些高耸的石块形成了一个黑灰色的坟墓山丘，在这山丘背后动物花园 ① 便成了一座墓园，而周围的办公楼则变成了行政楼群，其线条和颜色都与混凝土石块呼应。勃兰登堡门突然之间化为了一座不可随意出入的园区大门。因为屠犹罪行已经超过了想象力，因而目光所及，罪行趋于抽象化，这样的凝望让我与纪念碑有了几分钟长的和解。但是当我随后走到方块之间时，我立刻又感到惊愕。它们耸立得越高，城市越显得疏离，我越是如其所愿地感到迷失，我就越厌恶这种廉价的效果。我觉得这特意做得不平整的水泥地面实在粗暴，它据说模拟了受害者颠沛不安的人生感受，但对于拉着行李箱的人来说却是可想见的最庸俗的阻碍。相比之下，通往地下"紧急出口"的陡峭阶梯旁的安全围栏，在我看来更实在一点。

　　往东边去的火车总是这么空吗？要承认这一点比较难为情：我还从没去过波兰。在德国西部腹地出生长大的我们，眼睛总是看向法国、意大利、美国；就算是（中东意义的）东方，我们了解得都比我们自己国家的东部更多。现在火车开过了奥得河，这看起来还是一条地地道道的河，没有被修坏或改直，河岸自在蜿蜒。距离到达波兰还有不到 30 秒，东方已经像安杰·史达休克（Andrzej Stasiuk）② 书中所写那样显出了古朴的样貌。不过，当然了，板式建筑也马上出现了。30 秒之后。

---

　① Tiergarten，位于柏林城市西边的一座大型公园，原来是王室的狩猎场，故有此名，也译作"蒂尔加滕公园"。

　② 波兰当代作家，出生于 1960 年，以反映东欧现状的游记出名。

　　在波兹南我差点错过了去布雷斯劳（Breslau）①的列车，因为我虽然有了那么多旅行经验，可还是在车站晕头转向，出示车票问路时又听不懂任何人的回答。然后我还在火车站的面包店旁边站了一会儿：如果有什么是让我觉得有典型德国特色的，那就是全麦面包了。现在我却发觉波兰人或者至少波兹南人把面包烤得和德国人一样黑，在饮食方面德国更属于东欧而非西欧，更不用说南欧了，南欧是在最近几十年里才进军德国厨房的。将欧洲大陆历史性地分开的，不是白香肠界线，而是白面包界线。在两次世界大战之前，德国是和波兰、捷克甚至匈牙利一起理所当然地被看作中欧的，德国知识分子也都注重解释，是什么将他们的国家与西方分隔开。当我终于坐到火车里的时候，我吃惊地发现连头等座都没有空位了，似乎波兰人都只在自己国家内部出行。

　　在布雷斯劳，维利·勃兰特（Willy Brandt）②中心的主任，历史学家柯西茨斯多夫·鲁赫尼维奇（Krzysztof Ruchniewicz）告诉我，赫尔穆特·科尔（Helmut Kohl）③在波兰远比我那一代为和平呐喊的西德人的榜样人物受欢迎。是，勃兰特认可了奥得河—尼斯河边界④，但是他后来没有支持反共产主义的波兰反对派，在1985年访问波兰的时候也拒绝与诺贝尔和平奖获得者莱赫·瓦文萨

---

①　即波兰城市弗罗茨瓦夫 Wrocław，波兰第四大城，二战以前是德国城市，德语名称为 Breslau。

②　德国当代著名政治家，社会民主党领袖，曾任西德总理，他在华沙的犹太起义纪念碑前下跪的行为举世闻名。

③　德国当代著名政治家，基民盟领袖，曾任西德及统一后德国总理，在任期间东西德合并。

④　第二次世界大战结束后，盟军将德国与波兰的边界西移，抵达奥得河与尼斯河。德国就此失去包括但泽和东普鲁士大片领土。苏军随后将德国居民驱逐。东德首先承认该边界。西德政府在勃兰特的"东方政策"影响下在1970年与苏联、波兰签署条约，承认这条边界。

（Lech Wałęsa）①见面。如果我在我们所坐的咖啡馆旁边这个紧邻犹太教堂的广场上四处打听一下，几乎不会有人知道那位联邦总理的名字，这还都是些有知识有文化的人。而且连1970年那次下跪也几乎没有哪个波兰人听说过，鲁赫尼维奇说道；下跪的照片仅在一家犹太人的报纸上出现过一次，之后再发表的时候也都是经过修改或者截去了一半的——没有膝盖的勃兰特。

　　而那些最基本的事实，在往西几公里的地方长大的人的脑子里从未有过的事实是，所有布雷斯劳人，无一例外，都有名声不好的"移民背景"；1945年发生过一次彻底的居民交换，所有60万德国人都被赶走，其实还要更多，因为西里西亚被看作德国的防空之地，许多难民从西边逃了过来在这儿居住。犹太人被驱逐过两次，不对，三次：第一次是被德国人硬塞进去往奥斯维辛、特雷津、马伊达内克②的火车里；少数在布雷斯劳幸存下来的犹太人在战后作为德国人被赶走了；最后一批人本来是和其他波兰人一起安置到城里来的，他们被发现是犹太人，又被驱逐走了。对这一切，我们都只模模糊糊地知道一星半点，因为我们在学校的课上，如果提到这个不再属于德国的地区，也只是羞愧地说了几句。不过即使是在波兰本国，鲁赫尼维奇说，大家也只是按统一的模式来回忆自己的过去，都把波兰人仅仅看作受害者。尤其是新一届保守政府绝口不提任何对犹太人的驱逐，更不用说对德国人的驱逐了。

　　我试着想象波兰人——他们当中很大一部分也是从今天的乌克兰被驱逐回来的——是如何进驻布雷斯劳的；他们如何走入被匆匆遗弃的德国人的住宅，打开衣柜和抽屉；鞋匠如何四下寻找制鞋工

---

①　波兰当代政治家，人权运动家，1983年获得诺贝尔和平奖，1990年出任波兰首届民选总统。

②　这三个都是纳粹德国建立的集中营。

坊；医生如何寻觅合适的诊所；学校里也许还挂着上一个班的素描画、管理员的大褂、校长的带有德国标签的礼帽——这个礼帽新校长戴着合不合适？人们会以为如果一座城市失去了所有居民，就连带着失去了它的历史，生活根本不能继续下去，但是过了几十年以后，布雷斯劳看起来就像从没有住过其他人一样。

柯西茨斯多夫·鲁赫尼维奇讲述道，有一次，被驱逐的德国人来到了哈珀施韦尔特①附近他妻子的村庄里，子孙众多的一大家子或者也可能是好几家人坐着公交车。德国的祖母下车来，顽固地打听房产的价格，每一次都被她的几个女儿拉了回去，最后被推挤上了车。公交车绕了一个弯，又在鲁赫尼维奇的岳父母家门口停下了。有人从司机座的小门递过来一份小礼物，一小包咖啡，然后车子开走了。"这是一种奇特的感觉，"维利·勃兰特中心主任说，"特别怪异：我们肯定也给了他们什么，我们问自己——可是给了什么呢？"

当我晚上给安德雷亚斯·卡尔比茨发邮件，感谢他对我的友好招待的时候，我——老实说有点儿自作聪明地指指点点，但是有时候手指动起来比理智要快——写道："我从布雷斯劳发去问候，不是面向世界的开放，而是民族主义让这儿不再有德国人居住。"

---

① 即波兰城市贝斯奇蔡克沃兹卡（Bystrzyca Kłodzka），Habelschwerdt 是原德语名。

不到几秒钟的时间，我就不由分说地被归作了德国人。由于游客蜂拥而至，人们只能以团队的形式参观奥斯维辛集中营。人们需要提前预约，最好是网上预约，还要选择用哪一种语言，英语、波兰语、德语等。整个步骤和在机场并没有太多区别：游客们递上条形码用以验票，他们大多都是在旅途中经过奥斯维辛，背着背包，穿着短裤或是其他。验票过后人们会拿到一张先前选中语言的贴纸，在导览开始15分钟之前通过一道安检闸门。在一间座椅并不多的狭窄前厅内，人们各自散开，直到自己的团队被叫到。在我把票放在又一个扫描仪下通过检验之后，我一步步地走进了集中营内。呈现在我面前的是简易棚屋、瞭望塔、栅栏，每个人都曾在照片、纪录片或是电影中见过它们。

虽然导览人尚未就位，但是游客们已经聚集成团。来自以色列的青少年——或者只是我的错觉——更加嘈杂，自我意识更为强烈，而德国人——不，这不仅是我的错觉——则沉默地贴着游客中心的墙边站着。我把之前领到的标签贴到胸前，白纸黑字地写着：德语。就是它，这个动作，从那个时候开始我胸前的这几笔几画如同一份供词：德语。是的，我属于这个群体，不是因为我的出身，不是因为金黄的发色、雅利安的血统或者他妈的别的什么，而仅仅是因为这门语言，进而因为这个文化而让我成了这个群体的一分子。我走向我的队伍，同样沉默地等待着我们的导览人。在挂着"劳动使人自由"牌子的大门口，所有的参观队伍一个接着一个地排列着，形成了一幅古怪的景象。而深感羞愧的只有我们这队。

持续三个小时的导览被精心设计过，整个过程中恐惧的气氛一直在不断加剧，从生活区到各式各样的处决室、审讯室、人体实验室再到毒气室，毒气室的墙上还留有受刑者用指甲刮出的痕迹。导

/ 024

览员通过每个参观者都佩戴着的耳机讲解道，当毒气室20分钟后被再一次打开时，那些尸体常常都相互卡在一起——仿佛人们在活着的最后时刻再一次地拥抱彼此，我如此想到。事实上，即使身处人群之中，也没有什么比垂死挣扎更为孤独，这些躯体必定在疼痛、慌乱和悲哀之中不受控制地向四方伸展开来。但这也仅仅是一种猜想，因为不论是谁从奥斯维辛集中营幸存下来，他也不曾亲眼瞧过这最深的黑暗。在每次毒杀之后第一批进入毒气室的犹太劳工都要蹚过鲜血和屎尿。为了取下尸体上的金牙，他们把尸体硬扯开来，放到背上。这些金牙都被第三帝国视为自己的财产。撬开尸体的嘴巴是一项艰苦的体力活儿，甚至还要用到工具。许多人的颌骨咬合得是如此之紧，仿佛那些将死之人用尽最后的力气决定永不开口。奥斯维辛之后再不能写诗 ① 这句话时常被人误解、嘲笑和蔑视。就连阿多诺本人也在战后热烈地推崇格调非凡的诗歌。在毒气室中，诗句有了一个天然的证据，不是作为绝罚，更多的是作为直观感受的表达 —— 在发生毒气室这样的事情之后，文明还将如何存续呢，它还有什么价值呢？在看到如此人类"杰作"的地方，人们还能说些什么？我们自己的颌骨也应当紧紧闭牢。正当我们以为自己已经对集中营的规模有所领会时，一辆大巴将我们送到了数公里之外的比克瑙 ②，它的规模之大简直难以估计。希姆莱（Himmler）③ 想要将奥斯维辛建造成一个类似奴隶经济体的地方，这一点给游客们留下了很

---

① 德国哲学家狄奥多·阿多诺在20世纪50年代提出"奥斯维辛之后写诗是野蛮的"著名观点。

② 比克瑙是奥斯维辛集中营的三个营区之一，其余两个营区分别为奥斯维辛和莫诺维茨。比克瑙集中营占地约175公顷，是主要的处决场所。

③ 海因里希·希姆莱历任纳粹党卫队队长、党卫队帝国长官、盖世太保首脑、警察总监、内政部长等要职。他属下的集中营屠杀了约600万犹太人，希姆莱被德国《明镜周刊》评价为"有史以来最大的刽子手"。

深的印象。至少，它营造出了一个讲求秩序和功能性的工作营的表象。与此相反，比克瑙就明显是一个死亡工厂。

各个游客小组的参观路线虽然时不时地有所交叉，但是几乎没有出现因为人数众多而需要等候的情况。奥斯维辛相当老练地成了欧洲旅游热门目的地之一并为游客提供了必去的自拍地点。当然，我始终有一种哪里不太恰当的感觉，却又想不出来，人们还能够用什么其他办法来分流集中营内来来往往的大批人群。人类生命被机械化毁灭这一主题是无法用一种合适的方式被旅游化的。我非常想要脱离自己的队伍，一个人待着。虽然导览员的讲解非常有用，我仍然想要摘下耳机。不过，每个人在中途都必须遵循规则，否则秩序就会被破坏。并且，人们应当希望有尽可能多的人来参观奥斯维辛。

在曾经的比克瑙集中营的尽头，我发现以色列的参观小组正在那里集会。数百名穿着白色 T 恤衫的青少年和他们的负责人站在一处露天台阶上。应该是和他们一同飞来的宽肩膀的警卫在一旁防止围观的人群太过接近。少年们一个个地在一面和墙差不多大的以色列国旗前站好，为了歌唱或是朗诵文章。临了，还有一个集体祷告仪式。

当这群少年往出口方向走去时，我同其中的几位交谈了起来。他们的旅行一共持续八天，囊括了欧洲犹太大屠杀最重要的几个地点。学生们并没有被强制参与旅行，但是参与者可以得到津贴补助，因而大多数以色列人都会在学生时代结束前完成一次旅行。

"那这一切与你们有何相关吗？"我有些笨拙地问道。

"这当然与我们有关，"一个年轻的小姑娘回答道，十七八岁的样子，"先前大屠杀和其他的学校读物并没有什么区别。老实说它没有比代数更吸引我。但是在这里，它对于我们而言成了事实。"

前三四天几乎还像是一次寻常的班级旅行，那时她还没能真正理解这一切。然而不知何时她突然恍然大悟，她领悟到：她的根在哪里，她的祖先们只有极少数存活了下来，以色列对于他们又是怎样的救赎。

"我突然明白了，身为一名犹太人，身为一名以色列人意味着什么。而先前我完全没有意识到这一切。"

当少年们反问道，奥斯维辛与我有何关联时，我向他们讲到那张只写有一个单词的标签：德语。他们很难理解，在那个瞬间我感到自己是有罪的，或许也可能不是感到有罪，但是不管怎样感觉自己属于罪犯这个群体，而不是受害者。我试着向他们解释，勃兰特的下跪于我而言意味着什么，但是我必须先简单介绍一下维利·勃兰特是谁。背负历史的重担，因为历史的重量而下跪并不是勃兰特个人罪责的问题——他曾为反抗希特勒而战——这个下跪代表着对这个人们曾经生活过的地方的责任。

奥斯维辛，一个少年提出异议，每个人类都应当对奥斯维辛负有责任，不论他属于哪个国家。当我提到，我的父母不是德国人时，这位少年感到非常诧异。在奥斯维辛谋杀是用德语进行的，我回答道。所有写在墙上的命令，所有在陈列柜中展示的值日表，包括毒气室前化学制剂的使用说明都是用德语写成的。凡是说这门语言的人，当他看到集中营管理层的布告——"你们现在身处德国集中营"时，都会本能地沉默不语，更别提身为一名作家需要靠这门语言、多亏这门语言、同这门语言一起生存。并且人们这时才能理解，为什么如今的指引牌没有一个是用德语标注的。身为德国人，人们在奥斯维辛是无法做一名漠然的参观者的。我在心中默默补充道，而那句关于奥斯维辛之后无法再写诗的句子对于用这门罪犯语言写就的文学而言又有着另外独特的含义。我曾在普里莫·莱维 ① 的书中

---

① 普里莫·莱维，意大利作家、化学家以及奥斯维辛的幸存者。他曾在战争结束后撰写过一系列文章描写集中营内的生活，包括诗歌、小说、散文、回忆录等。

读到，即使对于集中营内的囚犯，说德语也是关乎生存的，这样他们才能立刻理解那些规章、咆哮而出的命令和特殊的要求。"当我说集中营内希腊人、法国人和意大利人的高死亡率与他们缺乏德语语言知识息息相关时，我并不是在夸张，"莱维写道，"例如人们很难猜到自己被一阵突如其来的拳打脚踢甩到地上其实是因为在夹克上错缝了四颗或者六颗纽扣，而不是正确的五颗，又或者是因为被发觉深冬时节戴着帽子在床上睡觉。"

少年们问道，为什么他们一个德国的班级都没有遇到。我回答，因为季节、因为距离，总之存在着某一个原因。如果奥斯维辛对于他们以色列青年来说都仅仅是阅读材料的话，那么他们可以想象得到，在德国的课堂上会出现什么场景，毕竟如今许多德国的青少年出身自别的国家。这当然使得不把奥斯维辛当作自身历史的一部分变得更加容易。

我回想起自己在什未林的拜访，回想起那些可靠的难民们和愤怒的德国市民：如果说主流文化中有什么是德国所特有的并且这么多年一再被人呼吁的话，那么不会是人权、平等、去宗教世俗化等这些东西，因为这些价值观即使不是全球性的，也至少是欧洲的。德国所特有的应当是对自身罪责的清晰认识，德国逐步学会并且仪式般地熟练掌握了这种意识——然而恰恰是这一成就，这一不是法国或者美国，而是联邦德国可以宣扬自己所特有的、可以与豪车和垃圾分类并列的成就，却是民族思想想要废除的。这句话反过来说也同样成立：如果有人反对从民粹的角度去理解一个民族，那么他也无法将历史责任局限于某一类种族。那些叙利亚人，如果想要在德国立足，那么他们或者至少他们的孩子，那些已经掌握德语虚拟式用法的孩子必须承担起身为一名德国人的重负。一旦他们踏出游客中心，他们最晚将会在奥斯维辛感受到这种负荷。

　　克拉科夫市现代艺术博物馆建于奥斯卡·辛德勒的搪瓷工厂旧址，现在里面展出了一张格外俏丽而让人心生好感的年轻女访客的照片，照片中她靠在昔日的比克瑙灭绝营的栅栏上，笑容灿烂。在她的脸上映出了铁丝网的影子。

　　这张照片在当地是一桩丑闻；犹太社群要求取下这张照片。可这张照片展示的无非是在比克瑙每天都能见到的景象：访客会站在栅栏、看守塔或者火车车厢前朝着摄像头微笑，如果他们不是自己动手拍照片的话。在今天的比克瑙，一个女人轻松自在又自信地展示自己的美貌，这算不算对野蛮暴力的征服，算不算与暴行受害者的和解？仿佛是为了自圆其说，画册强调说这张照片里的人是一个犹太人——可是站在集中营栅栏前大笑是不是行为不当，和当事人的身份有关系吗？在图册里还印出了1999年拍摄的一个视频的截图，老老少少的人在毒气室里裸着身子跳舞嬉闹。当时引发的抗议就不限于本地了。这些图像让人几乎难以承受，但或许也正因为此，它们深深刻入了我脑海中，这是视频艺术很难达到的效果。

　　在努力以三维方式让人体会强制劳动的痛苦的辛德勒博物馆里，我待了20分钟就夺门而出。在一个整个儿涂成棕灰色，布置成矿道的房间里，访客们甚至是走在原汁原味的卵石上。有些访客脱下了鞋子，很可能是为了切身感受一下劳役之苦。在博物馆门前，出租车司机举着招牌招徕顾客出游："奥斯维辛真盐矿游，价格便宜！"

　　每一本旅游指南里都会描述克拉科夫有多美，而亚当·扎迦耶夫斯基（Adam Zagajewski）[1]，居住在这座城市的众多诗人中最著

---

[1]　波兰最重要的当代作家、诗人之一。

名的一位，对克拉科夫之美的描写则更让人印象深刻。融合了文艺复兴风格、巴洛克风格、青春风格和新哥特式样的城市景观抵抗住了战争岁月和拆迁破碎球的袭击，完好无损地保留了下来。可在我看来，这仅仅是背景而已。我在老城区闲逛得越久，就越觉得这只是背景，其中插入了在塞维利亚①、比萨、阿维尼翁②都可见到的"咖啡店""品质汉堡"以及相应的时尚品牌分店，车流稀少的安宁街区和分类垃圾桶，同一批标明"本地食品"字样的餐馆，与别处一模一样的自行车出租站，让戴好头盔的游客踩着穿街走巷的带固定杆滑板，整个欧洲的小孩都会穿的皇家马德里、巴塞罗那、拜仁和曼彻斯特针织衫球服。就连流动艺术家演出的流行歌曲、歌剧咏叹调和魔术把戏在欧洲各地也都雷同。为本地人摆出商品的店铺、手工业主、商人和匆匆往来的行人所构成的寻常城市生活，在许多由欧洲内城转变而成的休闲公园里反而不见了踪迹。取而代之的是和每一个西班牙度假胜地卖同样点心的家乐福快餐店和臭名昭著的袒胸酗酒的英国男青年，奇怪的是，这些男人可以同时出现在塞维利亚、比萨或者阿维尼翁。

我听到一个不起眼的教堂里传来的女声合唱，就推开了教堂的门：是一群修女，没有欧洲其他地方的那么老，穿着白礼服散坐在椅子上，每个人都独立却又行动一致。从后面看，她们长得都一样，确实，她们的衣服毕竟是一种制服嘛。我未曾预料到这一情景——不过要说世界上哪里最可预料到这种景象，也就是在波兰了——而它之所以让我觉得这么特别，是因为这种修道院里的日常场景与遍布周边的众声喧哗形成了极端强烈的反差。有那么一刻，我会觉得修女们的每日活动比所有"有机饮食咖啡馆"的生活方式要更有个性。

---

① 西班牙古城，南部安达卢西亚省的省会。
② 法国古城，14 世纪曾是罗马教宗府邸所在地。

像一切没有昔日犹太幸存者居住的地方一样，克拉科夫的犹太街区反而格外吸引人。在离奥斯维辛60公里的地方，按照犹太教的洁净原则吃饭，也许也是一种感同身受的体验，只是带有仿佛结局美满的幻觉。除了所使用的希伯来语字体略为不同，这里的大部分标志也都是严格素食主义餐饮和免费无线上网。感觉真棒，就连香烟广告如今都要标榜低排放、多语言、让人良心安稳的生活方式。在这架让城市变得毫无差别——就像全世界的海滩度假胜地一样彼此雷同——的廉价航空飞机里，大家当然不会歧视同性恋，不会歧视残疾人，不会歧视黑人，不会歧视阿拉伯女游客的头巾，那些女游客的丈夫穿着全世界所有游客都穿的百慕大短裤；大家用英语沟通，亲身体验男女皆可用的婴儿照料间，在参观完辛德勒博物馆之后会喝一杯冰沙，同时在因特网的辽阔世界里畅游。怪不得欧洲会让有的人觉得家乡已成异乡。

但是克拉科夫从欧洲获益巨大，诗人亚当·扎迦耶夫斯基反驳说，尤其受益于旅游业和布鲁塞尔送来的援助资金。以前这座城市是黑乎乎的，被钢铁厂的有毒废气熏黑，被每年一入秋就从房子里直冲入天、一下雨就降落到人行道上的煤烟尘埃染黑，维斯瓦河①的河水也因为垃圾而变黑。不仅街道上是一片黯淡。这座城市在当时政府统治下呈现着"单调乏味的呆滞相貌"，扎迦耶夫斯基在他的一本书中这样写道："它表现着一个精神病患者的死气沉沉，他穿着蓝色条纹睡衣耐心地等待世界末日来临。"

亚当·扎迦耶夫斯基是1968年后那个年代的反抗诗人。他反对当局统治，被禁止发表作品，于是就迁居到了巴黎，之后又去了美国。在他的诗歌、散文和日记中，他展示了一种欧洲意识，一个精神王国；他毫无忧虑、多语并用地超越国家边界，不带任何意识形

---

① Weichsel，波兰境内最长的河流，波兰语为 Wisła。

态顾忌地回望本就血腥的过去。今天，这位年过古稀、作品被翻译成多种文字的作家，再也不愿离开克拉科夫了，虽然他带着恐惧心情看待这个有民族主义和宗教倾向的新政府。这个政府让人想起之前的统治者，因为它也同样给当前真实的社会问题蒙上一块意识形态的面纱：民族、教会、家庭、传统。它想让一切文化活动为爱国主义鸣锣开道，只给爱国主义戏剧、爱国主义电影和爱国主义博物馆提供资助。这当然只能带来一言难尽的媚俗作品。

/ 031

"反对共产主义，那还算点本事。"他在一家老旧而如今变得高档的文学家咖啡馆里吃午饭的时候叹着气说道："那不仅会冒风险，在智识发展上也会有收获。你必须要和一整座思想大厦进行斗争啊。"

可是新右派却只是提供了某个世界观的碎片。民族本身还不足以成为政治纲领，说到底世界各地的民族都不一样啊，所以移民到英国的波兰人就成了波兰本土盛行的那一套反移民说辞的受害者——当然这儿的这些腔调很可笑，因为在波兰几乎没有移民入驻。

"而且还是个天主教的民族主义，这真是自相矛盾。要按照这个想法，连教宗自己都成了异端分子！"

民族主义卷土重来，扎迦耶夫斯基认为这背后有许多原因：民众中较贫穷的人无法分享到中产和富有阶层日益增长的财富；不少人由于自由体制造成的社会单子化而渴望某种共同体。同时也有非常古老的冲突在发挥作用，这些冲突都是 18、19 世纪留下来的了，那时候乡村贵族穿着萨尔马提亚 ① 衣袍来对抗法国流行的时尚。今天外套的样式已经不是问题所在。波兰没有人想穿上有东方情调的衣服，民族主义者更是不会，他们恰恰要声色俱厉地拼命警告大家提防东方；但是恐惧又再次蔓延开来，许多人害怕现代化和西方的

---

① 东欧黑海东北部的一片古地，后来也用以称呼波兰东部地区，或译萨尔马特。

影响会导致"波兰的本质"丧失殆尽。

"那他们认为这种本质是什么呢?"

"这个嘛,"扎迦耶夫斯基叹气道,"一种民俗天主教主义,配上皮洛根 ① 和巴尔希茨 ②,其实也没有太多别的了。"

我常常感到惊讶,但从没仔细想过,为什么这么多波兰人有个典型的波斯名字达利乌施(Dariusch)。在准备这次旅行的时候,我才想到,波兰的浪漫派作家反复提到的萨尔马提亚人(Sarmaten),指的是伊朗族裔,他们要比希腊人更早到克里米亚岛上居住,后来又从那儿往北迁移。实际上主要是说突厥语的鞑靼人和蒙古人从黑海向整个东欧扩散,而这是从 12 世纪或 13 世纪才开始的。当莫斯科人在北国森林里躲避蒙古人的时候,波兰人则坦然接受了来自东方的影响。所以将社会划分为"宗族"的做法也许是源自游牧民族,正如在波兰统治者与国外商人所占殖民地之间的关系中可以看到伊朗人与希腊人在黑海边共存的投影。按照传统,萨尔马提亚是一个神秘概念,与波兰立陶宛共和国模式和古波兰贵族的生活方式相连,被人用来说明波兰与西方文化的本质差异——所以古老的油画上会有男人穿的裙子,会有东方样式的奢华,有满缀装饰品的武器,有灌木丛般浓密的辫子和胡须,所以会有波斯语的名字。萨尔马提亚族类,在这里体现了一种优越感,而不是自卑感。但是,对于接受了启蒙的西方统治者和哲学家来说,萨尔马提亚却代表了落后、混乱、阴谋和非理性。

尤其是波兰民族诗人亚当·密茨凯维奇(Adam Mickiewicz)在 19 世纪复兴了萨尔马提亚崇拜。在之后的年代里,每当哈布斯堡帝国和德意志人文经典所推动的日耳曼化即将得势的时候,文学作

---

① Piroggen,东欧地区盛行的食品,类似于饺子。

② Barszcz,波兰的罗宋汤。

品就会讴歌古老的波兰贵族文化的荣耀，萨尔马提亚服装就会击退巴黎和维也纳的时尚。今天要让波兰回到其根源的人，他们还记得，他们的祖先曾在伊朗寻找他们的根源，哪怕这个国家，我得承认，也是一个神话？他们的国王当时是由贵族大会挑选出来的，这一点在今天被许多波兰人看作民主体制的早期阶段，是他们国家具有西方身份的证明，这个国家从来就与俄国人的专制政体截然不同。实际上，这个通过波兰众议院成为宪法现实的习俗，有可能是在 16 世纪晚期依照忽里台（Quriltai）——鞑靼贵族和部落首领选举新可汗的朝会——的模式发展出来的。最后一位被维也纳指派的利沃夫①市长，有一个动听的德语名字弗兰茨·克略波尔（Franz Kröbl），他为了表明自己的波兰身份，让人在他死后埋葬他时，给他穿上东方的服装。而当今执政党法律与公正党的党魁雅洛斯瓦夫·卡钦斯基（Jarosław Kaczyński）大概想都不会这么想。

/ 033

"不，再没有人会记得萨尔马提亚了。"亚当·扎迦耶夫斯基肯定道，一边搅了搅咖啡，而咖啡——即使是雅洛斯瓦夫·卡钦斯基也知道，咖啡是从哪儿来的。

在民族主义宗教分子赢得了选举之后，扎迦耶夫斯基写了一首他多年未曾写过的抗议诗，充满讥讽与义愤，语气辛辣。诗中建议新政府枪毙几个导演，重新建立隔离营，"但是要小心行事，免得惹怒联合国"。在那一刻他又成了一个激进分子，惹怒了民族主义者们，但被亲欧盟运动视为英雄。不过从那以后，扎迦耶夫斯基就不再发表政治言论了。不能总是与顽固、狭隘和恐惧纠斗，他说，这样的纠缠长此以往会让人变傻。他必须做的更应该是让人知道——在社会上、在文化中、在书中、在日常共处中——开放的姿态才有价值，开放让人愉快，开放是美好的，会让人比退缩自闭走得更远。

---

① 乌克兰西部的工业城市，德语中写为 Lemberg。

用无聊拯救不了欧洲。

晚上，玛丽亚·安娜·波托卡（Maria Anna Potocka），情感丰富又思维犀利的现代艺术博物馆馆长带我去了一家正宗的波兰餐馆。就餐时，她觉得很有趣——对于有着伊朗口味的我来说，所有的波兰菜吃起来都有点儿德国味道。而著名的皮洛根，我这样的无知者吃起来也只觉得是普通欧洲饺子。

我们聊了很久，聊的都是要怎样做才是对待犹太人大屠杀的恰当纪念方式。我们就柏林的犹太博物馆争论了起来。那里的"大屠杀之塔"要仿造出受害者感受到的压抑，但在我眼里这种做法是可笑的，甚至是不端正的。而玛丽亚·安娜·波托卡却觉得我有点儿太教条主义了，她觉得屠犹对于艺术来说一直都是最值得关切的任务。那奥斯维辛呢？我问。在那里没法做出太多花样来，她说，游客数量太大，组织起来太麻烦。想想为数众多的大龄游客吧，他们是没法和常规游客一起走的。"纳粹当年面临的挑战是，要在集中营里杀掉150万名犹太人，"她用她办展览的那种挑战的口吻说道，"可是每年要带领150万名游客参观奥斯维辛，也是一个挑战。"

我想起了亚当·扎迦耶夫斯基关于无聊的危险的想法，就问，克拉科夫以前是不是稍微激动人心一点。

"才没有呢，我们克拉科夫人反正一年也就进一次老城区。"

　　去往华沙的途中，我们选择了一条经过村庄的远路。这些村庄根本不像我想象中那样是一派凄苦而亲切的贫瘠景象，而这正是我阅读史达休克之后对波兰产生的印象。不仅是沿着吸引了许多远足者的维斯瓦河被精心扩建，房屋也被粉刷一新。几乎所有的住房大门都是崭新的，窗框用合成材料制成，草坪被精确地修剪过并装配有秋千、精美的石膏像，有些草坪上甚至还有德国的花园小矮人，几乎所有的汽车都是时兴的西方制造，加油站也是光洁明亮，十分现代化。甚至在加油站边还有烧烤工具出售！而且不是什么廉价商品，而是清一色的高品质设计，价格都在 100 欧元以上。看来这里的人们也经常并且很喜欢吃肉。我不是什么经济学家，但是波兰看起来一定比原东德的大部分地区都要繁荣。这样的繁荣景象里还包括标示着欧盟援助的牌子。

　　"波兰人非常清楚，他们从欧洲获得了什么"，时事评议员伊哥·扬卡（Igor Janka）在华沙的一个夜晚和我碰面时说道。我给他写信请求见面，因为他撰写了一部慷慨的，甚至是崇拜式的关于匈牙利总理欧尔班·维克托（Viktor Orbán）的传记，这部传记也被译成了德文。我猜想，他或许能最清晰地向我解释，为什么这么多的波兰人对欧盟心存反感。

　　"反感？"扬卡用出色的英语问道，"如果波兰能进行全民公决的话，那么至少有 70% 的人会赞成继续留在欧盟。至少 70%。"

　　就算是法律与公正党 ① 也绝不是反对欧洲。他们主要是反对俄罗斯，扬卡继续说道——与同普京交好的奥地利自由党、德国另类

/ 035

----

① 法律与公正党是波兰主要政党之一，创建于 2001 年。一般认为，该党是欧洲怀疑主义政党，属于疑欧派的欧洲保守改革联盟。

选择党或是勒庞（Le Pen）①不同，甚至与欧尔班·维克托也不一样，虽然欧尔班也想把欧洲的边界向东推移。波兰人不应当忘记"波兰行动"：仅仅在1937年和1938年两年时间内就有大约10万波兰人因被指控间谍罪而被处决——当时苏联统治下的波兰总人口不过60万。

　　"这是不是就是波兰右翼民粹主义者如今既不愿以西方也不愿以东方为准则的原因？"我这样问道。

　　我的用词让扬卡有些反感，法律与公正党并不是右翼民粹主义。他们是保守的，与奥地利自由党、德国另类选择党或者勒庞不同，他们也确实更加信奉宗教：他们反对堕胎和文化多样性，支持传统婚姻和虔诚的基督教信仰。扬卡本人是死刑反对者，但是当大多数人现在想要重新引入死刑时，让这个话题禁忌化也不能改变什么。在波兰不全是像亚当·扎迦耶夫斯基一样善于交际的诗人。尤其在乡村，只有极少数人认识来自其他国家的人。他们珍惜欧洲带给自己的富裕生活，但是在日常生活中却看不到这种多样性带来的积极方面，取而代之的都是些多样性只能制造冲突的各式新闻。这点确实是闭塞落后且只退不前的，然而，如果不是这种对自身身份不可混淆的坚持，波兰无法在德国的占领下存活下来，既无法作为一个国家，也无法作为一种语言、一种文化存活下来。

　　"我们不是反对欧洲，"扬卡重复道，"我们只是表现得有些敏感，当有人想管束我们时，当有人傲慢地与我们对话时，尤其是，当那个人是德国人时。我们的耳中总是回荡着德语，就连我们年轻的一代也总是从电影中听到它。接着，马丁·舒尔茨（Martin Schulz）开始讲话了。老实说，我实在无法忍受马丁·舒尔茨在背

----

① 玛丽娜·勒庞，曾任法国极右翼政党国民阵线领导人，反对自由贸易，反对欧洲联盟和全球化，有"法国最危险的女人"之称。

后说波兰的坏话，用着侵犯性的、说教的语气，还有他那张严肃的脸。并且，请您尤其注意他噘起的嘴唇。"

我本人十分敬重马丁·舒尔茨这位欧洲议会的议长，尤其敬重他斗争的精神和他谈论欧洲时的激情。但是我突然开始设想起这样的场景：马丁·舒尔茨在激情洋溢地高谈阔论，而我是一名不懂德语的波兰人。

波兰村庄里的德国花园小矮人又该如何解释呢？由于安杰·史达休克人在国外，因而我此次未能去他的村庄拜访他，只是随身带着他的书。"这里的人们一直生活在别人的阴影之下。"我在酒店读到书中的一处能够集中解释德国花园小矮人现象和波兰对俄罗斯的惧怕："波兰人生活在德国人和俄罗斯人的阴影之下，斯洛伐克人生活在捷克人和匈牙利人的阴影之下，匈牙利人生活在奥地利人和土耳其人的阴影之下，而乌克兰人又生活在波兰人和俄罗斯人的阴影之下，如此等等，一直到整个巴尔干半岛都陷入疯狂，一直到塞尔维亚，这个国家现在认为自己周边所有的国家都是背叛者，他们想要否认塞尔维亚的存在。但是我们在谈论巴尔干半岛的什么呢？我的国家并不比其他国家差。它想要至少像美国那样广阔和强大，这样俄罗斯就会开始惧怕它。可惜事实不是如此。我的国家为了挣钱转而奔向了德国，虽然当初是德国人将这个国家变成了废墟和灰烬并且谋杀了相当一部分的民众。但是我的国家还是为了工作奔向了德国。我的国家不仅从那里带回了金钱，同时也从那里获得了对更好的生活的想象。人们从那里得知，必须定期给花园割草，修剪后的草坪上应当放置塑料小矮人、石膏狗和微缩磨坊作为装饰。在这个领域甚至出现了一个奇特的共生现象：波兰目前是最大的花园小矮人生产国并且将花园小矮人出口到了德国。"这听起来像是一个痛苦的笑话，恰巧在这种幽默里蕴含着令人吃惊的东西——人们总是不停地在谈论着 20 世纪那些令人难以置信的罪行，但从不谈起同样令人难以置信的人民的自我表达——令人吃惊的东西就是，波兰一直作为一个民族、一种文化、一个语言集体存在着。因为在《苏德互不侵犯条约》①签署以及占领波兰之后，苏联人开始针对所有的波兰精英阶层，目的是"斩首"波兰社会。除去军官之外，究竟谁属于这个精英阶层，由政治秘密警察内务人民委员部②确定，主要记录在波兰版的名人录上。同样的事情也发生在德占区，希特勒想要从波兰民众中塑造一个群体，这个群体应当被奴役，而不是被统治："我们现在要对波兰领袖阶层做的事情就是肃清他们。"1939年9月至1941年6月，苏联和德国继续谋杀了20万波兰公民，其中大部分是学者、军官、政治家、文学家、音乐家和艺术家。然后才发生了真正的战争、城市的毁灭、大屠杀和流放驱逐。"我们蔑视俄罗斯人是因为他们把我们自身的民族特性发展到了一个可怕的、不人性的程度。我们蔑视德国人是因为他们根本没有丝毫我们的民族特征，也就是说，他们根本没有人性的一面。人们可以冒险提出这样的论点，俄罗斯人对我们而言有些像动物或者魔鬼，而德国更让我们想起机器和机器人。这句话可以简明地概述当今欧洲萨尔马提亚人后代的心理状态。"

---

① 《苏德互不侵犯条约》，又称《希特勒—斯大林条约》，是1939年苏联与纳粹德国在莫斯科签订的一份秘密协议。苏方代表为莫洛托夫，德方代表为里宾特洛甫。该条约划分了苏德双方在东欧地区的势力范围。条约的签署为苏联争取了更多时间备战，同时使波兰成为大国博弈的牺牲品。

② 苏联在斯大林时期的主要政治警察机构，也是20世纪30年代苏联大清洗的主要执行机关。

在华沙的市中心，在最宽阔的大街上，立着一块纪念碑，碑石上刻着海因里希·希姆莱在1944年起义爆发后所写的告示："要把华沙夷为平地，好让欧洲看一看，反抗德国人的暴动会有什么后果。"德国军队一个街区接着一个街区，彻底而系统地毁灭着这座城市，遵照希姆莱的命令，不论男女老少，对华沙市民赶尽杀绝。单单在1944年的8月和9月，华沙城里就有15万平民遇害。战前约130万的人口，在战争中总共有一半丧生。重建几乎没有留下任何房屋的旧城区，无非也是一种自强自立的行动，是反抗的行动，最终也是胜利的行动。实际上，如今的房屋无一是旧宅。每本旅游指南因而更加对它赞赏有加。在其他的纪念碑上可以看到遇害的起义者的照片。

我还从来没有在竖有如此多纪念碑的城市中穿行。在战争烈士纪念碑一侧仅仅200米的地方，有一个露天展览展示着20世纪五六十年代的华沙：现代的建筑，新的生活感觉。再走上50米——这些尽管都在同一条中央大道上——就是一座参加第二次世界大战的士兵的全身雕像。我沿着这条街走，在一个普通的路标上读到，往右600米是华沙起义纪念碑，往左300米是犹太隔离区起义英雄纪念碑，往前走500米是东线牺牲士兵的纪念碑。除此之外，路标上剩下的就只有国家图书馆和中国大使馆了。

/ 038

我决定去看看华沙起义纪念碑。除了纪念碑常有的宏伟壮丽之外，它还相当出色地表现了志愿军斗士从地下冲出来时的动感，斗士的形体是瘦削的，目光是坚定的，但是并没有满怀信心。他们知道他们面对的是比自己强大得多的敌人，尽管如此他们还是坚持战斗了63天。已经接近华沙的红军当时对这些波兰人置之不理，纪念碑旁边另一个牌子上写得明明白白。没有说出来的是，华沙起义明显延迟了对关押在奥斯维辛集中营的犹太人的解救，因为俄国人一直在等他们的一个敌人把另一个斗倒。对于其他盟国来说，虽然国家领导人对屠犹暴行都掌握了较为准确的信息，但他们不论何时都没把屠犹作为宣战原因。

在波兰起义博物馆里，从天花板上悬下了一颗炸弹；室内昏暗，螺旋桨在闪烁的亮光中发出反光，配着炸弹投射的声响。很难想象在德累斯顿或者科隆会有这样一家博物馆，在国际影城那样的超大屏幕上循环播放炸弹轰炸的战争画面。但是在华沙，痛苦随处可感。与此同时，恰恰是现在，许多记忆都被抹除。波兰 1956 年的抗议遭到苏联军队的血腥镇压，在纪念此事件发生 60 周年之际，国家纪念研究所透露，229 座苏联纪念碑被迁往波兰西北部的博尔内苏利诺沃①，放置在了一座公园里。上一次这样的行动被俄罗斯外交部长比作"伊斯兰国"②对名胜古迹的破坏。而法律与公正党则将德俄之间的天然气管道"北溪"描述为新版的《苏德互不侵犯条约》。

在波兰的许多战争纪念碑旁边，包括在波兰起义博物馆旁边都挂上了新牌子，纪念 2010 年 4 月 10 日斯摩棱斯克的总统坠机空难。波兰总统莱赫·卡钦斯基（Lech Kaczyński）和其他 95 位国家领导人就此进入国家烈士、遇害精英，尤其是 4000 位军官共同组成的行列中。这些军官是在离斯摩棱斯克不远的卡廷（Katyn）被内务人民委员部枪杀的。这些纪念牌同时也暗示，针对篡位行为的反抗还在继续——卡钦斯基的父亲曾经参加过华沙起义——只不过现在敌人是在内部；毕竟有人认为当时的政府隐瞒了俄罗斯射击飞机使其坠落的事实。所以，莱赫的李生兄弟雅洛斯瓦夫·卡钦斯基会指责那些批评者不是波兰人，并且对现任欧盟理事会主席，2010 年任

---

① Borne Sulinowo，波兰西北部城镇。

② IS，全称为"伊拉克和大叙利亚伊斯兰国"，是活跃在伊拉克和叙利亚的极端恐怖组织。

波兰总理的唐纳·图斯克（Donald Tusk）进行个人攻击，也就不难理解了。对于法律和公正党的反对者来说，这些纪念斯摩棱斯克空难的纪念牌是一种可怕的挑衅。他们指出，官方调查的结果称这次空难是偶发事故而不是蓄意攻击的后果。只不过，和世界各地一样，在波兰也是胜利者来书写自己的历史。正在电影院里上映的电影《斯摩棱斯克》号称要说出"所有真相"。所有国家领导人都参加了该电影的首映式。"我们以前被禁止获知是谁在卡廷行凶，今天我们又不敢追问在斯摩棱斯克到底发生了什么。"连教育部长都组织中小学生去观看的这部电影这么说道。

我拜访了在波兰恰恰属于胜利者一方的保罗·里斯奇（Pawel Lisicki），亲政府周刊《实事》（Do Rzeczy）的主编。是伊哥·扬卡把他推荐给我的，我如果想要认识一个地地道道的民族宗教主义者，就可以找他。里斯奇十年前还在做另一份杂志的主编，那时候他就命令他的员工每天在网上搜索关于德国人的负面报道。在他最新一本书《我们手上沾了血吗？》（*Klebt Blut an unseren Händen?*）中，他认为第二次梵蒂冈大公会议①关于放弃向犹太人传教的决定开启了灾难性的相对主义，会切断欧洲的根脉。

/ 040

里斯奇也会说格外出色的英语，显得见多识广而精于交际，像一家跨国大公司的经理人一样有礼貌又思维机敏。不过，他对如今的欧洲所做的第一个批评还是，欧洲对基督教传统缺少尊重，个人主义泛滥，总的来说就是"世俗化走得太远了"。宗教在波兰是一个真实的政治因素，在城市里他也承认要少一点，但是在乡村里，还有50%的人会在星期日参加弥撒——50%呢！热捧欧洲的自由分子、知识分子和诗人并不认识这个波兰，对他们来说自己的国家已

---

① 罗马天主教会的大公会议，1962年10月由教宗若望二十三世召开，1965年4月由继任教宗保禄六世结束。

然陌生。他们没有感觉到，大多数人想要保持自己的波兰及天主教教徒身份，所以拒绝其他文化迁入波兰。

"但是您也看到了，民族主义导致了怎样的恶果，"我反对道，"追求单一的民族性，要求一种统一的身份——没有任何国家像波兰这样深受过其苦呀。"

"正相反，"里斯奇说，"没有民族主义，积极的民族主义，波兰今天就不会存在。"

他说我不该不论黑白混为一谈，民族主义本身并不一定就是有攻击性的。可是，我说，我就是觉得民族主义有攻击性，在法律与公正党的首领会攻击难民和穆斯林，说他们会在欧洲各地跑进教堂里撒尿的时候。唉，这只是政治修辞罢了。另一方也会这么做，他们宣称右派搞极权主义，还威胁说长此以往就会国破人亡；他说我不习惯这种激烈言辞，因为德国人出于对自己的过往历史的顾忌而被迫克制。最重要的是，在这里没有人再想重新设定界限，没有人遭到迫害，言论自由得到提倡，个人权利受到保护。现在让布鲁塞尔感到担忧的宪法法庭已经被前任政府用作了工具，他们在权力交接之前匆匆忙忙任命了五位法官。知识分子之所以反应紧张，只不过是因为他们有可能失去自己的特权。如果玛丽娜·勒庞成为法国总统的话，法国知识分子也会紧张——那又怎样呢？

"但是也许他们有理由感到紧张，"我评论道，"不管怎样，穆斯林的基本权利肯定会遭到勒庞这样一个总统的损害。而这也许还只是个开端。"

"我反对限制宗教信仰自由的权力，"里斯奇强调说，"我只是认为应该监控有极端主义倾向的清真寺，如此而已。幸好我们到现在为止在波兰都只有极少数穆斯林。"

里斯奇说到的因为担忧自己的特权而神经紧张的知识分子，大概尤其指向亚当·米奇尼克（Adam Michnik），波兰最著名的知识分子：他是异见分子、团结工会顾问，如今出任波兰最大的报纸《选举报》（*Gazeta Wyborcza*）的主编。他的同名好友扎迦耶夫斯基曾经描述过，他在1973年第一次见到米奇尼克的情景，那时候人们因为担心秘密警察的间谍和监听器，谈论政治的时候都要放低声音，小心地变换声调，或者用手遮住嘴。只有米奇尼克大声说话，毫不惧怕。是啊，他开着玩笑，散发出勇气和热爱生命的光彩。"亚当那时候在我眼里就是波兰（也许是整个东欧）少数几个幸福的人之一。我不是说私人生活的幸福，不是说有个漂亮可爱的妻子，有份有趣又高薪的工作的那种状态，也不是说意识到自己是个健康、正直、有用的人的幸福。我说的是那种罕见得多的幸福，来自对自己使命的精准认知，来自这一事实：他为自己的天赋找到了唯一真实的检验领域——不是在家庭内，不是在私密空间，而是在人类共同体的领域里，在政治里。"

我在刚开始和米奇尼克谈话的时候就向他表白，说我坐在他对面有多激动，因为我还是个少年的时候就在电视机前为他着迷，而他只是冷淡地回应说，我显然已经学会了我的手艺活儿。

"我的手艺活儿？"

"对啊，您用一句奉承话来开始您的采访。"

狂乱地散落在额头前的头发，在肚子上撑起来的大横条带领T恤衫，四根香烟加一个香烟盒塞进了胸口袋，脖子上挂着两条带钥匙的塑料绳，米奇尼克看上去完全不像是全国保守派杂志的主编，或为欧尔班·维克托写传记的作家那么潇洒练达。他的办公室也不是光洁摩登：高得可怕的一摞摞松散的手稿、海报、照片，书堆之间只留下几个可容客人立足的空隙。米奇尼克不说英语而说法语，这也是旧式范儿。他的眼镜就是一个金属框，那可能是他在莱赫·瓦文萨获得诺贝尔奖之前就买了的。不论他现在相不相信我的话，当时他真的是我眼中的英雄。

/ 042

　　"我们拿不到任何国有企业或者公共部门的广告，这对我们来说当然是个问题。"在被问到新政府对特权的削减时，米奇尼克这样回答说。光是在新政府上台的最初半年里，报纸的广告收入就减少了21.5%，而和雅洛斯瓦夫·卡钦斯基沾亲带故的周刊《波兰报》（*Gazeta Polska*）的广告收入则增长了300%。他们每一期都从国库里得到了4万欧元的资助。法律与公正党政府的部长们和法院甚至不得订阅《选举报》，《选举报》则散发加入反对组织"民主维护委员会"的入会声明书。

　　"因为我们揭发了一桩贪腐事件，结果金钱杂志（Geldpresse）和我们打了场官司，这也让我们花费了不少精力和钱。"米奇尼克说得这么轻描淡写，就像是在说天气一样。"但是我又觉得安慰，发现我们也不是无足轻重。不然的话他们也不会一直这么围追堵截我们。"

　　米奇尼克就新政府所说的其他的话，和里斯奇说的所有话正好反过来：政府当然会丢弃法治国家的原则，将前任政府对法官的任命比作对宪法法庭的正面攻击则是可笑的。波兰现在的局势就和其他所有"头顶笼罩乌云"的国家一样，无非就是自由的民主体制被一种权威的民族主义——在波兰还加上宗教激进主义——所取代，这样的体制里选举就只是一场闹剧而已。

　　"可是这不也正是自由的民主体制的危机？"我问道，"毕竟法律与公正党是得到多数票的。"

　　"自由民主制的危机，从有自由民主制开始，就一直存在，"米奇尼克回答说，"您只要想想1930年代，想想希特勒，想想墨索里尼。可是民主制度那时候还是胜利了，它还会再一次获胜的。"

　　"可是这种胜利会有什么代价呢？"

　　"波兰不会走到那一步的。波兰人的民主意识太鲜明了。一个建立在谎言基础上的政府是没法坚持下去的。人们会看穿他们的。"

　　"但是大选之后，他们变得更受欢迎了。"

"希特勒和墨索里尼还要更受欢迎。法律与公正党呢，我告诉您，在下一次选举的时候就会失败。"

而且，米奇尼克用一种坚定不移的乐观态度继续说道，不能只看到这个局势的一面。不能只看到特朗普，也要看到奥巴马，不能只看到波兰的天主教会，也要看到教宗方济各，不能只看到英国脱欧，也要看到伦敦的穆斯林市长萨迪克·汗（Sadiq Khan）。全世界绝不仅仅只有负面的信号。而波兰恰恰在最近几年里发展得格外好，经济上就不用说了，在文明发展上也有着确确实实的进步。当然，法律与公正党是在利用大家的恐惧，但是还远没到他们完全得逞的时候。以前在波兰没有犹太人却有反犹主义，而今天也类似，没有伊斯兰教徒却有敌视伊斯兰情绪，没有难民却有对难民的过激反应。这一切都不是什么新东西。宗教，也绝不像右派宣称的那么盛行；更何况城市里的教堂越来越空。正像天主教的西班牙那样，在波兰也是多数人投票赞成自由化的堕胎权。

我问米奇尼克，他能不能猜到，伊哥·扬卡是如何向我讲述马丁·舒尔茨提出的那一套监控的说辞带给他的印象的。

"当然会有人想到纳粹的占领，我们耳朵里当然还留有当年德语的余音。但是把那些和今天的德国，今天这个争取大家拥护欧洲、向难民敞开国门的德国联系起来，完全是无稽之谈。马丁·舒尔茨啊，我求您别提他了！但是您知道的，全世界都有蠢货在增长的趋势。"

/ 044

民族主义者，米奇尼克接着说，利用了过去的历史来抵御来自柏林和布鲁塞尔的谴责。但是，我继续刨根问底，就波兰的历史来看，人们害怕重新被异族统治，不是可以理解的吗？不，米奇尼克说，这个地区的所有国家都有这样的受害人情结，在所有的国家发生的所有坏事都是德国的错：

我们波兰人不喜欢别人提到我们对立陶宛人、乌克兰人、犹太人犯过的罪。尤其不喜欢别人对德国人说起这些罪行。驱逐德国人，在当时那种特殊情况下是不可避免的，没错。但是那显然是一种野蛮的暴行。

"您把驱逐行为描述为野蛮的暴行？"

"不然还能描述成啥？"

"如果有人在德国胆敢这么说，就会是一桩丑闻。"

"所以我必须说出来，我作为波兰人，有亲属在大屠杀中遇害的波兰人：对德国人的驱逐是野蛮的。"

"这在波兰就不是丑闻了？"

"只算件小丑闻。"亚当·米奇尼克笑了，把桌子上的一幅漫画拿到手里，这是今天才送到的。但是每天都会有这样的漫画：它们画他正在强奸波兰的小孩子："一直有人要把我赶到以色列去。共产主义者没做到。今天这些民族主义者肯定也做不到。"

我问米奇尼克，对他来说，维利·勃兰特的下跪意味着什么，是不是他和德国的关系从那以后就不一样了。

"是的，那是个了不起的行动，"他说，"那次下跪。不过承认奥得河—尼斯河边界也是。这都是很有决定性的里程碑。然而，对德国社民党的东方政策①的批评同样是有道理的。"

"怎么说呢？"

/ 045

"他们当然要和共产主义精英们对话。也许那些条约也是必须签订的。但是他们本来也应该和反对派谈话的。至少要谈话。可是社民党却和我们这些民权运动人士严格保持距离。我们当时的感受就是这样的。不仅仅是因为勃兰特1985年访问波兰的时候拒绝会见莱

---

① 勃兰特所代表的德国社会民主党在其任总理之后推行新的对外政策，谋求改善西德与东德及东欧社会主义阵营国家的关系，该政策被称为东方政策。

赫·瓦文萨。早在 1977 年的时候，在德国就该有一次与我的会面，但是勃兰特那时候就拒绝了。"

"那您后来见过他吗？"

"见过。1989 年我见到了勃兰特，在汉堡的一次见面会上。当时赫尔穆特·施密特 ① 和里夏德·冯·魏茨泽克 ② 也都来了。"

"情况如何？"

"我为他当年的下跪表示了感谢。"

"您当时对他感到失望的事儿，您没有提吗？"

"我提那个干吗呢？就为了显示胜利感？我们会面的时候，我已经是得胜方了。这时候再去批评他的话，我觉得就太恶意了。"

---

① Helmut Schmidt，社会民主党人，曾任联邦德国总理。

② Richard von Weizsäcker，1984~1994 年任德国总统。

/ 第七天　华沙

　　神父亚当·伯尼奇（Adam Boniecki）在华沙南部一座不显眼的砖砌教堂里接待了我。他负责发行一本宣传自由思想的天主教杂志，不过由于对教会的批判性言论，他现在被禁止接受采访。事实上，他看起来一点也不反叛。这位年长的老先生小心翼翼地拄着拐杖走路，更是小心翼翼地选择自己的用词。

　　"如果您以非访谈的形式发表我们之间的对话，那么我就没有违反禁令"，伯尼奇带着一丝狡黠的微笑向我解释，为什么他在有禁令的情况下还是愿意与我对话。

　　教堂对波兰人来说始终是一个自由空间，与国家无关。并且：在还没有波兰这个国家的时候，恰恰是天主教定义了什么是波兰人，将他们与信奉新教的普鲁士和信奉东正教的俄国人区分开来，使得波兰语这门语言得以留存。而如今，教会给许多人留下了这样的印象：他们与政府走得近，不再独立，因而损害了自己的权威。恰恰是年轻一代的教徒越来越多地加入教会外的信仰组织，因为现在的神父不再用不容置疑的、教导性的语气与他们说话。如果波兰教会想主要依靠禁止堕胎、人工受孕、避孕措施来卖弄自己，却不致力于解决真正的社会问题，那么教会迟早会失去自己的子民。当然，时不时地也有神父为难民发声，但是从未有哪位主教或者红衣主教对政府的难民政策表示过质疑。大家总是说要尽可能地提供帮助，这不过是为了既不得罪政府又不得罪教宗罢了。

　　"如果一个教会都不能够明确地拥护自己的基督教信条，这难道不令人羞耻吗？"

　　当然有许多波兰人惧怕恐怖主义、惧怕伊斯兰、惧怕难民。再加上德国的经验可能也没有那么鼓舞人心，科隆跨年夜的场景还历历在目。然而，这恰恰是教会的任务：呼吁理解，消除恐惧，探讨那些让人们烦恼的话题。事实上，许多人，尤其是年轻一代的信徒，能够比波兰教会更好地理解教宗方济各，伯尼奇这样说道并讲了一个笑话：教宗喜欢乘坐公共交通工具去参加会面等活动。当波兰教会也想要模仿他这一点时，每个波兰主教都为自己购买了一辆公共汽车。

至于伯尼奇的那本杂志？它还是可以继续发行。是的，伯尼奇回答道，很多人阅读那本杂志，甚至是上流阶层人士也在阅读，这一点他能从杂志收到的反馈上感受到。然而，人们同时却在设法让杂志无法在乡镇区域流通。

"这难道不令人沮丧吗？"我问道。

"对我来说，重要的只有一点：人们不要因此变得难过，而是要尽力去做能够做到的事情。毕竟，一切总归都在上帝的手中。"

当我们向停车场走去的时候，我通过这次会谈结识的女翻译，一位年轻又相当时髦的女性突然吐露，她实际上也是一名信徒，而且是天主教信徒。但是多年以来，她只有在圣诞节的时候才去教堂，因为像亚当·伯尼奇这样的神父实在是太少了。

"您指的是他的观点少见吗？"

"不，我主要指的是他的怀疑，"女翻译回答道，"他允许自己怀疑并且向我们坦承自己的怀疑。"

周末，我的家人来访。在我们驱车前往马祖里 ① 之前，米夏埃尔·莱瑟罗维茨（Michael Leiserowitz）领我们参观了新建的波兰犹太人历史博物馆。这座博物馆通过游戏任务把过去这段历史变得生动形象，让孩子们也能很好地理解，博物馆用教学法替代了简单移情。我再次领悟到，我对欧洲犹太人在大屠杀之前的生活了解得是多么

---

① Masuren，是位于波兰东北部的一个地区，以拥有众多湖泊而著名，历史上曾是东普鲁士的一部分。

少——不仅是你，莱瑟罗维茨说，他作为德国犹太人经常率领旅游团周游波兰，即使是许多犹太人也认为他们的历史是以迫害运动开始的。但恰恰在波兰，在这里曾经有过一段多彩的，同时也是物质富足的犹太生活。是的，波兰在现代反犹主义兴起之前就像是欧洲的美国一样。为了躲避德语地区以及收复失地运动时期①西班牙地区的歧视，犹太人在东欧找到了一个持续数个世纪的安全家园——这也应当被记住，而不是仅仅记住迫害和死亡。

我向莱瑟罗维茨提到我在奥斯维辛遇到的青少年们。虽然莱瑟罗维茨将他的一生都奉献给了犹太历史的启蒙，但他还是带着复杂的情感看待这种八天包揽犹太大屠杀相关景点的旅行。大多数犹太人在学业将要结束的时候参加这样的旅行，而学业结束也意味着这些年轻人马上就要面临兵役——这样的旅行对以色列有何意义？

"我直到50岁的时候才有力气，以犹太人的身份踏进奥斯维辛。事后我很庆幸我这么晚才完成这件事。"

犹太人的后代当然应当建立起自己的犹太人身份和以色列身份。但是如果他们的身份认同仅仅以大屠杀为出发点，那么这种做法可能也不是健康的。虽然他们有一个关于东欧犹太人的精妙绝伦的博物馆——正如莱瑟罗维茨骄傲地注解到，它还是2016年的欧洲博物馆之星——但还是没能说服青少年旅行的组织方，让他们把这个博物馆纳入他们的旅游行程当中。

"许多以色列人根本不了解，曾经有过一段成功的历史，一段互相交流的历史，在这段历史中，犹太人在东欧过着兴旺美好的日子。"

---

① Reconquista，又称再征服运动，是公元718年至1492年，位于西欧伊比利亚半岛北部的基督教各国逐渐战胜南部穆斯林摩尔人政权的运动。

我们走出博物馆，走了几步穿过广场来到华沙犹太人起义①纪念碑前。这场起义的目击者、日后成为诺贝尔奖获得者的切斯瓦夫·米沃什（Czesław Miłosz）在他那首最著名的诗歌中写到了一架旋转木马，它可能在什么地方呢？木马在起义的整个过程中都在墙的背面旋转着，并成了犹太人被遗弃的象征：

> 从燃烧的房屋那里吹来的风
> 吹进了少女的衣裙里，
> 愉快的人群笑着
> 在华沙美好的周日。

为了烧毁最后的房子，捞出被射杀犹太人的值钱宝物，焚毁在聚居区被砍头的华沙人民的尸体，党卫军在起义失败后把奥斯维辛的难民送到了哪里的集中营呢？那里的生存条件是如此恶劣，以至于有的难民请求被送回奥斯维辛，请求被毒气杀死。可能是因为在勃兰特下跪那张照片上几乎看不到周围的什么物体，只能看到广场和背景里的士兵与官员，所以我一直以为，这里真的还有一片犹太人聚居区，还有那个时代的什么东西留存。然而，这里当然没有历史建筑，连一堵墙也没有，我早该知道这一点。"不论怎样一定要办到：50万犹太人迄今为止的居住区，这片绝对不适合德国人的居住区，必须从画面上消失"，希姆莱在摧毁华沙城运动开始前一年半就已经下达了这样的命令。现在广场周围只有些板式建筑。因此，

---

① 希特勒为了灭绝所有的犹太人，在被德军占领的华沙地区建立了犹太人居住区，把犹太人看管起来准备处决。1943年4月19日，犹太人群起反抗，结果换来更快更狠的杀戮。28天的起义战斗结束后，德军死伤几百人，约1.3万华沙犹太人牺牲，华沙犹太区不复存在。

这座纪念碑是如此重要，因为除它以外，几乎不再有关于那些感觉自己被世界，可能也被上帝遗弃的犹太人的痕迹存在了。"站在德国历史的深渊旁边，身处数百万被谋杀者的负荷之下，当语言不能起到什么作用时，我做了，一个人可以做的事"，维利·勃兰特这样解释他的下跪。

莱瑟罗维茨领我到博物馆后方，来到一座带有铜板画像的砖砌纪念碑前。这块铜板是为了纪念勃兰特1970年的到访——也是一件罕见的事：为了纪念碑前的一个动作而修建的另一座纪念碑。我们站在那里，一个犹太人和一个移民的后代。对我们两个人来说，这场下跪是联邦德国社会化进程中一幅具有划时代意义的图景。把承认罪责当作民族身份的出发点，在保罗·里斯奇看来也许是不健康的。但是，他这位民族主义者会觉得一个民族主义的德国是健康的吗？

往日的东普鲁士，马祖里湖区平原，我根本用不着怎么描述。它就和我在德语文学中经常读到的一模一样，其中最著名的描述来自君特·格拉斯（Günter Grass）或齐格弗里德·伦茨（Siegfried Lenz）[①]：山丘平缓，庄稼地宽阔，处处是苹果种植园，中间是湖泊，湖岸大多被茂盛草木遮盖。时不时出现一个村子，零零散散的农夫屋舍。在你似乎了如指掌，但其实是第一次见到的这大片土地上驰行，感觉有点怪异。将一个族裔的所有人，男人、女人、老人、孩子都驱赶走，当然是一种野蛮暴行，不然还能算什么？驱逐的情形，我们在学校里很少听到人说，在战后文学中也很少读到。当时到底是怎样的一种状况？是有官员或者士兵或者邻居进了家门，给一家人一个月、一个星期或者一天的时间收拾好行李走人吗？有多少行李呢？有汽车，有运输工具吗，还是他们只拿得走自己能扛得动的东西？有没有谁能腾出一只手来，领着孩子走出自己的房子？孩子们有手空着的吗？人们是怎么跟他们解释的，他们脑子里会有什么想法，这样在灵魂中久久不散的惊恐会钻得多深？

我确信这一切都记在了某个地方，在实用书籍里，在传记里，在公开发表的日记里。不过像我这样在东边没有任何亲戚的人，几乎从没提过所有这些问题，也并非罕见。在学校里，大家最多也就是带着羞愧谈到这些曾经属于德国的地区。我们知晓了驱逐的理由，但是从来没了解过被驱逐人的痛苦。被驱逐人自己也很少会表达他们的痛苦——或者也许说得也不少，但是很多时候都没有人听。单

/ 050

[①]　这两位都是德国当代杰出作家，格拉斯出生于今天位于波兰境内的但泽，1999 年获得诺贝尔文学奖。伦茨出生于马祖里地区的吕克城，在德国与格拉斯齐名。

单是因为他作品的题材，我们就已经把伦茨当作复辟主义者了。不论怎样，我们这些学生，我们这些战后文学的读者，几乎从来没有听说过他们的嚎叫、恐惧、邻居对他们的嘲讽、几乎所有女人受过的强暴、漫漫征途上的匮乏、手和脚上磨出的老茧、在路边埋掉的死者。如果一个社会不许他们将痛苦付诸言表，它不可能是健康的。"但是我们必须回去，齐格蒙，"齐格弗里德·伦茨的长篇小说《故乡博物馆》（Heimatmuseum）①中如是说，"我们必须回去，因为一切都在等我们：树木和湖泊，城堡和田野，漂浮着木筏的古老河流。不，西蒙，我说，在卢克洛夫（Lucknow）②不会再有人等我们；其他那些本来会等我们的人，都已经不在了。没有声响会引起你的回忆，没有脸庞见到你就会容光焕发，没有手会唤醒不可脱除的关系，因为其他人都走了，消失了，沉没了，所以不会有你期待的那一刻到来。"

"被驱逐人的联盟"肯定不是每次都能找到恰当的词来谨慎地表达这些意思。但是当我们开着车穿越东普鲁士，在乡间大道上下车，在湖中游泳，被几位帆船运动员请到船上，拿着德国护照入住一家宾馆的时候，我明白了，这个社会中的其他人，尤其是我们，我们这些多多少少当自己是左派的人，都没怎么倾听过他们的声音。以前和现在，这都不可能意味着重新划定边界。马祖里的波兰化要晚于日耳曼化，后者是在19世纪以殖民的方式，在纳粹德国时代以暴力推行的。就像世界上任何一个地方一样，被占领之前还有其他人存在。就像世界上任何一个有民族主义驱逐人、拆散人的地方一样，要做的就是让边界变得无意义。不是修正主义，而是欧洲让昔日东普鲁士的领土上又有人说起了德语，虽然暂时还只是在餐馆和宾馆

---

① 《故乡博物馆》是伦茨发表于1978年的自传体小说，描写了他的故乡马祖里地区。

② 这个地名影射的是波兰东北部小镇埃乌克（Lyck，波兰语为Ełk）。

里。而齐格蒙和西蒙至少可以作为游客回到马祖里，如果他们还没有死去的话。

我们在米科瓦伊基（Mikołajki）①，昔日的尼克莱肯（Nikolaiken），停了车，想要看看一个乡村教堂在星期日都会有什么活动。保罗·里斯奇说乡村居民尤其有着深厚的宗教情感，他到底说的对不对，还是像亚当·米奇尼克所说，世俗化浪潮在波兰推进得势不可当？好吧，是有非常多信徒，年轻的，年老的，还有孩子涌入这个小地方的教堂里，以至于他们有的人连站的地方都找不到，所以只能到室外做弥撒了。唱颂歌的时候他们也不需要手上拿着小纸条；所有人在唱的时候都能背出歌词来。似乎还嫌不够，我还听人说，每个星期天会有四场弥撒——四场！——每一场教堂都是这么满。而在一周之中，每天会举行两次弥撒，板凳上的人多到连圣诞节的德国教堂都不能比。西方还是一个基督教的西方，这话在米科瓦伊基说起来，就不会像在德累斯顿或者柏林那么感觉怪异。

---

① 波兰东北部小镇，尼克莱肯是以前的德语名字。

/ 第九天 考纳斯

是的，尼曼河（Memel）①在这里流淌。我当然知道它在这儿，或者，我以为自己只要思索片刻就能想到。然而，当我们在考纳斯（Kaunas）沿着这条宽阔有力的河流行驶时，我们的陪同不经意间提到了它的名字，我却大吃一惊。尼曼河，它以前只出现在《德意志之歌》的第一诗节，并且没有人吟诵这一诗节②。原来并非如此，我突然领悟过来：尼曼河是真实存在的。它流经立陶宛，离联邦共和国是如此之远。

考纳斯是一座非常别致、电影布景般的城市：它是作为一个封闭的城市建筑群在第一次世界大战到第二次世界大战间建起来的，当时是要充当新成立的国家立陶宛的临时首都的，因为那时候维尔纽斯（Vilnius）③还属于波兰。城市中心散发出来的现代感在现今看来已经像博物馆中的文物一样古老了：这里包豪斯建筑林立，在这些建筑的空隙中可以看到苏联风格的建筑以及一条3000米长的步

---

① 尼曼河发源于明斯克西南部的白俄罗斯的山区，流经白俄罗斯、立陶宛和俄罗斯，河长937公里，最后于克莱佩达注入波罗的海。在俄语中，"德国人"为 немец，即"尼曼河人"，因为在中世纪，德国人曾经占领过这个地区。在第二次世界大战之前，尼曼河代表德语分布地区的东部界限，例如在德国国歌歌词的第一段有这样的句子：von der Maas bis an die Memel（从马斯河到尼曼河），但在第二次世界大战后，生活在尼曼河地区的德国人被流放到奥得河，即现在的德国东部边界以西。

② 《德意志之歌》是德意志联邦共和国的现行国歌。歌词由自由主义诗人奥古斯特·法勒斯雷本教授于1841年创作。1922年，全部歌词被魏玛共和国第一任总统弗里德里希·艾伯特首次定为德国国歌。在纳粹德国统治时期，第一段歌词特别受重视。第二次世界大战后，西德政府定此曲为国歌，但除了第三段歌词以外，其余几段歌词可能引起争议，因此不被采用为官方版歌词。1990年两德统一，只有第三段歌词被确认为统一的共和国国歌。

③ 立陶宛如今的首都。

行街区，这条街区笔直地穿过考纳斯这座城市。我们走进一家油炸圈饼店，这里的一切，包括刺眼的聚酯工作罩衫，看起来都还是那个真实存在过的社会主义时期的原装真货，甚至女售货员们的身形、金黄的烫发以及糟糕的脾气都是那时的真实风格。但是，这家店仍然被挤得水泄不通。或者说，也恰恰是因为这些因素才使得它如此吸引人？除此以外，城市里还有许多咖啡馆、常见的连锁品牌店、因为著名大学而来的许多年轻人以及为一位日本领事建造的纪念碑：杉原千亩（Chiune Sugihara）。他帮助数千名犹太人逃离了立陶宛。伊曼努尔·列维纳斯（Emmanuel Levinas）[1] 出生在考纳斯，但幸运的是——同时对 20 世纪的哲学发展来说也是幸运的事——他在 20 年代就已经随父母移民法国了。

考纳斯的教堂一直还没有修缮完，因此看起来就像是被时代抛弃了，是的，就像是被施了魔咒。教堂在苏联时期被当作贮存仓库，用来晾干降落伞，而主教教堂则被用作收音机制造工厂。考纳斯的教堂外表在德国人眼中看起来像新教教堂，因为用的是清水砖面，就像在下萨克森州或者石勒苏益格－荷尔斯泰因州那样。然而，教堂内部则全是壁画和新巴洛克风格装饰。教堂里设置了两个游戏角，里面有卷起来的廉价塑料制成的城市地毯，我们小时候的火柴盒[2]玩具汽车也曾在这样的地毯上奔跑过。孩子们能够在弥撒时玩耍，这一点在下萨克森州或者石勒苏益格—荷尔斯泰因州应该是不可想象的，而这恰恰是一种更古老的宗教活动理念，它不以移情或者训诫为基础，这样的理念在如今基督教里的东正教分支，以及在伊斯兰教和犹太教中还能见到。最令我记忆深刻的例子就是，拉比一边

---

① 法国著名哲学家。

② Matchbox，著名的玩具汽车品牌。

在哭墙边打电话，一边在背诵《妥拉》（Thora）①。

当我们发现正统派的会堂关闭着的时候，我们给社区领袖打了一个电话，他的号码就在一张布告上写着。被德军占领之前，立陶宛人口中三分之一是犹太人。如今，全立陶宛只尚存两座犹太会堂，一座给正统派教徒，一座给改革派教徒。而这两个教派团体间的关系据说比柏林地区的犹太团体之间还要不和谐。社区领袖摩西·贝拉克（Moshe Beirak）真的来了。当他得知我说德语的时候，他突然换成说意第绪语（Jiddisch）②，这差点让我的眼中涌出泪来：我第一次听到这门语言，而且是如此鲜活、栩栩如生。是的，我们彼此可以用德语和意第绪语进行一定程度的交流。

贝拉克说，他是一名钟表匠，1953年出生。他的爸爸是11个人当中唯一一个在大屠杀中幸存下来的人，而他的妈妈则是9人中的唯一幸存者。父母极少谈论自己在集中营里的经历，即使是再过五代，谈论这个话题仍然是一件困难的事。当然，贝拉克也经常揣测，他的父母没有像其他幸存者那样移民去美国或者以色列，而是重新回到了考纳斯，那时候，他们的脑中在想些什么。父亲总是说，立陶宛人与犹太人之间的关系事实上曾经非常友好。贝拉克的父亲曾经效力的考纳斯足球俱乐部马卡比③曾经拥有三名立陶宛球员。然而，当贝拉克一家被拖去集中营的时候，恰恰是这三名队友带着白袖章站在一旁。

---

① 《妥拉》为犹太教的核心。它的意义广泛，可以指《塔纳赫》25部经中的前五部，也就是一般常称的《摩西五经》。它也可以被用来指由《创世纪》开始，一直到《塔纳赫》结尾的所有内容。也可以将拉比注释书包含在内。《妥拉》的字面意思为指引，它指导犹太教徒的生活方式，因此，所有的犹太教律法与教导，通通都可以被涵盖到妥拉当中。

② 主要是东欧地区的犹太人语言。

③ Makabi，可以理解为俱乐部的意思，是一种犹太人的体育组织。

"我的父母为什么要重回考纳斯呢？在当时，这么做还是很危险的，我的父母还因此受到迫害。尽管如此，他们还是留了下来。为什么？我也不知道原因。不过，我自己也从来没想过要离开考纳斯。"

在德国生活的人，游历过德国的人，移民到德国的人，他们可能几乎无法领会对犹太人的种族大屠杀有多大规模。犹太人在德国是一个微小的少数群体。当希特勒成为帝国总理的时候，他们占总人口的1%，到第二次世界大战爆发的时候只占0.25%。而这些曾经的少数人群在外表上根本不会引起注意，他们不戴黑色的头巾、不留长胡子、不说意第绪语，甚至在风俗习惯和观念方面是极忠诚的、坚定的爱国主义德国人，是最精通德国文化遗产的专家和这些遗产的最好代言人。此外，德国犹太人在纳粹统治的最初六年可以移民，虽然是在受到屈辱和被剥夺财产的情况下。德国人很少住在犹太人曾经居住过的房子里，也不会经过有犹太人经营的商店或者手工作坊的街道，德国的城市地图上也不会标注曾经的犹太人聚居区，他们更不会从年长者那里听到意第绪语。被嵌进人行道的这儿一块、那儿一块的黄金"绊脚石"①至少在一种天真的、孩童般的、无知的或者阴险的情绪中强化了这样一种印象：不曾有这么多的犹太人遇害。是的，确实不多：16.5万名犹太牺牲者对于将近8000万的德国人口来说确实"不多"，虽然仅仅在考纳斯这一个地方就有至少3万名犹太人被谋杀——而这里的总人口还不到10万。不论年轻的联邦共和国提出的西方纽带政策②有着多么广阔的前景，这个政策在

---

① 绊脚石项目，由德国艺术家冈特·德姆尼希发起，目的是纪念曾经在二战中被驱逐或遇害的犹太人。绊脚石是由黄铜制成边长约10厘米的立方体砖块，上面写有曾在这里居住或学习、工作等字样，还有人名、生日、忌日、身亡地点等。民众在弯腰阅读绊脚石上文字的动作，也是对受害者象征性地鞠躬。

② 联邦德国采取的在经济、政治、文化、外交等领域全面向西方靠拢的策略。

地形意识中也把大屠杀抹去了。然而，如果人们在德国西部长大的话，那么对犹太人的真正屠杀恰恰发生在他们没有投去目光的地方：在东部。德国的年轻人一定了解过相关的数据，但是和被屠杀者的灵魂一步一步地相遇又完全是另一回事。如果人们把绊脚石嵌进考纳斯的沥青路面，或者在明斯克、利沃夫、敖德萨、布列斯特、里加①铺设黄铜制成的绊脚石，那么出现的将不是零星的黄铜块，半个城市都将是金灿灿的，就像天堂般的耶路撒冷一样。

　　我们驱车前往寂静公园，考纳斯的各大宗教在那里得到了和谐的统一，而犹太教的缺失也因此更加引人注意：不仅天主教徒、东正教徒和路德宗教徒拥有自己的教堂，就连鞑靼人1930年之后也有了一座非常漂亮的白色小清真寺。我们走进清真寺，听到走廊里传来了女性的声音。一位戴着头巾的年轻女士从狭窄的楼梯上走下来，向我们解释道，他们正在上阿拉伯语课。如今还有300名穆斯林生活在考纳斯，其中有一些来自亚洲的学生。是的，对伊斯兰的敌意在立陶宛变得越来越严重，但是这位女士自己还没有察觉到什么。对她来说最大的问题是从土耳其派来的伊玛目，他只会说土耳其语，因此这里没有哪位穆斯林能听懂他的宣教。

---

① 明斯克是白俄罗斯首都；利沃夫和敖德萨是乌克兰城市；布列斯特是白俄罗斯城市；里加是拉脱维亚首都。

维尔纽斯长期以来都处于边缘位置，俄罗斯帝国的边缘，波兰的边缘，后来又在苏联的边缘，现在则是在欧盟的边缘。至少在外表上，这城市还显得魅力十足：巴洛克时代和创造者时代（Gründerzeit）① 留下的壮丽建筑还没有被翻修成一座休闲公园，宁静娴雅的屋后庭院、古树、公园、一条宽阔的河流、位于市中心却静谧甚至与世隔绝的街道、安宁的教堂、上好的餐馆、众多的零售店铺也分布其中。如果不是其中有人穿着最时兴的新潮服装的话，这似乎是一个各个角落里时光都已静止的欧洲。当然这只是从外看到的景象。正如昔日属于德国的布雷斯劳已经不再说德语了一样，波兰也从维尔纽斯——以亚当·密茨凯维奇为核心的波兰民族浪漫派的心脏，获诺贝尔文学奖的波兰作家切斯瓦夫·米沃什的故乡——消失了。在曾经号称"东方的耶路撒冷"之地，犹太因素也化为乌有。在维尔纽斯，就像许多东欧城市一样，生活已停止，日子却还苟延残喘。这座城市是一个中欧巴洛克城市链条——利沃夫、切尔诺夫策（Czernowitz）②、布拉迪斯拉发（Bratislava）③、卢布尔雅那（Ljubljana）④、的里雅斯特（Triest）⑤ 等——的最北端，这链

---

① 又译"德国经济繁荣年代"，此概念所指时间段目前未有明确说法，通常指 1873 年股市大跌之前的 19 世纪德国和奥地利的经济阶段，但也有一些语境使用它指示 1871~1890 年、1850~1914 年或 1871~1873 年时期的建筑风格。工业化的快速发展在建筑和工艺领域带来新的审美挑战。"创造者时代"风格常被视作"历史主义"风格的近义词，此观点尚有争议。——编者注

② 乌克兰的城市，历史上是犹太人聚居地。

③ 斯洛伐克的首都。

④ 斯洛文尼亚的首都。

⑤ 意大利东北部港口城市。

条上的城市有多种语言、多种宗教，充满世界主义精神。

　　从这链条上的最南端萨拉热窝发生的暗杀①一直到巴尔干战争，一再出现的残暴表态让人不再能生活在平行社会里，不能在不同语言之间切换，或同时拥有多重国籍。在那个极端者的时代，今天的单一民族国家纷纷形成，而维尔纽斯便成为最复杂的转型案例之一：利沃夫和里加都只有两个民族为自己的新国家进行争夺，波兰人和乌克兰人以及拉脱维亚人与德国人。而维尔纽斯，除了波兰人和立陶宛人之外还有白俄罗斯人将其看作自己的天然首都。第一次世界大战刚结束时，在维尔纽斯有35份波兰语报纸、20份立陶宛语报纸、7份俄语报纸、5份意第绪语报纸和2份白俄罗斯语报纸。还有刊登多种语言文章的报纸。维尔纽斯在20世纪的历程中至少有13次从一国之手转入另一国手中。

　　在集市大厅里，我对水果来源地感到惊讶。当然有来自立陶宛的，但是主要是来自摩尔多瓦、亚美尼亚、格鲁吉亚、阿布哈兹②、阿塞拜疆、乌克兰——从维尔纽斯的角度来看，欧洲是比往常大得多的一个大陆。只有面包还是这么黑、这么营养美味，和我在德国爱吃的那种一样。切斯瓦夫·米沃什写道，在他的童年时代，维尔纽斯里最有大城市派头的街道是尼玛卡大街，所谓的"德国大街"，因为街上住的几乎都是犹太人。

　　小小的城市博物馆里有一个关于1989年8月23日的展览。这日期会让你有什么联想吗？如果我再加上：波罗的海道路呢，还是想不到吗？不要紧，我也是在看到塔林③经里加赴维尔纽斯的漫长

---

① 指1914年6月28日奥匈帝国皇储弗兰茨·斐迪南及妻子在萨拉热窝遭受波斯尼亚塞尔维亚人刺杀，该事件引发了第一次世界大战。

② Abchasien，位于西亚高加索山附近的一个共和国，只被少数国家承认。

③ 爱沙尼亚的首都。

人链时才记起来的。那是在《苏德互不侵犯条约》签订 50 周年的时候，在 595 公里长、穿越三个国家的路线上 200 万人手拉着手为自己的自由高声歌唱。这是些富于冲击力的、震撼人的照片，它们让人吃惊地感受到，民众完全不用暴力，只要如兄弟般团结在一起，也能发挥出多大的作用。在大陆的西边，人们已经忘记了，东边的人是以多大的勇气、经历着多大的绝望和牺牲，来为自己归属欧洲的身份而斗争的。这不是在 1989 年的波罗的海三国，不是在罗马尼亚反抗秘密警察时才有的斗争，而在 1953 年的东柏林，1956 年的布达佩斯，1967 年的布拉格，1981 年的但泽，最后在基辅的亲欧盟示威运动中，都有过这样的斗争。

在吃饭的时候，我们走进了一家俄国餐馆，这里的装修风格就像昨天在考纳斯的那家油炸圈饼店一样，是原汁原味的苏联款。这家餐馆起初是一家爵士乐咖啡厅，是知识分子聚集之所，在苏联解体之前是党内官员最喜爱的聚会地点。今天，在这里点酸奶牛肉和伏特加的主要是游客、外交官和出差的商旅人士，"西部佬"，就像东德地区的人常说的那样。他们以恩主的姿态吃着当地菜肴，就像是打了场胜仗的入侵者。

这一天接下来的时间我们开车出了维尔纽斯，去见识一下乡村里的立陶宛。我在准备这趟旅行时读过的书籍和报纸文章里一再提到富于传奇色彩的立陶宛森林。"维尔纳 ① 这座城市，居于浩大森林正中的王座上，就像是一头狼傲立在野牛、野猪和熊中间。"密茨凯维奇在他的伟大史诗《塔杜施先生》（Pan Tadeusz）中如此描写道。而在他还在世时，这些森林就已经有很大一部分被砍伐掉了。20 世纪则让剩下的一部分也消失了，原因之一是两次世界大战中不断变换的占领者都有计划地烧掉森林来逼迫起义者和游击队员现身。

---

① Wilna，维尔纽斯的德语名称。

今天，立陶宛是一个以草原与田地为主的国家：柔和的山丘，寥寥几辆汽车，乡村里人烟稀少，大白天许多窗户百叶窗遮闭，看上去似乎从未有人触碰过的湖泊，少数几个没有橱窗的食品店，店里装护罩的顶灯和棕色的铁门还是苏联时代留下的。"这里的自杀率是欧洲最高的，酗酒是头号国民病。"当我在叹息这片土地如此宁静安闲时，司机插话道。我们如果再往前开两三个小时，那儿的土地就真跟人都死绝了一样，他接着说。不过，在维尔纽斯周边毕竟还住着在城市和城郊往返的居民。不是外来人的融入，而是本地人外迁给立陶宛带来了巨大问题。根据官方给出的数据，70万立陶宛人自该国独立后就陆续离开了他们的祖国。官方报道之外，实际人数显然更多，尤其是年轻人出走得多。而这个国家的人口还不到300万。但立陶宛在历史上可一直是个移民迁入国。在13、14世纪就有上万波罗的海其他国家的人为逃避十字军而迁入还算安全的立陶宛。当立陶宛大公国将国土扩张到黑海岸边时，更多的人从被占领的地区和西部进入了这个国家：鲁塞尼亚人（Ruthenen）[1]、鞑靼人、犹太人和德意志人。在17、18世纪，上千名维持古老信仰、在俄罗斯的东正教教会分裂之后担忧自己人身安全的俄罗斯人逃到了立陶宛。在两次世界大战之间，立陶宛再一次为许多躲避布尔什维克的俄国人提供了庇护。

我们在特拉凯（Trakai）[2]稍作停顿，这里的居民几乎只有卡拉伊姆人（Karäer），他们是最古老的犹太教派之一。这个教派在公元前6世纪与拉比执掌的犹太教决裂，因为他们相信上帝之言可以在文字中找到，《塔木德》[3]为之加注解是罪孽。在第一次十字军东

---

[1] 原居住于乌克兰中部的基辅罗斯的东斯拉夫民族。

[2] 位于维尔纽斯西边的立陶宛城市。

[3] 犹太教的宗教文献，记录了犹太教的律法和传统。

征时，卡拉伊姆人被驱逐出埃及和巴勒斯坦，在 12 世纪就定居在了克里米亚半岛。他们之中有的人又从那儿继续往东北欧迁移。因此，在第二次世界大战的时候，柏林负责种族事务的官僚就决定，卡拉伊姆人不应被纳入"最终解决方案"①，因为他们在种族上不属于犹太人，而是皈依了犹太教的突厥语族后代。这当然毫无道理，却让许多卡拉伊姆人免遭杀害，而这又是纳粹疯癫造成的最荒谬的反转之一：就因为卡拉伊姆人想成为比其他犹太人更纯正也更原初的犹太人，他们反而没有被纳粹当作真正的犹太人，而是当作半真半假的改宗者。在德国占领军的质询下，华沙、维尔纽斯与利沃夫的犹太学者都证实了这个神话以解救他们的弟兄，哪怕这救不了他们自己的命。今天的特拉凯风景如画，宛如两个湖泊之间的小小的巢穴，它的露台和小巷主要都被来自维尔纽斯的郊游者所占。穿着传统服装的卡拉伊姆人，我只在纪念品商店里遇到过，他们兜售着手工艺品和风味美食。这些社群似乎与外地人做了不少好生意，至少他们那些放了长条花盆的木房子看上去挺齐整。晚上这些卡拉伊姆人很可能就会穿牛仔裤了。我在哪儿读到过，在立陶宛仅存的 300 个卡拉伊姆人中有 3 个在外交部门工作——这个比例真不赖！

一个身穿白色礼服的年轻修女在乡间大道上走。我们问她能不能捎她一段路。让我感到吃惊的是，她说话有着极浓的美国口音，而且心情格外好，似乎没有哪个旧世界的人会有这么好的心情。真的真的酷，面纱遮到下巴上的她每说三句话就要欢呼一下，真的真的酷，这个立陶宛。他们的圣约翰修道院真的真的酷，教会姐妹真的真的酷，其中三个和她一样大：噢，我的上帝，我们在一起好开心好开心！不，我们不需要搭上她，非常非常感谢，但是她只是散散步，一个人走走，这么好的空气。你知道，这真的真的酷。

———————————

① 即对犹太人的大屠杀。

到了那些几乎空无一人的寂静村子中的一个，我们把车停在了一座外形浑圆的大教堂旁边；白色的外墙很大一部分都剥落了，门被一把生锈的链条锁锁着。这里还有人祷告吗？不管怎样，教士的住所看上去已经被遗弃了。现在这白天的时光，所有的百叶窗都紧闭着。我们的司机去找能透露点信息的人。他带回了一个头发灰白、个子很矮的男人，穿着衣料几厘米厚的绿紫格纹衬衣，同样粗糙的裤子用挂在肚脐上方的腰带系住，满是工作造成的污渍。他嘴里有金牙，一双光脚穿着蓝色的塑料凉鞋。可惜他会说的立陶宛语不比那位美国修女多多少。

我还是了解到了，这是个波兰村子，因为我的陪同一路上能用波兰语夹杂着俄语和这个男人有一搭没一搭地交流。他叫米卡尔（Michal），1939 年出生，成长于苏联时期。立陶宛独立的时候，他已经太老了，学不会第三种语言了。

"这不是很怪异吗？"我问道，"在一个国家生活，却不懂这个国家的语言？"

"唉，还好吧，孩子们是学了立陶宛语的。我们老人就继续互相说俄语。您知道的，我们这儿都是普通老百姓，不论是立陶宛人还是波兰人。我们都没什么区别。是政治家们搞出的区别，不是我们。"

我问，他的家乡是波兰还是立陶宛。

"以前是波兰，现在是立陶宛。在这之间是苏联。"然后米卡尔就笑了起来，好像这只有对政治家来说才算有区别。

"那什么时候更好呢，"我继续问，"是现在还是在共产主义统治的时候？"

"现在。"米卡尔毫不犹豫地回答说，"现在什么东西都买得到。"

不过，工作上还是有点困难。他和妻子很长时间以来都是领着养老金，这里那里挣几个硬币，在花园里种水果蔬菜——这样也就够过日子了。但是年轻人……好吧，大多数人也都走掉了。

"那您对欧盟有什么看法？"从我这个陪同的眼神里我推断出，他们怀疑米卡尔对国际政治会有什么见解。

"嗯，好吧，欧盟当然负担了我的养老金，这是挺好的。"他犹豫了一会儿之后说，"但是我刚才也说了，它没给我们带来工作。"

"还有呢——欧洲对您来说意味着什么？欧洲除了养老金之外还有什么别的意义吗？"

"欧洲意味着，醉鬼们大白天在村子里四处晃荡，没有人会惩罚他们。这就是欧洲。您知道的，在共产主义的统治下，那是有纪律的。所以那时候喝酒的问题也不像现在这样糟糕。以前要是有人因为喝醉了就不去上班，就会有警察上门。今天警察没有了，班也没得上了。"

/ 第十一天　穿越帕内拉伊去明斯克

在这里也实行了大屠杀行动，即所谓的最终解决方案。在这里，在离首都维尔纳斯 10 公里的帕内拉伊地区附近的森林中，这里的居民曾经一半都是犹太人。苏联人在松树之间挖了许多巨大的坑用来贮存燃油，每个坑的直径达六七十米。1941 年 6 月 22 日，德国纳粹国防军进驻，犹太人被党卫军以及立陶宛志愿者组织一卡车一卡车地集中起来，再被赶下卡车，被带进树林里，或被一路殴打，最终在大坑边被射杀。被草草掩埋在大坑中的尸体数量在 1944 年达到了 10 万多，除犹太人以外还包括苏联战俘和政治囚犯。由于不断有不怕死的人从队伍里逃脱或者跳下卡车，因此树林里及其周边地区时常上演骇人的追逐场面，当地居民不可能看不到这些画面。这里不是带有毒气室和火葬场的集中营，大规模谋杀直到 1941 年底才变得工业化。帕内拉伊是一个相对来说比较混乱的开端。

奥斯维辛之所以能够成为大屠杀的代名词，是因为它不仅仅是一个死亡工厂，并且同时也是一个劳改所——数万人从奥斯维辛集中营存活了下来。而在特雷布林卡（Treblinka）[①]，70 万波兰犹太人在这里被毒气杀害，其中只有 50 人侥幸存活。至于帕内拉伊的幸存者就更加稀少了。它代表着数十、数百个这样的地区，在这些地区，受害者不会先被登记、被医生鉴定，再被安顿、奴役，而是立刻被杀害。部分这样的地区直到现在也不为人所知。人们只知道存在这样的地区，但是尸骨却从未被找到，甚至没有人去寻找过尸骨。其他一些大规模掩埋地区被偶然发现，然后又被再次遗忘。

树林里松树之间的间隔出奇地远，以至于看向天空的视线几乎不会被遮挡。被踩出各种小径的土地很松软。人们知道，德国人在

---

① 特雷布林卡灭绝营位于华沙东北部的一处密林，建于 1942 年夏初。

撤退之前强迫犹太俘虏挖开这些大坑，焚毁尸体。按照德国人对秩序的追求，犹太俘虏还要一具尸体一具尸体地计数。虽然被谋杀者最终只成为记录的一组数字，但在这里的每一步还是让人感到不适，几乎就像是自己被沉入了坑中。我们听到从不远的铁路线上传来的隆隆声，这种声音在任何一个别的地方都不会像在这里这般让人感到毛骨悚然。除此以外就是一片寂静，连一声鸟鸣也没有。虽然帕内拉伊是最早上演大屠杀的大型基地之一，但我们却是这个普通的上午仅有的拜访者。

一位年轻人从微型博物馆里走出来，20岁出头的样子，至多25岁，瘦长而笨拙，金色头发，梳着鲍勃头，长着一副特别无辜的面孔。他学习了地方史，现在自愿在这座纪念馆里上班。他说，帕内拉伊在学校的教科书里甚至没有被提起过，大屠杀的话题也只是在谈论奥斯维辛的时候出现过，人们甚至不知道，有多少立陶宛人参与了屠杀。不过，恰恰在今年，转变开始了。突然一下子，立陶宛各处都在为被谋杀的犹太人举办纪念活动，许多人在网上讨论这个话题。不过，还没有哪个学校来过帕内拉伊，只有很少的立陶宛人来过。大部分的参观者都来自国外，许多来自以色列。

"他们是后代吗？"

"我想应该不是。这些犹太人几乎已经没有什么后代了。"

按比例来说，没有哪个地方被杀害的犹太人比例高过立陶宛：95%。这个国家只能迟疑地回想起他们对德国军队的友善接待，或者特别不愿意回想起无数的卖国贼。直到最近这个国家才记起几乎每座城市都有砍头地；记起在维尔纳斯，当犹太人在朗朗白日被人用车篷敞开的卡车从聚居区拖走的时候，他们的邻居目光躲闪，假装看不到；记起树林里的集体射杀、那些呼救声、狗的狂吠声，甚至在村子里也能听到这些声音；记起那让人无法忍受的气味；记起农民在树林边贱卖的成吨衣物。松树间的简易厕所表明人们未曾预料到会有这么多人涌入帕内拉伊地区。

维尔纳斯的克格勃博物馆则有着更多的参观者，博物馆里的一切布置，包括镇纸，以及笨重的黑色电话机和监听装备，都是原来的模样。纳粹军队在1941年几乎没有遭到什么抵抗与苏联在1940年的进攻有关。苏联政治秘密警察内务人民委员部制订的计划由于希特勒对苏联的袭击而"只"实施了四分之一，按照这份计划，每七个立陶宛人中就要有一人被驱逐或者射杀。因此人们总是听到这样的辩白：存在两个种族屠杀，一个是对犹太人的屠杀，一个是对立陶宛人的屠杀（仿佛犹太人不是立陶宛人并且立陶宛人不是凶手似的）。展示板上的数字从表面上证明了这一点，此外还有德国和苏联占领期间被驱逐者、被强迫劳动者以及被谋杀者的数量。这样令人厌烦的计算什么时候才能停止呢？克格勃曾经的总部令人难以忍受到无与伦比的地步：那些单元格似的小房间狭窄到让人无法蹲下；直径不足30厘米的水池以及水池边的小圆凳，被囚禁者必须在这样的小圆凳上努力保持平衡待上数小时，甚至可能数天时间；病人、伤员和枯槁者的专用审讯室，他们被放在躺椅里抬进来；地下室的射杀室，未经雕琢的石头上全是射击留下的弹孔。"一个占领势力能够毁灭一个社会长达几代之久，双重的占领则更加令人痛苦、令社会分裂"，蒂莫西·斯奈德（Timothy Snyder）①在他的《血染之国》（*Bloodlands*）中这样写道，这本书几乎变成了我旅行时的指南："当陌生的军队撤离时，人们等待的不是和平，而是下一批占领者的统治。当新的势力到来，他们必须为自己在先前占领者统治时表明过的态度承担后果，或者，他们在一个占领者统治下就已经在等着另一个的到来，并为之做出了抉择。"

某个大屏幕上出现了一组审讯照片，以极快的速度一帧一帧地

---

① 蒂莫西·斯奈德，美国作家及历史学家，尤其擅长中东欧历史和大屠杀研究。

播放着：各个年龄段的男人和女人、知识分子、普通百姓以及神职人员，每次都是一张正面像和一张侧面像。大部分的囚犯都明显在努力不让自己的恐惧、绝望和担忧显现出来，毫无表情是他们展现骄傲的最后方式。有些人甚至在嘲讽地笑。我不可避免地想道：需要使用这样一种压迫手段的国家注定要覆灭。下一秒我又想：在关塔那摩监狱①或者西方文明中的先进国家是不是也存在类似的事情？最后我思考的是：如果这样的一个国家倒台了，那么很好——但是，如果这些审讯室没有变成博物馆，如果没有人纪念牺牲者会怎样？凶手即使没有被追究责任，也至少要被逐出社会。

我在火车站设法弄到了去明斯克的最后一个位置。我坐在车厢里时才理解，为什么立陶宛铁路公司要在走道的折椅都卖完之后才开始售卖普通座席。每排座位之间的间隔已经够窄了，但在我们的脚下还有一个电子装置盒，以至于我和我的邻座在开往白俄罗斯的途中不得不一直缩着膝盖。不管怎样，我的腿还是比我的邻座短一些。当我把自己靠走道的位置让出一点给他的时候，我就这样收获了自己的第一位白俄罗斯朋友。如果我真的听懂了他的英语的话，他大概是说，白俄罗斯的铁路公司不会像这样把人当作罐头里的沙丁鱼一样塞进车厢，而在立陶宛，所有东西都被私有化了。

"铁路也是吗？"我问道。

"不知道，"他说，"反正只有盈利重要。"

边境检查的时候——这是我自科隆出发后的第一个边检——上来了六名女海关官员，她们穿着整洁的夹克、窄裙、戴着笔挺的帽子，头发高高地盘起，目光整齐划一地难以捉摸。她们身前架着带电脑、印章以及一个用来检查签证的放大镜的小写字台。从这里直到高加索山脉的整片地区曾经在长达数个世纪的时间里都是一个统

---

① 关塔那摩监狱是美国军方于 2002 年在古巴关塔那摩湾海军基地所设置的一处军事监狱。

一的国家，不同文化、语言和宗教交织在一起，即曾经的立陶宛大公国，白俄罗斯的民族主义者认为自己是他们的后代。如今，我需要一份签证才能穿过这 170 千米前往明斯克，而如果去里斯本我根本用不上护照，环游半个地球都不需要签证。严格的海关官员还在检查我的护照，这时又来了一名男官员，毫无顾忌地翻找着我的行李箱。奇怪的是，他对我的书最感兴趣。其中有一本我从克拉科夫带来的关于大屠杀的书，男官员一张图片一张图片地翻阅着它。

"一涉及政治话题，他们就会折腾折腾人"，当边检员离开火车之后，我的邻座这样告诉我。

"您觉得什么更重要呢？舒适的火车，还是可以阅读人们想要阅读的东西？"

端口站①！当我奋力穿过满是抵达者和等待者的拥挤人潮时，我感觉，端口站总是给人一点老派的感觉。因为它们破坏了直达列车的高效？还是说，端口站体现了帝国的傲慢，即要让人体会到每条道路都通向罗马、巴黎或者维也纳？倘若某一个城市是整个国家的道路交汇点的话，那么这个城市就是明斯克。与罗马、巴黎或者维也纳不同，从地理位置上看，明斯克恰巧就在中心点，到每个边境站点的距离几乎一样。然而，凭借首都明斯克令人讶异的地理位置就认定白俄罗斯是由一个中心发展而来的推断简直错得离谱。白俄罗斯这个名字本身就是从另一个国家派生而来，完全属于自己的独立名称仿佛从没有过似的。沙皇垮台之后，斯摩棱斯克（Smolensk）②、维尔纽斯和格罗德诺（Grodno）三座城市都提出成为白俄罗斯共和国首都的要求。这一点也恰恰反映

---

① 端口站指的是所有到站列车都必须停开、所有乘客必须换乘才能继续下一段旅程的车站。

② 斯摩棱斯克是一座俄罗斯古城，距离莫斯科 360 公里，现属俄罗斯。

了白俄罗斯如今的国土疆域是多么的随意。斯摩棱斯克如今归属俄罗斯，维尔纽斯在立陶宛，而格罗德诺则紧挨着白俄罗斯与波兰的边界。反正这个新的民族也没被任何人认可，一年之后就被布尔什维克镇压了。

随着《华沙条约》的解除，争取独立的窗口第二次打开了。然而，当从波罗的海国家直到匈牙利的人都在庆祝主权独立时，白俄罗斯却"像是一个突然发现自己没有影子的人"，瓦伦汀·阿库多维奇（Valentin Akudowitsch）在《尝试理解白俄罗斯》一书中这样写道。书中主要章节的标题是"缺席代码"，因为白俄罗斯就是一个缺少自己民族的国家。近代以来基本没有间断过的战争和占领几乎把白俄罗斯这个名字涉及的语言团体、文化团体和宗教团体毁灭殆尽。罗曼诺夫皇朝首任沙皇的军队在 17 世纪中叶入侵时，仅仅一场"血色洪水"就造成了二分之一居民的丧生。这片地区在这之前就已经被高度波兰化，在俄罗斯化之后又先后被瑞典、法国和德国占领，直至最终被俄罗斯长期占领。俄罗斯对它的统治只在第一次和第二次世界大战期间被德军打断。"压迫和占领对白俄罗斯人来说已经变成了常态，"阿库多维奇写道，"随着时间的推移，他们习惯了外来者的奴役。就像我们几乎感知不到气压的存在一样，他们已经对压迫毫无感觉了。"而白俄罗斯语存活了下来——17 世纪它是立陶宛大公国的官方语言，因此也是欧洲最古老的管理语言之一——然而，白俄罗斯语只在乡村存活了下来。不过，民族是要在城市里产生的，可白俄罗斯的城市早就是由俄语、波兰语、白俄罗斯语、德语、鞑靼语，以及最主要的意第绪语构成的巴比伦。意第绪语倒是最有可能成为民族语言：依据 1897 年的人口普查，57% 的城市居民都是犹太人。然而人们不希望民族运动具有犹太色彩，而且随着民族运动的开展，犹太精英们也开始了犹太复国运动。

因而白俄罗斯民族的形成是由城里人主导的，他们也涌入乡村，照搬了波兰人所持有的历史观，认同欧洲而反对俄罗斯的殖民入

侵。只不过白俄罗斯从来没有进行过真正的反抗。虽然被白俄罗斯
认作自己民族前身的波洛茨克公国（Fürstentum Polazk）①和立陶宛
大公国也确实就像是欧洲文化安插在斯拉夫世界的前哨，但是它们
和现代白俄罗斯之间并无多少关系，就像塞尔柱王朝②与如今的土
库曼斯坦、马其顿与亚历山大大帝的帝国之间并无关联一样。和立
陶宛的民族主义者一样，白俄罗斯人因为采用了赫尔德③的民族概
念而让自己举步维艰。首先人们期盼建立的这个民族必须从乡村习
语和古老文字中发展出自己的语言——现代希伯来语可用来做个比
较。而当年轻的苏维埃共和国内正在形成一个白俄罗斯的公众群体
时，这个群体在斯大林清洗运动中又被剔除了。参与编纂五册《白
俄罗斯语词典》的语言学家中，没有一个人从 30 年的恐怖统治中存
活下来。仅仅在 1937 年 10 月 30 日来临前的这个夜晚，在明斯克
教区的库拉巴蒂集中营（Kurapaty）就至少有 100 名，也有消息称
是 300 名白俄罗斯诗人和文学家被射杀。而剩下的一点白俄罗斯语
又在六七十年代被磨灭，因为城里的老师只被允许教授俄语，最后
一批白俄罗斯语报纸被停刊，连白俄罗斯语的地名都消失了。自相
矛盾的是，当时的白俄罗斯共产党主席，也是之前的游击队英雄，
彼得·马谢罗夫（Petr Mascherau）如今在白俄罗斯所受到的尊敬
没有哪个 20 世纪的领导人能与之相比——而这位政治家系统地摧毁
了白俄罗斯语。在如今独立的白俄罗斯，总统亚历山大·卢卡申科
（Aljaksandr Lukaschenka）也只用俄语与自己的民众交流。

---

① 波洛茨克现在是白俄罗斯的一座城市，在历史上是白俄罗斯的中心地带。

② 塞尔柱王朝是 11 世纪塞尔柱突厥人在中亚、西亚建立的伊斯兰帝国。帝国极盛时领
有伊朗、伊拉克、高加索、小亚细亚大部及叙利亚（包括巴勒斯坦）等地。

③ 全名为约翰·哥特弗雷德·赫尔德（Johann Gottfried Herder），是德国哲学家、路德
派神学家，诗人。他的民族主义观点认为，只要在自己文化的基础上发展，每个民族
对人类的进步都有贡献。他的这种观点被中欧和东欧一些不发达的种族群体普遍接受。

"总统不会说白俄罗斯语吗？还是他不想说而已？"当我晚上在一家明显很受欢迎的咖啡馆与瓦伦汀·阿库多维奇碰面时，我提出了这个问题。在明斯克看起来也是这样：以欧洲为榜样的人喜欢苏联仓库模样的餐馆，喜欢被它独一无二的魅力、素食小吃和打碟师播放的电子音乐围绕。只有阿库多维奇本人在这嬉皮的氛围中因为灰白的胡子而看起来有些怪异。他是一位1950年出生的哲学家，也是白俄罗斯抵抗文化的核心人物之一。

"他还是会一些零星用语的，"阿库多维奇认为，"但是他肯定无法用白俄罗斯语演讲。"

"他难道都没有尝试学一下吗？我的意思是，他至少可以读稿子。"

"他肯定可以学，他又不笨。但是他不想这么做。白俄罗斯语已经是一门异域化的语言了。说这门语言就好像是宣告自己是反对派一样。此外，白俄罗斯语也是一门苦难的语言。"

"苦难？"

"是的，因为苏联时期只有农村人才说白俄罗斯语。而农村一直都是贫困的代名词。说白俄罗斯语是不光彩的事。在乎自己名声的人都说俄语。"

阿库多维奇在"缺席代码"一章中讲道，父母在八年级之后把他送到了莫斯科附近的一所职业中学。当他回来说着一口莫斯科口音的俄语时，父母的眼中闪出了幸福的光——因为他们凭直觉，认为自己的儿子从此会过上更好的生活。阿库多维奇认为，马谢罗夫至今受人尊敬的原因也与此相似：他清除了白俄罗斯语，也就是从意识中清除了不幸。当白俄罗斯共和国的最高苏维埃主席斯坦尼斯拉夫·舒什科维奇（Stanislaw Schuschkewitsch）想要批准白俄罗斯语在公众中再次存在时，他很快失去了自己的官职。"大部分白俄罗斯人的理智或者感觉告诉他们，白俄罗斯国家的首脑如果说的是不幸的语言，那么这只能意味着：这个国家将面临巨大的灾难。"

格鲁吉亚、波罗的海三国以及乌克兰在整个苏联时期都有说本国语言的精英，而白俄罗斯语在国家独立之后却要从头学起。农村人已经渐渐几乎不能理解文学化的白俄罗斯语了。因此仅从语言层面看，大部分白俄罗斯人对自己的民族运动都相当陌生。因此，这个新的民族在1995年5月，经过四次全民公决决定在经济上向俄罗斯靠拢，引入俄语作为第二官方语言，重新引入苏联的国家象征，扩大对亚历山大·卢卡申科的授权，他将领导这个国家直到22年后。"我们呼唤'白俄罗斯民族'进入这样一个国家，这里除了历史和文学的鬼魂与幻影已经无人居住，"阿库多维奇写道，他本人也属于民族觉醒的一员，"当然不会有人追随这个呼唤来到这片虚无之地。"

"也许现代的民族国家根本就不是什么好点子"，我叹了一口气。

"为什么这么说？"阿库多维奇问。

"您问我？您自己在书中写道，白俄罗斯就是一个人造的、随意的产物。"

"德国还是一个更大的、被构造出来的国家呢。"

"但是世界各地有这么多人被杀害，这么多的文明被毁灭，那些自发形成的多样性都没了，就为了可以建造出一个个的民族。然后这些民族又通过战争互相入侵，因为他们感觉自己胜人一筹或是受到威胁——又或者两者兼具。"

"不，我不同意您说的，"阿库多维奇反驳道，"您只是把德国人的噩梦转嫁到别的国家身上了。"

"我说的当然不仅是纳粹。我指的还包括殖民主义，专横的边界划分，斯大林在整个欧洲进行的对他人的放逐、迫害和清洗——如今没有希腊人再生活在伊兹密尔①，塞萨洛尼基②也不再有土耳其人，

---

① Izmir，如今是土耳其第三大城市。

② Saloniki，也称作"萨洛尼卡"，如今是希腊北部的最大港口城市。

没有德国人生活在切尔诺夫策，没有波兰人在利沃夫，没有犹太人在克拉科夫。还有巴尔干半岛的战争、卢旺达，我指的还包括近东地区正发生的一切：那里正在把同质化进行到底，在那些与 19 世纪的明斯克和维尔纽斯一样丰富多彩的地区——这难道不也是过分强调民族构建的结果吗？是失败的、官方规定下的民族构造成的后果？"

"这话说得好像以前就不存在大规模屠杀似的。想想蒙古人入侵，想想征服美利坚吧！民族国家只是自公国和帝国幸存以来最合适的社会组织形式罢了。"

"如今的民族主义不会让您感到害怕吗？"

"比起失去家园、平均主义和失去行为能力，我不那么害怕民族主义。"

"那您怎么看待英国脱欧、特朗普和勒庞呢？"

"这些只是暂时的现象，全球化的脚步是不会停止向前的。"

"那您又是如何看待东欧的民粹主义政党的呢，比如波兰的法律与正义党、匈牙利的青民盟（Fidesz）？"

"只要他们不太极端，我都支持。英国脱欧的口号我也会签名支持：拿回控制权。"

"但这是一个悖论！您追随欧洲，却同时支持正在威胁欧洲的民族主义。"

"不，两者是一体的。我们想要加入欧洲，同时也要发展自己的民族身份认同。我们没法和俄罗斯这样做，俄罗斯会把我们吃干抹净。"

/ 第十二天　明斯克和哈腾

　　明斯克的一切都是那么宽广，单个的人在这里觉得自己就像一只失去了方向感的蚂蚁。这座城市没有像哄抬地价的资本主义世界里的城市那样往高处生长；明斯克占有了大量地盘，因为只有国家可以使用土地。所以普通的街道宽得就像我们的高速公路，人行道宽得像我们那儿的街道，房屋一般来说只有四五层，但在长度上放肆延伸。空旷的铺石广场是这么大，在老城里足可以抵上一整个街区了。只是在明斯克过个十字路口要花上一刻钟。列宁广场是那么辽阔，就连公交车都要停好几站才过得去。本就追求宏伟的雕像还专门垫了底座，好让革命领袖的脚高出凡人头顶一大截。只有少数店铺有橱窗，这很符合苏联风格，所以也就没了城市漫游者；要悠悠闲闲地散步的话，这建筑间的距离反正也太大了。

　　以明斯克为最杰出典范的这种苏联城市，一种旧世界意义上的大都会，和中心无人居住的美国城市一样稀少。莫斯科不管怎么说还有老式的建筑实体、人们用来碰头而不会走丢的广场、小街小巷、不同时期留下来的风格极为不同的房子。而明斯克在第二次世界大战之后是片瓦不存，所以这座城市完全重建了一遍（而且其中很大一部分还是劳改犯人做的，那些德国人直到今天都因为其德国的上等手艺而备受称赞。偏见就是这么顽固，不过这偏见没准真没说错）。白俄罗斯首都的基本理念就是要让单个的人感到渺小，而所有集体共有的则显得庞大。就连斯维斯拉奇河（Swislatsch）①都变得这么宽，看上去已经像是一个湖，岸边还散布着大片大片的草坪，上面的草一根不会比另一根更高一点。草坪被多干道的全景大道围住，俄罗斯城市里的主干道都这么叫。这样当目光从一排房屋移向

────────────

　　①　流经明斯克的河流。

对面那一排时，就能滑过没有两公里也有一公里的间距——这是在城市正中间的一道人工造就的壮阔风景。

显尼嘉（Xenija）不觉得自己活得像只蚂蚁，她觉得明斯克美。你一定要考虑到，她说，军队把这座城市整个完全炸平了。那它现在的样貌当然不能像海德堡①那样。显尼嘉熟悉德国的情况，因为她丈夫在鲁尔工业区②工作；她自己学了德语语言文学专业，现在在歌德学院教德语。她肯定可以搬到她丈夫那儿去，但是说实在的，宛纳－埃克尔（Wanne-Eickel）③对她没什么吸引力。是啊，这里的板式建筑和高楼居民区也不是那么宜居，这她也承认。但是几乎每户人家都拥有一座乡间小屋；这么来看，花园、退隐、大自然都是白俄罗斯的生活的一部分。现在不管什么东西不用排队就都能买得到了。有寡头大富豪吗？有的，准确地说有三个，都在监狱里。

"我们这儿人不能太富。"她看到我脸上吃惊的表情，大笑着说："这儿当然会有贪官、投机挣钱的人和豪车。但是不会像乌克兰那样！在我们这儿只能有一个寡头，我们叫他总统。"

如果不是刚好读过斯韦特兰娜·阿列克谢耶维奇（Swetlana Alexijewitsch）④，就很容易把苏联人想象成没有批判意识、逆来顺受、屈从于命运的样子。但是显尼嘉不是这样的，她只是冷静地衡量利弊：选闹剧式的选举还是在邻国蔓延的战争，选足以用来生活的收入还是在立陶宛干着同样的工作却还必须额外兼职，选街道清洁、夜里安全，人们支付得起基本生活服务的国家还是选宛纳－埃

---

① 海德堡是德国南部古城，二战期间没有受到轰炸，保留了许多中世纪建筑。

② 德国西部北莱茵－威斯特法伦州的城市群，原来是最发达的重工业区。

③ 鲁尔区北部的一座小城市。

④ 白俄罗斯女记者、作家，获得 2015 年诺贝尔文学奖。

克尔。她甚至都不需要从国家电视台那儿了解情况，在那里的报道中德国已经快成了一个"失败之国"；她只需要想想退休金，想想生活进程的平稳和一目了然，也就不会觉得自己的国家有多糟糕了。当我们坐着出租车开过克格勃——在白俄罗斯这个机构还继续被人非常严肃地称作克格勃——总部的时候，显尼嘉伸出手指指向那些刻意装作不刻意地走在人行道上的男人，吃吃地笑。

"我们当然还有秘密警察，"显尼嘉说，"但是我们不再害怕了。"

我问为什么波罗的海三国一独立就会转向欧洲，而白俄罗斯基本上还是保留苏联特色，显尼嘉就把我带进了卫国战争纪念馆：德国在任何一个其他国家都不曾像在这里一样暴怒肆虐，苏联红军的胜利也就更容易被宣传为解放。就像以前的民族志博物馆一样，这里也用真人大小的雕塑来模拟战争，还有真的坦克，一辆真的德国货车，游击队的印刷机，象征地下通道的一段矮隧道。在最后一个展厅里，白俄罗斯人满怀感激地欢迎红军。在入口大厅的大屏幕上放映的阅兵仪式和我在童年时代在电视里看到的一模一样，只是在观礼台上打招呼的不是勃列日涅夫。

就这些了吗？我问自己，这就是当年的战争？四分之一的人遇害，四分之一被迫劳改，城市被炸得稀巴烂，工厂被毁，整个基础设施化为废墟，上千座村庄被德国人烧掉，人口中第二大族裔犹太人被清除——可是留下的，不过就是红军的胜利？我打听在哪里能找到战俘营352号，臭名昭著的明斯克战俘营，而说"营"几乎都是在用委婉的表达：德国人在东线抓住战俘，是要杀了他们；所以就不像在集中营，这些囚犯只是被点了数，光是第一年就登记了300万名苏联士兵，但是没有记录名字。在战俘营352号，囚犯们紧紧挤在铁丝网之间，都没法站起来。当他们在1941年底面临饿死的厄运时，有几个成功地逃到了相邻的犹太人隔离区，相对来说那儿还更安全。

显尼嘉不知道战俘营 352 号在哪儿；她听说过，但是不知道哪儿有一座纪念碑来标记这个据推测是第二次世界大战中最大、杀人最凶残的战俘营。我如果还想对白俄罗斯理解得更多一点，我就该去哈腾（Chatyn）。不过她自己得回家，她女儿——显尼嘉煞有其事地叹了口气——还要为国会选举做一个排练。这样的选举，现任政府中 96% 或者 98% 或者 99% 的成员都会连任，但是大家就是得去选。不管怎样，她女儿喜欢她的班级要演出的民族舞。她的同事维拉（Vera）就主动表示，可以陪同我去第二次世界大战受害者纪念中心，在明斯克以北，一小时的车程。

维拉在高速公路上讲述了她父母、公公婆婆、祖父母、外祖父母的许多故事，其中有一则她婆婆的轶事我立刻就记住了，虽然这个故事不太血腥：德国人在院子里建了一个厕所，孩子们有时候会从上面扔苹果进去。有一次一个士兵从厕所里冲了出来，手上拿着机关枪，抓起了当时才 8 岁的婆婆，拽她到她祖母那儿。他把枪管抵住小女孩的胸口，大叫着"要敢再这么干，我就毙了她"之类的话。

那关于斯大林有啥故事呢？她的父母、公公婆婆、祖父母、外祖父母最常提到的是"黑乌鸦"，内务人民委员部的公务车，它们可以把人运走而不会让人知道为什么，也不会让家人知道去哪里。在最黑暗的时代，父亲或者叔父或者邻居被"乌鸦"带走，仅仅是为了充抵分配的数额，这我在《血染之国》中也读到过。1937 年 7 月 30 日的 00447 号指令——"关于镇压前富农、犯罪分子和其他反苏联人士的行动"就要求枪毙 79950 个苏联公民，将另外 193000 人放逐到了古拉格劳改营。要如何完成这样的数额，完全是看内务人民委员部当地办公室的本事，而这些地方官员都遵循着官方的口号："宁可错杀不可放过。"所以 00447 号指令的受害者人数就不是

79950，而是这个数目的五倍。不过，斯大林1953年死的时候，她家里还是有很多人哭了，维拉说，他们自己都不懂为什么要哭。

当集体农庄的大片田地在我们身边飞驰而过的时候，她表露了对与体制妥协的显尼嘉的反对意见，说起了受迫害的异见分子，说起了那些当然数目不多但也因此尤其勇敢的积极行动派，说起了伴随着他们长大的种种谎言。这些村子都是被德国人烧掉的吗？是的，是因为里面藏了苏联的游击队员，那些人和德国人一样不怎么善待当地居民。明斯克也是被德国人毁掉的咯？胡说，明斯克是毫无抵抗地被德国人征服的，在四年的占领期里遭到了苏联空军的轰炸。而城市的残余部分又在战后被共产主义者们拆掉了，他们要按他们的模式建立一座理想城市。战俘营352号呢？士兵们落到过敌军手上，这不符合红军胜利进军的形象。卫生医疗呢？在白俄罗斯，没有关系或者钱最好就不要叫急救医生。免费教育呢？就连幼儿园里的厕所手纸，你都要自己给你的孩子准备好。显尼嘉有她的丈夫，她可以随时把孩子送到德国去，如果在这儿没法再有未来可言的话。可是她，维拉呢：她的孩子就永远不会被允许在欧洲生活吗？

哈腾是德军烧毁的村庄之一。它被官方选做纪念地，因为靠近首都，参观者很容易抵达。但是可能还有另一个，非官方的原因：哈腾（Chatyn）这个名字是在呼应卡廷（Katyn）。因为这个村子原本是叫霍腾（Chotyn）；战后人们才把第一个音节里的"o"改为了"a"。不管怎样，是霍腾也好，是哈腾也罢，在这里士兵们把村民全都赶进一个马厩，然后点燃了马厩，用机关枪射死了夺门而出想要逃走的人。在纪念地的入口立着一座雕像，一位将自己死去或者昏迷的儿子抱在怀中的父亲。在他的姿态里没有英雄气概，他的脸上只有赤裸裸的绝望。26座房子矗立，彼此靠得不近。它们分散在一片广阔的空地上。现在墙基上装了铁杆和一个统一风格的小门，标记出原来的屋子。小门敞开，好让人记起村民们的好客传统。

里面除了烟囱之外，还有一座钟楼直指云天，上面刻有遇难者的名字，小孩子的名字旁边还加上了年龄。在我踏入的第一座不复存在的房子里，曾经住了 3 个大人和 6 个孩子，分别是 5 岁、7 岁、8 岁、9 岁、10 岁和 12 岁。50 米之外是一座只有一个女人住过的房子。这么一直下去，26 座钟楼散布在已死的村庄里。

每隔 30 秒，小钟就会响起来，不过在时间间隔上都设计为最小值，这样就形成了长长的一阵响亮的孩子的呜咽声，刺穿灵魂。无法想象在这里可以像在柏林的欧洲被屠杀犹太人纪念碑里那样四处闲逛，玩捉迷藏等。我还从没有见识过哪个纪念地，在其中穿行的时候——纵横穿越凭空想象出的村庄——会如此切肤感受到暴力、悲伤和空虚。而这样的效果不是用克拉科夫的辛德勒博物馆或者柏林犹太博物馆的寂静之塔里所用的好莱坞手段，不是以共情、历史场景还原或者模仿恐怖场景来制造的。这里仅仅是通过艺术化的抽象而产生了如此作用。

在民族纪念地，被屠杀的犹太人当然没有出现。虽然设计该纪念地的建筑师，2014 年过世的列奥尼德·列文（Leonid Levin）自己就是犹太人。对于苏联来说，所有的受害者都是苏联公民，除此之外再无其他。回到明斯克以后，维拉带我去看昔日犹太人聚居区的纪念碑，这是在 15 年前竖立起来的，是一群骨瘦如柴、正走下阶梯的赤裸人像。这雕像是让人动容的，这毫无疑问；但是在一个把一切都弄得恢宏壮观的国家，犹太人纪念碑就显得出奇的小，而且还被一片板式建筑建筑所挤压，被树木所遮盖，从街上看去几乎辨认不出来。

我们沿着一道木墙——墙背后在修第三条地铁线——继续穿过昔日的犹太人聚居区，这个地区在战后被人遗忘了，虽然这里住过约 7 万名犹太人，是苏联国土上最大的犹太人聚居区；就连知识最渊博的瓦伦汀·阿库多维奇昨天晚上也承认说，他也是在莫斯科文学研究所学习的时候才从一本偶尔读到的书里了解到明斯克的犹太人的生活与死亡的。我们走过了街边摊贩，他们沿着这个工地摆摊也许是因为木墙让空荡荡的全景大道变成了充满活力的小巷而重获青春。然后我们抵达了一座小公园。不，这不是公园，我发现，这是一座旧墓园，犹太人的墓园。几座墓碑相邻而立，但在朦胧暮色中，我们没法知道这只是一块工地还是一件艺术作品。我们与一位优雅的女士攀谈起来，她——这样的巧合是任何记者都没法凭空杜撰出来的——正好就是列奥尼德·列文的女儿。她叫贾琳娜·列维纳（Galina Levina），自己也是个建筑师，说一口完美的英语，开了自己的事务所继承父亲的一生志业。现在她刚刚拿到了重新设计墓园的任务，所以才会来这看看。

"我们还要走很长一段路，"她说，"才会让我们身边的人，尤其是年轻人了解到，当时犹太人被杀害，只是因为他们是犹太人。"

我问，她父亲为什么恰恰是在苏联时期能成功地建成这样一个让人震动却安宁无声的纪念地。是的，当时是很艰难的，贾琳娜·列维纳回答说，在当时那个时代，也就是20世纪70年代，其实不可能回避任何英雄风格。她父亲居然还是拿到了这个项目，这都要归功于彼得·马谢罗夫，当年的白俄罗斯共产党领袖，他是一个政治家，一个身居高位的共产党官员，但也是一个有审美格调的聪明人。马谢罗夫明白，艺术不止于宣传，白俄罗斯人需要一个静静默哀之地，而不是宣扬胜利之地。她父亲，贾琳娜·列维纳说，必须花最大力气去争取的，是采用钟声，一种基督教的形式语言来进行民族纪念活动。马谢罗夫作为共产主义者也理解了丧钟的意义。在至今未明的状况下，他1980年死于一场车祸。

"我在这次旅行中拜访过这么多纪念场地，"我说，"在德国也看过这么多纪念碑。但是到了哈滕我才第一次产生这样的印象：对了，这才是恰当的纪念。"

"是啊，我父亲做到了这一点，"贾琳娜·列维纳回答说，"但是这样的任务仍然艰巨。"

因为我们明天要往切尔诺贝利的方向去了，我就在小店铺里屯了一堆廉价衣服。在进入封锁区之后，我们身上穿的一切东西都要脱掉，电话里是这么说的。

/ 第十三天　在切尔诺贝利封锁区

因此我们动身时的穿着都不太讲究。我只觉得脚上的鞋子有些贵，是我昨晚买的二手货。我最好还是等到达之后再穿，否则鞋底早就掉了。一路上，公路、乡村小道边是一个接一个的墓地：空地上不时出现一小块四方形的林子，它们无一例外地被正好漆成天蓝色的栅栏围起来。桦树下的墓碑像是兄弟姐妹们一样挤在一起，墓碑前的塑料花即使在冬天也照常盛放。都是些普通的墓地，不是大规模的公墓。然而，白俄罗斯的每一处坟墓同时也是一座战争纪念碑，配有雕塑或是方尖形石碑，以及同样是塑料制成的花环和邻近村庄牺牲者的名单。而没有村庄也没有墓地的田间——因为如果村庄被焚毁、没有能够回忆起家人或是邻居的人幸存下来，则没有墓地——只有孤零零的一座纪念碑。

就是在这里，在这片曾经被沼泽和森林覆盖，现在又被开发利用得光秃秃的平坦土地上。这里就是第三帝国与苏联交锋的中心。《苏德互不侵犯条约》签署之后数十万波兰人被驱逐，紧接着纳粹德军在数天内行军通过，随后是就连自己的国民也绝不放过的无比残忍的游击战。最后，人性失控的程度到达了顶峰，德军撤退时下令：只可留下"死人区"。

别的国家都有用来警醒战争与大屠杀可怕之处的纪念碑。而穿行过白俄罗斯的人常常会形成这样的印象：这个国家就是一座纪念碑，悼念碑、公墓以及指示战时灭绝营的路牌是如此之多。不过，人们不能不受限制地追思所有牺牲者。斯大林主义的受害者不行，波兰牺牲者不行，战俘和返乡的劳工也不行。犹太受害者如果是因为其犹太身份被杀害的则不在纪念范围之内，以及切尔诺贝利的受害者也不能包含在列。"尽管这个世纪让人们联想到许多骇人的战争和革命"，斯韦特兰娜·阿列克谢耶维奇仍将切尔诺贝利称为"20

世纪最重要的事件"。1986 年 4 月 26 日，核反应堆虽然爆炸在如今的乌克兰境内，但 70% 的放射性残渣都落在了白俄罗斯。即使人们放弃了 485 座村庄和小城市，仍有 20% 的白俄罗斯人生活在被核污染的土地上。"白俄罗斯人就是当今活着的'黑匣子'"，这位诺贝尔文学奖获得者在自己有关这起核灾难的书中写道。她本人也因为这本书而在 1990 年代末成名："他们（白俄罗斯人）为未来记录下了有用的信息。为所有人。"

只不过，记录的是什么信息呢？阿列克谢耶维奇描写了辐射对居民造成的影响。然而灾难过去 30 年了，关于受害者的数量仍然没有一个确切的数字，不同的统计结果甚至相差三位数——强调一下是在小数点之前：如果人们检索一下至今有多少人死于辐射，那么答案的范围从 4000 人到 150 万人不等。就连在白俄罗斯也无法获取相关的数据。此外：如果有人报道大量儿童罹患癌症的事实，就会和明斯克的核研究所所长瓦西里·奈斯特伦科（Wassili Nesterenko）一样被辞退，甚至会像核医疗学者尤里·班达舍夫斯基（Juri Bandaschewski）那样被逮捕，他是离切尔诺贝利核反应堆仅 140 千米远的乌克兰第二大城市戈梅利的大学医院院长。与此同时，乌克兰的私人旅行社已经开始提供前往切尔诺贝利的诱导游客购买纪念品的旅程——虽然这是不负责任的行为——而在白俄罗斯，就连科学家也很难进入这片被戏称为"放射性生态保护区"的区域。

/ 078

当我们到达霍伊尼茨基（Choiniki）① 的时候，负责的官员不在岗位上。在几乎无车经过的六车道公路边，一片板式建筑群构成了霍伊尼茨基，人们在这里管理封锁区。负责人也没有接电话。接待室里，一位友善的女士努力寻找一位能够签字批准我们访问的同事，在此期间为我们沏了茶。然而我们发现，这里部门的每个人都认为别人

---

① 霍伊尼茨基是白俄罗斯东南部的一个区，属于戈梅利州。

应当负责此事，我一下子火冒三丈。政府总是在抱怨他们要独自承受这场核灾难造成的后果。现在真的出现了一位新闻记者，他不是对乌克兰，而是对白俄罗斯这片土地上发生的一切感兴趣，他申请了签证——这原本已经是够麻烦的事了，然后前往明斯克，取得外交部的授权，与官员预约好之后坐了四个小时的车来到这里——但他却不得不一事无成地打道回府？

我在盛怒之下当然希望这些官员能好好想一想自己的职业生涯会受到何种影响——如果我的新闻报道过于消极的话。不过，到最后可能还是出于对我的同情，有一位生物学家叹着气表示愿意带我们去封锁区边缘看看。他虽然穿着防护服，浑身却散发出和善的气质：滚圆的肚子，一撇小胡子，头顶秃了一半，脸上带着一丝讶异的神情，他不明白我们要在这片被上帝遗弃的荒凉之地寻找什么。当我们经过所谓的"准许地带"的时候——这片区域的居民只是被建议离开原来的家园，生物学家告诉我们他自己就在研究辐射对当地植被的影响。然而，他尚未查明有哪些影响。

"您还没确定有哪些影响？"

"老实说，我看不到有什么影响。我们当然能够确定一些数据值变高了。然而突变只在前几年出现过。如今，这里就是一块被放任自流的正常野地。我们甚至还发现了野马的踪迹。"

"对人的影响是怎么样的呢？"

"这就不是我的研究领域了。而且那里也没有人住了。"

"那您自己呢？我是说，您和您的同事应该每天都待在封锁区里吧——您难道就不害怕？"

"我们总是随身携带一个测量仪。而且我们每天都要进行身体检查。"

"如果检查的结果不好会发生什么呢？"

"那说明那个人一定犯错了。"

"犯错？"

"是的。他肯定是自己没有留心，比如在林子里逗留了太长时间，或者偷偷吃了野莓、蘑菇。偶尔偷吃一下没关系，但是如果吃了太多野莓的话，就会引起注意了，数据值会变高。"

"如果某个员工超过了最高值会怎么样？""那么他就会被解除职务甚至解雇，视情况而定。我们在这方面是很严格的。"

"因为检测出有过高的放射性，这个人就要被解雇？"

"是的，毕竟他肯定是犯了什么错。"

我们经过的地方不是村落，而是一座座零散的木房子。房子之间的间距不等，有的是篱笆挨着篱笆，而大部分则是互相隔着 30 米、50 米或者 100 米的距离。这里曾经有过村落。被遗弃的房子被拆除，地面都被铲去数米深。反正也不会有人搬过来了，我们在街上遇到的一个男人这样解释道。他是森林管理员。人们只会从这里搬走。没有搬走的人一旦去世了，房子就会被拆除。

"我们不会留下任何痕迹。"

这里曾经密集地有过 500 座房子，几乎就是一座小型城市，有自己的学校、商店、管理部门和社区会堂，甚至还有一个在整个地区都很出名的合唱团。而现在只剩下 30 个人了。前面那座窗户上装饰着三角楣的漂亮房子马上就要被夷为平地了。原来住在那里的老建筑师已经在几周前下葬。邻近村落的许多房子都是他建造的。在过去的 30 年，他就在一旁看着这些房子一座接一座地消失了。电还通着，自来水没了，人们从井里打水。一个流动商贩每周送两次食物来。公交车则很早就不在这里停靠了。

你为什么留下来了呢，我问这位森林管理员。他们在霍伊尼茨基给我安排了房子，但是离这里也不过 15 公里远，所以也没什么差别。再说世界上到处都有人生病，他这样回应。这里患病的人不会越来越多吗？1986 年参与灭火以及为出事核反应堆修建水泥保护套的清理人，即数十万志愿者或不是那么自愿参与工作的人员中有许多去世了，这是事实。但是我们还活着——一切都在正常状态，每年都有体检。有的时候数值比较高，有的时候又低一些，可能和饮食有关。孩子们呢？他在孩子们身上也没发现什么需要注意的情况，而且也只剩下两个孩子了。也就是通过孩子们和孕妇需要被紧急撤离这一点，大家才得知了灾难的发生。他当时在拖拉机上观察到了事故迹象，并立刻反应过来，糟糕的事情发生了。但是电视台直到几天之后才报道了这场事故。甚至当年的 5 月 1 日也和往年一样进行了阅兵庆祝，只不过没有孩子和孕妇参加。

一位戴着绿色头巾、镶着金牙的年长妇人向我们走来并说道，她的许多邻居都后悔被迫离开这里，因为他们不适应城里的生活，尤其是老人。他们有时候会回来，亲吻这片老屋所在的土地。许多人开始喝酒，老妇人觉得这比辐射还要糟糕。蘑菇和野莓还是老样子，土豆也和从前一样好吃，我们究竟在想些什么呢？担心自己的头上长出角来？好吧，深色野莓比红色的野莓放射性要强，她自己都不碰一下。

因为我来自德国，老妇人谈到了战争的话题，战争把她的生活分成了战前、战后两个阶段。她说，许多农村人被拖去做劳工，有的人则是和德国人合作。她指给我看了一些地方，那里曾经是某些人的家。比如那是被迫在德国辛劳工作的姑妈的家。在两个庄园之外是警察的家，他后来和德国人一起逃走了。她的母亲曾在地下室遇到一位年轻的德国士兵，他正在痛苦地哭泣。士兵说，这里发生的一切也会发生在我们德国人身上。当焚毁妇人所在村落的命令传来时，德国人也私下进行了讨论。有人说，这已经改变不了什么了。最终德国人撤离的时候让屋子留在了那里。因此这里现在还有村子，而隔壁的村子只剩下一块纪念碑了。

我们可以看看那块纪念碑吗，我问道。生物学家有些犹豫，因为必须穿过森林才能到达。但是森林管理员说有一条小路。纪念碑上写着"永远怀念被法西斯杀害者",下面是人名。底座上的花环应当在切尔诺贝利事件发生之前就放上去了,因为塑料绳已经开裂,颜色也泛黄了。所有纪念碑上"伟大的卫国战争"都是从1941年到1945年,虽然对于白俄罗斯而言,这场战争从1939年的《苏德互不侵犯条约》就开始了。

我们继续行驶,经过了一些牧牛草地和耕田,这些土地明显刚刚被耕作过。这里受污染的土地已经被铲平了,生物学家安慰我们道,此处每棵蔬菜、每份奶制品的铯、锶以及其他一些核元素都要在经过严格的检测之后才能进入交易市场。紧邻的区域就禁止种植、捕猎和砍伐树木。在离切尔诺贝利不到50公里的地方,我们到达了一个检查站,真正的封锁区就从这个检查站开始。我脑中突然想到,这片封锁区也是一个死亡区域。两名身穿迷彩服的守卫监管着车辆的驶入,其中一人在木塔上放哨,确保不要发生森林火灾。除此之外,他们的工作就仅限于每天为一辆至三辆汽车放行:生物学家的车、森林管理员的车、仍在辐射区域生活的两个人的车。

"还有两个人生活在那儿?"我吃惊地问。

"是的",守卫回答并解释,各地的辐射值并不均匀。这两人房子周围的数值低一些,当局抵挡不住他们的强烈请求,就批准他们住在那儿了。"我也好奇,这两个人到底在那里做些什么。他们不怎么说话。"

"每个人都会选择自己的生活方式,"生物学家这样认为,"他们没有迪斯科舞厅也能坚持下去。"

"他们是兄弟吗?"我这样问,因为我必须在两人之间设想出某种联系,能让他们相依为命,在孤独、寂静和危险中坚持下去。

"不,就是两个男人。"

"那他们住在一起?"

"不，不，住在两栋房子里"，守卫回答。

"我们的民族还不至于堕落到那个地步"，生物学家笑着补充道。

我们开始向霍伊尼茨基的方向往回开。这时我才想到，我还一直穿着徒步鞋。我现在必须把鞋扔了吗？生物学家多次保证，人们即使在封锁区内也可以毫无顾虑地工作，甚至可以吃些野莓。村里的人也没有给我留下每走一步路都要小心翼翼的印象。他们还告诉我们，每个夏天都有人从远处赶来采摘林子里的蘑菇。与之相比，我在小路上走的那几米路根本不值一提。

"您怎么看？"我在道别的时候咨询了生物学家："我能留着这双鞋吗？老实说，它们挺贵的。"

"您把它们扔了吧"，生物学家建议。除此以外，他觉得一切都没问题。

回程路上，我们在一处指示纪念碑的牌子那里拐了个弯：奥萨里奇（Osaritschi）集中营只存在了一周时间，是一片用铁丝网、岗楼和地雷围起来的沼泽森林。小小的停车场内有一辆车门打开的汽车，放着吵闹的电子摇滚乐——这可能就是生物学家口中的迪斯科。我们把车停在旁边的时候，一对情侣从灌木丛中悄悄走了出来，关掉音乐，表情害羞地开车离开了。塑料花环靠在纪念碑上，纪念碑后面的数米处还能看到围栏，围栏后面就是沼泽。纳粹军队在撤退时把7000名没有劳动能力的人关在那里，主要是老人、病人和儿童——他们没有栖身之所，没有卫生设施，没有食物，只能化雪当饮用水。"对可能产生的后果经过仔细的斟酌和检查之后，我们做出了以这种方式解决食物极度匮乏的问题的决定"，指挥将军在日记里这样记载。当苏联红军发现这座集中营时，超过一半的俘虏已经冻死、饿死或者感染传染病而亡，要不就是在尝试逃脱的过程中被铁丝网刺穿流血而亡，或者被地雷炸成碎片。我尝试想象1944年3月12日至17日在围栏之后发生了什么，但是只能看到一片沼泽。

树木都被砍掉了。我们是在明斯克的外围地带：社会主义风格的住宅区，高速公路，公路后面是大到没法让任何一个农民收为己有的田地，田地后面是一座有着阿迪达斯、耐克和肯德基之类闪亮广告牌的购物中心。如果年轻人没有把自己绑在挖土机上，如果工人没出人意料地与他们结成同盟，那么高速公路这边还会再建一座购物中心。高速公路本身到了最后会穿越斯大林的处决地库拉巴蒂（Kurapaty）。当时到底有多少人被枪杀，各方说法千差万别：官方数字是 7000；1988 年发现万人坑的考古学家夏农·帕森杰克（Sjanon Pasnjak）的估算是 25 万。小小的纪念碑上的文字既没有指出凶手也没有给出遇害者，而只是笼统地说明了一下，库拉巴蒂是在 1938 年到 1941 年的政治迫害过程中实施处决的地点。从事破坏的人遭到了惩罚。

夏农·帕森杰克在发现万人坑后成为最重要的民族运动领袖。阿库多维奇当年也参加了去库拉巴蒂的纪念大游行。他写道，帕森杰克如此巧妙地影响了政治局势，以至于所有在苏联垮台之后感到不满的人都在白俄罗斯的旗帜下加入了游行。"这样就形成了一个悖论：数以十万计的工人在明斯克的独立广场上集会了好多天，示威反对苏联解散，反对民主，反对物价上涨，而他们头顶飞舞的却是白红白的旗帜。"不过，帕森杰克的白俄罗斯人民阵线激起了他们无法满足的期望。白俄罗斯人中的大多数没有赢来民主，却丢掉了社会安定。而卢卡申科所宣传的福利政策，那种更关心工资、退休金和旧习惯而不是解放、分权、民族荣耀的"肉肠意识形态"更吸引人。"如果揪住鼹鼠的毛，把它扔到空中，它理所当然会把这个感受为暴力而不是让它有机会飞一小会儿的解放。"

我们走过一个地下通道，到了高速公路的另一边，进了一片松树林。那里面竖起了木头十字架，比较大的是用来纪念积极活动分子的，有两三米高。小一点的是用来纪念自己的亲人，读者用来纪念著名诗人的。另外还有不同遇害者教团的纪念碑。犹太教团的铭文写得尤其美："纪念我们的犹太教友，也纪念那些遭受斯大林恐怖主义毒害的与我们同属圣典宗教的基督徒和穆斯林教友。白俄罗斯犹太人立。"虽然这里的泥土在 1990 年代初被刨去了好几米深，以防有人来给骷髅点数，但是我还是不想走动。要走的话，每一步都会让人惊悚吧？因为无法知道埋下被处决的人的坟墓到底在哪里，又是谁在何时何地倒下。每一个坑里都放了 20~30 具尸体，我读到过，然后它们就被埋住了。所以我开始计算，坑要有多大，要有多少，这块处决地要延伸到哪里去，会不会包含了 1000 多个、2000 个或者上万个坑。

国家回应了示威者的呼吁，也想为受斯大林迫害而牺牲的人建一个纪念地，这本可以表露一种开放的迹象。不过事实并非如此：很快全国的政治示威就遭到了粗暴的镇压，许多反对派都被逮捕。这些示威游行的导火索是所谓的"寄生虫法律"：不去遏制失业率的上涨，而是对失业者施加惩罚。

我估计也就只有像白俄罗斯这样将创伤经历依次排列出来，就像沿着高速公路依次排开墓地那样，同时又严格监管记忆活动的国家，才会出现斯韦特兰娜·阿列克谢耶维奇这样的女作家。因为她的在形式上也独树一帜的作品无非就是个人化的，成为禁忌的，有时看似平淡无奇，常常又让人惊诧、自相矛盾的记忆而已。她是一个安静的、相貌平平的女人。她所写的书，光是其厚重就可体现她的勇气和执着。当我在她最喜爱的咖啡馆——位于明斯克市中心一个板式建筑地下的一家从意大利获取灵感的馆子——见到她时，她首先打听我有什么印象。

"我觉得不可思议的是，过去是这么赫然在场，在每个村子、每条街、每个家庭里都看得到过去——不论和谁聊起来，他们都有自己的历史，这又同时是一个普遍的历史。不论国家会给出怎样的说法，这难道不会造就一种集体记忆吗？"

"不会，"阿列克谢耶维奇语气坚定地说，"要让记忆变成集体的，就必须先把记忆写下来。"

她说，在明斯克只要注意一下街道名称，就会知道哪些罪犯、凶手、虐待狂还仍然受人崇敬。每个人都能知道，那些人是罪犯、凶手和虐待狂，这些信息都不是秘密。只不过信息被局限在自费出版社出的书中间，出现在因特网上或者祖辈的讲述中——这些信息是有的，然而它们没有产生影响。

"如果有人还是说出了不允许说出口的话，那他就会遭到反驳：可是我们胜利了呀。如果只可以谈论胜利，那么遇难者就没有了位子。"

我问斯韦特兰娜·阿列克谢耶维奇，她为什么拒绝出任库拉巴蒂纪念地评委会主席一职。因为其他积极活动分子正在受审讯，她回答说。而且一个月的招标期限也太短了，没法让人递交严肃认真的规划书。但最主要的原因是："我和这个政府没有任何交集，我做这个主席干什么呢？"她获得诺贝尔奖的时候，是总统本人指控她污蔑了这个国家。两年之后，她肯定不会任由他们收编招安。

那么她觉得到了今天，在据估计迄今最大的事故爆发30年之后，在她的书问世20年之后，人们对切尔诺贝利有何作为？

"没有任何作为。"阿列克谢耶维奇回答说，她还记得国家一开始还会散发盖革计数器①，全国各处都建了检测站，让人可以检测他们的食品。"那时候每个人都看得到机器上是不是在闪光。结果国家对此做了什么呢？它干脆停止生产盖革计数器，关闭了检测站。"

---

① 又称盖革米勒计数器，是用来探测电离辐射的粒子探测器。

我问，将切尔诺贝利事件压下去，避免让它出现在公共意识中，这是不是可以与回避斯大林罪行或者屠杀犹太人的事实相提并论。

"是的，完全可以。这个国家每次都要维持对过去的垄断。当它发现过去从它手中溜走了，人们不愿意把自己的记忆拱手让人了，它就会采取行动。这时候它就突然要自己在库拉巴蒂建造一座纪念碑。就像它在国外呼声越来越高的时候自己在原犹太人隔离区竖起纪念碑一样。但这都是权宜之计，是让压力保持在可控范围里。"

"如果一个社会不能说出自己的创伤经历，它会发生些什么呢？"

"它会生病。"阿列克谢耶维奇回答道。她说到了四处蔓延的酗酒之风，居高不下的自杀率，尤其是准备在每个人都能看穿的谎言中过活的政治被动心态。即使在库拉巴蒂，这里发生过的事件顶多只有祖辈还能记得，可是站出来示威反对砍伐树木的几乎只有年轻人。年纪大的如果上了街，和年轻的抗议者一起反对所谓"寄生虫法律"，那也是因为他们自己被波及，而不是为了公共福利争取利益。在她的采访中，她有过这样的经验，要花很长时间才能让人们开口说话。她常常得连着三天穷追不舍地问。如果人们对她敞开了心扉，他们常常第二天就后悔了，又重新收回了自己说过的话。她写切尔诺贝利的书只可能在苏联解体之后那几年里完成，那时候旧秩序还没复辟。而且那时候辐射污染的后果很明显，国家不可能把切尔诺贝利从公共意识中抹掉。每个人在自己的熟人圈子里都会认识或生病或死去或必须放弃家园的人。但是没有人能伴着恐惧生活30年，所以人们愿意相信切尔诺贝利的恶果已经得到了遏制，也不会对每年都有新地带可以恢复农耕感到惊讶。是啊，他们甚至还会心怀感激，当总统赠送给返乡者拖拉机的时候。现在在靠近立陶宛边境的奥斯特罗维茨（Ostrowez）建起了一个新的核反应堆，但是当地没有形成抗议活动——这是一个已经被污染过的地区，这里的人亲身体验过核泄漏的影响和国家的玩忽职守。

"但是您写的书不是产生了巨大影响吗？"我问："毕竟您为这些痛苦、疑问和恐惧发出了全世界都能听到的声音，而这是会长久留存的！"

"作为一个作家，不该给自己太多希望。"阿列克谢耶维奇回答道："我们的成功都是轻微的。有时候，当我在网上读到年轻人写的东西，当我惊叹于他们的大胆时，我会想，我的书也许对此起了点促进作用。仅此而已。"

"文学的成功也许是轻微的，"我说，"但是它们却能持续很久。"

"您这话是什么意思？"

"您的书100年以后还会有人读。那时候世界上还有谁会记得您今天的总统？"

这时候斯韦特兰娜·阿列克谢耶维奇垂下了目光，微笑着陷入沉思，这让我不确定她是为这句赞扬高兴还是没法把我的话当真。

"这就和核泄漏差不多。"我又加了一句。

在这一段路上都伴随着我的摄影师德米特莱·雷尔茨胡克（Dmitrij Leltschuk）认识一个立刻就乐意谈论过去的人：他姐夫的祖母，弗里达奶奶。她是犹太人，落入德国人的监狱，被放出来之后又被错判为德国间谍。她耳朵不太好使了，德米特莱说，差不多已经听不到别人说话了。所以和她的对话也就相应的只是单方向的。不过她也因此更加高兴，会有人尽管如此还是想听她讲过去。当我们驾车去弗里达奶奶家的时候，车上的电台广播在转播总统的讲话，"寄生虫"们让他格外激动。维拉和德米特莱突然大笑起来。

"他讲了个笑话吗？"

"没有，他又造了一个新词。"维拉解释道。

维拉和德米特莱觉得总统说俄语时的浓重口音已经够滑稽的了。他越是努力说得像一个莫斯科人，大家就越能听出他的用力。但是最糟糕的是，他在慷慨激昂的时候如果找不到合适的词，就会自己发明新词。

"总统发明新词？"

"发明也许说得有点过了。"维拉解释说，总统会从动词"压（zhim）"推导出一个名词，指的是压力，是总统想对行政部门施加的压力。但是这个名词根本不存在。除此之外，"zhim"在俄语里也是取得体育成绩的意思，比如举重运动员把杠铃举了起来。经常出现的情况还有，总统会在动词前面加一个本不该放在那儿的前缀。大家能听懂他想说什么，但是那些话听起来就很滑稽。他还总是对所有人都用非尊称，用上强有力的表达，真正的粗鄙话。"他毕竟是集体农庄出来的。"

"集体农庄出来的？"

"也就是说从乡下来的。"

"在乡下很可能大家不会在意他的俄语不好。"

"不会，他的语言在那儿会让人感到非常亲切。"

弗里达奶奶还没等我坐到沙发上就开始讲了。她的儿子如今也已是退休人员了，这会儿就告辞进了隔壁小间，把电视机声音开得大到能盖过弗里达奶奶的说话声。1941年10月或11月，她那时候21岁，在库尔斯克（Kursk）① 第十三阵线的指挥部做秘书，而这个指挥部必须要撤掉。可惜没有集中转移人员。所有人要逃都得自己想办法。弗里达奶奶被抓住了，和上百人、上千人一起被驱赶回库尔斯克，此时这座城市已经被德国人占领了。幸运的是，她及时脱掉了自己的军装，从农民那里弄到了别的衣服。她并没有按照犹太教规定行事，她父母也没有。她倒是坚定的共产党员，年少时在共青团里就已经很活跃了。但是她身前和身后的所有女人都知道，她如果暴露了自己的族裔出身，立刻就会被击毙。德国人对于伤病员

———————————

① 俄国城市。

也同样会很快下手。

"那他们怎么能认出您是犹太人呢？"我想知道，维拉就朝她耳朵里大声吼出这个问题。

"从黑色眼睛、黑色头发、比较深的肤色、脸型，这都容易看得出来的。要不就是犹太人，要不就是吉卜赛人，两者必有一个。"

弗里达奶奶表演了一下，她当年是怎么把头巾绑到眉毛以下，在走路的时候用手遮住嘴的。她们停下休息的时候，其他女人就把她围在中间，免得看守注意到她。这样也能御寒。不过她还是害怕这些囚犯中有人会出卖她来讨好德国人。回到库尔斯克后，她和15个女人住进一间牢房里，里面都没有空间让人躺下。弗里达是唯一一个从来不去院子里望风的；饭也是别人带给她的。偶尔会有一个年轻士兵出现在牢房前，点囚犯的数。还好他没有仔细往里看。她从他那儿学会了两个德语词："俄国""猪猡"。一个女囚犯，原来做过护士，可以分辨牢房上方飞过的飞机。一开始是德国飞机，过了几天是俄国飞机；然后德国人就陷入了恐慌。囚犯们被赶到院子里集合，好让人检验一下她们是否可用。本地的保安警察协助德国人辨认共产党官员和犹太人。他们挑了谁出来，谁就会当场被枪毙，就在离弗里达不到20米远的地方。但是保安警察和他身后的军官没有说任何话就从她身边走过去了。

"您刚才才说过，您会被认出来是犹太人的。"我表达了异议。

"也许保安警察就不想认出我来。或者他真的把我当成了一个村民。犹太人都是城里来的，但是我穿着那些衣服看上去就像个村里的老太婆。德国人都笑话我的。"

"在他们俩从您身边走过去的时候，您没有吓得要死吗？"

"是啊，当然我的心在拼命跳啊。"弗里达回答说，还发出"砰砰"的声音。

就在同一天，女人们被带到了一个大厅里。在那里一个军官出现在她们面前，一个长相英俊的男人，弗里达奶奶在 97 岁高龄还不忘强调这一点。她的心又怦怦跳起来，但是军官把保安警察支开了。他是奥地利人，他用磕磕巴巴的俄语说，他是奥地利人和反法西斯分子。奥地利本身是被帝国吞并的。所以他现在至少要释放女人。他要她们立刻去敞开的大门，撒开腿跑路。然后他说了现在已被苏联统治的村子的名字，用手指了指那些村子所在的方位。到了那儿女人们要分开来，不要成群结队地往前走。

"你们马上就相信那个军官了？"我问道："我是说，他说的是个让人难以置信的故事，不是吗？"

"我们也不知道，我们是不是该相信他。但是我们还能做什么呢？回到我们的牢房里去吗？"

大门真的敞开了。没有看守。女人们就开始往军官指给她们的方向跑，很快就到了一个村子里。她们问村子叫什么名字。这是他说到过的一个没有被德国人占领的村子。

"居然是一个奥地利人救了我的命。"四分之三个世纪之后，弗里达奶奶还在为之惊讶。"他真的是个帅男人。"

她独自一人穿过了湿漉漉的森林，饥寒交迫，一直在害怕又落到德国人手里。她走到了一个小镇，街上空无一人。最后她发现了一个拎着水桶的女人，心惊胆战地与她搭讪。她打听到，这座小镇叫列果夫（Ligov），没有被侵占。在司令部，她向当班的军官介绍自己，想重新工作或者回到父母身边去。军官说他不负责管这些事，给她倒了杯茶，直到负责的官员还有另一个人到来。她在办公室坐到了晚上，必须一次又一次地讲述自己的经历。询问变成了审讯，内务人民委员部的人也来了。到了深夜，她在办公室的地板上铺上自己的大衣睡觉，第二天早上审讯又开始了。最后，她被带进了一个牢房，在 1942 年初被认定为间谍，被判在西伯利亚劳改 10 年。

"但是为什么是间谍罪？"我问道。

"不这样的话，内务人民委员部就没法解释我这个犹太人居然能活着从德国人那里逃出来。"

"封锁区里的生物学家到最后也会自己变成有害的，在他们被污染了的时候。"德米特莱嘲讽地插了一句话。

在劳改场，维生素 C 缺乏病使她的牙齿一颗接着一颗掉，结果她很快就只能喝汤了。不过除此之外也没有什么别的了。到了第二年她才被允许通知父母她的去向。他们还以为她在战争中遇害了，或者被运到德国去了。

她对哪一边的怨恨更大，是德国人还是苏联人？

"德国人，"弗里达奶奶说，"是德国人发起了战争。"

"但是苏联人把你流放到了古拉格。"

"是德国人先把我变成了犹太人。如果我不是犹太人，苏联人就不会流放我了。"

她被释放的时候，战争早就结束了。她的亲属中 12 个人都没能挺到战争结束，她和她父母竭尽全力要恢复她的清白。不过没有任何证件留下。她也不知道其他囚犯后来怎么样了，不知道那位军官的名字，只记得他的长相和他来自奥地利。而且第 124 条法规也排除了为叛国罪平反的任何可能。不论被判罪者出示什么样的人证物证来证明自己无罪，一个叛徒是不能相信的。他越是显得可信，就越要怀疑他。

弗里达没有放弃，赫鲁晓夫死的时候没有，勃列日涅夫死的时候没有，她父母死的时候没有，苏联终结的时候也没有。1992 年，她终于得到平反。虽然她要费很大劲才能站起来，但是她还是让德米特莱把她带到客厅柜子前，那里面有一摞信、文件，最上面是判定她无罪的公文。有几年，她每个月都能从一个德国基金会得到一笔补偿金，她用这些钱请了护理员。护理员每天来为她做一次饭，给她洗澡。但是后来这笔钱停掉了，理由是她不是作为犹太人受到迫害，而是被苏联认作德国间谍而定罪。而德国不该为此负责。在找从法兰克福来的这份通知时，她发起火来。她本来就响亮的声音几乎变成了叫嚷，她用手捶打那摞材料，一下又一下。

"都是德国的错！都是德国的错！如果我不是被认出是犹太人，被抓了起来，我就不会一辈子都要斗争。要没有我的档案，我就能找到一份更好的工作。我还能有份养老金，让我能好好过活。是德国人把我变成了犹太人。"

"那今天的德国呢？"我问。

"那又不一样了。"弗里达奶奶肯定道。她平静下来："我说的是希特勒那个时候。今天是另一代人，另一个政府了。我现在97岁了。还有谁会记得呢？"

弗里达奶奶给我看相册，她的全家福照片，她结婚的照片，儿子结婚的照片，她的孙辈，许多抓拍。在她同事中间，她很打眼，这是没错。就像卡夫卡，我想，20世纪最伟大的德语作家，他自己也提到过他的肤色黑得像个印第安人。她已去世多年的丈夫也是犹太人——不然呢？——虽然没有人会过犹太教的安息日，也不去犹太教堂——要去的话还能去哪一座教堂呢？她不是因为自己是犹太人才受到歧视的，弗里达奶奶语气确定地说，而德米特莱听了直翻白眼。从没被其他人歧视过，她强调说，只是政府部门有时候会歧视。

"那苏联的时代是个好时代咯？"

"在战前是挺好的。"

"那是从斯大林开始变坏的？"

"对我来说，他是希特勒的朋友。"她说，又接着讲道，她母亲，一个普通的图书管理员，得知自己的女儿在西伯利亚的时候想要当面和斯大林谈话。所有人都想劝阻她，因为没有人可以这么直接去见斯大林。如果真去的话，可能就一去不回了。母亲还是坐车去了莫斯科。幸运的是，克里姆林宫的大门前没有人认真对待她。

"那斯大林之后，变好了些吗？"

"唉，不好说。我们工作很多。我们也有点儿小生活。就这些了。赫鲁晓夫、勃列日涅夫、斯大林，对我来说他们都一样。"

"那戈尔巴乔夫呢？"

弗里达奶奶想了想，然后说了让我格外吃惊的话，她几乎都记不起戈尔巴乔夫了。这显然还过去得不够久。

"没啥好谢的，"她在我表示感谢的时候说，"我时间这么多。如果您不来的话，我就只会睡觉了。"

回到车上后，德米特莱说，在他还是个孩子的时候，完全能感觉到他是犹太人，虽然他对犹太身份一无所知。就因为他有深色头发。他的曾祖父是一个热情爆棚的共产党人，在十月革命之后徒步走到了苏联，过了边界之后就亲吻土地。实际上，白俄罗斯苏维埃社会主义共和国（Sowjetische Volksrepublik Weißrussland）是除了独立的乌克兰人民共和国之外世界上唯一一个将意第绪语作为官方语言的国家。曾祖父在明斯克做了犹太剧院院长，1937 年在库拉巴蒂被枪毙——官方说他是波兰间谍，其实是因为他是犹太知识分子的代表人物。德米特莱想在克格勃那里查看档案，但徒劳无功。

"你对我家族的事儿还没听够吗？"他问。

"没听够，继续说吧。"我请求道。接着就听到了他祖父的故事。他祖父是白俄罗斯苏维埃社会主义共和国内政部副部长的助手。1951 年，他得到命令，不要阻止犹太人迁移到比罗比詹（Birobidschan）①。说明白一点就是要驱逐犹太人。这个事件我之前读到过：在那一年斯大林认为自己发现了一桩阴谋，恐怖主义的犹太医生要谋杀知名共产党人。作为预防措施，他就把所有犹太人都赶走了。不过斯大林的命令在他晚年并没有得到贯彻。在战前，他

---

① 俄国位于东亚的犹太人自治区。

在大清洗之后除掉了许多他的安保人员，怪罪他们做得过火。在战后许多官员就很犹豫，采取行动时不敢太过分。在德米特莱的祖父这儿，还有另一层关系：他自己也有犹太血统，而他的岳父已经被冤枉杀害。他装作出于疏忽，把这份指令放了一堆文件里，而他知道这样这道命令就不会外传出去了。

"你想听听我家族的故事吗？"我问。

"你有祖先是白俄罗斯人吗？"

"这倒没有。不过你还记得在《苏德互不侵犯条约》之后从东波兰被赶出来的波兰人吗？他们中有许多人都逃到了伊朗。"

现在德米特莱记起了那些波兰人，他们坐着小木船穿越里海，接着翻过厄尔布鲁士山（Elbrus），坐公共汽车、马车，有时还是徒步经伊朗走到巴勒斯坦或者进入西方国家。我的母亲在孩童时代，有几年就在伊斯法罕①和这些波兰人的孩子玩耍过，因为外祖父母在星期五的时候会邀请波兰家庭来做客。不少人留在了伊斯法罕，一个小女孩还嫁进了我们家族，现在肯定和弗里达奶奶一样年纪了。也许我能找到她，在我到达伊斯法罕的时候。

晚上，我们约好了去拜访那位格鲁吉亚人。格鲁吉亚人在东方就好比意大利人在西方：是隔壁家的南方佬。不轻佻，但有着粗鲁的开朗活泼，而做的饭菜好吃得惊人。哲学家阿列克西·杰瑟曼特（Aleksej Dsermant）在科学院研究 20 世纪的思想史，定期在白俄罗斯和俄罗斯电视台解说当前政治形势。他的马尾辫和山羊胡子让我觉得像个嬉皮士，而德米特莱却联想到了反犹主义。

"为什么会联想到这个？"我用德语问。

"因为他看起来像个教宗。"

不过当这位哲学家点了一份绿得刺眼的汽水的时候，德米特莱

---

① 伊朗城市。

也照样点了一份：他们俩都是就着这个味道长大的。

"比可乐要好。"我尝了一口后承认说。两人都满意地点了点头。

"白俄罗斯是最后一个苏联国家吗？"

"在某种意义上来说是的。"杰瑟曼特说。他解释道，今天的俄罗斯继承了叶利钦年代的经济自由化。在白俄罗斯也同样有过一次断裂，但是远没有这么激烈；集体感和社会安定在这里还是更起作用。

"那那些罪行呢？"我指的是白俄罗斯尤其深受其害的斯大林主义恐怖统治。

"罪行当然是存在过的，没有人会反对这一点。"

"但是没有一个用来纪念遇害者的地方，没有公开的讨论。苏联的黑暗面也不是学校教育的一部分。"

"人们显然没有这种需求，即要对斯大林的行为做太多思考。为什么要把少数几个激进分子的观点强加给整个社会呢？"

"但是如果像库拉巴蒂集体处决这样的事件都不为人知，人们又怎么会产生这种需求呢？"

"怎么是不为人知呢？每个人都可以了解到那些信息。"

/ 096

"但是这些信息之所以会为人所知，正是因为那些据说要把自己的观点强加给社会的几个人揭露了这个事件。不然就不会有人知道。"

"没有人禁止研究库拉巴蒂事件。现在还会在那儿修建一个纪念地。但是国家为什么要自己传播这样的信息呢？这会毁坏它自己的基础的。"

"这个国家难道是建立在斯大林时代的基础上？"

"不是，但是它是与苏联一脉相承的，而斯大林时代不论是积极的还是恐怖的方面都是其中一部分。毫无疑问，集体处决也好，驱逐出境也好，这些都必须在学术上进行研究。在莫斯科人们也是这样做的。但是我们遗憾地看到，在我们这儿，如果对一个因素质疑，那么整个过去都会遭到质疑。激进分子是有一份政治日程表的。他们想要清除掉苏联的历史，为了这个目的他们就必须把斯大林主义等同于纳粹。但是希特勒对我们发动了毁灭性的战争。这是不可比较的。希特勒想要彻底灭掉苏联各个民族，好让日耳曼人进驻东欧。这都是官方的计划，也都能查得到。您只要想想所谓的 1941 年路线，想想饥饿计划。这些已经被遗忘了吗？斯大林是为了维持自己的体制，也可以说是维持自己的权力。他犯下了可怕的罪行，但是没有实行过种族灭绝。许多斯大林的受害者以前也是国家机器的一部分，他们是坚定的共产党员，国际主义者。事后才把他们的遇害归结为出身问题，这是不恰当的。我们在乌克兰看到，如果民族主义泛滥会导致什么问题。大家都看到了广场上的纳粹标志。大家都担心战争会蔓延到我们头上。我们已经不想要这些了。"

欧洲犯了一个严重的战略错误，它支持了乌克兰的非法颠覆活动而没有考虑到莫斯科的反应。他不会为这个反应辩护，或者至少不会全盘赞同这个反应，他只是要指出，这样的反应是可以预见到的。而欧洲在利比亚和叙利亚又犯了同样的错误，后果又是战争和极端主义。只不过欧洲这一次自己尝到了以难民和恐怖袭击为形式的恶果。如果欧洲是以现在这个形态崩溃的，他不会觉得是件糟糕的事。

"这就是说，您寄希望于右翼民粹主义，勒庞、维尔德斯①和另类选择党？"

"我寄希望于批判欧洲的力量。这在左翼中也有。如果您把支持勒庞和梅朗雄②的人算到一起，那您几乎就已经有了多数票。"

---

① 海尔特·维尔德斯（Geert Wilders），2006 年创立荷兰自由党，反对伊斯兰教和大规模移民，主张对外来移民采取强硬的社会同化立场。

② 让-吕克·梅朗雄（Jean-Luc Melenchon），法国极有名望的左翼政治家，多次参选法国总统。

"但是您刚刚还警告我注意白俄罗斯和乌克兰的民族主义！"

"是的，这是一个矛盾，我承认。我如果是法国人，我会选勒庞，但是作为白俄罗斯人我看到勒庞是欧洲的终结。"

"那又如何呢？"

"我们要问问自己，欧洲是怎么落进这个困境里的。那我们就会想到欧洲建制派，是他们首先召唤出了对欧洲的怀疑。他们继续实施冷战，而不是与俄罗斯合作。我梦想的是一个从符拉迪沃斯托克① 延伸到里斯本的统一欧洲。"

我问道，欧洲的理想对于阿列克西·杰瑟曼特来说有没有意义，他会不会受这些理想吸引。

"是的，绝对是这样，"他肯定地回答道，"尤其是在今天，在现代性所代表的人文主义工程受到伊斯兰宗教激进主义挑战的时候。"

"大多数穆斯林其实都逃往了欧洲。他们不会往沙特阿拉伯或者伊朗跑。他们也不会逃到俄罗斯去。"

"可是他们在欧洲是什么呢？二等人。而这会导致他们容易被宗教激进主义蛊惑。而宗教激进主义又推动了民族主义。欧洲是自己制造了这些麻烦。"

在喝了至少和意大利葡萄酒不相上下的格鲁吉亚葡萄酒之后，杰瑟曼特最后又点了一份甜汤。我不用了，我说。而德米特莱，他这回比在弗里达奶奶家摇头摇得更多了，他又照样要了一份。

/ 098

---

① 俄罗斯位于太平洋沿岸的港口城市。

为了能进入封锁区，我跟随塔蒂亚娜（Tatiana）和她的儿子伊戈尔（Igor）往那边去。他们自己的村子已经不复存在了。塔蒂亚娜32岁的时候，居民们被叫到文化中心，然后得知他们不能再进入森林，不能喝井里的水，不能吃园子里的菜，不能让孩子们在室外玩耍了。她的村子在切尔诺贝利东北方向差不多300公里处，事实上离1986年4月26日那场事故的发生地足够远了。但是风向让他们遭了殃。这次我穿上了那双便宜的鞋子，不过我突然想到这都是扯淡——才过了三天，我就变得这么偏执了吗？如果霍伊尼茨基的那位生物学家说得对，那么我反正得把新鞋子扔掉，晚上只能赤脚了。另外，他的宽慰显得如此不可信，以至于我也不愿相信他的警告。以防万一，我今天带了一只盖革计数器。

塔蒂亚娜在路上告诉我：首先只是地面被铲平，学校的墙换了一种涂层，所有的村民都要持续接受检查。塔蒂亚娜的数据几乎还在正常范围内，而别的母亲则被禁止继续哺乳。地区领导总是在强调，没什么值得担忧的，但是他自己很快死于白血病。塔蒂亚娜的丈夫和她一样也是老师，除了教数学以外还上武装保护课。因此他对放射性多少有些了解，弄来了碘药片。而农民们则很快又让孩子们在户外玩耍。有一次，她在学校当校长的公公带了一份捷克斯洛伐克的报纸回家。她尝试翻译这份报纸以获取一些信息。还有一次，那时还不到两岁的伊戈尔的辐射值增高了，必须立刻进医院。那是最糟糕的时刻。幸好塔蒂亚娜很快反应过来，伊戈尔在检查表注明的那天根本没有参加检测。另外一个碰巧与伊戈尔同名的孩子被感染了。

"和你看不到的东西打交道很难。"

塔蒂亚娜没有听说过新生儿畸形的消息，但是她发现得癌症去世的人比以往要多。她很难判断这是否与切尔诺贝利有关。另外她还留意到异常多的自杀事件。一开始她经常感到疲惫无力，然后她的生理组织似乎渐渐适应了。儿童医生让她意识到应当尽快搬家，这比官方在核事故发生六年之后才开始的官方撤离还要早。他们决定不等分配的房子了，而是手拿盖革计数器，自己寻找新家。在离村子大约 130 千米的莫吉廖夫（Mogilov），他们找到了一个城区，在这里计数器不会闪烁了。

我们在行政区首府科拉思纳博乐（Krasnapolle）稍做停顿，因为要和地区议会的议长进行交谈，他是塔蒂亚娜的一位老同事。主席和之前村里人一样由衷地欢迎我们，他对地区的热爱也挺感人。曾经有 26000 人住在科拉思纳博乐，如今只剩不到 1 万人，不过孩子们可以免费吃午餐，职工们直到前段时间还可以领到工资以外的津贴。

"我们没有感觉自己被遗忘"，议长强调。他还指出，所有公共建筑的辐射性都会被定期检测，孩子们会在疗养院甚至是国外过暑假来调养身体。如果孩子们没有生病的话，那么他们为什么需要调养呢？这一点议长也不是很清楚。她关心的是向我们展示新的体育中心，这并不是哪里都会有的。因此我们很快站在了漩涡浴池、儿童浴池和一条专业的 25 米泳道之间。

"您看呀，现在变得多么美了。您还没看到我们的桑拿房呢。"

和南部的情况不同，30 公里之后开始的封锁区不是一块封闭的区域，而像是地图上一块拼凑起来的毯子，因为放射线不是均匀地落下来的。没有横木或者栅栏，只有一些警示牌。议长一开始想陪同我们。看得出来她是一位友好的、特别好客的女士。但是她又想到，至少她本人得遵守禁令。我们倒是可以安心地前往，这条路上几乎不会有检查。我们在离开小城之前想吃些东西 —— 只是吃什么好呢？我们最终决定买一些集市上的香蕉，因为香蕉绝不可能是当地种植的。

当我们再次回到车里时，我问伊戈尔，他从哪里学会了这么好的德语。他反问我是否知道"切尔诺贝利孩子"这个表述。是的，现在我想起来了。和数千白俄罗斯和乌克兰儿童一样，他夏天都是在德国的寄宿家庭里度过的。寄宿家庭最小的孩子曾经有次在晚上到他卧室里来看看伊戈尔是否会发光。三到四个夏天之后，寄宿家庭的爸爸妈妈称伊戈尔为他们的俄罗斯儿子。而伊戈尔掌握的德语则要归功于他在歌德学院的工作。不，切尔诺贝利并没有让他失去未来。

我们开车经过了新长成的松树林和不久前才犁过的田野。直到过了一个画着辐射标志的警示牌后，那里的土地才是纯粹无人烟的野外，也没有焦油留下的痕迹。不过路边躺着一些树干，也许是有人想把它们挪走，可能是森林管理所的人。一个十字路口边还矗立着一座已经风化了的石碑，上面刻的名字只有少部分还能辨认出来：伊万·塞特福（Ivan Saitev）、尤里·雅克莫维奇（Yuri Jakimowitsch），"牺牲于对抗德国法西斯的战争中"，而他们所属的村庄早已被德军焚毁。

塔蒂亚娜的村子似乎也只剩下一座战争纪念碑了。但是她指给我看了一片林子，在有二三十年树龄的松树之间，我辨认出一栋两层建筑的地基。他们在那间教师公寓里住过。伊戈尔能回忆起的最后一件事情是父亲把家里的电线都切断了。伊戈尔问父亲为什么要这么做。为了不会发生短路，父亲回答。挖土机通常都是连夜赶来，这样居民们就没有时间拆下门窗、地板等东西了。但是人们总能事先知道哪座房子要被拆除。有些人能以此大赚一笔，他们把房子拆卸开来，连最后一块木板也不放过，搬到运输车上，再在莫斯科当作乡间别墅卖掉。伊戈尔不知道为什么公寓没有被埋到地底下——可能混凝土与别的房子所用的木材相比，吸收的辐射要少，又或者是因为拆除一栋水泥建筑要花更多的工夫。

我们继续穿越森林，来到了也是用混凝土建成的从前的食品店。

屋顶已经塌陷了，沉重的大梁横七竖八，但是人们还能在墙上辨认出瓷砖，那里原本是奶酪或者肉制品的柜台。

"以前食品店前面有一个停车场，"伊戈尔说，"还有汽车，这里其实不是一个那么偏僻的小地方。"

虽然库拉巴蒂的地面已经被铲去数米，但是走在这里还是让人感觉毛骨悚然。奇怪的是盖革计数器并没有响起。终于，我们到了第三座水泥房子这儿，大门旁边就是校长办公室。从前，每当塔蒂亚娜在早晨踏进学校的时候，都能看到自己秃顶的公公已经在办公室了。墙上还写着预计以后班级聚会的时间：89级的学生每到8月的第一个周六就要聚一次。"弗拉迪米尔，如果你看到这个消息就给我打电话。"木地板被撬出来了，而体育馆墙上的篮筐还在。盖革计数器还是没有亮灯警示，不论是在房子里还是在林子中。林子所在的地方就是原来的学校操场。看来就连我的鞋底都没有遭到辐射的污染。

回程路上我们又在高速路旁边看到一处指示灭绝营的牌子：至少6万人在特罗斯特内兹（Trostenez）被杀害，其中的大部分都是犹太人。而从灭绝营中幸存下来的少数犹太人中的许多人在解放之后又以"间谍"的身份死在古拉格。还有一批明斯克的犹太人也死在了那里，这批犹太人在1947年为他们的教友建造了一座纪念碑。从1970年代开始，这里好歹有了一座方尖形石碑，语焉不详地纪念着"平民、游击队员和红军战俘"，他们"被德国纳粹占领军射杀、埋葬、焚烧"。而曾经的灭绝营连一片铁丝网也没有留下。

我在酒店房间与尤里·班达舍夫斯基进行了视频通话。他是来自戈梅利的一位核医疗学者，1999年因发表与切尔诺贝利相关的言论被当局逮捕，六年之后被迫流亡。他现在在基辅①做研究。我首先询

---

① 基辅，乌克兰首都。

问了他，白俄罗斯当局是没有收集与切尔诺贝利相关的数据还是他们仅仅没有公开这些数据。

"这我不知道。白俄罗斯最近 10 年，甚至 12 年都没有发表过核医疗方面的可靠文章，只是一些一般性的结论：没有问题，一切正常，一切都在我们的掌控之中。但是我们有来自乌克兰的数据：显著变高的癌症发病率，例如血癌。在我们看来，这与切尔诺贝利之间的关联已经被证实了。而白俄罗斯境内的所谓未受核污染的干净区域其实与乌克兰的状况类似。如果我们用这些数据对受核辐射强度严重得多的白俄罗斯进行推算，那么我们会得到与当局完全不同的结论。我们会看到，问题不是变少了，而是变多了。"

"怎么说？"

"现在我们有了所谓的切尔诺贝利二代，也就是在核灾难之后出生的人。我曾在戈梅利治疗过许多这样的儿童。由于父母的基因缺陷，他们在出生的时候就比其他人要虚弱，对哪怕一点点剂量的辐射都会有反应。几年后，他们中的许多已经去世了。或者他们无法生育。或者即使能生出孩子，孩子也遗传了基因缺陷。"

"是不是要求居民撤离的区域太小了？"

"是的，明显是这样。应当让更多的人搬出去，事实上像莫吉廖夫或者戈梅利这样的大城市要整个搬空。就连紧挨着污染区的地方都允许人居住，这简直就是犯罪。当然这只是我的观点。"

我向班达舍夫斯基提到，当我在封锁区的时候，盖革计数器的警示灯一次也没有亮——这是不是意味着辐射其实没有以前那么高？还是说依旧很高？辐射已经不在地表了，班达舍夫斯基解释道。人们可以站在地面上，但是绝对不能食用从地里长出的东西，因为辐射能够通过植物的根进入食物。森林大火也是极其危险的。原来是这样，怪不得封锁区的检查站要设置观察森林火情的瞭望塔。

"带我们参观的生物学家一再保证，所有食品在交易之前都会经过严格检查。"

"是的，人们确实会检查。如果放射值太高，人们就把它们和干净的食物混合在一起，直到数值差不多符合标准。而这些食物会被分发到全国上下。"

"那么这些标准是否有理可据？"

"没有，当然没有。我一直以来都在说这件事。对于遗传基因已经被破坏的一代人来说，即使较低剂量的辐射也有可能是致命的，更何况：食物与 X 线照片不同，一点点辐射都不应该有。"

"其他国家是不是应当抵制白俄罗斯的食物？"

"是的。既然白俄罗斯把被核污染和未被污染的食物混合在一起，它们就应当被禁止出口到任何地方。"

"生物学家自己相信他对我们说的话吗？还是说他只是在撒谎？"

"他在撒谎"，班达舍夫斯基很确定。"他没注意到任何改变是不可能的。只要他真的是一名生物学家，那么他一定在撒谎。那些在白俄罗斯研究切尔诺贝利的科学家就是在一个建立在切尔诺贝利谎言之上的国家中长大的，他们为这个国家工作。当他们看到一个大学医院的院长被扔进监狱之后就知道，如果他们敢开口说实话，他们可能会受到怎样的虐待。至少他们会被解雇。"

那我要怎么处理自己的鞋子呢？我得把两双鞋子都扔掉吗？那双贵的也扔掉？可是盖革计数器在封锁区内都没亮过。

尤里·班达舍夫斯基在屏幕里笑了。"您的鞋子不会有什么问题，"他安慰我道，"您把其中一双洗干净，留着当作对切尔诺贝利的纪念吧。"

在往乌克兰方向去的高速公路上，我再次在脑海中承认瓦伦汀·阿库多维奇说得对，20世纪的灭绝性灾难事件也要包括土地改良措施。一场地震都不会让地面景象发生如此强烈的变化："一块之前羞怯地隐藏在树丛、沼泽和小树林背后的土地如今赤裸裸地袒露了出来。它连带它那像在绘图板上一样整齐排列出的坟墓，开放而平整地伸展到天际线。"阿库多维奇写道，光是在1976年就有11000辆拖拉机、3000多台挖土机、近3000台推土机，还有很多其他机械被用来将生机盎然的土地转变为耕地。和集体化、城市化、工业化齐头并进的土地改良，在白俄罗斯比在其他任何一个苏维埃社会主义共和国都要推进得更快。相应的，白俄罗斯工业产量的增长速度也在很多年里是苏联各加盟共和国平均值的两倍。"但是白俄罗斯的农村也为这样的突飞猛进付出了昂贵的代价。社交功能和文化功能都消失了。"我估计这些话表述得过于夸张。但是我们已经觉得奇怪，在我们从高速公路上下来之后，看到的村子几乎没有一个是围绕一个中心建起来的。充其量有一条横穿村子的大道，两边立着许多房屋，但是没有一处有中心，没有一处有村里广场，很少看得见教堂，也没有可以让人碰面的人行道，只有一个在特定场合才开放的社区大厅，一个没有橱窗的食品店，偶尔有个加油站，带战争纪念碑的墓地倒是一直有。就连住宅也是互相隔着距离，就像每个人都厌烦别人一样。

我们开进了斯维特拉霍斯克（Swetlahorsk），一个有着7万人口的板式建筑居住区，建造在从俄罗斯伸来的输油管旁边。斯维特拉霍斯克这个名字翻译过来就是"光之山丘"，在1990年代它曾经小有名气，因为这里有整个白俄罗斯最高的艾滋病感染率、最高的酗酒率、最多的有毒瘾者。后来，国家采取了几项发展策略，只不过当我们今天在这镇上走过的时候，看不出它们有什么效果。这里有一座旧的购物中心和一座新的购物中心。有一个给小孩蹦跳的充气台和一张蹦床，有一家书店，里面的书架上摆的都是给孩子们看的漫画书，除此以外——什么都没有了。晚上没有人会走进小酒馆，我们打听到，白天没有人坐在咖啡馆里，村民只会在公园里或者在板式建筑前面聚到一起喝酒——如果他们不是在看电视或者一个人喝醉的话。最激动人心的还是加油站，大家也会到那里碰头喝酒。

我们和一位毒瘾治疗师约了见面，他证实斯维特拉霍斯克的吸毒率还是奇高。没有具体数字，因为只有那些去住院治疗的毒瘾患者才会被登记下来。医院里的毒瘾治疗区不比其他国家差，复发率也没有比其他国家高很多，这都不是问题所在。问题是，治疗要花钱；所以穷人，也就是农民几乎从来不去治疗。只有到了回天乏术的时候，医生才能接触到这些人。

我问，酗酒是否可能与许多历史剧变和被压抑下去的创伤经历有关。

对这个因果关系只能做一下猜测，医生说。这样的现象肯定不止一个原因。不过引人注意的是，在那些在 20 世纪有过类似遭遇的邻国，酗酒也是一个严重程度与这里相似的问题。

"不仅仅是酗酒。"医生接着说，然后打开他的笔记本电脑，让我看三位德国神经兼精神病治疗医师的文章："自杀率与谋杀率，作为极端的自我攻击性与外向攻击性的表达形式，在全球几乎是对称分布的。完成现代化并具有高度的民主共识与有效运转的法治体系的富裕国家有着高自杀率和低谋杀率，中央政府较弱的传统国家则有高谋杀率和低自杀率。一个例外是几个东欧国家，它们既有高自杀率又有高谋杀率，在这一点上与它们的邻国截然不同。这些国家就建立在昔日的血染之国的土地上（斯奈德：《血染之国：希特勒与斯大林之间的欧洲》，2011 年），这些国家在 1930~1945 年有数百万平民被苏联和纳粹迫害致死。"

在斯维特拉霍斯克之后，我们在乡间大道上几乎没再看到任何人，虽然田地都是被人耕作过的。要过三四分钟，有时是十分钟，我们才会看到有车迎面开来。我渐渐开始产生只在遥远的异国遭遇过的幻觉：我是踏上某个新大陆的第一个人。对此，年轻作家安德烈·霍瓦特（Andrej Horwath）肯定也颇有同感，他搬到边境附近的一个很小的村子里，在博客里讲述自己的新生活，而读者众多。他在露天明火上为我们烤蔬菜、鸡蛋和土豆。

"只有盐是买来的。"他在把生铁锅放到阳台桌子上时喃喃地说道；他说得那么轻，几乎没有重音，可我们还是能察觉到他的骄傲，其他所有原料都是他自己种养的。浴缸放在一个没有屋顶的木棚里，水是用水桶倒进去的。没有自来水，但是有电，为了用电脑、上网。不，安德烈不是经常和人聊天的人，看得出来。他在两句话之间停顿很长时间，如果他能给出个回答的话。一抹稀疏的胡子，严肃的脸，瘦长而笨拙的身子。他妻子和六岁的女儿还住在明斯克，而他自己想要搬出城市，离开人群，过简单的生活，写他的小说。每个月，安德烈的女儿会来看他一次，住上几天。或者他坐车到明斯克见家人。只可惜他在那儿不能待超过一晚的时间，因为他最近养了一只山羊。这让他烦恼，他说，他想把城市和乡村连接起来。但是做不到，因为这只山羊。

我问，他怎么和人交谈。用当地的白俄罗斯方言，这种语言还很有原味，安德烈解释说。有时候里面会夹杂俄语词，尤其是涉及官方手续的时候。还有一个词，anihadki，大家用得很频繁，但是没有人清楚地知道它是什么意思，是一个填补停顿空白的词，可以表示确认、赞扬或者几乎任何其他情绪，完全取决于怎么说出这个词来。

他的博客能大获成功，语言上的这种微妙起了很大作用，维拉在安德烈清理半满的锅的时候插话道。这顿饭挺可口的，但是看得出是给我们这些客人特意操办出来的。他不会每天都费这么多工夫做饭的，明天后天他应该都会吃剩饭了。知识分子、文化人，还有些反对派分子在城里说的白俄罗斯语总是有点做作，维拉继续解释道；但是安德烈在某种意义上是在语言根源处写作的；在他的语言里还能听到祖辈的那个世界。就连那些平时已经完全俄罗斯化了的人也会被打动。尤其是年轻人对白俄罗斯语越来越感兴趣，都组织起了学习班。甚至连总统最近都提到，他儿子喜欢白俄罗斯语。他说这对官员们来说是个信号，他们要学会察觉民众对他们有什么期待。

这所房子是安德烈的曾祖父的，他还算富农，当然也就被流放到乌拉尔山后面去了。不过好歹他儿子，安德烈的祖父幸存下来了。他祖母在德国服了三年劳役，总是热情地感叹那边人对她有多么好。什么？是的，有一次她迟到了，德国的头儿根本就没有骂她。她做了一朵纸花，送给他表示感谢。这里的农民很清楚，村子被烧毁，是因为里面藏了游击队员。而且那些游击队员需要什么，就直接拿走；德国人倒总是付钱买鸡。这倒不是说，大家喜欢德国人，但是游击队员也让人害怕。没有仇恨，不论是对德国人还是对俄国人。仇恨似乎就不会在他们的感情生活中出现。在 60 年之后，这些人仍然生活在一种战后气氛中，大家对能幸存下来，没有饿死就已经感到庆幸了，谁当权对他们来说都无所谓。

那这里的日常生活是怎样的呢？人们变懒了。以前他们都被逼着去工作。现在他们反正怎么都能拿到钱。好吧，村子里反正也只有那些没门路走出去的人了，主要是老人，还有适应不了城市，或者去了又回来的年轻人。他们也没有什么追求。村子里的学校已经关闭两年了，没有足够多的孩子了。酗酒在这里是最大的问题。这里的伏特加比世界上其他任何地方都便宜。啤酒比水贵不了多少。

也就是旺季出门打工的人从俄罗斯回来的时候能多带点钱来。

"人们会去投票选举吗？"我问。

"会的，百分之百。"

"投票支持政府。"

"我想是的。"

人们不谈论政治。这话他还从没听说过。大家去投票也不是因为他们喜欢总统，而是地方行政官跟他们说了要他们去。有时候他们也抱怨农庄头儿不好，但是他们也不做任何事情来促进改变。

"这是苏联式的心理倾向吗？"

"我觉得这倾向比共产主义要更古老，是一种基督教和异教的混合体，但是比在俄国人那里扎得更深。和总统，和教士，和农庄头儿的关系也都是这样，就像和神灵的关系一样。有时候骂一骂，但是到头来还是听从他们的。"

"这条路通到哪里去？"我指着沙砾小路问。

"通到下一个村子，那个村子还要更偏僻。"

"我该怎么去想象这个更偏的村子呢？"

"嗯，基本上和这儿的情形差不多，有很多木头房子。只是通电的房子更少。"

不知道什么时候也会要关闭的食品店里，可以买到最急需的东西。冷冻肉，熏干的鱼，洗衣粉。一瓶伏特加换算过来是 80 芬尼，没有螺旋盖——一旦打开了，基本上也就会被一口气喝光，安德烈说。

"我总是觉得这儿的面包奇怪。"他又说。

"为什么？"

"这里庄稼种了很多，但是面包却是你想得到的最差的、最便宜的。这我就不明白了。如果别的做不到，至少吃的面包要能过得去啊。"

在沙砾小路上，我们一开始迎头遇到了一辆马车，然后很快又遇到了一个披着垂到脚踝的斗篷的老妇人，松散的长发上围了一块红得发亮的头巾。她大声叫骂着，做着手势，就像是和在她面前倒退着走路的人一样。我们，她似乎没有注意到。

"她在骂什么？"等我们走过她身边以后，我问道。

"她有两个已成年的儿子。其中一个不喜欢她做的饭。她骂的就是这个。在所有村民中，我最喜欢的就是她了。有时候她来看我，坐在阳台上，然后就给我讲她这一辈子的故事。一次又一次地讲她这一辈子的故事。"

"那她现在又在骂什么呢？"我问，因为老妇人的声音变得更刺耳了。

"她刚刚在骂维拉。"安德烈向我解释说，自己也不由得微微一笑，虽然他平时都挺严肃。"是什么样的女人在这儿四处晃荡，还干净得像个布偶娃娃。"

这是个走向灭亡的世界。小村子都会死去，根本不需要来场切尔诺贝利事件。首先关掉的是学校，然后是教堂，最后是食品店。现在在这一片就有这样的村子，公共汽车一周就在那儿停一次，虽然没有人自己有车。等最后一座房子空掉了，挖土机就会过来用土埋掉它，这样就不会有任何东西留下了。这里的人，卢卡申科政府的执政基础，他们什么都不想改变。

"如果明天来了另外一届政府呢？"

"那他们根本就感觉不到。对他们来说就是换了一面旗子而已。"

"如果明天欧盟进来了，带来了他们投资的蓝旗子，带来了市场经济、商业广告和自由思想呢？"

"那他们也会像现在这样表面适应，内心却还维持他们自己那个样子。"

"那你自己是怎么看的呢？"我问安德烈："白俄罗斯归属欧洲的

话，好不好？我是说，如果它有希望加入欧盟的话？"

"我不是很肯定。"安德烈说。"这个村子还没准备好。真那样的话，它不会慢慢死去，而是立刻就被扫除掉。你知道，我们是处于不同世界的十字路口。这让我们与众不同。我们文化的意义就在于，我们又是西方又是东方。如果我们只是归顺西方，我们就会摧毁我们的文化。我总是想象着，我们能朝两边都竖起栅栏，朝西边，也朝东边。但是那会是一个很低的栅栏，很容易就能爬过去。"

我对安德烈说，需要有他这样的人，能在某种程度上两边沟通。没有他，不但是我，就连从明斯克来的我的陪同都没法找到入口进入这个位于欧洲边缘的乡村世界。哪怕有口译员，我也没法这么简单地和人交谈。

"是啊，但是要想理解这里，就必须待得久一点。"他提醒我。

"说得对。"我回答说。"但是有些东西，也只有外出旅行而不是待在原地才能理解。"

"也许吧。"安德烈·霍瓦特说，他因为他那只山羊，还是只能外出一天。

我们出发了，好在天还亮的时候就抵达乌克兰边境：一条在茂密森林里穿行的有护栏的公路，绵延好几公里，路上有很多闸杆。只有在入境者接受了仔细检查之后闸杆才会开启。在一个停车场，有家商店挂着自由市场经济下每家免税店都会挂的招牌。拎着沉重手提包的几个男人朝我们走来，估计是回家的流动短工——难道没有直达的公共汽车线路吗？还没到最后一道关卡，我们就被地上的洞给颠醒了。不论对白俄罗斯有何评论——我还是能在后排椅子上做笔记，甚至还能在笔记本电脑上敲字。在乌克兰就做不到了。悖谬的是，这里的街道上的拉达车①明显要更多。与白俄罗斯不同，

---

① Lada，苏联汽车品牌，自70年代后风靡苏联东欧国家。

与西边加入了欧盟的邻国也不同，这里的人均收入从 1991 年以来就持续下降，现在降到了每个月 200 美元。可当我们在 7 点左右驶入第一个乌克兰地区时，我们在街上却看到人行道上人来人往。有带橱窗的商店，有咖啡馆，有个土耳其烤肉铺子，五颜六色的灯光。而在留在欧洲的俄语领地里，也许甚至还留在苏联领地里的白俄罗斯，人们是不会让公共区域这么充满活力的。我从闪闪发亮的挂外交车牌的高档轿车，明斯克歌德学院院长的专车上下来，要把我的行李塞进一辆破破烂烂的标致 304。这辆标致车的车头灯是用透明胶布固定住了的。我可以信赖这辆车的，司机注意到我困惑的眼神，安抚我说。它跑了 40 万公里都挺稳当。我的新陪同配着他的百慕大休闲短裤穿在脚上的塑料凉鞋显然也一样跑了这么远。

　　晚上在基辅，我又回到了我自己的坐标系。也许因为我已经麻木到不会产生任何印象了——户外风景从维尔纽斯以来就都只是平坦的、单调的——夜生活也就让我觉得更加刺耳炫目而杂乱无章，餐馆和酒吧连人行道都占去了，年轻人穿着光鲜而显出追求享乐样子，这是一个既在爆发又在粉碎的城市，这边是诗情画意地走向颓败的古旧建筑，那边则已经是从巷子里榨取每一份活力的士绅化景象了。有轨电车还是冷战时代留下的，而在明斯克一切都那么精致。街上四处是在白俄罗斯无处可寻的污秽。贫穷肉眼可见，财富因而也更炫耀招摇。"SUV 里坐着的都是罪犯，一个都不例外。"名叫萨希科（Sashko）的司机低声说道，他成长于利沃夫一个艺术世家，后来在纽约做过出租车司机和酒吧招待生，今天是个革命分子，狂热的爱国者。"普京就懂得用肌肉。"他说，接着下一句就开始咒骂自己的政府。

　　广场四周的楼房上时常能看到枪眼的痕迹，广场正中摆着烈士的照片。除此以外，这是一个配有苏联式高楼的巨大广场，出现在新闻报道里的时候会让人产生一种历史悠久的城市样貌的错觉，它早就被休闲人群重新占领了：游客、青少年、带着孩子的一家家人，在克拉科夫或者巴塞罗那也能见到的街头艺人，以前只有在教堂落成典礼的集市上才看得到的一大堆廉价小杂货。在几块广告牌上看得到在东线作战的士兵。战争离得并不远。

康斯坦丁·巴托兹斯基（Konstantin Batozsky）领我去下城区
的一家咖啡馆吃早餐。这里的咖啡馆看上去就和柏林普伦茨劳贝格
区的咖啡馆一样标新立异：古老的破屋，当然这种破败用旧的感觉
是人为制造出来的；“高档做派”的粉刷成白色的胶合板架子；酒
吧间的高脚凳和罐子；一点也不愚蠢的流行音乐；所有的配料都是
有机食材；自制的小饼干以及最考究的卡布奇诺。康斯坦丁是一名
政治咨询顾问，曾经为民主的寡头政治家谢尔盖·塔路塔（Serhij
Taruta）① 工作。尽管很圆滑，康斯坦丁仍然是一名自豪的乌克兰民
族主义者。他自嘲地补充道，自己的血管里甚至没有一滴乌克兰的
血。1980年，康斯坦丁出生在顿涅茨克②。这是一座受苏联影响巨大
的东部工业城市，如今分裂主义者统治了那里。康斯坦丁在整个成
长过程中没有接触过任何乌克兰文化，他几乎不会说乌克兰语。为
了攻读政治学，他来到了莫斯科。革命③ 爆发的时候，康斯坦丁认
识的大部分人都理所当然地站在了向东方阵营看齐的政府一边。康
斯坦丁则犹豫了片刻，随后飞往了基辅，加入了前往基辅独立广场
的游行队伍。为什么？

“因为那样的政治理想也是我当时的理想：自由、民主、欧洲。”

“法西斯”，他的一位朋友这样骂他。在此期间，康斯坦丁学会
了乌克兰语，他的孩子是在双语环境中长大的。我又问，那些在苏

---

① 乌克兰政治家，议会成员，同时也是一名商人，据《福布斯》杂志报道，他是世界上
　　最富有的人之一。

② 顿涅茨克市的居民主要为俄罗斯族和乌克兰族，是乌克兰国内俄罗斯族比例较高的城
　　市，以讲俄语者为主。在苏联时期，顿涅茨克是著名的煤城。

③ 此处指2013年因时任总统亚努科维奇中止与欧盟签署政治和自由贸易协议，强化与
　　俄罗斯的关系而在乌克兰境内爆发的反政府示威活动。

联国家内部迁居的人，他们的孩子或者孙子要怎么办呢？他们突然间就置身于一个与自己毫无关联的国家中了。是的，康斯坦丁回答，这肯定不是一件容易的事。他能够理解那些留在顿涅茨克的家人：他们对分裂主义者也没有什么特别的好感，但是他们已经老了，很保守，不想放弃自己的家园。

"那些在苏联时期来到乌克兰的俄罗斯人后来怎么样了？"我插话问道，"总不能强迫这些人个个都接受乌克兰文化吧。"

"为什么不能？"康斯坦丁不认同我的看法："他们至少得决定自己的孩子到底是乌克兰人还是俄罗斯人。"

"如果他们想继续保持俄罗斯人的身份会怎么样呢？"

"这当然会成为一个问题。"

"什么样的问题？他们会被驱逐吗？"

"不会。但是那些仍然受俄罗斯煽动宣传影响的人几乎无法融入乌克兰社会。"

"那这还是会造成驱逐出境的结局。"

"不会的，不会。但是人们不能一边拒绝着这个国家，一边又享受着这个国家的所有权利。这个在哪里也行不通。"

我问康斯坦丁，他当时做出这个决定的时候是否受到了自己犹太出身的影响。毕竟这个决定不仅意味着与要与许多朋友决裂，同时也是与故乡顿涅茨克的决裂，他不可能再回去了。要说和犹太出身有关系的话，那就是因为在苏联反犹主义当然也一度很猖獗。当他得知自己出身犹太家庭时，还是孩子的康斯坦丁相当害怕，甚至是羞愧。可能这就是为什么他非常在意平等吧。但是我很好奇，乌克兰的民族主义对他来说就不是一个威胁吗？毕竟任何民族主义都会定义谁属于这个民族，而不是这个民族的其他人就不能享有平等的权利。不是这样的，您误解了乌克兰民族主义的含义，康斯坦丁这样回答并询问道，他是否应该带我去看那些大坏蛋：亚速军团①。

"是不是那些伸出手臂做纳粹手势的法西斯军队？"

"就是他们，"康斯坦丁笑着确认道，"那些纳粹。"

"您一个犹太人想带我去纳粹那里？"

"其实不是纳粹。您更应当把他们看成一种青年文化。那些标志——是嬉皮士喜欢用的，他们想借此表达挑衅。但这一切与希特勒无关，目的只是反抗俄罗斯，就像是足球迷那样。"/ 114

"足球迷？"

"您去看看吧。"

中午，我去了某个学校的一间不大的礼堂。基辅的克里米亚鞑靼人②正在这里庆祝学校设立，准确地说，是一间下午学校，因为这栋建筑尚不完全属于他们这个流亡集体。礼堂内有气球、孩子们的表演以及克里米亚电视台的摄像机。和世界上的其他父母一样，现场的父母非常自豪；致辞太拖沓，现场的孩子们也和寻常小孩一

---

① 亚速军团是一支准军事化的行动队，为抗击乌克兰东部的亲俄分裂分子而战。这个由民族主义政治家创建的组织因为其领导人以及成员们的右翼极端政治观点以及使用了一些右翼极端标志而备受争议。

② 克里米亚鞑靼人是原定居于克里米亚半岛的讲突厥语的民族，分布在乌克兰、土耳其、罗马尼亚、保加利亚与北美及西欧，也有的分布在北欧。他们与伏尔加鞑靼人、西伯利亚鞑靼人、利普卡鞑靼人、诺盖鞑靼人等不同，受乌古斯人影响较大，在库曼汗国时期已是穆斯林。18世纪，沙俄帝国经过数次战争终于将克里米亚半岛纳入自己的版图，但克里米亚鞑靼人时刻想着摆脱俄国的控制。二战中，德国人入侵克里米亚半岛后，当地居民纷纷参加欢迎德军的活动。二战结束后，斯大林给克里米亚鞑靼人打上"叛国者"的标记，下令将当地18万余克里米亚鞑靼人悉数流放中亚。从此克里米亚鞑靼人失去了家园，踏上了苦难的流亡之路。克里米亚鞑靼人为返回故乡而做的努力一直没有中断，鞑靼人非常团结，为重返故土不断抗争。今天，已有逾25万鞑靼人得以陆续还乡。但故土早已易主，回流的鞑靼人要怎样真正找回自己的故乡，怎样保持自己的民族文化，成为他们面临的现实问题，也成为乌克兰重要的社会问题。

样变得不耐烦起来。伊玛目也发表了讲话，但是这里的女人都不戴头巾。除了人们的面容就只有舞蹈具有明显的东方风情，踩着欢快的节奏，跳舞的人仿佛漂浮起来。考虑到孩子们的年纪，这舞蹈热辣得有点让人不适，更何况服装是来自迷人的异域世界。是的，人们只要看看这纯真无邪又性感迷人的儿童舞蹈就能知道，又一种欧洲文化随着克里米亚鞑靼人消失了，这将是一个多么大的损失。面对政治诉求上的无望，克里米亚鞑靼人的领袖雷法特·图巴洛夫（Refat Tschubarow）只能敷衍说，他的同胞经受住了在此之前的一切打击。因为指望世上还有人为他们这个少数民族说话是不现实的。乌克兰不会为了克里米亚与超级大国再进行一次战争。欧洲也完全不可能，他们与俄罗斯的冲突已经够多了。而美国？好吧，美国曾经是个希望。

我在一间不起眼的背街公寓拜访了图巴洛夫，这里是克里米亚鞑靼人的事务所。他向我细数了整个民族在过去的 200 年间所经历的打击：驱逐、流放、大规模谋杀、逮捕、夺地、歧视、毫无根据的指控，以前指控他们通敌，现在又指控他们是宗教极端主义，图巴洛夫在列举过程中表现出的忧郁大过愤怒。乌克兰的独立以及鞑靼人从流放中归来刚让人可以期望一个新的未来：他们可以在有保障的、和平自由的生活里整理自己古老文化的碎片并重建它们。可俄罗斯对克里米亚的"吞并"让他们再一次变成了二等公民。图巴洛夫的老父亲在撒马尔罕①时总是重复着一句话，如同祷告一般：我们会回家的，我们会回家的。老父亲回到了克里米亚，逝世于 2014 年 3 月 13 日，那时的街头再一次地出现了俄罗斯士兵。图巴洛夫的母亲——这位 60 岁的老者用了"妈妈"这个词——仍然住在老家，只是图巴洛夫再也不能回去看望她了。

---

① 撒马尔罕是乌兹别克斯坦的第二大城市。

"斯大林驱逐了我的父母，而普京夺去了我的父母。"

图巴洛夫说不出什么可行的办法可以让克里米亚重归乌克兰，只是几乎绝望地说，必须向俄罗斯加强施压。他这么说是因为德国外交部长施泰因迈尔（Steinmeier）为了能够与俄罗斯进行谈判反而想要取消对俄罗斯的制裁。

"你为了能和一个勒索者开始谈判而满足了他的所有要求——那你还能和他谈什么呢？"

悲观主义会不会压倒他，我问图巴洛夫。不，他回答我，不会，还有许多解决方案，人们只需要看看历史就知道了。

"看看历史？"我疑惑了。"20 世纪满是迫害和驱逐，没有哪件可以扭转回去。与此相反：波兰、德国这样的国家，还有希腊以及土耳其之所以能重获和平，是因为他们接受了被驱逐的事实。"

"是的，但是德国不管怎样都还有一块国土。德语这门语言、德国文化都不曾受到灭绝的威胁。大国的领导人根本不会体会到少数民族的艰辛。如果我们失败了，那么我们就失去了一切。我们将不复存在。"

克里米亚鞑靼人的数量并不多，散布在世界各地的加起来也不过小几百万人。他们的语言、他们的文化能流传至今并不是一件理所当然的事。因此才需要开办学校，需要流亡电视台——长远看，做了这些就够了吗？

"历史上也有过别的例子"，图巴洛夫寻找着能让自己获得信心的理由。

"哪些例子呢？"

"比如南蒂罗尔。他们就找到了一个办法。不一定要重新划分国界，人们也可以更加有创造性一些。欧洲已经证实了这个办法的可行性。"

"这是不是有点太乐观了？"

"不会，我是一个消息灵通的乐观主义者。"

晚上，我和白天为我翻译的年轻戏剧导演帕维尔·尤罗夫（Pavel Yurow）去喝了点酒。整个白天都在谈论战争、迫害、革命之类的，我俩甚至有些忍受不了晚上在基辅酒吧里上演的纸醉金迷。"这里究竟有没有人会对东部发生的事感兴趣？"我指着那些正在迫不及待地啜饮鸡尾酒或是倒着喜力啤酒的年轻人问道。

"和科隆或是伦敦的年轻人对战争的兴趣一样，一样浓厚或是一样冷淡"，帕维尔回答了我并且表明，清晰的政治意识不是一种地理上的，而是感官上的变量。不论人们距离东欧的前沿阵地有多远，不论是像伦敦距离阿勒颇[①]那样有3000公里远，还是像基辅距离顿涅茨克那样有700公里远——人们只有当直接受到射杀或是恐怖主义威胁的时候，只有亲自遇上难民的时候，才能清楚地感知到，战争爆发了。

"那你呢？"我之所以这样问是因为帕维尔来自顿巴斯（Donbass）[②]。

"我也是有了亲身经历之后才意识到战争的存在"，他向我讲述了他是如何在斯拉维扬斯克（Slawjansk）[③]被捕入狱的。战争开始时，他和一名学艺术的大学生好友坐在一家咖啡馆里，他们上网、聊天。当时还没有人担心间谍的问题，可能他们太天真了吧。不管怎样，他们随口说了几句讽刺分裂主义者的话，肯定当时就有人记了下来并且传了出去，因为很快在说着废话的友人们面前就出现了全副武装的男人们。他们因间谍罪被逮捕了，直到三个月之后才

---

① 叙利亚北部城市。

② 顿巴斯是"顿涅茨煤田"的简称，是乌克兰最大的煤炭基地。顿涅茨克是其中的一座重要城市。

③ 乌克兰顿尼茨克州的一座城市。

出狱。

"那就是一个创伤记忆",帕维尔说。他和自己的团队曾经做客德国:"任人处置,绝望无助。"在此期间他加入了志愿民兵。

"你还打仗?"我吃惊地问。因为我完全无法想象帕维尔这样感觉敏锐的戏剧家会是一名战士,他的声音是这样柔软,体格是这样纤弱。

"我是作为预备兵登记的。如果人们曾参加过独立广场的游行,那么他就得做点什么,即使基辅的人们没有意识到我们正在进行一场战争。而且除此以外,民兵也是非常有趣的。"

"为什么?"

"民兵队伍里有来自各个阶层的人,如果不是参加民兵,我与这些人是不会有交集的。而且了解武器能做什么也是一件有趣的事。这虽然是我个人的感受,但是也同样适用于这个国家。你感觉自己不再那么脆弱了。"

/ 第十八天　从基辅到第聂伯河

根据长久以来围绕着欧洲广场的传说，是一个阿富汗人引发了乌克兰的革命："我们 22 点 30 分在独立纪念碑下面碰头。穿暖和一点，带上雨伞、茶、咖啡、好心情和你们的朋友。"这当然是一派胡言，穆斯塔法·纳杰姆（Mustafa Najem），那个阿富汗人竭力反驳说；当时只是恰好他呼吁大家上街游行的声音以迅雷之势传播了开来；在乌克兰总统维克托·亚努科维奇 2013 年 11 月 21 日否决与欧盟的《联系国协议》① 之后传出来的完全也可能是另一个信号。不管怎样，纳杰姆不能在广场上和我见面，那儿有太多人要找他谈话。所以我们就坐在了旁边一条离革命爆发地点隔了百米距离的街道上，一家意大利餐馆的狭窄露台上。

纳杰姆来基辅的时候还是个孩子，他父亲当时结第二次婚，娶了一位乌克兰女士。在因广场之举而成为英雄之前，他已经作为在线杂志《乌克兰真相》的一名积极关注公义的记者而闻名了。而两年前他成了政治家。他作为刚上位的乌克兰富豪彼得·波罗申科（Petro Poroschenko）的幕僚进入了国会。在乌克兰，老派的政治家们几乎都是把政治视为自己的一桩生意的大商人，纳杰姆解释说。谁如果没有康采恩公司或者工厂，就会被视为弱势，就得不到认真对待。新的、年轻的政治家必须能证明他不需要钱就能实现改变。

"作为记者，你总是在对的一边。承担责任就要困难得多。作为政治家你必须代表你并不很确信，有悖于你的直觉的事物。你必须妥协。你看得到这里面都有什么。你看得到整个腐败的状况。然后你突然发现，你也遭到了人们的质疑。大多数人都对你感到失望。我经常听到有人说我背叛了我的理想。我一直难以释怀，许多人居

---

① 即《乌克兰—欧盟联合协议》，最终于 2017 年 9 月 1 日生效。——编者注

然当我是叛徒。"

"那你会说，你投身政治这件事还是做对了吗？"

"是的，绝对正确。这是一次进化。这两年里我们在小的方面已经取得了一些成功。但是的确，人们并不满意。我也看到了。人们也都有道理。我们离我们想象的民主还差得很远。只不过我们如果不进入体制的话，我们就实现不了民主。我们现在正在做！我们这代人必须一步步地接管这个国家。"

纳杰姆作为阿富汗人在乌克兰政坛上会有问题吗？没有，他说，完全没有。就连对他的观念进行抨击的右派都不曾拿他的出身说事儿。

"但是极端的民族主义是个问题，不是吗？"我问，着眼的是我马上要和康斯坦丁（Konstantin）一起去拜访的亚速军团。

"肯定是有极端派的，"纳杰姆回答说，"但是在国会他们只有少数几个议席。在民众中他们也许占了7%，也许占了10%，不会再多了。和法国，和奥地利比比看。而且我们还是在打仗，而且我们还必须安置比欧洲任何其他国家都要多的难民。"

乌克兰，纳杰姆继续为这个国家政府辩护着，这个他后来成为其公民的乌克兰，比其他任何一个国家都更体现了融合多样性于一体中的欧洲工程。这里有这么多民族，罗马尼亚人、格鲁吉亚人、犹太人、克里米亚鞑靼人、白俄罗斯人等。混合在这里是常态，双语和多语交流是日常生活；我只需要打开电视机看一场脱口秀或者一次足球比赛转播，就会吃惊地听到说话的人是怎么在俄语和乌克兰语之间切换的，有时候就在同一个句子中。在广场游行被镇压过程中死去的第一个人是亚美尼亚人，广场游行后的第一任政府拥有出自五个民族的部长。

/ 119

"乌克兰这个国家，手上举着欧盟旗帜的人到最后都会被杀掉。我们当时有点太天真了，但是我们至少还有捍卫欧洲价值的激情。

是的，我就喜欢这样！"

"你到底还会说波斯语吗？"我问道。当穆斯塔法做了肯定回答后，就出现了一个有些儿怪异的局面：一个已做了乌克兰人的阿富汗人在离广场百米远的地方向一个已做了德国人的伊朗人发表了热情洋溢的支持强大欧洲的言论——用的是波斯语。

"欧洲想引导别人。好，但是你就必须真的来引导，还必须捍卫你的价值。如果欧洲不支持它最大的盟友，它最忠诚的追随者，那它就会让自己陷入困境。想想 1938 年，在希特勒入侵苏台德地区，将其并入德意志帝国的时候。这不是我们的问题，法国和英国的精英当时说。结果发生了什么？想想 2008 年 4 月布加勒斯特（Bukarest）的北约峰会。德国人拒绝乌克兰加入北约。他们的理由是什么？我们不能刺激"俄罗斯熊"。结果又发生了什么？两个月之后俄罗斯就在格鲁吉亚打起了仗。如果对俄罗斯的侵略势头不做回应，就会有：阿勒颇（Aleppo）之战①。欧洲人把乌克兰当作缓冲地带。这是个巨大错误：乌克兰是边界。如果你不保护边界，边界就会被跨越。我们没有选择。我们反正要战斗。但是欧洲有选择。俄罗斯想要削弱欧洲。欧洲做了什么呢？它就任自己被削弱。它不反抗。"

"可是欧洲又该怎么做呢？"

"我要反问一下，如果欧洲什么都不做，那会怎样？接下来又会有什么战争爆发？"

当然不是要进行直接的军事对峙，谁都不想要这种对峙。要做的是，持续施加经济压力。对，中期来看，牵涉到欧盟的时候，重要的还有让乌克兰有望成为北约一员，但是最重要的是自信。欧洲

---

① 阿勒颇是叙利亚第二大城市，历史古城。叙利亚内战 2011 年爆发后，阿勒颇从 2012 年 7 月起经受了政府军与反政府武装的多次拉锯战，毁坏严重。俄罗斯 2015 年 9 月起派军进入叙利亚参战。

是有价值的，欧洲有着让人难以置信的吸引力。它不可以这么贱卖自己。

萨希科载着我从广场开到了基辅的一个边缘地区，这里工厂一座挨着一座，许多显然都已停工。在约定的地址，等候我的是康斯坦丁和另外三个年轻人，一个留着耍酷的胡子，另一个戴了两只扎眼的耳环，还有一位留着朋克短发，满身刺青，穿吊带 T 恤衫的女孩。从车辆通道前一辆开着门的轿车里传来很响的摇滚乐。不，他们看起来还真不像纳粹。

我们踏入的这块区域在苏联时代也是一座工厂，如今被亚速军团用作了主要营地和操练场。因为今天是星期天，我只遇到了少数几个士兵，还有一位护士。他们是从广场运动起家的，一开始是用运动鞋来战斗的，留胡子的纳扎·克拉夫申科（Nazar Kravchenko）讲述道，他是军营组织的官方发言人；现在他们得到了国家认可，所以装备和训练就越来越专业了。他们目前有上万个志愿兵，其中 3000 人在前线作战。按照我的档案库文件夹的数据，顶多有 1500 个军人。不论是 10000 个还是 1500 个，因为夺回了马里乌波尔（Mariupol）①，亚速军团赢得了全国声誉。在一座墙上挂着斯捷潘·班杰拉（Stepan Bandera）②的照片，他领导的民兵组织和纳粹合作驱赶苏联人。1941 年他号召成立"独立的乌克兰共和国"，而这个共和国将会成为法西斯欧洲的一部分。他的跟随者顽强地对抗苏联游击队和波兰地下军队，后来又同时对抗德国国防军和红军，射死了上万波兰平民和犹太平民，而自己则被苏联无情打倒。1946 年班杰拉逃到了慕尼黑，1959 年在慕尼黑被克格勃追捕杀害。苏联解体之后，乌克兰民族主义分子将他美化为"首领"，

---

① 乌克兰东部顿涅茨克州的城市。
② 乌克兰政治家，西乌克兰民族主义运动领导人，与纳粹德国关系紧密。

视其为领袖和烈士，却没有人提到他与纳粹的合作、他的反犹倾向和他对平民采用的暴力。在俄语媒体中，"首领"却成了一个常见的恐怖词语。

这样来看的话，这些总是被俄罗斯拿来解释它为什么要派兵保护说俄语的乌克兰人的士兵就是法西斯了咯？我没有去调查，这些民兵到底有多极端。我得到的回答虽然听起来饱含爱国激情，而且坚定地反俄罗斯，但并没有表现出一个右翼的，甚至民粹的社会组织所具有的极端性。就连我提到同性恋或者堕胎这样的话题时，我也没有得到我在档案文件夹里的那些毫不妥协的答案。从意识形态上来看，他们就没有觉得自己是和右翼民粹政党比如另类选择党或者国民阵线相近，克拉夫申科强调说，他们只是起来反对腐败，而腐败却是会传染的。在乌克兰根本不可能有族裔上的民族主义，这个国家的民族实在太多元了。

"那那些纳粹标志呢？"

"我可不打算照顾你们欧洲人的弗洛伊德式恐惧。"戴耳环的阿列克斯·柯福泽霍恩（Alex Kovzhoon）插话说。他是康斯坦丁的朋友，也是犹太人，看起来是在取笑我的德国式纳粹情结。"我们这里从数字上来说，有着整个欧洲最少的仇恨犯罪。这才是关键。欧洲人总是看到什么标志就会激动。但那不是纳粹标志，那是我们自己的标志。您四处看一看，这里没有任何希特勒头像。"

老实说，我不知道统计数据，也根本没办法判断我的嬉皮士谈话伙伴对军营来说到底能有多少代表性。不论如何，广为人知的是，亚速军团的头领和许多成员都公开宣称属于极右翼组织。而捕狼器标志也许曾经只是伐树标记，但是也曾经被党卫军用过，今天在全世界都被认作新纳粹运动的识别标志。所以美国国会在 2015 年否定了任何支持亚速军团的行动。

为了能听到一个不会事先就对来自德国的报道人摆姿态的声音，

我就和一个民兵搭上了话。他外表上看起来就是一副军人样儿，肌肉发达的身板，短寸头，两鬓剃得光溜，穿着军裤和紧身黑 T 恤衫。他叫谢尔盖（Serhij），21 岁，本来想学建筑，因为造房子要比毁房子更美好。但是现在这个国家陷入了战争，国家体制都腐败，所以他就加入了民兵组织，而没有去正规军队。他当然是反对明斯克协议①的。他们还必须解放克里米亚（Krim）②。

我问谢尔盖，他作为乌克兰民族主义者，怎么看待穆斯塔法·纳杰姆——也许他会提到纳杰姆的阿富汗出身。他敬佩纳杰姆是个积极议政的记者，谢尔盖说。但是纳杰姆后来成了政治家，很可能是想挣很多钱。他现在成了政府议会党团中的一员，投票损害民族的利益。不，他不再敬重他了。

因为我们明天临时得到了一个机会可以参观前线，所以我们就立刻离开了亚速军团的主营地，开车出了城市。我坐在又老又破的标致车的副驾驶座上，很快就清楚地意识到，乌克兰真是欧洲第二大国。我开始理解那位努力将德国融入西方的联邦总理了，他也许并不偶然地和我同是科隆人：到了易北河以东，他就拉上了火车车窗的窗帘，因为对他来说，从这里开始就是西伯利亚荒原了。接着我又想起了齐格蒙特·豪普特（Zygmunt Haupt）③的一本书，我为了准备这次旅行在波兰读过这本书，最后我发现故事是发生在一个乌克兰村庄里的。因为这位波兰作家是在那里，今天位于乌克兰境内而当年是哈布斯堡帝国的东北尖角，长大的。乌克兰、波

---

① 2015 年 2 月由德、法、俄、乌克兰四国领导人联合签署的处理乌克兰的协议书，要求冲突区双方停火。

② 克里米亚原本是乌克兰领土，该地区在 2014 年 3 月举行全民公投，公投结果是该地区以共和国形式加入俄罗斯联邦。

③ 波兰画家与作家，二战时曾为波兰军队效力，后移居美国。

兰、奥地利，在他童年时代这些国家之间的区分没这么清晰，互相之间都会替换。如果在从波罗的海延伸到乌拉尔山，从喀尔巴阡山延伸到高加索山的平原上行驶，就会觉得这些邻国的边界划得很随意，因为边界前后用肉眼看是看不出区别的。但是单调吗？就算是到了毫无颜色的冬天，这里的风景也可以独一无二，"独一无二而美妙无比，当红色、紫罗兰色、深褐色、泥土黑色、火红色的秋天一夜之间转为皑皑白雪"。我所读到过的对冬天降临的最美描述，来自一个在连接欧洲与亚洲的无边无际中长大的作家，这也许并非偶然。

在乌克兰这边，沿着乡间大道也有标牌。但是在我们离目的地还有 500 公里的地方，我们没有拐进娘子谷去，那里曾有 10 万人被迫脱去衣服，站到壕沟边，被射杀，被草草掩埋。当然都是犹太人。光是从 1941 年 9 月 26 日至 29 日就有 33771 名在德国人入侵时没有来得及躲掉的犹太人被杀，这个数字是严格按规定数出来的。此外还有战俘、吉卜赛人、游击队员、乌克兰的知识精英和民族运动分子、附近疯人院里的精神病患者。对于这"血染之国"中最大的一个，我这么做也许显得讽刺，也许正与之相称，也许两者兼而有之：因为我想亲身感受新的战争，所以没有时间去凭吊旧地。

由于在黑夜中的行程很长，我就从《纸戒指》中找出了豪普特描写在军校度过的一个 12 月的早晨的那一段："在朝某个军营院子敞开着的房门外，以这院子的荒芜和其他砖屋的朱红色为背景，那个冬天的第一批雪花开始飞旋而落。它们在空中旋转，在明亮的乳白色天空的陪衬下像是煤烟屑在转，在院子和练兵场的黑色背景前就像是灰尘、粉尘、白绒毛在飘。这成了来自某个地方的一种预言，一个信号。那个地方的人对我们友善，重视我们，替我们着想，知道这里要经受的最可怕的东西，是重复做同样事情的绝望。现在他们机智而善意，带着安抚，同时又用力地在我们头顶放肆撒播狂欢节的五彩纸屑。现在一切都变得多么不一样了，多么充满希望，多么欢快。学校第一名的优等生兼马屁精做出了认真服役的端正姿态。因为这才刚到 12 月 1 日，所以他就卖力地报告说：'冬天按规定开始了，上尉先生。'"

/ 第十九天　在顿巴斯前线

当我们在乌克兰东部第聂伯河①与顿涅茨克之间乡间大道旁的一个加油站等候基辅一大队的代表团时，另一列部队车队开到了我们前面。三个长着深色胡子的甚至能与熊一较高下的巨人从其中一辆卡车上走了下来。难道是近身格斗士？不是的，后来我们才搞清楚他们是随军教士。一名肚子几乎滚圆的、金黄烫发里插着一副粉色墨镜的矮小女士加入了我们。五分钟后，她在每位教士的额头上印下了结实的一吻。在我试图弄清楚是否其他车上的男人也都是教士之前，车队就开走了。

"我是爱国人士"，这位女士开心地向我解释道。可惜这个地区没有那么多像她这样的爱国人士，所以她必须更加热烈地向战士们表达自己的支持。战争让每个家庭内部都产生了分歧，包括她自己的家，比如她的婆婆就禁止家里人说乌克兰语。她的班级里——这位女士在一家文理中学教书——有一半人亲乌克兰，有一半人亲俄罗斯。与此不同，她的大部分教师同事对她都充满敌意。你会因此感到不适，想搬去西乌克兰吗？不，没有，这位女士竭力强调，我们过得挺好。她的丈夫销售轮胎，生意因为战争变得兴隆起来。

"是啊，毕竟地上的坑坑洼洼这么多"，我补充道。

20年来，东部的政府就没有过什么作为，基础建设衰败。她也能理解居民们对此当然不满。同样的面孔、同样的说辞、同样的官僚主义，一切都和苏联时期一样。然而，人们在每次选举时还是会投票给亲俄罗斯的政客，虽然他们知道这些人是小偷。

"为什么会这样？"我问。

---

① 第聂伯河是欧洲东部的第二大河，欧洲第三大河，源出俄罗斯瓦尔代丘陵南麓，向南流经白俄罗斯、乌克兰，注入黑海。

这位胖乎乎的矮小女士在加油机前像歌剧女歌唱家一样装模作样地展开双臂，然后闭上了眼睛。

大队的代表团终于到了。几名男子坐在一辆奥迪 SUV 里，其中一人为了指引去前方战线的路坐到了我们车里。他叫维亚切斯拉夫（Wjatscheslaw）。我估计他刚 30 岁出头，脸上留着细细的一绺胡子，两只小臂上都有文身。他原本经营门窗生意，为了捍卫自己的祖国把生意暂时关掉了。他表现出极大的激情，仿佛想把我也感召入伍似的。

"混账东西！"当我们超过一队白色陆地巡洋舰车队的时候，维亚切斯拉夫破口大骂起来。欧洲安全与合作组织 ① 的观察员就坐在陆地巡洋舰里："每当他们出现，30 分钟之后一准发生轰炸。每当他们向我们转达暂时停止交火的请求时，我们就知道另一方想转移部队了。晚上的时候，他们就在酒吧闲逛，和姑娘们调情，就像肥肉里的蛆一样靠着丰厚的驻外津贴生活。他们开着的这些陆地巡洋舰都是装了防弹设备的，每辆要 11 万欧元。11 万欧元呐！你再看看，我们开的是什么破铜烂铁。"

我们沿着靠北的一个弯道渐渐接近战区。经过了检查站、废弃房屋和一座被毁坏的铁路桥之后，我们开上辅道，七扭八拐地穿过一处田地，然后开到了一个小土坡上，从那儿看到了顿涅茨克的高楼，高楼周围缭绕着一些烟雾，可能是迫榴炮产生的。我们继续穿

---

① 欧洲安全与合作组织，简称"欧安组织"。其前身是 1975 年成立的欧洲安全与合作会议，1995 年 1 月 1 日改名为欧安组织。它包括欧洲国家、苏联解体后的国家以及美国、加拿大、蒙古，是世界上唯一一个包括所有欧洲国家在内并将它们与北美洲联系到一起的安全机构，是世界上最大的区域性组织。主要使命是为成员国就欧洲事务，特别是安全事务进行磋商提供平台。欧安组织只有在所有成员国达成一致的情况下才能起作用，其决定对成员国也只具有政治效力而没有法律效力。欧安组织共有成员国 57 个，总部设在奥地利的维也纳。

过无人区，朝着前线城市阿夫迪夫卡（Awdijiwka）的方向前行。突然，我们停在了一家化工厂前面，工厂的烟囱里还散发着蒸汽。

"工厂还在生产？"我吃惊了。

"是的，"维亚切斯拉夫说，寡头政治家向分裂分子付了钱，保证他们不会向这家工厂开火。"

"也就是说，人们用阿夫迪夫卡的工作岗位为攻击阿夫迪夫卡的战争提供了资金来源？"

"是的，可以这么说。"

在一篇既深奥又尖刻的有关"俄罗斯革命以来最大的再分配"的文章当中，沃尔夫冈·肯普（Wolfgang Kemp）称乌克兰是"寡头政治的博物馆"——之所以被称为博物馆，是因为1990年代私有化的最大受益者们仍然继续不受干扰地统治着这片土地，而在俄罗斯，弗拉基米尔·普京就像他自己宣称的那样，"手里挥舞着大棒，一棒就能结束掉相关争论"。乌克兰的亲欧盟示威不是为了结束"国家对财产的没收"。但是新总统连卖掉自己集团公司的承诺都没有履行，更别说他能打破其他寡头们的权力了。里纳特·艾哈迈托夫（Rinat Achmetow）是阿夫迪夫卡这家工厂的经营者，在肯普眼中，他就是投机分子中的典型。东欧地区从共产主义到市场经济的过渡造就了这批投机分子。他不再用不动产或是公司来做生意，而是撬动了整个工业产业，是的，他用整个国民经济做生意，这就是为什么尤其1991年之后原始资本主义的第一波浪潮在许多居民看来几乎如同草原游牧人再一次进犯一般。战线两边共30万人都在艾哈迈托夫的工资发放名单上。除了各式游艇、电视台和私人军队之外，他在海德公园① 还有一处世界上最贵的房产：不是那种可怜巴巴的维多利亚时期的城市房屋，而是夸张的高楼建筑群。这处房产

---

① 伦敦知名公园。

值得人们在维基百科上为它专门建个词条。人们还可以在维基百科上读到，艾哈迈托夫多次在世界各地成功地指控那些宣称他是顿涅茨克黑手党教父的人散布谣言。他深谋远虑，让自己被选入了乌克兰议会，但是人们却只见他在议会上出现过一次。为此他帮助自己的宠信维克托·亚努科维奇先升到顿涅茨克州州长的位置，后又提拔他做总理。当亚努科维奇也通过巧取豪夺成为一个寡头之后，艾哈迈托夫及时改变了阵营，开始支持乌克兰的亲欧盟示威者。分裂分子在东乌克兰成功进行革命之后，艾哈迈托夫也把他们列入了自己的计划，并且没有让自己遭到任何损失，尽管他支持的是基辅的新政府。如今他的宫殿"不受丝毫影响地，气势雄伟地矗立在战区中央"，就像肯普在文中写的那样，维亚切斯拉夫也证实他就是一个"混账"。

经过一个车停得满满当当的工厂停车场之后，我们到达了阿夫迪夫卡，一个由板式建筑群构成的、都是工人居住的典型苏联小城。这里有宽阔的街道、一个购物中心和一些公园。让我惊讶的是真的有人住在这里：骑自行车的人、人行道上的孩子们、推着儿童车的母亲。一个足球场，足球在场上乱飞。窗前挂着衣物，临街花园也被打理过。

"依据你的估计，有多少人站在你们这边，分裂分子那边又有多少人？"

"如今的情况？我估计一半一半吧。不过当我们把阿夫迪夫卡重新夺回来的时候，很多人搬去了顿涅茨克。"

我们从城镇出口处开车出去，拐进了一座高楼的院子里，这幢高楼枪眼密布，被打得像个筛子一样。停车场上有一辆破旧的坦克和几台比坦克还要老旧的部队车辆。部队就驻扎在这幢高楼内，数百名战士分开住在几层楼里，每间屋子都是一个男性集体宿舍。这里的大部分人都参加过独立广场的示威，直到前不久还各自拥有不同的职业，有人是调酒师，有人是教师，除了指挥官以外，其他人在我看来都不是职业军人。他们这会儿情绪正亢奋，对我们也十分真诚。这里的一切看起来都有点探险营的味道。我在乱放在一旁的一顶头盔上发现了党卫军的标志——这只是个玩笑，第一个注意到我惊恐眼神的人向我保证道。有人出于无聊才在头盔上画上了这样的标志，因为俄罗斯人总叫他们法西斯。我们从房顶上看到了几百米以外的交火点。

我们和十名戴着头盔、穿着防弹背心的战士上了一辆灰色大众巴士，制造年代为1960年之前，这种巴士因为特殊的形状在苏联又被称为"Tabletka"，俄语"药片"的意思。真不敢相信，它还能开！好吧，300米后"药片"果然开不动了。我们只好费劲地推着它走，希望能步行到达战壕。通过膛线，我能够辨认出他们拿的卡拉什尼科夫自动步枪是1972年的，这是他们唯一的高科技了。欧洲在21世纪还在打仗这件事已经够奇怪的了，但更奇怪的是，人们的装备与上一场战争相比竟然几乎没有什么不同。唯一拿着新式武器的是一位正在慰问军队的年轻议员的私人警卫。

我们穿过战壕来到一处战斗地点，一名士兵的突击步枪正架在上边。他看起来像是举重运动员，光秃秃的头上戴着海盗头巾，而不是头盔。3个小时站岗，6个小时休息，战斗的危险和执勤时的高强度投入决定了这种节奏。为了躲避可能的炮火，我们蜷缩着身体，紧贴着沙包或者干脆蹲坐在地上。棚屋里的人实在是太多了，但是又不能站在敞开的战壕里。我们能听到远处着弹点的声音，然后从无线电里传来了命令：700米处双方交上火了。好吧，我们最好还是在这里等一会儿。我想，这正是一个谈论欧洲的好时机。

"你们为谁而战，为乌克兰还是为欧洲？"

"只为了乌克兰"，一名战士迅速回答了我。另一名战士补充道："你看看我们的武器。我们从欧洲得到的唯一一样东西是一个蜂鸣器。但是他们忘记把配件给我们了，所以蜂鸣器现在还放在那儿呢。"

"欧洲对你们来说什么都不是吗？"我插嘴问道。

"不，欧洲当然还是意味着一些东西的，"那位长得像举重运动员的士兵说道，"我们希望自己的孩子能在欧洲成长。不过我们却不信任自己国家的政客。"

"他们装作这个国家没有足够的钱买现代化武器的样子，"第三名士兵开口了，"他们不买，而是把我们卖了出去。"

"也就是说，你们也反对《明斯克协议》。"

"我们当然反对。如果乌克兰的政客真的那么有勇气，他们就会切断与欧洲的一切来往。"

"那么你们会重新和现在在战线另一侧的人生活在一起吗？"

"我自己的朋友们此刻就在那边"，一个来自顿涅茨克的年轻人说。"他们无法理解我为什么选择了乌克兰，而我也不能理解他们为什么选择了分裂分子那一方。"

"他们不会原谅我们杀了他们的人，反过来也是一样，"像举重运动员的士兵这样认为，"但是时间最终会治愈一切。时间必须治愈，也没有别的办法了。"

当听不到着弹点的声音之后，无线电里传来了一切恢复正常的消息。我们穿过战壕跑回街上，散着步回到了城里。"药片"还在路边，好像在等德国汽车俱乐部（ADAC）① 的人来似的。向我们迎面走来或是坐在家门前的人们看着我们，就好像看着世界上最普通不过的行人似的，没有欢迎，也没有敌意。我和正在临街花园里互相传着酒喝的几位年长的先生搭讪，但是带着我身后这一队乌克兰士

---

① 德国汽车俱乐部的成员在路上遇到车辆故障时，俱乐部会免费将车子拖到就近的修理厂。

兵，我在阿夫迪夫卡能打听到的，也就只有和平是一件好事了。干杯吧！

　　天气很热，我们还戴着头盔，穿着防弹背心。当我们经过一家食品店时，我决定请整个队伍吃冰激凌。当售货员在冷柜前看到这么多士兵时，她都笑了。萨希科最后一个走进店里，仿佛是在某个喜剧里登场似的。除了背心和头盔，他还一直穿着他的百慕大短裤和拖鞋。人手一个冰棍儿，我们继续沿着沙土小路向前走——是呀，现在的景象真像是某个童子军团的远足活动。我其实不想这么说，但是看上去就是这样，仿佛战争只是某人臆想出来的一场游戏。可能战争确实是一场游戏吧：只不过，这是别人主宰的游戏，他们只是些棋子罢了。可是，迄今为止已经有超过 1 万人真的死在了这场战争中。

在离前线 17 公里的地方，在小城沃尔诺瓦哈（Wolnowacha），我努力找人谈话。在咖啡馆前，在食品店里，在花店里。但是都没用。平时立刻就能和人用亲昵的非敬语聊起来的萨希科今天显得不太情愿，总是把我的问题用三言两语草草翻译过去，而他给我翻过来的答案完全没有什么实质内容。最后他干脆直接说了出来：

"这些人就是不想告诉我他们的想法。"

"是因为苏联情结吗？"

"不，是因为我的口音。"

"你的口音？"

"对，他们一下就能发现我是从利沃夫来的。"

利沃夫，这就意味着他来自西方，那不用说，他明显就是站在乌克兰那边的。沃尔诺瓦哈和顿巴斯的其他城市里的人就不是站在乌克兰这边了？在这样与本地人毫无接触而径直前行的旅行中，几乎没办法弄清楚这件事。至少没法通过这位把自己的爱国情绪都放在舌尖上的翻译。根本不可能迅速换到前线的另一边，除非我是从莫斯科出发到这里来的，或者我开着防弹越野车。但是分裂分子和乌克兰军队一样不信任欧安组织。

/ 130

在沃尔诺瓦哈的文化中心，我遇到了一个传统女子合唱队的成员：合唱队队长、她的两个女儿和两位老妇人。她们五个都有着明亮得令人难以置信的眼睛，其中一人的眼睛是格外亮的蓝色。即使是老妇人，脸上表情也透出一种孩子般天真的光芒，就仿佛唱歌真的能让人永葆青春一样。而头巾如果是作为装饰而不是出于羞耻或者被强制戴到头上，原来可以这么美丽。光是她们的穿着就已经让她们接待我的这间鄙陋的经理办公室超脱了现实。但是当这五个人唱起歌来的时候，我才真正觉得自己置身草原上，清风跨越了 5000

公里从亚洲吹拂而来。歌声婉转地在不同的音程间穿梭升降，让人
迷失其中，通过敞开的窗户飘进城里，每一个人的声音都传得很远。
我想象有人在远方，甚至在邻村听到了这首曲子，它听着像是哀怨，
但其实是首婚礼赞歌。这一块平原，这说到底正是我们这几天来开
车行驶过的广袤地区。这一块平原，一个接一个的民族到此定居，
因为有足够大的空间让所有人安家，每个民族都有自己的村子，村
子里的居民彼此紧紧依靠，因为单打独斗的话就会迷失在荒漠中。
所以各民族的语言，还有舞蹈、服饰、风俗也都伴随着这语言一起
保留到了 20 世纪。女子合唱队在经理办公室里演唱的歌曲最后也让
人感到了一种温柔。

歌声消失后在办公室里出现了一阵——这是被深深打动的我的
想象——扩散到窗外街上的静寂。在这个地区曾经有过上百个民族，
合唱队队长朝着这静寂叹口气说道。上百个呢！她重复道，然后就
开始飞快地数出它们的名字，萨希科跟都跟不上。这样一种多样性
是在几百年，几千年里才形成的，其间遭受过多少次威胁？可现代
就只花了 20 年的时间，从 1930 年到 1950 年，就把这种多样性毁
掉了。今天，合唱队队长接着说，保存乌克兰文化就已经够困难的
了，这些文化本来也就只存在于东边这些村子里了。除了希腊民间
舞蹈团以外，她们是整个顿巴斯唯一一个坚持唱老歌的合唱队了。
在城市里别人甚至都不想看到她们出现。

"您这话是什么意思？"我问。

"如果我穿着这身衣服到街上走，他们就会像看一个黑鬼一样看
我。我都不能把我们的歌上传到网上去，那样的话我会被充满仇恨
的跟帖轰炸。在城里，大多数人完全拒绝我们的文化。"

中午我们继续开车去港口城市马里乌波尔。这个城市是这么接
近东乌克兰前线，在市中心常常都听得到迫击炮的炮弹声。因为分
裂分子在这里遭到了比其他任何一座城市都要更强烈的抵抗，马里

乌波尔这个名字对乌克兰的爱国者来说就有了神话般的音调。不过这座城市只有少数几个地点会朝着亚速海，举着嬉皮的捕狼器标志的民兵组织就是以这个海来命名自己的。环绕城市的是一连串工业烟囱。所以市中心由古建筑和更古老的树木组成的景观就显得格外有田园诗风味。城市剧院就像以前苏联帝国的许多地方城镇里的一样体量庞大，它还能在资本主义下幸存很久吗？它还没上演音乐剧，而是演出俄罗斯经典戏目。从用主角头像制作的海报来判断，这些应该不是导演改编风格明显的戏剧作品。谁如果觉得德国舞台上看不到忠于剧本的戏，就可以到这里来看戏。

我和戴安娜·贝尔格（Diana Berg）约了见面，一个身材很娇小但显得干练果断的年轻金发女士。她叫这个名字是因为祖辈是德国人；她自己是在顿涅茨克长大的，做着品牌设计这样的好工作，参与领导了当地的广场运动，在分裂分子进军后遭到了他们通缉。她没带行李就逃出了自己的城市。她母亲后来把猫给她带来了。现在她在马里乌波尔组织展览和其他文化活动。因为对她来说公民社会比品牌设计更重要。她男朋友从监狱里释放出来后开了一家文学咖啡馆，要知道那是乌克兰的监狱。按照第二次《明斯克协议》，他是在一个非法民兵组织里和分裂分子继续作战的。她男朋友原则上并不反对审判，戴安娜说。他只是为他回不了家，回不了顿涅茨克感到不甘心。

/ 132

"一开始你以为只有一个星期。然后你说，好，就一个月而已。到最后你明白，这个异地就是你的家了。"

她还抱有希望吗？广义上的希望是有的，戴安娜回答说；广场革命让人们看到，现状是可以改变的，这个国家就会慢慢地摆脱苏联情结——总有一群人会为了这个意图而努力。那民族主义呢，她不会为之担忧吗？不，她很担心，民族主义是有毒的，她说着说着就自己主动提到了亚速军团，她觉得这个组织危险得有如野火。为了能对抗一下他们的民粹标志，她有一次集会的时候就带了彩虹旗去。

"这样做没问题吗？"

"非常非常有问题。"

我承认，在我穿越乌克兰的旅途中，我并没有觉得这场持续威胁着马里乌波尔并且已经吞噬了顿涅茨克的战争是让整个民族都感到震动的。当然，如果只是由广场活动分子介绍到另外的广场活动分子那里去，你会觉得，每一个乌克兰人都积极争取自由，融入欧洲。但是这些人有代表性吗？不，当然不，戴安娜回答说；在基辅人们不愿意了解太多靠近前线的人的状况，在某种程度上那样做只会自寻烦恼。所以乌克兰也不能总是指责欧洲，如果乌克兰自己都没有提供支持的话。

"我们在这里是身处孤岛，"戴安娜说，"没有机场，主干道都被交战前线阻断，乡间道路已经很多年没修缮过了。每天只开两趟火车。我们有时候连着好几个星期听到的都只有迫击炮的声音，这时候似乎海水就上升了；有时候来自基辅的一个著名音乐家会办一场团结音乐会，这时候我们和陆地的联系似乎又看得到了。"

马里乌波尔附近位于南顿巴斯的普里亚佐维加（Priazowija）地区，希腊族聚居的村子真正是陷入了交战双方之间。在神庙模样的希腊社群文化中心，奥勒克珊德拉·普洛琴柯－皮哈德茨（Oleksandra Protsenko-Pichadzhi）说："我们的炮弹常常飞得不够远，落到了村子里。另一方射击的时候，有的炮弹也一样飞得不够远。"

普洛琴柯女士挺符合一位学校校长的形象：扎发髻，穿衬衫和齐膝裙子，身材丰满，声音低沉，光是听到声音就会让人不由得坐直身子。她谈到战争时的那种激动也就格外打动人。士兵们喝醉了，就会在村子做——校长的声音顿住了——做坏事，很可怕的坏事。

我没有听她说是哪些士兵，是分裂分子的还是乌克兰的民兵，但是我推测这样的坏事是两边都会做的。因为她给村子还有在前线背后的另一半村子都送过去食品和衣物，所以她在马里乌波尔就被公开当作分裂分子咒骂，在网上也被人污蔑；有人说她在她的学校卖酒给高年级学生，还有其他像这样或者比这更恶毒的诽谤。

"如果这些人有上帝的话，那么他们就该知道，他们这样撒谎是会遭报应的。罪孽就像回旋飞镖一样。我们的政府犯的错误还少吗？我们要做的本该是争取每一个人，让他认同乌克兰，可是我们只是朝他们开枪，骂他们是俄罗斯人。可是他们该怎么做呢？他们不能说他们想归属乌克兰，在那边这是行不通的。我们本该支持他们，可是我们甚至连他们辛苦一辈子换得的养老金都不给他们。在我自己村里，有三个月没有自来水了。现在是夏天啊，天这么热。"

希腊族总是很注重和自己人抱团，维持他们的身份。不过希腊语几乎没有什么人再说了，也不说乌克兰语，说的当然是俄语。在大恐怖时期，光是从普里亚佐维加就有 4000 名希腊族人被拖走，大部分都被杀害了。普洛琴柯－皮哈德茨女士拿出一本书，上面写的就是这 4000 个名字和快速审判的判决："枪毙、枪毙、枪毙"，她念道。在海边小镇雅尔塔（Jalta）——是的，和克里米亚半岛上那个曾经属于希腊的雅尔塔一个名字——几乎所有男性居民都被带走了，只剩下了老人、孩子和残疾人。那是在深秋时节，冬天提前降临。所以"共产主义者们"，她这么来称呼内务人民委员部的间谍，不是和"黑乌鸦"一起来，而是坐船来的。他们逼希腊男人上了自己的小木船。当男人们划着船离开港口的时候，女人们站在山脚下——村子坐落在一个高出海面的小山上——像狼群一样撕心裂肺地大声哭号，而那些男人为了不听女人的哭喊，就开始大声唱一首革命歌曲："广阔海洋要打开，广阔海洋要吞人。"哪怕普里亚佐维加的希腊族

· / 134

人再也不说希腊语了——他们的故事还是能成为古典神话。

在夜色中，我们驱车离开了这座城市，这样我在 20 天旅程之后总算能经历海边的一个早晨了。旅游指南提到了一个有许多宾馆的海岬。虽然现在还是晚夏的暖和天气，但是海岬就像人口灭绝了一样；街灯都熄了，几乎看不到窗口有灯光，所有宾馆关门。是因为附近的战争还是仅仅因为到了旅游淡季？

我们后来还是找到了一家营业的宾馆。但我一进去就不知道该怎么出来了，所以错过了日出，我还专门为了看日出设了闹铃。我们不仅是这里唯一的客人，甚至连服务我们的人都没有。房子周围高高的篱笆不仅能挡住擅自闯入者，就连越狱犯都会觉得它们太高，是个挑战。我从背阴的平台上眺望在清晨里闪光的沙滩，脑中想象着在夏末海浪中游泳。到了八点半还是看不到一个工作人员，我还是最好一头扎进苔绿色的泳池里吧。

晚上的时候，萨希科就和之前让我们进酒店的三个俄罗斯人——即将分娩的前台、管理员和老板有了矛盾。他们是俄罗斯人？他们当然可能拥有乌克兰护照，不过像司机萨希科那样的爱国者，不需要和他们谈论政治就知道他们属于敌对阵营。"我怎么能与把我的祖先驱逐到西伯利亚的人和平共处呢？"他一边等着已经催了四次的伏特加，一边骂道。等到他终于喝了一口的时候，他又聊起了"乌克兰大饥荒"的话题，也就是斯大林领导下的对反抗人口的针对性饥饿清洗。1930 年代初至少有 330 万乌克兰人沦为了饥荒的受害者，而总共有 600~700 万人在饥荒中遇难。为了不继续弄糟萨希科的心情，我放弃了自己的反驳。我其实想说斯大林不是俄罗斯人，而且苏联也不等同于这些俄罗斯人，更别提当今一代的俄罗斯人了。我也没问，按照他的历史观，他为什么会愿意为一个德国新闻记者工作，毕竟德国在对乌克兰的三年占领中杀害了 350 万乌克兰人，并且又有 300 万乌克兰人在抵抗德国的战争中或者受战争的影响而死去。要较真的话，宾馆前台、管理员和老板也不免要问，为什么这位傲慢的客人就更有权在这个国家生活，而他们才是在这个国家出生的，更何况他们的祖先本就不是自愿搬到这片土地上来的。在实行内部殖民政策的过程当中，斯大林不仅极度残忍地镇压了乌克兰农民对集体化的反抗，他还强迫苏联其他地方数百万的工人到新的工业中心定居。前台、管理员和老板可不太会把自己的父母或者祖父母当作凶手。我们绝对没有在任何社会主义国家吃到过如此不用心准备的晚餐。而当管理员终于在九点左右打开大门的时候，我们明白早餐也不会有了。

我出门散步，看到公共沙滩区域有许多空置的宾馆和别墅，有的甚至都建到海里去了，到底是谁批准这么做的？我在这些宾馆和别墅前面还是遇到了一些人，主要是退了休的人。他们坐在折叠椅里享受阳光。还有一些垂钓者，每200米就有一个穿深色潜水服的男人。他们站在齐腰的水里，拿着厚重的听筒，手里还有一根铁杆——他们究竟想干吗？当我看到第三个潜水者的时候，我突然意识到他们在寻找首饰、硬币和金属。糟糕的经济情况已经让人们这么脑洞大开了吗？

回酒店的路上，我从远处观察到一位在风中跳跃和舞蹈的年轻女士。多么美好的一幅画面呀，我这样想着，想要在靠近之后看看她是否只是为了自己的男友在摆姿势。当男士请我帮他俩拍一张纪念照片时，他向我强调自己不是她的男友，而是刚刚结婚的丈夫。因为身为西欧人的我在这片离战区如此之近的沙滩上是一位不寻常的客人，而这位年轻的男士又恰好会说一些英语，我们便交谈了起来。我得知他们住在马里乌波尔，作为俄罗斯裔，他们认为自己的城市还没有得到解放，虽然他们也不满意分裂分子的统治。部分分裂分子已经变成了罪犯，不再是无私的民族捍卫者。那现在是什么情况呢？

"我们成了自己国家的异乡人。"

从马里乌波尔到敖德萨（Odessa）这段600公里长的道路即使放在乌克兰境内来看也是破烂得不行，戴安娜抱怨得没错。我们在不舒适的小车里坐了一个又一个小时——窗外的风景也没怎么变化，自从过了立陶宛就一直是同样的景色：被开垦的荒原。萨希科这时提到他的驾照是花 300 格里夫纳^①买的，相当于 10 欧元。

"这事难搞吗？"我问。

"如果你想 300 格里夫纳就买到是需要一点人脉关系的。如果出价 400 以上则完全不会有什么问题。"

"驾照还可以买的吗？"

"是的，大家都这么做。"

"每个人？"

"也不是每个人，但是几乎每个人都是买的驾照。"

"苏联时期就是这样了吗？"我又问。

"噢，那不是，那时候还没有这种事。"

/ 137

"就是说，那时还是讲规矩的？"

"不是，那时的车太少了，不需要这么多的驾照。"

---

① 乌克兰货币，苏联解体后发行。

/ 第二十二天　敖德萨

　　我在敖德萨登上巨大的波将金阶梯的时候是如此的激动，这阶梯越往上显得越新，让人产生它直耸入天的印象，可现在它被上面闪着白色半月图案的红色木墙隔断了：不像波兰或者立陶宛依仗欧盟，也不像白俄罗斯靠老大哥支援，这里是土耳其出钱支持了敖德萨的形象工程，翻修它最著名的建筑。在谢尔盖·爱森斯坦（Sergej Eisenstein）①的《战舰波将金号》（*Panzerkreuzer Potemkin*）里，在被射死的人中间一节一节阶梯往下滚落的婴儿车，老妇人张开了发出无声叫喊的嘴，在婴儿车周围往下行进的士兵，刺入观众眼睛的匕首——这是处于现代中的人暴露其脆弱的原初场景，而每一个去电影院的人都会把这个场景和这个阶梯联系起来。从这个容全世界停泊歇息的敖德萨港口出发，我沿着隔断墙在阶梯上往上走，过了最后一节阶梯就登上了一个大舞台：这是竖立着第一任市长黎塞留公爵的雕像的广场。广场后面是宽阔的大道，两旁排列着豪华的楼宇：市长宫殿、交易所、歌剧院和一个城市要让自己当得起"圣彼得堡二号"、"南方的帕尔米拉（Palmyra）②"、"黑海女王"之名所必须具备的其他设施。

　　在雕像下面，奥雷克·费里莫诺夫（Oleg Filimonov），一个政治讽刺秀电视节目的备受欢迎的主持人兼演员，在等我。他带我游览城市的时候，也在我面前铺展开了他的私家敖德萨历史，提到了他的犹太父母，想起了他在孩提时代天天都能听到的语言：意第绪语、比萨拉比亚语、乌克兰语、土耳其语，当然还有俄语。他认

---

①　苏联著名导演、电影理论家。《战舰波将金号》是他首次运用蒙太奇手法拍摄的电影。

②　帕尔米拉是建于公元前1世纪的叙利亚古城，位于沙漠中的绿洲上，曾有极高的文明，是西亚的贸易中心。

为古希腊树立了模范，敖德萨这个名字就已经统领性地指向了古希腊，他赞叹连在苏联时期都曾在敖德萨流传不衰的世界主义精神，列举了举世闻名的艺术家，包括作家、画家、小提琴手和钢琴师，盛赞了在两次世界大战之间享誉整个欧洲甚至美国的爵士乐俱乐部，将敖德萨视为一个也体现了犹太特色的城市。几乎所有犹太解放运动的先驱思想家都在这里度过自己的部分人生岁月。维尔纽斯看向过去而敖德萨看向未来，犹太人之间都这么说：在这里最重要的不是对宗教传统的忠诚，而是科学、商贸和文化。

20世纪初在敖德萨住着30万犹太人，其中知识分子——教师、艺术家、作家、有教养的市民——的比例惊人。正是他们成就了富于世界主义精神的敖德萨，对他们来说，无家可归和四处漂泊也是宗教应有之义。家境良好而享有自由的社会地位的犹太人中的很大一部分，在俄国革命之后，或者最迟也在禁止一切宗教生活的斯大林统治时期移居到了国外。当这座城市刚落入德国人手中，开始为期907天的沦陷期时，敖德萨还有大约10万犹太人。幸存下来的只有1万人。他们当然受到了心灵重创，费里莫诺夫的父母也是；每个犹太人即使没有失去所有家人，也在集中营里失去了大多数亲戚。所以对于少数幸存者的团结共存来说，不允许他们重建任何被毁掉的犹太教堂是尤其致命的打击。犹太人就只有靠不起眼的犹太社群中心来体现他们的存在了。犹太人容易遭人猜疑，因为他们比其他人更多地迁居国外。

"可他们就是因为被猜疑才移民出去的，这一点显然没有任何官员想到过。"费里莫诺夫有那么一瞬间显露了他身上的讽刺家品质。

独立以后，犹太人的生活在敖德萨又兴旺起来，虽然规模比以前小了很多。他的亲戚大部分都在最近几年里搬到了纽约或者以色列，费里莫诺夫说；而他自己呢，他虽然现在有了这样的经济实力，可以到世界各地定居——他也经营珠宝生意，他眨着眼睛说，就好像他知道那些关于犹太人的陈词滥调一样——但是能在敖德萨醒来的每一天都会让他高兴。接着他四下里看看，手指着那完美无瑕的一排在圣彼得堡、维也纳或者罗马也能见到的"创造者时代（Gründerzeit）"的建筑，人行道旁的老梧桐树和铺路卵石说："这难道不就是个欧洲城市？"我们恰巧就站在富有传奇色彩的音乐学院前。

的确如此，如果说有一个地方能够昭示启蒙运动的普世主义，那这个地方就是敖德萨。一个出身于德国，想让俄罗斯向西方开放的女沙皇在 1794 年授命一个兼有西班牙和爱尔兰血统的上将建造了这座城市，而施工的又主要是意大利建筑工们。在最初几十年，统治它的是一个法国人，波兰豪绅和希腊船主把它打造成了小麦输入欧洲的最重要中转站，多个民族的商人、水手和知识分子都在这里居住。所以早在纽约之前，敖德萨就是一个语言、宗教和种族的大熔炉了。就算到了今天，它的州长也是一个外国人，格鲁吉亚前总统米哈伊尔·萨卡什维利（Michail Saakaschwili）。不过这还不是敖德萨可以充分代表欧洲，可以作为典范之城与明斯克一较高低的全部理由。还有对文化的信仰，对人类建造力之伟大的信仰渗透在敖德萨城里，散布于以前的宫殿和有着阳台、高屋顶和华丽沙龙客厅的自信的市民住宅里。可以想象在那些沙龙里会举办最讲究的夜间娱乐活动：室内音乐会、诗朗诵、政治或哲学辩论，不过可能现实中那里也流传着世界各地都有的八卦谣言。像艺术品一样打造出来的公园如今到了温暖的夜晚也会变身为露天沙龙，人们聚集在那里跳起古典的交谊舞。而壮丽非凡的歌剧院、学院、有风格鲜明的穹顶的火车终点站仿佛在向世界发出邀请。在市中心，博物馆一座挨着一座，却不是非要叫作一条博物馆街或者一个博物馆区。有考古博物馆、钱币博物馆、海上贸易博物馆、犹太博物馆、西方和东方艺术博物馆、专门纪念普希金的博物馆和纪念所有敖德萨作家——密茨凯维奇、巴别尔（Babel）、阿赫玛托娃（Achmatowa）、曼德尔施塔姆（Mandelstam）的博物馆——说起来，东欧的伟大诗人们有谁没有在这里待过一阵呢？

今天，敖德萨也云集了来自世界各国的访客，不仅仅是来自西欧的典型廉价航班的乘客们——奇怪的是很少有廉价航班会飞到这座城市来——更多的是来自美国和对西欧人来说更远的国家的人，土耳其人、阿拉伯人、以色列人、许多罗马尼亚人、保加利亚人、摩尔多瓦人，当然还有俄罗斯人。大多数出租车司机都是从苏联的东部边缘地带来的，也就把遥远的亚洲带进了这座城市。年轻的海军士兵穿着雪白的制服和蓝白条纹的衬衣，刚刚理过发的头上戴着活泼的贝雷帽，为人行道赋予了一个港口城市特有的多样化气息。关键是，哦，这真是奇迹，敖德萨就是到了今天也和它的梦幻名字一样美丽。

不过这里也不是毫无冲突。虽然它位于乌克兰西南部，远离前线，但是作为叶卡捷琳娜女皇新建之城，它不像基辅或者利沃夫，而是在并入苏联之前就已经说俄语了。在这一次革命中，乌克兰民族主义分子和亲俄罗斯的游行者的争执也恶化了，后者在和独立广场类似的库利科沃波广场（Kulikow Polje）上搭起了帐篷。当"右翼方阵"成员点火烧帐篷的时候，游行者就逃到了临近的工会大楼里。燃烧弹飞进了窗户，大门口起了火，没有警察赶过来，也没有消防队赶来。站在窗口或者逃到墙面外凸处的人都被瞄准射击，有几个人掉了下去。至少有48名亲俄罗斯游行者死亡，根据其他信息来源则是上百人。

我和费里莫诺夫谈到了工会大楼，很快就发现，他没有否认这场大屠杀——必须这么来称呼这次事件——也没有淡化它，却把它归结为另一边的暴行。尤其是乌克兰人里只有少数人是走极端的。

我从我的旅行中，在伊朗，也在德国已经了解得很清楚，以自己的名义施行的暴力就都是少数几个极端分子干的，而对方的暴力却总是集体责任。

我们走过一个书市，也就是放置在一条安静的林荫道的中间绿化带上的一些书摊。这时费里莫诺夫笑了，他说书都是用来给各种可能的和本不可能的生意做幌子的。的确，虽然书市上挤满了人，但是没有人对摆出来卖的书表现出特别的兴趣。大家都认识这位电视明星，这儿有人和他闲扯两句，那儿又有人和他说几句，我们在一个咖啡台点的浓缩咖啡也当然是由老板买的单。在我们搅动咖啡泡沫的时候，费里莫诺夫提到，他读过几本关于生活在欧洲的穆斯林的书。这个话题让他非常不安。从他报出的法语书名来看，这本书和我在这趟旅行的第一天在林登花园餐馆镶木大厅里看到的那些关于西方伊斯兰化的畅销书是一类货色。作为科隆人我自己似乎也该感受到欧洲正向着深渊进发吧。从我回应的犹豫中，费里莫诺夫似乎已经察觉，我的感受不是这样的。这时候他才发现，或者才想起我不仅是作为科隆人、德国人、欧洲人在和他谈话。这个转折很有趣：我们刚才在城里散步的时候，我们两个都是世界主义者，他的热情也感染了我；但是突然之间他就成了一个……嗯，成了一个什么呢？一个犹太人？一个东欧人？但肯定不是要人们警惕伊斯兰的右翼民粹主义分子。而我就心不甘情不愿地成了一个在给他回答时必须为一个集体辩护的穆斯林。唉，我们还是回到敖德萨这个话题吧，不然接下来就要谈中东矛盾了。

奥雷克·费里莫诺夫说，他在敖德萨的工作伙伴中许多人都更认同俄罗斯而不是独立广场。他还是继续和他们见面，一起喝伏特加，但是不再谈论政治，不然他和他们就会打得头破血流。

"我弄不懂他们，他们也不懂我。"

乌克兰的分裂深入到了敖德萨的市政管理中。被选出来的市长根纳季·特鲁哈诺夫（Gennadij Truchanow）属于旧式的，也就是具有苏联风格的建制派，而州长米哈伊尔·萨卡什维利却偏偏想把这座远比国内其他城市更能代表腐败和犯罪的城市打造成"改革的窗口"：敖德萨不仅仅出产俄语文学中最著名的流氓；对敖德萨黑帮文化的浪漫美化也是苏联流行文化中的常见现象。在苏联解体后，敖德萨的很大一部分俄罗斯石油出口都被卷入了有组织的犯罪活动中，这里的港口走私比其他任何行业都更兴旺发达，今天甚至还有一个专门的走私博物馆。就像在电影里一样，职业杀手和枪战都是1990年代的黑帮文化。

/ 142

特鲁哈诺夫当时从事安保行业，虽然自己并没有卷入犯罪活动，但是也不反对与黑帮打交道。当他在一次采访中被问到他那个时候怎么解决生意上的矛盾的时候，他回答说："如果黑帮过来要打人，我们就会和他们打。"后来，特鲁哈诺夫在敖德萨领导了总统维克托·亚努科维奇的执政党，在后者因为广场抗议而下台之后，他宣称自己是"独立派"。由现任总统波罗申科任命的米哈伊尔·萨卡什维利却又炫耀起了他和美国新保守派的友谊；在大多数敖德萨居民都会一直追随的俄罗斯媒体中，他在出任格鲁吉亚总统的时候时常被描绘成西方代言人、战争煽动者和疯子。不论是因为他制造两极分化的倾向、警察局施虐行为的曝光，还是因为他的财力雄厚的反对派的操纵，反正格鲁吉亚人在上一次选举中把他选下了台，甚至将他赶出了自己的国家，他由于多种指控再也不能踏入格鲁吉亚了。

我在敖德萨州行政办公楼拜访了鲁巴·谢波维奇（Luba Shepovich），她工作的地点是一个具有典型苏联风格的混凝土方盒子，窗户小，临街面是黑灰色，地板是亚麻地板，家具破旧——处处和纽约相反，这位 40 岁的女士在广场抗议活动爆发的时候还在纽约的一家软件公司上班。她在网上看完了萨卡什维利的一场新闻发

/ 143

布会之后，找到了他的电子邮件地址，写信问，他在敖德萨有没有可能需要她。"你在这里什么钱都赚不到，你什么人都得不到，但是你想做什么就可以去做。"于是他就在通信过程中建议她，在敖德萨引进电子化市政管理。她之前还从没来过敖德萨，但是这个任务听上去挺有趣，而要过几个月不带薪假期，她的积蓄还是够的。她在脸书上寻找提供义务工作的 IT 专家，光是第一周就收到了 18 份应征信。除了电子申请书和电子表格，她的团队还建了一个直接民主的网站，市民可以在上面递交建议并进行讨论。半年之后，萨卡什维利邀请她出任新建的投资办事处主管，40 个员工，每月 100 美元的工资。鲁巴辞掉了纽约的工作。

"刚开始的时候，我还想适应这里的气氛，"鲁巴说，"但是我很快就感到了抑郁。人们的悲观情绪完全在压抑我。所以我决定把这些当作一种工作培训，这样一来一切都变得简单一些了。人们觉得奇怪，我们这些新来的人总是微笑。他们已经不习惯微笑了，但是我们就是要传播乐观情绪。"

在州级行政机关里有很多像鲁巴一样的人。因为萨卡什维利认为旧的国家机器是腐败的，所以他就在一系列关键岗位上起用了年轻的归国乌克兰人。鲁巴不是很确定，他们在敖德萨会不会取得成功。一开始，州长用一系列烟花般的令人诧异又立刻让人恍然大悟的措施让自己意外走红，以至于别人都已经将他看作未来的国家总理了。可现在人们却纷纷冷静了下来。他的新主意招致了那么多的反对，已经有三分之一的归国乌克兰人又辞掉了这儿的工作。但是就算萨卡什维利失败了，他们的故乡使命（Heimatmission）也不是徒劳无功的，鲁巴相信。市民们的期待和要求已经被改变了：不论谁施政，他以后都必须把自己当作提供服务者了。几天前，她和在纽约继续过着他们普通生活的老朋友聊了聊。

"工作、休假、家庭，日复一日，年复一年都是老一套——听上去就无聊，不是吗？"

晚上我坐在满座的歌剧院，交响乐队演奏的是新作的乌克兰曲子和传统的歌曲。在大屏幕上放着一个农村女孩的脸，在她的头发和头巾里插入了单词，下面还配了英文："革命"或者"俄罗斯对乌克兰的战斗"。背景里可以看到乌克兰的乡村风光，麦穗、民间舞、民间服装、传统乡村。乡下的故乡景象看来和聚集在歌剧院里的市民占主导的大城市人群没有任何关系。但是他们看起来一点也不天真。在推进内向殖民政策过程中，斯大林不仅将帝国里其他地区的几百万工人都迁移到了新的工业中心；他还用极度野蛮的手段，也就是用流放和"大饥荒"首先破解了乌克兰农民对集体化的反抗。所以今天，即使在富有世界主义精神的敖德萨，民族意识的觉醒也会让人美化乡村生活，歌剧院也会保存乡村歌曲，而俄罗斯代表的就是工厂、异化以至整个血腥的20世纪，这个世纪部分地是从波将金阶梯上开始的。这阶梯要不同凡响，要高耸入天。

对于一个德国人来说，在大屏幕上、在人们脸上和言语中，还有在歌唱祖国时卖力的鼓掌声中流露出来的是一种奇特的，甚至引发反感的爱国主义。但是必须想到，对民族的热烈召唤并不总是排斥异己和显示强力的工具。过去和现在都还有弱者的民族主义，这便是那些为自己的独立奋战，那些自己的文化面临灭绝的民族。就在德国，民族感曾经也意味着解放。只是从什么时候起对自己民族的赞美会变得有毒——非常非常成问题，这个界限就不那么容易确定了。是不是要有人像在工会大楼里那样死去才会知道界限何在？

音乐会结束的时候所有听众都起立了。我以为，接下来要奏国歌了，也跟着站了起来。但是响起的歌声不太一样，完全不激昂庄重，反倒显得悲伤或者忧郁，总之挺美的。后来我才知道，这是一首著名的乌克兰悼亡曲。

一大早，我参观了正统犹太会堂的一场礼拜。门口没有警车，也没人在入口处检查，我就这么走了进去。今天我没有带翻译，因为奥雷克·费里莫诺夫声称许多犹太人都会说英语。事实证明这就是句谎言，我不得不在礼拜结束后用手和面部表情与人们交流。但是有句话我却听懂了，因为我曾听费里莫诺夫说过，现在又分别在不同的语言里听到了，有时是德语，有时是意第绪语，两三次是英语，再加上我能看到人们的面部动作以及感恩地指向天空的手心：2016 年，犹太人在敖德萨的生活又变得安全了。可能没有比这更好的衡量标准能够检验欧洲是否能成功了。

我没有乘坐小巴士，虽然每天都有多班开往附近的克里米亚，而是叫了一辆去机场的出租车。外国人禁止乘坐这种巴士，身为新闻记者的我或许可以凭借特别许可证上车，但是必须在 500 千米以外的基辅申请通行证。而且拿到通行证之后，必须承诺用同样的方式回来。如果我继续前往俄罗斯，那就有可能再也不能进入乌克兰了，因为在基辅当局看来，我这样的行为就是认同了被拆除的边境围栏，也就是认可了俄罗斯对克里米亚的占领。虽然克里米亚距离敖德萨只有一步之遥，但是去那里的唯一可能就是乘坐途经俄罗斯首都的航班，几千公里飞过去，再几千公里飞回来。然而自战争爆发以来，前往莫斯科的直飞航班就没有了。

我 2017 年 1 月在莫斯科稍做停留时，和熟人与同事聊了聊。我现在主要还记得三个内容。一个电视台记者提到，人权话题没人喜欢买了，因为在德国的编辑已经没兴趣应对每次都会狂轰滥炸他们的观众抗议和广播电台委员会的控诉了；报道一下莫斯科内城的新自行车道倒是挺好的，所有"软"话题都可以。一个资深报纸记者还记得，在苏联时代没有人会认真对待宣传新闻，就连官员们自己也是这样，他们至少会挤挤眼睛，暗示说现实，嗯，要更复杂一些。而今天他总是吃惊地发现人们真的会相信电视里的报道。还有一个对俄罗斯处于欧亚之间的历史地位进行哲学思考的知识分子，我问他陀思妥耶夫斯基提到的东正教斯拉夫特性和启蒙的欧洲精神的对立是否还有现实意义，在他笔下前者是由君权神授的沙皇所代表，重神权、乡土和权威，后者是世界主义的，重个人，却放纵颓废。他的回答很惊人。当然了，今天的局势恰恰充满这样的对立，可惜的是俄罗斯的主流拒绝接受陀思妥耶夫斯基的政治思想。为什么呢？我问。陀思妥耶夫斯基盛赞的可是斯拉夫性、权威治国，俄国的东方身份而不是欧洲身份。就是因为这个，陀思妥耶夫斯基才遭到拒绝。主流完全是西化的，普京更是如此。对大斯拉夫主义的追忆、不断涌现的教宗图像都只是民间习俗，实际上东正教除了圣诞节之外就再没有什么意义了。

"普京是西化的吗？"我追问道。

"是啊，80%，85% 的俄罗斯人也是啊。他们只是对欧洲感到失望了。他们两百年以来都有这种感觉，欧洲根本不想要他们。今天他们还觉得欧洲已经不再是以前那个欧洲了。但是根本上他们还是认为，我们俄罗斯人说到底和欧洲人一样是坐在椅子上的，而亚洲人是坐在地上的。"

在零下 20℃ 的低温中，我猛然醒悟，为什么普京在就任时承诺，每一个出故障的暖气设备未来将会在三小时以内得到维修。那么他兑现承诺了吗？电视上肯定说是的。我在大街上冻得瑟瑟发抖，却吃惊地看到这个莫斯科散发出了多么壮观的帝国荣光：古典风格的建筑，一望无尽的大道和风格鲜明的广场；这里居住的是多么丰富多元的民族，这是一个巨大帝国的首都。斯大林下令建造起的 7 座摩天大楼也还继续表达着要成为自成一体的文明和世界强权国家的诉求。也有当代新建的更为志得意满的商业高楼。我在少年时代想到苏联就会联想到党员官僚穿的鼠灰色西装、阅兵式、一座了无生趣的现代建筑，以及教学地图上没有标出任何城市、任何高地的广大面积。现在我明白，为什么有人会像西欧人向往巴黎一样向往莫斯科了。

在红场上我从博斯克咖啡馆走到了鲍里斯·涅姆佐夫（Boris Nemzow）——他一度是叶利钦的继位太子，后来成了最著名的普京政敌——在 2015 年 2 月 27 日走过的桥，他就在这里被车臣安全情报局成员射杀。

我晚上到达辛菲罗波尔（Simferopol）①以后打开手机，但没有信号。来到一个对于国际社会来说非法存在的领地，就会是这样了：我哪怕多花点漫游费都没法用一张国外的 SIM 卡打电话。在宾馆办入住的时候我得知，信用卡也用不了。车牌除了少数几个例外，已经全部是俄罗斯的了，只是有几个车牌在塑料外框上还写了这个半岛的鞑靼语名字：Qırım（克里米亚）。少数几辆车还有乌克兰的标志，不过多次延期后，需要换新的日期早就已经过了。

---

① 俄罗斯西南部城市，乌克兰也对其提出领土要求，由俄罗斯实际控制。2014 年包含该城市在内的克里米亚半岛公投加入俄罗斯。公投结果被部分亲俄罗斯的国家承认，也被部分亲西方的国家否认。国际上包括中国在内的大部分第三世界国家对此没有明确表态。

如果不考虑市中心的工厂烟囱以及苏联时期留下的灰色大方块建筑，辛菲罗波尔看起来就像托尔斯泰笔下的俄国省城：源自 19世纪——也就是叶卡捷琳娜大帝和她的继任者们创造新俄罗斯的时候——的二层或三层小楼，宽阔的街道，原政府部门所在的林荫大道如今变成了一个步行街区，再加上每座体面的苏联城市都有的雄伟壮观的剧院。列宁塑像还矗立在它原来的位置上，这是理所当然的，整个乌克兰时代都是如此。克里米亚原属于俄罗斯，但是赫鲁晓夫于 1954 年 2 月 19 日一夜之间把它划归给了当时的乌克兰。人们至今都在猜测赫鲁晓夫这么做的原因：也许是为了更好的交通线，也许是为了通过与乌克兰的执政党班子结盟来巩固自己的权力根基；也许是为了去中央化，或者只是情绪化的一个念头，毕竟赫鲁晓夫之前曾担任过基辅共产党的第   书记。1991 年乌克兰独立时，克里米亚也被纳入了这个新建立的国家，不过当地的居民们在自发组织的公投中曾投票决定留在苏联。

2014 年 2 月 22 日，基辅的亲俄罗斯政府倒台之后，俄罗斯在没有遭到任何反抗的情况下占领了克里米亚。这虽然不符合国际法，却是大部分人的愿望，即使 3 月公投选择加入俄罗斯的人没有达到97%。比如鞑靼人就抵制了这次公投，他们曾长年统治着克里米亚，直到 1783 年自己的汗国灭亡。俄罗斯对鞑靼人而言不仅是把他们变成自己国家中的少数派的殖民力量。俄罗斯还代表着苏维埃革命：20 世纪初还在克里米亚生活的半数鞑靼人，即 15 万人在斯大林上台之前就被驱逐出自己的家园、饿死或者被迫流亡到苏联以外的国家。而幸存的精英分子，不论是世俗平民还是宗教人员都在 1937 年和 1938 年的大清洗运动当中身亡。

由于克里米亚鞑靼人认为 1918 年德军的占领对他们来说是一

/ *149*

个相对自治的时期，因此他们和立陶宛人类似，倾向于把德军的入侵看成一种解放。并且和在立陶宛以及白俄罗斯一样，德军允许他们开办当地语言的学校和报纸。在克里米亚，这不仅仅是一种用来团结当地反苏联力量的政治手段。克里米亚在纳粹意识形态中还占据着一个特殊的位置：人们将在这片土地上重建哥特王国。虽然历史上从未有过这样一个王国，19 世纪狂热的古代学者和考古学家们臆想出来的有着条顿城市文明的古日耳曼克里米亚也不曾存在，但是克里米亚似乎的确是最后一个直到现代都在说哥特语的地区。这就足以把塞瓦斯托波尔（Sewastopol）重新命名为狄奥多里克港（Theoderichhafen），把辛菲罗波尔重新命名为哥特堡（Gotenburg）。"我将会把克里米亚清空，为我们自己的居民创造空间"，希特勒在 1941 年 7 月宣布了一项名为哥特王国的计划。就连实现克里米亚半岛日耳曼化的居民都找好了：南蒂罗尔人。他们当时已经成为一个棘手的问题，因为官方的德国少数民族政策规定，要么让他们"回归帝国"，要么就吞并他们的土地，比如苏台德地区。然而，墨索里尼（Mussolini）是希特勒最重要的盟友，这两个选项都不成立。那么，为什么不把南蒂罗尔人搬到克里米亚去呢？那里有山峦、葡萄酒、丰饶的河谷、充沛的水资源。此外，四车道的帝国高速公路可以让柏林的度假者在两天之内就到达阳光之地，让他们可以"放松身心，充满能量"。虽然克里米亚鞑靼人和犹太人一样是"毫无价值的"种族，但是驱逐他们的计划应当推迟，以免伤害中立的土耳其。之后再看这些鞑靼人是否要被清除、驱逐或者成为雅利安居民的奴隶。同时，德军主张利用鞑靼人对苏联统治者深入骨髓的憎恶。克里米亚的最高文官，总督弗劳恩菲尔德（Frauenfeld），很了解赫尔德的思想。他还对"粗俗的"鞑靼人产生了真正的偏爱：为促进鞑靼语和鞑靼文化出资，命人开办了一间鞑靼剧院，成立了"穆斯林委员会"，计划新建一所鞑靼大学。

甚至有一些犹太人通过冒充接受过割礼的穆斯林而幸存下来。当然，更为常见的则是受过割礼的穆斯林被当作犹太人枪毙。在德军统治末期，哥特王国这个项目就像赫尔德对"历史民族"的定义一样变得腐朽过时，那个时候的人们也不再进行各种区分。德军在克里米亚杀害了 13 万人，包括所有的吉卜赛人、剩余的犹太人、大部分的卡拉伊姆人和万名鞑靼人。柏林种族官僚机构制定的各种细微的种族界定规则已无人在意。

哥特人只是纳粹意识形态当中一个笼统的概念，德军对克里米亚的统治也只是德国历史上的一个小插曲，在德国本土几乎已经被完全遗忘。但是对于克里米亚鞑靼人来说，这个哥特计划预示了他们的末日。1944 年 4 月苏联重新夺回克里米亚之后，整个村庄随即被全部屠杀，辛菲罗波尔的街灯上挂着鞑靼人的尸体。虽然参加红军、游击队或者以独立抵抗军的形式参与斗争的克里米亚鞑靼人比与德军合作的鞑靼人要多得多，但他们还是全部被斯大林驱逐。1956 年，尼基塔·赫鲁晓夫在苏联共产党第二十次代表大会上宣布了斯大林主义的终结，强烈谴责了对克里米亚鞑靼人的迫害，然而他们还是不被允许归乡。直到戈尔巴乔夫经济改革以及随后的苏联解体，也就是过了超过一代人的时间，鞑靼人才渐渐回到克里米亚。他们对乌克兰允诺的文化自治感到高兴，但是在投奔俄罗斯之后又担心重新沦为二等公民。

我们的司机埃内斯（Ernes）就是克里米亚鞑靼人。我问他，在克里米亚归属俄罗斯之后，有哪些实际的变化。其实没什么变化，他回答，不考虑换了新的标志和旗子的话，城市面貌没有发生一丝改变。人们在这之前看的就是俄罗斯电视台，当地的政府还是原来的模样：市长、警察、各个部门的官员。从根本上看，一切都还是老样子。对于克里米亚鞑靼人也还是老样子吗？埃内斯思考了一下。如果他晚上没有在说好的时间回家的话，他的妻子过不了几分钟就

/ 151

会给他打电话。克里米亚回归俄罗斯之后发生了许多事：逮捕、绑架、刁难。

主购物街旁有一家鞑靼咖啡馆，咖啡馆还连着一家纪念品商店——好客与民俗还是被允许的——我和纳里曼·德舍亚（Nariman Dscheljal）约在这里见面。他代表正在流亡的领袖雷法特·图巴洛夫主持克里米亚鞑靼人委员会的工作。虽然委员会被当作极端组织禁止了，许多成员被逮捕了，但是人们还能见到纳里曼·德舍亚。他是一位中年男子，穿着牛仔裤和长袖 T 恤，剃短的浅色胡子，牛角框眼镜。委员会还是会碰面，德舍亚说，不过是在私人住宅里。外面经常有警察在等着他们，记下他们的名字，对他们进行悬赏，500~1000 卢布，也就不到 20 欧元。当局并不是要惩戒他们，而是为了显示自己有能力在任何时候敲打他们。最后每个坚持让克里米亚主权地位得到国际认可的人都在一夜之间转变为了分裂分子。

委员会是否真的致力于让克里米亚与乌克兰重新统一，我问道。不一定，德舍亚回答。他们总归是一个少数团体，他们也可以在一个欧洲化的俄罗斯好好生活。他们的问题是无法在当今的这个俄罗斯存活下去。数个世纪以来，鞑靼人就是欧洲人，一直以西方为导向，19 世纪克里米亚战争的时候他们站在了英国和法国一边。能对他们与乌克兰的关系产生决定性影响的就是，欧洲是否坚持自己的价值观。

"如果不呢？"我问。

"那么欧洲将继续在它的边界处被分解。"

我和一名年轻的女士进行了交谈。这位女士管理着克里米亚鞑靼人的广播，此外还在电视里主持一档音乐秀节目。我最好还是不要提及她的名字——天哪，她没想到自己会再次担惊受怕。就连这份害怕也是孤独的，因为大多数人已经适应了新的形势，并不怀念言论自由。由于兼并之后只允许俄语媒体的存在，她现在在一家鞑靼人私立高中教新闻学。这样的私立高中其实是被禁止的，但是现实中还存在。学校里的学生一半是鞑靼人，一半是俄罗斯人。对鞑靼民族的抵触情绪是苏联时代遗留的产物，新一代的俄罗斯人已经没有那么明显了。当她和父母从中亚回到克里米亚的时候，同学们还以为鞑靼人是怪兽，是头上长角的、真正的怪兽。她的老师在开学第一天就问她是否会阅读、写字。事实上，她在乌兹别克斯坦上过精英学校，还是九年级班上唯一学过德语的人。

我在想，人们从哪里能够辨认出这位女士是鞑靼人呢。她有着红色的头发、偏白的脸部肤色，穿着短连衣裙、黑色长筒丝袜和考究的鞋子。人们当然能认出我来，她回答道，克里米亚半岛的人只要看一眼就知道别人的出身。我问她，她还抱有什么希望。她一开始也说到了欧洲、平等、民主、宗教自由、多元化和人权。不过，她接着想到了现实中的欧洲并且明白克里米亚对欧洲人来说其实很远。那在这里是什么情况呢？

"我们曾经占这里人口的90%，现在只有12%了。民主也帮不了我们什么。"

这座城市的历史博物馆没有一个陈列柜展示这座半岛原始居民的情况，更别提他们遭受的驱逐了。而克里米亚战争 ① 则参照当时19世纪的统一样式再现了出来，当时的几个强国在这座小小的半岛上交战。三年内至少伤亡了75万战士，其中的三分之二是俄罗斯人，还有10万法国人和2万英国人。这是第一场现代化的战争，因

---

① 克里米亚战争是1853年10月20日因争夺巴尔干半岛控制权而在欧洲大陆爆发的一场战争。奥斯曼帝国、英国、法国、撒丁王国等先后向俄罗斯帝国宣战，战争一直持续到1856年才结束，以俄罗斯帝国的失败而告终，从而引发了国内的革命斗争。

为工业制造的全新武器系统被运用到了战场上，蒸汽船、电报机和铁路都变成了战争机器。此外，照相机和战地记者的出现使得全世界其他地区的人民仿佛亲身参与了战役一般。同时，克里米亚战争也是第一场"全民战争"，因为百姓被有意识地带入到战斗当中，人道危机成了一种战略手段。

还有许多陈列柜展示了二战的情况，克里米亚官方历史书称为"第二次防御战"。被俄罗斯合并这个事件在城中的宣传画上被赞美为"第三次防御战"，博物馆还没来得及展示这些画。当我请求在半明半暗中打瞌睡、冥想或是猜字谜的年迈守卫打开各个展厅的灯时，他们倒还挺高兴我给了他们这个开灯的机会。

在前往德国法西斯遇害者纪念碑的途中，我们经过了一片非法居住地。这样的居住地在1990年代的克里米亚到处都是：道路没有铺石砖，许多屋子里还没有通电和自来水。当鞑靼人重新回到克里米亚时，他们发现自己的屋子被俄罗斯人占据了。而他们又几乎找不到其他的房子或公寓，因为没有人喜欢亚洲邻居。他们只能零散地在大公司或者公职部门找到工作，因此如今大部分鞑靼人都是自由职业者，比如埃内斯就有一座海边的膳食公寓。一位来自科隆的乌克兰朋友向我推荐他做陪同，因为他英文很好，了解这个地方，而且是个好人。他确实如此，是一个安静的、很有礼貌的、30岁左右的男人。只是我昨天发现，通过他我只能认识一些克里米亚鞑靼人，虽然这很有趣，但是不具代表性。俄罗斯人和鞑靼人在这座半岛上各自生活，而不是生活在一起，埃内斯对我表示抱歉。自从俄罗斯兼并克里米亚之后，两者之间的不信任感加剧，友谊更是罕见。如果我想了解其余88%的人的看法，我明天得想个其他办法。

纪念碑是去年在一条战壕边揭幕的，仅仅德军就曾在这条战壕里射杀了15000人。埃内斯向我承认，拜访纪念碑让他感到有点紧张，因为鞑靼人在学校的书本里总是被归为凶手，而不是受害者。

因此当他在雕刻着遇难者名单的墙面上找到同胞的名字的时候，埃内斯吃惊万分。法西斯的受害者主要是犹太人这一点则完全没有被提及。和在俄罗斯其他地方一样，德军在克里米亚也只是杀害了"苏联爱国者"，纪念石碑上这样写着。

当博物馆馆长看到我和一名员工交谈起来的时候，他从自己的办公室里走了出来并向我解释，他们不想去强调单个的民族，毕竟这场大规模射杀是对全体人类的犯罪。并且对受害者进行等级划分是不道德的。

"这些人是因为何种意识形态而被杀害的这个问题被我们弱化了。但是我们不能阻止人们对其中某一个遇难民族的纪念。"

博物馆馆长不想回答我关于克里米亚归并俄罗斯是否影响了展览设计的这个问题。原则上，他不谈论政治。在他之前的那位员工也给出了一模一样的回答。今天早上在辛菲罗波尔的历史博物馆也出现了同样的说辞。如果要和陌生人谈政治的话，克里米亚的人们都表现得很谨慎。我很快了解到的就是，大家都是俄罗斯族人，对重新与俄罗斯统一当然表示高兴。那位员工点头表示赞同。

我们继续往海岸方向前行，一个小时之后出乎意料地到达了东方：巴赫奇萨赖（Bachtschyssarai）的旧城。巴赫奇萨赖是一个小城，曾经是克里木汗国的都城。城中都是些带有传统木屋顶的石屋，狭窄的巷子一直延伸到山上，半圆屋顶，清真寺的尖塔，门廊和可汗的宫殿，看上去就和一千零一夜故事中的那样。不过需要注意的是：这座宫殿是 16 世纪初由一位意大利人建造的，对西方建筑的接受不是从俄罗斯殖民者们才开始。可惜宫殿关着，为了能进去看看，我们向守门人暗示可以出点小费。但是他遗憾地指了指最近才装上的、用来防止贿赂的监控摄像头。

我在某条巷子中看到一扇窗户后面有只猫，猫后面有一个男人，他友好地和我打了招呼。这名男子叫亚历克斯（Alex），之前一直在国外打工，直到一场意外夺去了他一条腿。他很高兴隔了这么长时间之后能够再次说几句英语。由于他看起来对于谈论政治话题没有什么障碍，我没有拐弯抹角，而是直接问他，他更愿意看到克里米亚和乌克兰在一起，还是和俄罗斯在一起。

"最好是和美国在一起，"亚历克斯又笑了并且补充道，"如果不行的话，那就和卢卡申科吧。"在白俄罗斯至少有工作和足够的养老金，这是他亲眼所见。虽然这里住的基本都是俄罗斯人，但是俄罗斯接管克里米亚的时候当地人也没有举行什么庆祝仪式。从根本上讲，只要一切能正常运转，他们不在乎自己身处哪个国家。亚历克斯问我能否给他几个硬币买吃的。我突然疑惑了，因为他看起来拥有一座自己的房子，一只喂养得不错的猫，依据餐桌的情况来看应该还有同住的人，也就是可能拥有自己的家庭。巴赫奇萨赖的人已经穷到需要乞讨硬币的地步了吗？或者我面前的这位就是个酒鬼？

我们又走了几步，来到一间展示手工艺品的小博物馆：茶壶、碗、盘子。这间博物馆是吕斯泰姆·德尔维希（Rustem Derwisch）的，他是一名强壮有力、身材魁梧的鞑靼人，灰色的头发，戴着一顶编织精美的船形军帽。博物馆的展柜都是他自己制作的，此外还有工作坊活动。他的学生既有鞑靼人，也有俄罗斯人。吕斯泰姆并不在乎学生的种族问题，只要他们能把碗做成就好。他问我们想不想品尝一下真正的咖啡。他拿来一个银制的瘦高磨豆机，仔仔细细地把咖啡豆倒了进去，就好像每一粒豆子都价值连城似的。想到亚历克斯先前的咒骂，我询问吕斯泰姆，是不是许多当地人都对新局势不满。

"哎呀，人们总是对一些东西表示不满意，"他回答我，"不论是在归属俄罗斯之前还是之后都是如此。我属于另外一种人：我先前就很满足，现在也是。"

当他刚刚从流放中回到克里米亚时，买房子也是一件棘手的事。

然后他就假装自己是希腊人，再加上给出的房价高出平均水平很多，房主也就没有追问什么。那时赫鲁晓夫的改革正在进行，政府部门也是混乱一片。他直到很久之后才去进行产权登记，那个时候人们已经不能轻易夺去他的房子了。他一直坚持要买一栋老城区的房子，还得是一座带有内院的传统房屋，可以改建成博物馆。他以前的工作是给管道安装塑料隔热层。

"有一些工作是人们不得不做的工作，而有一些工作是能给人带来乐趣的工作。我现在做的事就能让我快乐。"

吕斯泰姆对一切都心怀感恩，他甚至觉得流放也有一些好处：困苦和思乡让他的民族变得更加强大、独立和有雄心。周围的邻居都是俄罗斯人，他不会感到不适吗？世界各处都会出现一群人针对另一群人的局面，吕斯泰姆是这样认为的。此外他得注意自己说出口的话，因为他不能谈论政治。

"因为太危险？"我问。

"不，因为我缺乏这样的能力。如果你的盲肠出问题了，你肯定得找医生，而不是鞋匠。"

他的任务就是振兴自己古老民族的文化，制作精良的铜器，磨咖啡和教会年轻人手工活。接着，吕斯泰姆停止转动磨豆机——小小的房间早就充满了豆子的香气——他拿来两把铜制的摩卡壶，一把非常简单、不太平整，一把装饰精美、形状匀称。

"其中一把壶是我们十年前做的，另一把是我们今天做的——你看到我们的进步了吗？我们的祖先都没用过这么好的壶！"为了证明自己的话，吕斯泰姆从架子上拿来第三把壶。

我们没能喝到真正的鞑靼咖啡，因为真正的鞑靼咖啡明显还需要进一步研磨。我们跟着吕斯泰姆绕着博物馆逛了一圈。内庭的上方飘着一面俄罗斯旗子，是他的邻居斜插在墙上的。为了抢在我提问前先拦住我，吕斯泰姆重复道，只有医生才能解决盲肠问题。他的政治热情只局限于修复门前的铺石路。我们从内院登上狭窄的楼梯，然后在门前脱掉了鞋子。上面这层吕斯泰姆是按照祖先的习惯设计的，没有椅子。

我们在前往海边的途中经过了楚福特卡勒（Tschufut-Kale）①。这是一座建立在山崖上，由 170 个岩洞和 400 座屋子组成的卡拉派的城市。卡拉派的族人在全球少之又少，我曾在立陶宛遇到过。和许多其他的宗教小团体一样，比如南法的卡特里派，卡拉派住在偏远的、碉堡形状的地方，以便更好地抵御迫害，当然最主要的是为了能够严格按照自己的规则生活。在卡拉派之前，住在这些洞穴和房子里的是阿兰人，他们是一支起源于高加索地区的游牧民族。在这附近的还有狄奥多罗公国（Theodoro-Mang），日耳曼哥特人被可萨人（Chasaren）击败之后就退回到了这里，而哥特人对克里米亚的统治在这之前就已经被匈人终结了。阿兰人、卡拉派、可萨人、哥特人、匈人，所有人都在数平方千米的土地上。是否有朝一日来到我们城市的游客也会自问，我们是什么人呢？德国人、意大利人、土耳其人、希腊人、犹太人、塞尔维亚人还是伊朗人？

我们晚上又徒劳地在辛菲罗波尔寻找可以吃的东西和热情的商家。以前在东欧是农业生产合作社（Landwirtschaftliche Produktionsgemeinschaft）的地方，如今变成了比萨饼店：到处都是，到处都是一样的，到处都是一样的无情。在大城市，人们可以打听有没有地方小吃，至少也能找到一个格鲁吉亚人；而在乡下，人们只可能找到玛格丽特比萨、蘑菇比萨、意大利香肠比萨、火腿比萨和夏威夷比萨。就连店内的装修都仿佛是按同一系列定制的：棕色的地板砖，米色的人造革长椅，深色的、居然刚好能坐下六个

---

① 意为"犹太城堡"，17 世纪中期鞑靼人离开该地，剩下卡拉派犹太人和几户克里姆查克人仍在该处居住。一说此名称在突厥语中原意为"双重堡垒"。——编者注

人的木桌，做旧的相框，玛丽莲·梦露、布鲁克林大桥，有时候还有拳王穆罕默德·阿里的黑白照片。在这里肯定找不到意大利人。但是也不一定需要有穆斯林才能让人们感觉受到了"伊斯兰化的威胁"。文化也可能自我消亡。

　　然后我就置身于古典时代了。公元前 421 年希腊人在今天塞瓦斯托波尔所在的这个港湾里建造了城邦克森尼索（Chersones）。留存至今的有剧院、石柱和房屋的墙基。而这个半岛还留下了陶里斯（Tauris）这个名字。歌德笔下的伊菲革涅就是在陶里斯找到了免于被父亲杀害的庇护所。古希腊朝着亚洲扩展了很远，根本没怎么往西方延伸，这人们多少还知道个大概。可是欧洲的最初发祥地，同时也是伊斯兰 - 阿拉伯文化的发源地，居然在北边一直延伸到了苏联的国土上，这就是歌德的所有读者都完全没有意识到的了。如果我们还记得鞑靼人是从蒙古来的；而今天在克里米亚占主流的俄罗斯族人，大多数和这些南边原野上的斯堪的纳维亚人一样金发碧眼，也是来自蒙古；而女沙皇本人，那位殖民首领又是德国人，她又带来了许多德国人；还有在肥沃的未开垦海岸定居下来的许多其他民族，斯基泰人、萨尔马特人或者罗马人，还有昨天提到的东哥特人、匈人、阿兰人和可萨人，还有著名的基米里人 ①！且不管他们到底是什么民族；后来还有拜占庭人、蒙古人、热那亚人，尤其是本身就是多个民族组成的奥斯曼帝国人；19 世纪又有打完克里米亚战争就没有再回国的英国人和法国人；那克里米亚看起来几乎就是世界中心了。单纯从字面意义上来理解的本地人，也就是祖先就在本地出生的人，克里米亚是没有的。好吧，在陶里斯的考古还是出土过有 10 万年历史的一具尼安德特人尸骨的。

　　这个国家自从 19 世纪以来就变得多样化，今天也是如此，它又怎么能号称自己有某种原初土著呢？在 1930 年至 1934 年间，专业考古学家有 85% 都被苏联解雇了，其中一部分被流放到了西伯利亚

---

① 荷马史诗中提到的永远住在黑暗中的族人。

的劳改营里——85%！就连"民族大迁徙"这个概念在斯大林时代都是被禁止使用的，这是我在尼尔·阿舍森（Neal Ascherson）①写的关于黑海文化史的伟大著作中了解到的。而在学校里教的是，当代俄罗斯、乌克兰、东欧和中欧的整片区域至少从铁器时代以来就是由斯拉夫先民居住的。克里米亚哥特人也不再是入侵的日耳曼人，而是从既有部族中演化出来的。可萨人也不是说突厥语的游牧民族了，只是多瑙河边异族通婚后留下的后代。在鞑靼人这里他们发现了伏加尔河流域的原始居民。据说斯基泰人（Skythen）就是从那里迁移到克里米亚半岛上去的，哪怕他们说的都是伊朗语，也不碍事。而在基辅附近建立最早的罗斯国的瓦良格人（Waraeger），也绝不会是维京人了，而是真正的斯拉夫人。古代研究早就回到了大学里去了，苏联解体之后，又兴起了拜占庭学。俄罗斯在政治上和经济上也许"完全西化了"，就像我在莫斯科听到别人说的那样，但是在它的身份认同方面，它已经退回到了沙皇时代，也就退回到了黑海边，在这里可以遥望伊斯坦布尔。

塞瓦斯托波尔这座城市本身倒是有超过1000座纪念碑、纪念场地和博物馆纪念两次大规模的占领时期，一次是在克里米亚战争中的多国联合占领，为期349天，另一次是德国在第二次世界大战中的占领，为期250天。文学作品比所有建筑物和纪念碑都更震动人心地记录了那些惨烈的景象。尤其是托尔斯泰，他1854年作为年轻士兵在塞瓦斯托波尔"不仅经历了战争的合理、美丽、光彩耀人的形态"，"音乐响，鼓声传，旗帜飞扬，将军骄傲地坐在军马上"。托尔斯泰也描述了在医院里进行的"令人反感但有益于人的截肢"的过程。"我们看到，锋利的弯刀是怎么划进白色的健康躯体里；我们看到，伤病员醒过来时如何发出撕心裂肺的惨叫和恶毒的咒骂；

---

① 苏格兰作家、记者。

我们看到，军医助理如何把切下来的手臂扔进了角落里；我们看到，在同一间房里躺在担架上目睹了战友的手术的另一个伤员如何蜷缩起来发出呻吟，与其说是肉体的痛苦不如说是等候上手术台的灵魂煎熬在折磨他。"

到了第一次占领期接近尾声的时候，塞瓦斯托波尔每天都平均有800人死去；整座城市像是一个伤病员集中营。平民百姓是如此筋疲力尽，战壕里的士兵是如此疲惫而又神经高度紧张，因为持续的炮轰使他们整夜不眠，光这个就已经够折磨他们的了。到了第二次占领期结束时，塞瓦斯托波尔又成了一片废墟。11.2万人口中最后幸存的只有几千人。所有的房屋，99%被毁。苏联授予了塞瓦斯托波尔"英雄城市"的称号，以惊人的复原方式重建了19世纪的建筑。作为黑海舰队的船籍港，这座城市在乌克兰独立的时候保留了它的特殊地位，直到1994年都不开放给游客参观。在某种意义上——对于集体记忆来说，不论它是作为军事据点也好，还是作为在第二次世界大战后才重新吸纳居民而形成的新城也好——塞瓦斯托波尔是一座苏联的城市。克里米亚没有任何其他地方悬挂这么多的俄罗斯国旗了。

如果出了塞瓦斯托波尔，沿着海岸线继续走，就会懂得希腊人为什么在克里米亚有回家的感觉——这里看起来就像是希腊：生长着稀疏地中海植被的起伏远山，山中一再出现的葡萄园，村子周边满是南方民族留下的亚热带树木，充满田园风情的海湾，延伸入海的礁石，腹地里则有在现在这样的冬天里覆盖白雪的高山。在海岸上，昔日的、现存的，改造为宾馆或者重新扩展为宾馆的疗养所一家挨着一家排列开来。在苏联时期，它们大多数属于一家单位，是典型的工人度假场地。早上大家都要起来晨练，晚上合唱民歌。"克里米亚是少数几个连斯大林的苏联都缺少不得的幸福之地。"历史学家卡尔·施勒格尔（Karl Schloegel）写道："在那里红军摘下了他们的军衔标志，妇女们摘下了自己的首饰。作为度过幸福时光的胜地，它也进入了好几代苏联公民的家庭相册：背景里的海滩，有棕榈树的阶梯，长了桃子和橙子的公园。"不知道是不是凑巧，苏联恰恰也就结束在它的幸福之地：从克里米亚最南端、离土耳其海岸的直线距离仅有 264 公里的萨里奇（Sarytsch）海角，我们可以看到一个有 50 公顷大的乡间别墅的屋顶。正是在这个别墅里，米哈伊尔·戈尔巴乔夫在 1991 年 8 月吃惊地收到了莫斯科发生叛乱的消息。叛乱者囚禁了他和他的家人三天，剪断了电话线。之后叛变失败，再之后苏联也溃败了。

据我估计，公路边每隔五公里就出现了一个有弗拉基米尔·普京头像的巨大广告牌，有的是他穿西装打领带的样子，有的是戴着墨镜的运动装扮，有的笑容可掬，有的又怒气冲冲。每个广告都配了一句话，预言克里米亚有一个黄金未来，旅游业繁荣，工业发达，安全有保障。展示过去的是一张德语的广告牌：6 万德国人在克里米亚丧命，遗骨逐渐被转移到了巩恰诺杰（Gontscharnoje）小镇附近的一个墓地里。6 万。墓地是一片极为广阔的原野，中间有着如画般耸起的一座小山。在打理过的草地上散布着三个一组的石头十字架，中间的那一个都会高一点，就仿佛是立在胜利支座上似的。沿着步行小道，紧密地排列着花岗岩墓碑，两面都刻着名字和日期。不知为什么我会走到这块墓地上，不过在这里我突然发现德语名字其实很美：海因里希、约翰、阿尔伯特、尼古拉斯、布鲁诺、奥古斯特、弗里茨、马克斯、格奥尔格、马提亚斯、安德里亚斯、贝尔托尔德、恩斯特、瓦伦汀。每个民族都有自己的名字，这其中蕴藏了怎样的财富，人们也许只有在克里米亚这样的熔炉里才会真正意识到。另外，在一个墓地，一个亡故士兵的墓地，不再去谈论罪责，这也许也是正确的。这里的碑文一般来说都是在呼吁和平，纪念不论在哪个阵线上遇难的死者。在墓地小屋的门把手上交叉插着俄罗斯和德国国旗。谁知道呢，也许斯大林在1945年2月不仅仅是因为克里米亚的宜人气候才邀请盟军首领到这儿来的，也因为地球上没有另一个地方能像克里米亚这样见证过战争的"真实形态"了："鲜血、苦难和死亡"，正如托尔斯泰在日记中所写的。

在雅尔塔，街道的名字，在那次把德国划分成四个占领区，让它失去奥得河以东国土的会议结束70多年之后，听起来还是那么有协作意味。海滨林荫道以列宁命名，与名为罗斯福的大街无缝衔接。沿着河道伸展的交通干道，在河的一边叫莫斯科路，另一边叫基辅路，就仿佛俄罗斯和乌克兰在河边能结成兄弟般的同盟。此外，许多街道都引人注目地采用了诗人的名字，这都是在雅尔塔度假休闲并彼此聚会的诗人：普希金街、果戈理街、契诃夫街等。雅尔塔，曾经是俄罗斯的南方。不过自从克里米亚重归俄罗斯之后，社交风流很大程度上都成了博物馆的收藏：曾经是该城市最重要的收入来源的观光游轮已经不再在这里停靠。卡尔·施勒格尔在苏联解体后以快速推进的方式写下的雅尔塔"马略卡化"①，似乎已经停止了："政治宣传员被旅游陪同取代，清晨的运动文化被健身房替代。爱国主义歌曲都沉默了。每个人都在放自己的音乐，往往都很喧嚣。"

娜塔尔雅·多布林斯卡娅（Natalja Dobrynskaya）是克里米亚唯一一家旅游杂志的主编。她性格是那么火热又真诚，让人很快就能猜到她为什么将热情待客作为职业。"是啊，旅游业可惜中断了。"她承认道。说完这句后却感叹起了2014年3月17日那天半岛投票加入俄罗斯的狂喜气氛。她说她也给第一次参加选举的人分发了水仙花，说当时人们普遍的感觉是他们的命运要么现在就被改

---

① 马略卡是西班牙岛屿，度假胜地，尤其受德国度假者青睐。岛上因而常听到德语，并有德国人定期到访。马略卡化指的是某个地点成为度假胜地而被外国游客"占领"。

写，要么就再不会改变了。

我想知道，脱离乌克兰有没有什么现实原因。当然了，娜塔尔雅回答说。她提到曾经闻名于整个苏联却因为私人化而衰落的鱼厂、街道、学校、公共建筑的普遍破败。位于基辅的政府也许同样忽视了其他地区，她对此不是很清楚。但是这里的人总会往俄罗斯看，与那里进行比较。而且还有 2014 年 2 月国会决定拒绝将俄语作为第二门官方语言，而克里米亚的居民没有多少人会说乌克兰语。这样的决定让他们觉得被拒之门外。

/ 163

在公选投票那一天，娜塔尔雅讲述道，起了那么剧烈的风暴，结果她的邻居，一个在契诃夫博物馆做了 60 年看守——由契诃夫妹妹亲自雇佣的（！）——的老妇人在去投票站的路上被强风裹挟，撞到了一堵墙上。可契诃夫的这位最年长的看守在医院里仍然投出了赞同加入俄罗斯的一票。这一整天其实都群情激昂，虽然对于反对并入俄罗斯的人来说当然是苦涩的。她自己的哥哥，30 年来都生活在基辅，他就宣称只要家乡还被俄罗斯占领，他就不会再回来。当然他还是她哥哥，他们经常通电话，每次都会因为政治话题而吵架。在内心里她也理解他，不仅仅因为他有个乌克兰妻子，也因为他从一开始就支持广场抗议。就像她也理解在苏联吃过很多苦的克里米亚鞑靼人。但是她自己和克里米亚的绝大多数居民一样是俄罗斯族，所以不能不为重新统一感到高兴。她住着的房子就是她的俄罗斯曾祖父母在 1850 年建造的。

我问娜塔尔雅怎么看欧洲。

"我们为什么要属于欧洲呢？"她反问道，"就为了拿签证容易一点吗？"

"您哥哥可能会说是因为价值观，就像是民主、人权、自由。"

"也许我有其他的价值观。也许我觉得太多自由并不好。比如

《查理周刊》^①给自己标榜的那种"自由"。或者像在美国那样拥有武器的"自由"。我也许并不认为同性恋者必须结婚。我认识同性恋者，我不反对他们，宽容同性恋，但并不因此就牺牲传统家庭。也许我也信宗教，相信《圣经》上写的东西。"

"那欧洲和……和什么呢？……和俄罗斯的区别又在哪里？"

"不好说。"娜塔尔雅想了想。"在欧洲人们会遵守法律，"她最后说道，"这让欧洲显得理性，好估测。在东边必须时刻预备一些不可预见的事儿。谁要是听法律的，谁就活不下去。"

"但是忠于法律有这么糟糕吗？"

"不糟糕。我们在克里米亚半岛的人在广场抗议爆发的时候可是遵守了法律的。革命就是破坏，是混乱，是无政府主义。"

"那您作为俄罗斯族人，可比您去广场上游行的哥哥更接近欧洲人了咯。"

"是的，如果这么看的话，确实是的。"

"可是俄国革命呢？那可也是在东边。"

"是的，那也是破坏法律，混乱，无政府主义。"

因为我还约了人在雅尔塔之外的一个村子里见面，我就向她打听这个俄罗斯地名。那就是契诃夫博物馆！娜塔尔雅不由得叫出来，她提出陪我一起去。在路上我所看到的城市景象，契诃夫自己曾准确地描写为"让人想起尼斯（Nizza）风光的欧洲特征和某种廉价又小气之物的混合"。廉价又小气之物，他指的应该包括了在他以后还更增多了的"旅馆盒子"。迷迷糊糊走路的"不幸的肺结核患者"，我在100年之后倒还是没遇到，也没见识到"大胆放肆的鞑靼人的脸，毫不掩饰地露出非常猥亵表情的一堆堆妇人，寻找廉价

---

① 法国一家政治讽刺杂志，刊登许多极具争议性的讽刺漫画，包括讽刺伊斯兰教先知穆罕默德的漫画。2015年其在巴黎的总部遭到恐怖袭击。

冒险的悠闲富人的脸，取代了雪松和大海气味的香水味，贫苦又肮脏的码头，远处海上的忧郁灯光，漫步到这里为他们一无所知的自然而吃惊的年轻男女的夸夸其谈"。契诃夫在雅尔塔所代表的那些美好旧时光，是他自己在世时便已开始怀念的。

我们路过德俄协会的时候，娜塔尔雅问我想不想去和我的同胞道声日安。我的同胞？然后我又想，是啊，为什么不去呢？一个父母 60 年前就搬到了德国定居的伊朗人，和那些祖先在 19 世纪迁居到俄国的德国人多少也可以算同胞吧，或者反过来，他们算俄罗斯人，我算德国人，如果非要这么较真的话。不管怎样，协会的女主席不论我出身如何都很高兴听到了我们的语言，而她说起这门语言的时候有着悦耳的口音。他们在聚会时说的是俄语，因为不是所有的成员都能听懂德语。

就像克里米亚鞑靼人一样，德国人在斯大林时期也遭到了流放，不过比他们早 25 年被准许回来，那是在 1960 年代中期。现在他们的文化又消失了，因为大多数德国人搬回了德国。这让人悲伤，主席说，她名字也叫娜塔尔雅，而且和旅游杂志主编一样真诚；德国人在叶卡捷琳娜大帝时代为克里米亚的发展做出了这么大贡献，直到今天他们都有着好名声，上进又勤奋，我们不就有这样的品质嘛。我相信，娜塔尔雅说的真的也包括了我在内。这个协会正努力保持在雅尔塔仅存的 200 个德国人，花费了大量力气提高他们与德国相关的修养。是啊，有的克里米亚德国人已经回来了，虽然也只是临时到海边度个假。

我们继续往博物馆走的时候，我想到，值得人们注意的不仅仅是这个有上百年历史的民族和语言混合体的解散，这一解体从 1930 年到 1950 年是逐步进行的，但是总的来说在东欧各处都在快速而粗暴地推进。还值得注意的是，我突然发现多元文化比在大陆西端保持得更长久，更深入，也不同于新世界。在新世界，族裔出身往往过了一两代人就只留下了民俗，母语则无可挽回地丢失了。即使到了今天，经历过沙皇俄国的殖民统治和苏联时期的同化，克里米亚鞑靼人、俄罗斯德裔、希腊人等虽然都成了人数稀少的少数民族，但几乎都绝望地坚持着自己的语言和传统。他们这么坚持，恰恰是因为他们遭到了迫害吗？至少没有人会说美国德裔保留了德国文化和德语，虽然往西去的德国人比往东走的德国人要多得多。斯大林不是简单地消灭民族多元，他更想——就像今天那些竭力宣称不反对其他文化，只是要土耳其人、叙利亚人、墨西哥人、亚美尼亚人、罗兴亚人①或者不管谁都在自己的国土里过幸福又自治的日子的民族主义者一样——按照他自己的想象让多元化变成分散的几部分。与他之前的列宁类似，他也有赫尔德式的民族观，认为民族需要有自己的领地，哪怕那块地方是在西伯利亚某处；也正是在那里出现了犹太人的一块自治区，现代历史上第一个犹太国。

娜塔尔雅——俄罗斯族的这个，不是克里米亚德裔的那个——没等我问就往我的思绪之流插入这番话来：她内心里其实是个苏联公民。她知道斯大林时代的那些罪行，流放，古拉格。她肯定也不想把时钟倒转回去。但是能属于一个真正的多民族大家庭也挺好，那种在庞大帝国各处都知道怎么做才能赢得别人尊敬的安全感。那克里米亚鞑靼人呢？我问，他们也会受到尊敬吗？鞑靼人回来，肯定会有冲突，他们想要回自己的老房子，提出了要求，常常干脆强占房子。很多俄罗斯人当然就害怕被驱赶出自己的房子，害怕在自己的生活区感觉像个异乡人。国家提供的土地被克里米亚鞑靼人拒绝了，因为他们想和他们的祖先一样靠近海居住。这她倒也能理解。只不过，海边的土地现在是最贵的，人口最密集的。在1990年代初的时候，每个人都想着自己的生存问题，也就导致了巨大的混乱。

---

① 居住于缅甸的穆斯林族群，是在缅甸英治时期进入缅甸的孟加拉人。

"那在您看来，克里米亚鞑靼人回来是个错误咯？"我问。

"不！"娜塔尔雅听起来几乎像是受了惊吓，"他们想要回到自己的土地上来，这大家必须理解。这是他们的土地啊。"

在山坡上的一条可以无遮掩地直接看到大海的宁静街道上，我们下了车：安东·契诃夫（Anton Tschechwo）在一个鞑靼人墓地附近的一块荒凉土地上开垦出一个花园，已经距今 100 年了；超过一半的树木、灌木丛和葡萄据称都是他自己栽种的。在他生命中最后几年里，他在克里米亚写的剧本和小说中也都随处可见花园，这里不仅是人们表白爱情的地方。契诃夫也让最可怕的事情发生在人工建造的大自然里，在《樱桃园》结尾时樱桃树被砍，这在 20 世纪初就预示了一个世界，他的世界的没落。那是个怎样的世界呢？

我走进了屋子，从第一步开始就觉得自己进入了一出戏剧。是啊，就仿佛契诃夫是他自己笔下的戏剧人物，他摘帽子的走廊，他给自己泡茶的厨房，常常坐着并非小人物的白发托尔斯泰的客厅，卧室和客房，他的美丽妻子的肖像画，连桌边椅子都是原物的饭桌；到处都可坐下：靠背椅、沙发、板凳，还有床——屋内设施几乎没有什么是俄罗斯特有的。娜塔尔雅所称的雅尔塔最具俄国味儿的地方，是一所优雅的欧式房子，与之类似的完全也可以出现在法国、德国或者北意大利，甚至在贝鲁特（Beirut）①或亚历山大港的"创造者时代"风格的城区里也可见到。但是在巴赫奇萨赖就是完全另一个世界了，那里的房子没有花园而是有个内庭，进屋要在门口脱鞋，然后在地毯上坐下吃饭。这两个地方相差只有几公里，却又相隔整整一个大陆。

鞑靼人也给克里米亚带来了丰富的文化——但是他们作为亚洲人居然今天要依靠欧洲来维持生存，真是奇异。已经是傍晚了，我们又要在进屋之前脱鞋了。迎接我们的女歌手爱尔维拉·萨里夏丽

---

① 黎巴嫩首都。

尔（Elwira Sarychalil）对来自国外的访客表现了衷心的友好，也许甚至是感激。她和自己的父母回到了她祖父母的村子里，大约在雅尔塔以东沿海岸线有 50 公里远的地方。经过多次申请，也因为市长真的很给力，她父亲才可以建造一栋房子，不过是在村子上方一个山坡上，其实对于建房子来说太陡了。幸好他本职工作就是工程师，用心灵之眼看到了这里可以盖出拥有远近最美海景的露台。如今下一代已经住在了这所房子里，爱尔维拉的两个儿子，他们会四门语言——克里米亚鞑靼语、俄语、乌克兰语和一点点阿拉伯语，因为教育将会决定他们的未来。这是爱尔维拉的父母在遭受驱逐的时候学到的教训，所以才会尽全力送她去乌克兰最好的音乐学校之一学习。今天她既在现代爵士乐歌唱方面，也在她的传统歌曲方面成名了，而最出名的是她能将两者结合起来。就像人们在她家门口脱鞋，但是在屋里还是坐在椅子上一样。

吃完了让我一下子回到远东的晚餐，骄傲的父亲将 YouTube 上的音乐会视频投放到了客厅的墙上，有在基辅的、柏林的或者阿姆斯特丹的音乐会。在克里米亚半岛上，爱尔维拉很久不开音乐会了。她在国外发表了太具批判性，也就是亲欧洲的言论，她也就和许多艺术家一样在回家之后遇到了麻烦，或者根本回不来了。

"你从没有想过彻底搬走吗？"我问，"去基辅、柏林或者阿姆斯特丹，去你能唱歌的地方？"

"没有，"爱尔维拉说，"这里的风景会进入我的歌里。我们所有人都尽可能多地坐在露台上。"

然后她唱起了一首古老的民歌，歌里恋人的眉毛如同海水的波涛，不安地涌起，平和地降下。

　　我拉开宾馆房间的窗帘，看向海面。我之前完全没有提到克里米亚一直在下雨的事情，因为我想要记录下这里风景美的一面，不希望克里米亚在下雨的时候和我的出生地锡格兰德①看起来差不多——在厚厚的云层遮挡下几乎看不到海岸。但是现在太阳出来了，再加上昨晚下了雪，如今不仅是远处的山脉，就连紧贴着小小海湾的半圆形山丘也覆盖上了一层雪，好似一层糖霜。卵石沙滩肯定曾经也很完美，但是现在只剩下被遗弃的、用腐朽木板甚至是波纹铁皮建造的一个个小吃店。地势稍高的林荫道和通往沙滩的楼梯是用光秃秃的水泥浇筑的。阶梯之间还有不同长度和特性的木板插在水里，好似每个垂钓者都给自己凑出了一个放破烂的小屋。相互叠在一起的脚踏式小船像垃圾一样被扔在一边，它们的确已经变成了垃圾。我接着走到了海湾的尽头，为了绕开礁石从一块石头跳到另一块石头上，以免湿了脚。突然间，我独自一人站在了这片宽阔的、没有任何建筑物的沙滩上。我像爱尔维拉一样看向海面，忘记了身处的世界。

　　在战争期间肯定也出现过这样的画面。在 19 世纪和 20 世纪之间在克里米亚发生的世界大战中，有一个英国的、俄罗斯的、法国的、土耳其的或者德国的士兵在某个宁静的日子从营地走出来，可能是在漫长阴冷的雨雪天气之后，天空终于再次放晴。他看着大海，想着家中的爱人、孩子，想着日常生活中的忧心之事和困苦；或者沉浸在这样的风景当中，呼吸着海风中的盐分，听着耳边的海浪声闭上了眼睛，感受温暖的阳光。他忘记了周遭的一切。如今会不会有更大的灾难正在接近？克里米亚的紧张局势、不远处顿巴斯以及黑海对岸的战争是不是就是这场灾难的先兆？在土耳其东部、伊拉

---

　　①　Siegerland，德国威斯特法伦南部地区。

克北部、南高加索地区和叙利亚全境，还有也门、黎巴嫩以及其他更远的地方——或者这些地区的冲突本身就是一场规模巨大的战争？可能正因为这些原因，我才如此强烈地想要就这样安安静静地待在这片不受人类干扰的沙滩上。

我们继续沿着海岸线朝俄罗斯的方向前行。埃内斯告诉我，希腊人不仅留下了神话、葡萄藤和无数的废墟，他们还给克里米亚留下了许多地名。当叶卡捷琳娜大帝为了让自己的子民住进希腊人的村子而把他们继续往北部的荒原驱逐时，这些地名保存了下来。这时我才明白过来，我在乌克兰东部经过的那些希腊村庄原来是沙皇时代殖民政策的产物。人们总是不假思索地认为和希腊相关的所有东西都是古代的。而当苏联抹去克里米亚的这些希腊地名的时候，它们已有 2000 年的历史。

仅仅在克里米亚就出现了这么多的民族，虽然有一些民族按照现今的学校地理课根本就不属于这里：希腊人、俄罗斯人、哥萨克人（Kosaken）①、鞑靼人、德国人、犹太人、亚美尼亚人、意大利人，还有波兰人和其他一些民族。他们在这里漫游，互相驱逐，彼此妥协，很少能成为朋友，就算是，也通常是在彼此打得头破血流之后。最终，只要民族还未消亡，他们每个人都从祖先那里继承了一些传统、歌曲、一小块土地，或是一些所有权以及对他人的指责。然而别的民族也对这些东西拥有继承权，这样一来，引发新冲突的种子就被埋下了。这些在克里米亚上演的乱糟糟的局面经常就

---

① 哥萨克人是一个生活在东欧大草原的游牧社群，是俄罗斯和乌克兰民族内部具有独特历史和文化的一个地方性集团。可主要分为俄罗斯哥萨克和乌克兰哥萨克两大群体。现多分布在顿河、捷列克河和库班河流域等地。属欧罗巴人种东欧类型，使用俄罗斯语南部方言，属印欧语系斯拉夫语族。15 世纪，哥萨克人指在第聂伯地区形成的半独立的鞑靼族，亦指从波兰、立陶宛和莫斯科等公国逃亡到第聂伯河和顿河地区的游牧民，他们建立了自治的村社。

发展成了战争，甚至是世界大战。但克里米亚的历史恰恰是由这一片混乱和那些属于这些民族的人构成，甚至有些人是被强制划归在这些民族当中的。当然不仅是历史，而且还形成了与别的文化区分显著的另一种文化，人们称之为文明。不存在所谓的单一文化，哪里都不可能存在。只要人们没有做好消灭其他种族的准备，那么他们就只能和其他人一起生活，不论是以和平的方式还是不和平的方式。

沿途的地形越来越崎岖，植被越来越稀少，路旁的村落也越来越小。用来导航去俄罗斯的智能手机每过五个祷告时间就响一次，不过埃内斯至今为止也没遵守过一次。这次手机显示主麻日祷告的时间到了。几乎就在同时，出现了一座大大的清真寺，它的立面白闪闪的，我们就顺势从沿海公路拐了过去。我也很好奇，因为这个小小的村子里还有一座教堂，也是新建的，看起来和清真寺一样没有人迹。

清真寺周围的道路没有铺石砖，通电也全靠自己。不过村里的房子都是崭新的，几乎家家门前都停着车：从流放地回来的克里米亚鞑靼人住在这里。尽管是祷告时间，清真寺却是锁着的，男人们都结伴去了村子的另一边，也就是往教堂的方向。苏联那时也没有什么教堂。这里的人难道全部改信基督教了吗？

/ 171

我们跟随这群克里米亚鞑靼人来到了旧村落，这里是他们父母或者祖父母居住过的地方。我们经过了那座教堂，教堂也是锁着的——好吧，现在是周五上午——遇到了如今住在那里的居民，这些居民既不友好也非不友好。穿过两座墙之间一条不起眼的通道之后，我们来到一扇铁门前。从这里有一个楼梯向上通向老清真寺的祷告室，祷告室在苏联时期就是一间储藏室。祷告室的前面还扩建了一座房子。这群人告诉我们，几天前他们撬开了门，清空了储藏室。反正没有人再需要这些东西了，什么写着苏联节日的小板子、坏掉的一些学校用品等。就连当地的负责人也是睁一只眼闭一只眼。老祷告室让他们感到更舒服，他们这样解释。此外，用土耳其的资金建起来的新清真寺对他们来说太大了，历经数百年还没有灭绝的鞑靼人只剩下很少的人了。

在离清真寺不远的地方，一位老妇人朝我们搭话，她问我们是否知道有关乌克兰的消息，因为我们看起来明显是游人，是外国人。为什么是乌克兰，我们问。原来老妇人来自顿巴斯，确切地说是卢甘斯克（Lugansk）①，三年前为了照顾被土匪殴打的儿子才来到这个村子。突然，战争爆发了，儿子不让她回去而且还禁止她收听新闻。据说一切还是老样子，她的房屋也没被损毁，但是她不相信儿子的话。所以她问我们卢甘斯克如今是什么样子，战争什么时候才能结束。我们要怎么回答她呢？

返回沿海公路的途中我们看到一个叼着香烟的男人，他正在修剪葡萄藤。我问他，以前的酒好还是现在的酒好。

"以前的"，他回答道，并且说明他指的不是加入俄罗斯之前，而是苏联那个时候："那个时候他们给的肥料更多。"

他不清楚为什么现在总是缺肥料，毕竟他只是国有农场的一个小职工。他得修剪 140 条葡萄藤才能拿到工资，因此抽根烟的休息时间都没有。自从归属俄罗斯之后，可以准时收到工资了，以前可不是这样。他这次说的以前是指克里米亚还属于乌克兰的时候。

又经过了几个村庄后，埃内斯把我们载到了他的故乡，他的祖父母就是从这里被驱赶走的：一辆大卡车开到门前，只有半个小时收拾家里最重要的物品、文件和《古兰经》。之后就被赶到货物装

---

① 卢甘斯克位于乌克兰东部，紧邻俄罗斯，居民大多讲俄语。2014 年 4 月 28 日，乌克兰卢甘斯克的集会者宣布成立"卢甘斯克人民共和国"，目前尚未得到乌克兰及国际社会承认。

卸区，邻居们已经聚集在那里了。他们从那里登上超载的货运车厢，被一路送到遥远的亚洲，整整七天。不许下车，也不许其他人往车厢内递东西，食物、消息、希望，都不行。只能偶尔递点水。埃内斯的父亲在回到克里米亚之后每年都会来看看自己父母的房子。

"这没问题吗？"我问。

"没问题，没问题，"埃内斯确认道，"现在住在这里的人很友善，每次都邀请我们去喝茶。"

除了苏联时期的路牌，我们还看到一根刻着克里米亚鞑靼语名字的石柱：艾·塞雷兹（Ay Serez）。这是个起源于希腊语的名字。迄今为止已经坏了无数根柱子了，埃内斯说，看看这第六根柱子能保持多长时间吧。

和沿海的大多数村落一样，这个村子沿着山势一路向上延伸。我们穿过村子，把车停在了最上面的巷子里。这里的小房子有两层，下面一层石头做的，上面一层木制的，被分成不同的屋子。埃内斯小心翼翼地敲响了一扇门，一位金黄头发、戴着蓝色针织帽的女士出现了。她在套头毛衣外面罩了一件亮红色的滑雪服。虽然不是有意的，但是她上半身的蓝黄红组合看起来很接近一面俄罗斯国旗。她兴奋地让我们进了卧室，除了睡觉，她也在里面吃饭。这个塞得满满当当的空间里唯一一个看起来没什么用的物品就是一个小的水族箱。

塔贾娜（Tatjana）自从出生起就住在这间屋子里，而埃内斯的家人就是从这间房子里被赶出去的。塔贾娜的父亲来自俄罗斯中部，1957 年分配到了这间屋子。

"他当时有其他选择吗？"我问。

"没有，他是在孤儿院长大的。"

对于塔贾娜父亲那代人来说，在孤儿院长大也就意味着自己的父母被射杀或者驱逐了，也有可能他们被禁止学习父母所属民族的

/ 173

文化和语言，所以内务人民委员部把这些孩子都掠夺了过来。你的父亲也是？他从来不说有关祖父母的事，塔贾娜回答。还是孩子的时候，塔贾娜就知道克里米亚鞑靼人曾住在这间屋子里。但是他们的六口之家也有许多自己的烦恼，所以没怎么思考过这件事。如今她已经56岁了，工作了35年，最长的一份工作是在海岸边的一家疗养院做管家。她和丈夫离婚了，孩子们在其他地方生活，也有了自己的子女。她的退休金是7000卢布，也就是整100欧。她自己在前面院子里种了些长势好的植物。但是钱不够供暖。

我问塔贾娜，当克里米亚鞑靼人随着改革开始而重返村子的时候，她有没有担心过自己会被赶走。没有，塔贾娜说，1970年代就陆陆续续有鞑靼人在村子里了，他们都是好人，他们的孩子还和塔贾娜的孩子一同玩耍。埃内斯的父亲第一次站在她的门前时呢？

"那是1989年的夏天，"塔贾娜立刻就回忆起来，"他哭得像个小男孩。我被触动了，给他煮了杯茶。"

"您从未害怕过吗？"

"没有啊，为什么要害怕？他想买下这个房子，但是我们不想卖，他也接受了。如果卖了房子，我们能去哪儿呢？您知道吗，我们与鞑靼人之间没有什么问题，我们有别的问题。"

"您的问题是什么？"

"比如这么多年过去了，房子里还没有通水。我们得用桶运水回家。这真的是个问题，尤其是在冬天。"

"归属俄罗斯之后情况也没有改变吗？"

"什么都没变。"

"那克里米亚又重归俄罗斯了，您高兴吗？"

"我很高兴战争没有了。对此我感到开心。"

我们左边的山脉像海浪一样变得越来越平整，经过了最后一个小山丘之后，我们又看到了一大片平原，从空中俯瞰肯定像条壕沟。

大约傍晚时分我们到达了克里米亚最东端的城市：完全看不出来刻赤（Kertsch）的的确确有 2600 年历史了——也难怪，它在公元 4 世纪就被匈人毁了，此后又遭遇了一次又一次的毁灭，比如 1855 年被英法破坏，之后不到 100 年又被德国人摧毁。然而公元 8 世纪建成、保存至今的最古老的拜占庭教堂还矗立在那儿。神父骄傲地强调，这片土地可还属于地震活跃地带呢。这座教堂还奇迹般地从鞑靼人的统治下留存了下来，鞑靼人原本可以把它变成一座清真寺。神父原本已经想锁门了，但是由于外国人的到访实属罕见，他感到特别开心，因此他又把灯打开，向我们展示了教堂的每个角落。礼拜在二楼更大一些的厅内举行，它是基督徒 19 世纪重新统治这座城市之后修建的。参加晚间弥撒的教徒不多，中世纪的小教堂每次都够用了。虽然按照东正教还在沿用的儒略历①明天就是新年。

这是因为此次新年恰好在一个工作日，神父对此表示抱歉并且强调，俄罗斯人即使在苏联时期也对信仰非常虔诚。而且这种虔诚还在爆发式地加强。

"年轻人呢？"我问，"他们也积极参加教堂活动吗？"

"是的，"神父肯定地说道，"只在工作日的时候差些。"

神父本身年纪并不大，我估计不到 40 岁。他在黑色衬衫外面罩了一件深灰色细条纹西装，扎着马尾，胡须仔细地修过，看起来就像美国电影里的教父。他手里拿着一部智能手机，一把汽车遥控钥匙，手指上还缠着一串念珠。

---

① 儒略历是由罗马共和国独裁官盖乌斯·尤里乌斯·恺撒采纳数学家兼天文学家索西琴尼的计算后，于公元前 45 年 1 月 1 日起执行的取代旧罗马历法的一种历法。儒略历中，一年被划分为 12 个月，大小月交替；四年一闰，平年 365 日，闰年 366 日，年平均长度为 365.25 日。由于实际使用过程中累积的误差随着时间越来越大，1582 年教宗格里高利十三世颁布、推行了以儒略历为基础改善而来的格里历，即沿用至今的公历。

"俄罗斯和宗教信仰差不多就是同义词。"神父又说道。

普京总统在关于民族局势的纲领性讲话中说道，克里米亚对俄罗斯来说就像圣殿山①对于犹太人和穆斯林一样神圣。这句话在理吗，我问道。当然，这是不容置疑的，神父回答。他不仅用了弗拉基米尔大公来做例子，大公于 10 世纪在克里米亚受洗并由此开启了俄罗斯的基督教化。叶卡捷琳娜大帝也援引了弗拉基米尔大公，好从宗教角度来论证俄罗斯为什么对克里米亚有所有权。神父还提到施洗者约翰（Johannes der Täufer）留下的一个脚印。可惜天色太晚，不然我可以在内庭看到这个脚印。我在耶路撒冷也听过类似的传说。

神父关掉了灯，锁了教堂，友好地和我们道别，然后按下了越野车的遥控钥匙。不知道是什么原因，他的越野车还挂着乌克兰的车牌。埃内斯对此感到惊奇，因为更换车牌的截止期早就过了。对埃内斯而言，克里米亚永远属于欧洲。

由于海上情况不可预测，我们当天晚上就摆渡到了岸的另一边。冬天有可能出现渡船数小时，甚至数天不来的情况。英国人在一战之前就计划在海峡上方造一座一直通到印度的铁路桥。后来德国人在占领期间于 1943 年 5 月开始了建造工作。但是桥建到三分之一的时候被炸毁了，因为红军来了。发现大量建材的苏联人还是把桥建好了，但是桥在第一场暴雪时再次坍塌。普京总统在兼并克里米亚之后承诺两年后建好大桥。就连俄罗斯报纸也在批评，游客太少，物资太缺乏，这么浩大的建筑工程是没法获得收益的。而且神父也确认，刻赤海峡位于地震多发地带。

虽然现在不用清关了，但是启程还是要等很长时间。而且尽管渡船一直在等，但是甲板上的乘客也并不多。尼尔·阿舍森曾写道，

---

① 圣殿山是位于耶路撒冷老城的宗教圣地，是犹太教和基督教的圣地。

这里的某个地方，在刻赤海峡的这边或那边，"曾经有一对连体双胞胎降生于此，一个叫'文明'，一个叫'野蛮'"。"就在这里，希腊殖民者遇到了斯基泰人①。小小的、以航海为业的城邦国家的定居文化遇到了草原游牧民族的迁移文明。无数代以来都在同一个地方生活、耕作，在同一片沿海水域打鱼的人遇到了一群在马车和帐篷里生活、跟在成群牛马后面穿过一望无际大草原的人。这不是人类历史上农民与牧人的第一次相遇：自从新石器革命②以来，自从定居形式的农耕生活开始，这两种生活方式肯定有过无数次的重叠。而且这也不是城市文明第一次接触到游牧生活：汉朝西部边境的中国人就有过类似的经历。但是这种特殊的相遇却滋生出'欧洲'的幻想，包括各种傲慢、各种优越感，认为自己拥有更高贵出身的主观臆想，生来就可统治别人的野心。"

当我们终于登陆，可以驱车的时候，时间已经不够我们赶到下一个城市了。我们在网上订了一家旷地上的宾馆。但事实证明，这里也不是那么空旷，因为旁边有一个充当舞厅的木屋子，舞厅门前还停了许多车。

"你们是谁？"当我们没有穿着外出闲逛的衣服出现时，宽肩膀的门卫觉得好笑地问道。

"我们是人"，德米特莱讥讽地回答，他是白俄罗斯人、犹太人，也是摄影师。

"原来如此，"门卫冷笑，"我还以为你们是土耳其人。"

我感觉舞厅就像是对俄罗斯的嘲弄：女人们统一留着中长直发，画着夸张的眼影，穿着像特朗普太太和女儿那样的紧身长裙。男人

---

① 公元前8世纪—公元前3世纪位于中亚和南俄草原上印欧语系东伊朗语族的游牧民族。又称西徐亚人或赛西亚人。

② 新石器革命是指农业及畜牧出现，人类由旧石器之寄生者变成新石器之生产者。

们看起来，好吧，不像是总统家族的领导，更像是总统的保镖。这样的角色扮演似乎在全世界都能找到，比如在我女儿的高中毕业舞会上大家就是这样的发型，穿着同样的裙子。只是人们不知道，是谁模仿了谁。舞厅里的音乐肯定是出自曾经的阶级敌人之手，奇怪的是只有女人们随乐而舞。男人们情愿在一旁抽水烟，看上去就像土耳其人——幸好门卫不知道我此时脑中的想法。

　　我回想起了那间书房，看上去就像契诃夫昨天才离开似的。书桌上还铺着文稿，电话机像如今的家用电脑一样大，还有给访客投放名片的碗。契诃夫就是在那张椅子上创作出了伟大的戏剧，剧中的每个人总是在不断地向往莫斯科。"再过一段时间，"《三姐妹》里这样写道，"再过两三百年，人们会回望我们现在的生活，带着惊恐和嘲笑。现在入时的东西都会变得肮脏和笨拙，变得让人不舒服和奇怪。噢，那时会是怎样的一种生活啊，怎样的一种生活。"或许，契诃夫借中校维尔希宁（Werschinin）之口表达的信心具有欺骗性，一种早期现代派的信心："以前出生的人，没有人比您更优秀。"吕斯泰姆，住在巴赫奇萨赖的从容的吕斯泰姆可能会说，两三百年还没有过去呢。我们还有时间。

在俄罗斯，第一件真正与别处不同的事物，是车速监控。无论是没有任何山丘和树木的平坦大地，还是人的脸，文字标识和发光的广告牌、战争纪念碑，旗帜和军装，汽车品牌和车牌号等，就连爱国主义标签——"爷爷，感谢您，打赢了战争！"——自从我们摆渡到陆地以来，都别无二致。但是埃内斯突然开始按照每隔一小段距离就会出现的限速标志减速了。在克里米亚，他可是毫无顾忌地开快车的。在俄罗斯兼并克里米亚之后，虽然克里米亚的主要干道都进行过整修，但是没有安装监控器，他解释说；幸好这个国家还没有运转得这么好。

"那俄罗斯这个国家就运转得好吗？"我问。

"不管怎么样比乌克兰强。"

话才说出口，一个警察就把我们招呼到了路边，他穿着一件宇航服一样厚的制服，戴皮帽和耳罩，穿亮黄色的反光马甲。在俄罗斯的冬天，每个在室外工作的人都让人能感到这股寒意。我只是想知道，穿得这样抵御风寒的警察是怎么坐到他身后的公务拉达车的方向盘后面去的。

"你根本没有开太快啊。"在我们的车拐进高速公路路肩的时候，我猜测我们遭到了不公待遇。

"我在超车的时候越过了一条横线。"他赶忙承认自己的错误，就像是在公审一样："这会罚得更贵。"

埃内斯再回到车上的时候，已经付了3000卢布，换算过来就是50欧元，他的月收入的五分之一。可是他还觉得轻松了，因为警察一开始是要没收他的驾驶证的，而且是当场没收，那样的话我们的旅行就会暂时中止在天寒地冻的原野上了。不过这只是一种威胁，就为了能做交易，埃内斯说。

/ 178

“你是怎么看出来的呢？”我问道。

“他在跟我说话的时候，不慌不忙地查看我的证件，首先是驾驶证，然后是汽车执照，最后是身份证。最迟在这个时候你就知道你必须问问有没有别的解决办法了。如果他一早就掏出表格来，那就没辙了。”

“我还以为，这样的事儿只会发生在乌克兰呢。”

“在乌克兰，你可以就罚款金额讨价还价，这就是区别。在俄罗斯，你就得照单接受。在这里国家的力量太强大了。”

快中午的时候，我们到达了克拉斯诺达尔（Krasnodar）①，这座城市管理着俄罗斯的粮仓。我们沿着笔直主干道开了很长时间，路边掠过板式建筑和高住宅楼。越往市中心走，房屋就越小越差；它们显然是在社会主义人间天堂之前的时代建的。主广场是新建的，有一个纪念叶卡捷琳娜的巨大纪念碑和一座重建的大教堂，原来的大教堂位于别处，在人间天堂时期被拆除。沙皇统治和东正教，这就是广场要发出的信号，构成了俄罗斯的新世界，也是旧世界。

俄罗斯其实从制裁中获得了益处，为一家德国公司出售农用冷冻技术的塔贾娜说。她供货的机器如今在俄罗斯生产了，因为不这样的话没人买得起。对于食品来说更是如此。巴马干奶酪②现在真的不是生活必需品，俄罗斯奶酪一样好，而做奶酪需要许多新的冷藏库，于是塔贾娜的生意日益兴隆。针对价格的上涨，人们不会责怪自己的政府，而是责怪那些用经济战覆压俄罗斯的政府——她的国家抵抗住了以前的空袭，现在的袭击也不会压垮它。在附近顿巴斯的战争，塔贾娜认为是乌克兰对说俄语国民的侵犯，而俄罗斯必须支持他们。对叙利亚的干涉，她则认为是一项人道主义行动。克

---

① 位于俄罗斯的南部，是北高加索地区最大的经济和文化中心。

② 意大利出产的奶酪。

里米亚对她来说就是俄罗斯的天然组成部分。而欧洲则被难民淹没。

这一天剩下的时光就这么过去了。我还和一位女德语教师、一家连锁面包店老板、一位法学女学生和一个出租车司机聊了聊。是的，他们都是我偶然认识的人，但是对我来说，他们所有人看待今天的世界差不多和他们的总统一模一样，这就不是偶然了。与此相对应，他们并不怀念自由，因为俄罗斯人就算完全自由，也会选择弗拉基米尔·普京。如果他们说的属实——我也没有理由去怀疑真假——他们的朋友、熟人、商业伙伴或者同学多多少少也都和他们看法一致。所以人们也不讨论政治。

"不，在大学里也不讨论。"女大学生亚历山德拉（Alexandra）很肯定地说。她觉得惊讶，在其他国家或者其他时代的大学生会反叛。在俄罗斯肯定不会。作为法学学生，她面对一个相对稳定的未来——这对她来说才是重要的，也完全不是理所当然的，因为她从她父母那里听到，在叶利钦统治时期局势有多么混乱。更不要说戈尔巴乔夫了，那就是个罪犯。普京重建了秩序，也带来了弊端，弊端肯定是有的。比如说，塔贾娜认为总统对经济可惜懂得不太多；他的继任者必须让俄罗斯摆脱对土地资源的依赖。普京的使命就是另一件，确保俄罗斯的伟大与稳定。很遗憾，我们在交通监控那里经历过的就是个典型现象，面包店老板维克托（Wiktor）插了句，在经济领域，在政府部门，尤其在社会顶层，腐败都已经变成了大脓包。但是人们同时必须认可政府采取的措施，那许多连财阀都没法幸免的法庭审判。最近警车里也装了小摄像头，这样就没有肮脏行为能够被隐瞒起来了。啊，所以那个警察才不顾风寒站在外面做交易呢。

这些都不是要反对体制或者怀疑媒体撒谎的愤怒公民；他们并未身处边缘，既不情绪激动也不言辞过激，而是友好地看着拜访他们的外乡人，虽然这个人属于，说得尽可能委婉的话，一个"有问题"的宗教。塔贾娜和亚历山德拉绝对不想一起去我的下一个目的地，车臣，因为她们作为女人在一个伊斯兰国家没法自由活动。西方的右翼民粹分子对于民族优先和西方身份的态度，对权威民主和伊斯兰教的态度，对同性恋和"性别错觉（Genderwahn）"①的态度，对美国世界霸主地位和布鲁塞尔专制的态度，至少在俄罗斯中产阶级这里是主流。他们的观点在我看来都是事先就定型了的，就连用的从句都是预先猜得到的，而塔贾娜、亚历山德拉、维克托和玛丽安娜（Mariana）会认为我说得对——在我把对阿勒颇的占领称为战争犯罪的时候或者宣称德国不论在哪里建难民营那里立刻就会有公民自发来帮忙而不是反对难民的时候。大多数德国人对他们今天的生活处境，包括文化多元，还是大体满意的，是心存感激的，而我的谈话伙伴也只会把这些看作统一口径的媒体宣传而已。

"在这里大家是赞成普京的。"出租车司机确认说，他是我偶然结识的这些人中唯一属于另一个阶级的。他又接着说，不是哪儿的人都认可当前状况的。克拉斯诺达尔地区有很强的农业，有许多外国投资商，还有通往黑海的输油管，所以人们过得相对好。但是就连塔贾娜、亚历山德拉、维克托和玛丽安娜对社会现实的判断也不尽相同，觉得他们在旅行中了解到的西欧在很多事情上还是榜样——比如健康体系，尤其是更好的基础设施。在他说要"提防伊斯兰教"的时候，维克托强调说，他指的当然不是像我这样的人。他只是厌恶那些不想适应其他社会的伊斯兰教徒。

---

① 也译作"性别疯狂"或写作"Gleichstellungswahn"（平权狂热），含有一定的贬义色彩，认为某些性别研究和倡导性别平等的具体做法为矫枉过正甚至是错误的，对性别问题存在错觉和过度反应。

"但是在埃及或者安塔利亚①度假的俄罗斯人就特别适应其他环境了吗？"我问道，"还有那些在伦敦买下市中心的俄罗斯人呢？"

"没有，"维克托承认说，"我也为我的同胞感到羞愧。"

他们对世界的想象不是那么封闭的，不觉得与它不相符的就肯定是谎言。唐纳德·特朗普对自己能把手伸到女人的两腿之间而洋洋得意，这塔贾娜是第一次听说，虽然她每天都通过俄罗斯媒体了解时事。她本来觉得特朗普是个好男人，说话清楚明白，懂经济，不然他是挣不了这么多钱的。但是这样的性歧视，不可接受，让人恶心，如果这不是假新闻的话。亚历山德拉对政治想得不多，本来就觉得特朗普是个"小丑"。只是说到叙利亚，她，其实是所有的谈话伙伴，都会很坚定地说：俄罗斯人绝不会轰炸平民。德米特莱听了气得快爆炸，他就开始讲俄国王侯和后来的苏联人在白俄罗斯犯下的罪行。而塔贾娜也相信了他的话。没有人想要倒退回去，顶多就是老　辈会有对苏联的怀念；年青一代更向往欧洲。

"向往欧洲？"我诧异地问。

"就是说向往现代化啦，我意思是。"德语教师玛丽安娜如是说，她认为俄罗斯正走在康庄大道上。

---

①　土耳其港口城市，位于地中海边，是旅游胜地。

/ 第二十九天　从克拉斯诺达尔到格罗兹尼

　　前往格罗兹尼（Grosny）的途中，我惊叹于每个车臣孩子都认识的那些英雄。其中最伟大的是领袖昆塔·哈吉（Scheich Kunta Hadschi）。19 世纪时，他宣扬要对万物都怀有爱意，不论是朋友还是敌人，动物还是植物。昆塔·哈吉是一个真正的自然保护主义者，他劝诫人们不要在任何地方留下垃圾，种的树永远要多于砍伐的树，尤其要重视那些能够结果或是给人们带来阴凉的树木。对待家畜要和对待朋友一样，对待每一丛灌木、每一根草茎都要和对待室友一样。他提醒人们，"牛、羊、马、狗和猫不会说话，不能表达自己的需求"，因此"我们必须主动理解他们的需求"。领袖昆塔·哈吉致力于保障女性权利，实行政教分离："不要与权力起冲突，你们不要想着代替它。"他向宗教学者们说："所有的权力都来自神。"作为神秘主义者和卡迪里教团（Kadirije-Orden）① 的倡导者——该教团至今仍是车臣最重要的宗教组织——昆塔·哈吉反对浮于表面形式的宗教虔诚："不要急于缠绕头巾——先包裹好你们的心。"领袖昆塔·哈吉最主要的还是一名极端爱国主义者，他的爱国热情给列夫·托尔斯泰（Lew Tolstoi）留下了深刻的印象。托尔斯泰以士兵的身份来到高加索地区，并在老年时也成了反战者和自然保护主义者。"你们的武器应当是你们的面颊，而不是长枪和刀剑，"昆塔·哈吉告诫信徒，"在与强敌的斗争中死亡就等同于自杀，而自杀是最大的罪过。"

---

① 为伊斯兰教苏菲派兄弟会组织，12 世纪由阿卜杜勒·卡迪尔·吉拉尼（Abdal-Qādir al-Dschīlanī）创立于巴格达。昆塔·哈吉于 19 世纪中期将该教团引入北高加索地区，宗教仪式为每日礼拜念"迪克尔（Dhikr）"，倡导友爱互助、解危济困、勤劳工作、化解仇恨等，主张与俄国和平相处。

这有可能吗？我坐在汽车后排问自己，窗外俄罗斯被雪覆盖的谷仓一闪而过：车臣最有名的宗教学者是一名早期生态学家和爱国主义者？毕竟如今的车臣人在别人的描述中即使算不上恐怖主义者，也是因为好战而闻名。是的，有可能的，在克拉斯诺达尔接我的艾哈迈德（Achmet）和马格迈德（Magomet）向我确认并提到了另一位英雄：漫游布道者曼苏尔·乌苏尔马（Mansur Uschurma）。他在 18 世纪时宣扬人人平等，谴责血亲复仇，呼吁援助病人、孤儿和需要帮助的人。而俄国人派来士兵，要阻止这位"满嘴谎言的先知"。士兵焚毁了他的村子和村子里的 400 个农庄，杀害了他的哥哥。紧接着，领袖乌苏尔马号召人们拿起武器并在 1785 年一场传奇的战役中击败了俄军。彼得·巴格拉季昂（Pjotr Bagration）亲王，也就是后来反抗拿破仑战争中的英雄，在战役中受伤被俘。领袖命人照料亲王并派人将亲王送去俄军营地。俄军士官们被对手的大度感动了，想要报答运送亲王的人，但是押送人拒绝了奖赏：友善待客对车臣人来说是理所当然的事。又取得几场战役的胜利之后，领袖乌苏尔马最终在 1791 年输给了强大的敌军。乌苏尔马被关在一个笼子里，像野生动物一般被送往圣彼得堡并被扔进什利谢利堡（Schlüsselburg）的一座监狱里。乌苏尔马至死也没能离开那里。看守他的人不了解什么是热情好客。

艾哈迈德和马格迈德这两个假名是他们自己挑的。他们在克拉斯诺达尔就告诉我，没有哪个车臣人能在担心自己真名会被披露的情况下与我自由交谈。如果我想写一写车臣的真实处境，那么我还得编造一系列的假名、假职业、地点、年份，对一些情况进行模糊化的处理。毕竟在他们身处的这个国家，可能也是世界上唯一一个国家，总统会亲手处决囚犯。真的吗？人们总能在有关车臣的报道里读到，年轻的拉姆赞·卡德罗夫（Ramsan Kadyrow）在父亲被谋杀后，于 2007 年以继任者的身份开始统治车臣，他会亲自进行审讯拷问。艾哈迈德和马格迈德说，他们认识一些曾在总统家地下室坐过牢的人。车臣很小，尽管有秘密警察的存在，但是族人之间的信任还是很牢固的，所以这样的事情很快就传开了。也正是因为这样——为了防止流言的散播——许多人悄无声息地就失踪了。人权机构确实在过去的15年间记录下了1万件类似的案子。马格迈德说，从官方层面讲，所有车臣人都爱戴他们的总统。但是私下里，情况就不同了。

偏偏是俄国：我在后排座位上记下了又一段历史，即1819年9月15日发生在大迪尤尔特（Dadi-Jurt）的大屠杀，也是沙皇军队犯下的最骇人听闻的惩罚运动之一。俄军指挥官，阿列克谢·叶尔莫洛夫（Alexej Jermolow）将军发现，当村子里还有妇女和儿童的时候，车臣人的抵抗尤其顽强。在多次经历此种情况之后，他定下了一个范例：铲平200座房子，除了140名年轻姑娘之外，杀掉其他所有居民。为了避免被奴役或强暴，其中的46个姑娘从高高的桥上跳入了捷列克河湍急的水流中，还拽上了看守她们的人。不过，将军还是很满意："大迪尤尔特事件造成的恐慌会传到各处，"他在日记中写道，"我们再也不会碰到女人和家庭了。"

其余的故事也都是与反抗外来统治者有关，一开始是可萨人、匈人、阿拉伯人、波斯人和蒙古人，自18世纪以来是俄罗斯人以及苏联人。车臣是高加索地区唯一一个从没有经历过联邦制和农奴制的国家，他们没有诸侯，没有国王，没有税收，没有中央集权。车臣就是在自家土地上耕作的自由农民，不需要对统治者，只需要对氏族负责。在又一次的长途车程中，我终于明白，为什么因为托尔斯泰所写的《哈吉穆拉特》（Hadschi Murat）而进入了世界文学视野的那位反叛者，在车臣人眼中却偏偏不是一位英雄：因为他不仅是一个解放者，同时也是一个篡位者。"我听说，俄国人谄媚地要求你们臣服，"托尔斯泰引用了伊玛目沙米尔（Schamil）对高加索人的呼吁，"不要相信他们，不要屈服，坚持住。在反抗俄国人的斗争中死去，也好过与这群没有信仰的人生活在一起。坚持住，我将……引导你们对抗俄国人。"伊玛目沙米尔与追随者一起，在多次战役中抵挡住了俄军的攻势，建立了神权统治。该政权在 1845 年扩张成了北高加索的一个酋长国。然而，越来越多的宗族开始反抗沙米尔的暴政，并与俄国签署了单方和平条约。沙米尔带着最后的 400 名死士来到古尼布（Gunib）城堡避难。他起先想继续战斗至死，但是他的家人还与他一起待在城堡。最终对家人的爱感化了他的心。1871年，沙米尔在被允许去麦加朝圣之后，以沙皇荣誉俘虏的身份死在麦地那。

"他会投降一点也不奇怪"，艾哈迈德鄙视地小声嘀咕着并指出，伊玛目不是真的车臣人，而是出生在现在的达吉斯坦共和国。毕竟车臣的历史上不仅有英雄，也有叛徒。过去总是有一些部落会为沙皇效劳，只要他们能从中获得一些好处，这样的实用主义到现在也没有减少：俄罗斯"东方"特种营①营长苏利姆·亚马达耶夫（Sulim Jamadajew）失宠于现今总统之后，他的士兵们毫不犹豫地抛弃了他。这些士兵们不仅宣布与亚马达耶夫脱离关系，而且还出庭指证了这位曾经的营长——毕竟他们还有家庭要养活，就连亚马达耶夫本人都对他们的不忠表示了理解。

然而，不仅英雄会变成叛徒，有时叛徒也会成为真正的英雄，比如哈吉穆拉特。这位历史人物不仅仅在托尔斯泰笔下是一个正面形象，其实他也是一名倒戈者。他曾经也出卖过别人，但却是为了解救被曾经的同伴伊玛目沙米尔当作人质的妻子和孩子——每个车臣人都能理解这一点，血缘是如今能在绝望中团结人们的唯一纽带。艾哈迈德和马格迈德承认，血亲复仇在车臣社会仍然存在。虽然他

---

① 俄罗斯为抵抗车臣非法武装而成立的一支车臣当地人部队。

们觉得这种风俗太过古老，但是我发觉他们还是会下意识地流露对家族团结一心的自豪之情。如果是这样的话，他们也应当更加宽容地看待为了家人放弃死亡的伊玛目沙米尔。好吧，沙米尔出生在达吉斯坦共和国。对车臣人来说，这已经是个问题了。

而伊玛目最亲密的战友拜雷森古尔（Beisungur）则肯定流着不一样的血：他在大胜俄国人的战役中先是失去了左臂，然后是左眼，在接下来的斗争中又失去了左腿。伤口还没有好，他就命人把一只手、一条腿、一只眼的他绑在马背上，率领着自己的将士冲进了下一场战斗。与敌军面对面时，一个高大强壮的哥萨克人提出要单挑。拜雷森古尔立刻就冲上去，骑马立在了这位哥萨克人的面前。当他胸口带伤回到营地时，沙米尔怒不可遏：

"你为什么要让我们蒙羞？你受伤了，那个哥萨克人还在马鞍上坐着。"

"等一下，等他的马动一下再说"，拜雷森古尔回答。

当马向前跨了一步时，那个哥萨克人的头颅应声落地。

当伊玛目沙米尔用屈从敌军换来一命时，拜雷森古尔则在继续战斗。他再次成功地组织了抵抗运动。但是 1861 年 2 月 17 日，拜雷森古尔中了埋伏被捕，随后被判绞刑。为了羞辱他，俄国人悬赏招募为他执行绞刑的人。聚集在哈萨维尤尔特（Chasaw-Jurt）①教堂前门的人群中，没有一个人愿意干这种事，直到一个达吉斯坦人向前迈了一步。还能有谁呢？这时拜雷森古尔踢翻了脚凳，宁可自己绞死自己。

艾哈迈德和马格迈德看起来很朴素，宽肩膀，有胡子，手很大。由于这是很典型的中年车臣人形象，所以我可以提一笔。连总统看上去都像一名摔跤运动员。我还可以透露一下，两人中的一人靠做

---

① 达吉斯坦共和国西部的一个城市。

生意过活，另一人则过得很拮据。马格迈德说，成为一名老师或者
职员所需的家庭关系他是有的，但是他不理解，为什么有了关系还
要巴结别人，假装友好，设法贿赂才能在车臣得到一份工作。如果
被聘用了，他得每月都从工资里拿出 10% 或者 20%"捐给"卡德罗
夫基金会，用来维持统治者家庭奢华的生活，运营其养有大型猫科
动物的私人动物园。这还不够，他还得在 Instagram 上关注总统——
每天都要读拉姆赞的新动态，要求真是太多了。拉姆赞·卡德罗夫
在这个软件上有 240 万粉丝，是他拥有的仆人人数的两倍。比起在
照片下疯狂留言——比如照片上，总统正在欢迎花重金请来的西方
流行音乐明星或者体育明星，或者无所畏惧地举着一条蟒蛇，或是
满怀喜悦地拥抱弗拉基米尔·普京——马格迈德情愿当一名种着自
己土地的自由自在的农民，虽然土地很贫瘠。简单地说：马格迈德
从一份工作换到了另一份工作。现在，他正在陪自己的堂兄艾哈迈
德，因为艾哈迈德不喜欢独自一人开这么长一段路。

"因为沿途风景太单调？"我问艾哈迈德。

"不，因为害怕碰上罪犯。"

一路上的风景确实很单调，都是平原，能一眼望到天际线。我
们继续聊着车臣 20 世纪的历史：查苏查·马果马多夫（Chassucha
Magomadov）是最后一名"阿布雷克（Abreke）"，也就是高加索
人口中切·格瓦拉（Che Guevara）和罗宾汉（Robin Hood）的混
合体。当他的族人在斯大林恐怖统治时期于 1944 年被驱逐到哈萨克
斯坦和西伯利亚时，他一直在地下反抗秘密警察，仔细搜索着每一
个无人的村庄。当柴巴赫（Chaibach）村庄的全部 700 个居民被关
在一个马厩里烧死之后，他第一个来到这里。趁人不注意，他刺死
了一个中校，迅速地换上了他的制服，从而逃脱了为他设置的陷阱。
还有一次，被苏联人收买的一个战友本应当趁他熟睡时杀死他。但
是查苏查提前知晓了这个消息，他悄悄地从大衣里钻出来，等在墙

边。等刺客起身朝空大衣射击后，查苏查杀死了刺客。然而报纸随后却报道，"阿布雷克"杀死了他最忠诚的同志。被艰难的野外生活耗尽了精力，71 岁的查苏查在度过了一个艰难的冬天之后于 1976 年 3 月 28 日被捕，并立刻被无数子弹射穿了身体。大家是如此害怕死去的"阿布雷克"，以至于直到第二天傍晚也没人敢接近他的尸体，虽然这时候他只有 36 公斤重了。

"那上两场战争呢？"我问，"有没有造就什么英雄？"马格迈德在第一场战争中为车臣而战。相反，艾哈迈德是反对战争的，也反对车臣独立，因为他觉得与强大俄罗斯对抗的行为太过大胆。不过两个人都对焦哈尔·杜达耶夫（Dschochar Dudajew）表示认可。为了领导自己的祖国独立，他辞去了职务，回到车臣。"我整个一生都在为此做准备，"他随后谈到自己的使命时说，"不公、暴力、加诸我灵魂上的压力、加诸我们民族灵魂上的压力，而且这不仅关乎我们的民族。当我在防空洞中长大，在西伯利亚恶劣的环境中忍受饥饿、贫穷和压迫时，我就意识到了这一点。没有什么可以吓倒我——饥饿、寒冷、贫穷都不行。最可怕的是完全无法可依的感觉，得不到法律的保护，得不到国家的保护。正相反，他们宣称目标就是要消灭你这个人，这个独立的人。"

1992 年，在心怀感激的波罗的海国家的帮助下，一部民主宪法被制定出来并生效了。杜达耶夫获得了 85% 的选票，搬进了总统府。不过他仍保持着自己的固执，比如他仍住在自己位于格罗兹尼城外的村子里，开自己的车去赴国宴。他比其他人提早意识到了宗教激进主义的风险。"如果负面的外部因素增强了，那么伊斯兰教也会变得越来越强势，"他在 1992 年就预言，"相反，如果有可能独立选举、独立发展，那么会诞生一个独立的世俗国家。"莫斯科意图通过经济封锁、道路封锁强迫杜达耶夫政府屈服的所有尝试均告失败。终于在 1994 年 12 月 12 日，总统鲍里斯·叶利钦宣布开战，也就是所谓"车臣问题的最终解决方案"。在战争中，杜达耶夫因为一时疏忽丢掉了性命。1996 年 4 月 21 日在穿过某个地带时，杜达耶夫必须打个电话。由于卫星电话有可能被俄军定位，他把妻子送到了安全距离，但自己却拨通了电话。在通话过程中，巡航导弹击中了他。叶利钦刚在格罗兹尼宣布取得了战争的胜利，车臣人就重新列队，朝首都进军，去欢迎世界上最先进的部队。1997 年签订了和平条约之后，俄罗斯真正承认了车臣的主权。这场战争夺去了数十万平民的生命，成为残废、寡妇和孤儿的人至少翻倍。近一半的民众，也就是 46 万人口逃到了邻国，回来时只剩下被摧毁的房屋。"周围没有人对俄国人表示憎恨，"列夫·托尔斯泰在《哈吉穆拉特》中这样描述车臣人对谋杀、抢劫、摧毁和亵渎清真寺的反应，"所有车臣人，不论老少，他们的感受比恨强烈得多。这不是恨，而是不把这群俄国狗当人，不理解这种生物毫无意义的残暴行为。极度想要毁掉他们的心，就像想杀死老鼠、毒蜘蛛和狼一样，已经成为一种维系自我存在的动力、一种本能的感受。"

第二次车臣战争中不再有什么英雄故事了。俄罗斯没有按照和平协议里约定的那样帮助重建车臣，而是设法阻挠新成立的世俗政府，并且借助了宗教对头的支持，在这个过程中，阿拉伯世界的瓦哈比派 ① 越来越占据话语权。1999 年 8 月，激进的车臣战地指挥官沙米尔·巴萨耶夫（Schamil Bassajev）进驻达吉斯坦，这给俄军的军事行动提供了契机。当时新晋总理弗拉基米尔·普京要求，为了俄罗斯军队的重生和国家精神的重建，这次必须消除上一次失败的屈辱。同时，反恐作战的名义也使得前秘密警察夺取大权，让这位曾经的俄罗斯联邦安全局军官当上总统成为可能。

---

① 瓦哈比派是兴起于 18 世纪中的一股伊斯兰教逊尼派支脉，以首倡者穆罕默德·伊本·阿布多·瓦哈比而得名。该派在教义上极度保守，信徒主要在沙特阿拉伯和卡塔尔。

晚上，我们开进了格罗兹尼城。根据联合国的报告，格罗兹尼到第二次车臣战争末期已是"世界上被损毁最严重的城市"。可以说，2001年的时候格罗兹尼已经不存在了。不只格罗兹尼，其他城市也被夷为平地，所有的工厂都被炸毁，全部的基础设施也都坍塌，这次有57万车臣人逃走了。独立运动又分散成了不同的部分：世俗人员、传统主义者、倒戈者、许多罪犯和越来越多的"圣战"主义者。最迟到1999年，当曾经在第一次车臣战争中呼吁人们"讨伐俄罗斯异教徒"的格罗兹尼法典说明官（Mufti）成了历史上的又一个叛徒时，车臣的反抗力量已经被击破了。不过，艾哈迈德·卡德罗夫（Achmat Kadyrow）真的是一个叛徒吗？和哈吉穆拉特一样，对他的评判也不是那么明确。"他是真的坚信，他在车臣人必死无疑的情况下救了他们一命"，就连分裂主义政府的外长伊利亚斯·阿赫马多夫（Ilyas Achmadow）也承认了他这一点。卡德罗夫与俄罗斯缔结条约是因为他认为伊斯兰瓦哈比派是更危险的对手，而不仅仅是为了一己私利。卡德罗夫为第二大城市古杰尔梅斯（Gudermes）的和平交接尽了心，普京为表感谢，在2003年任命他为独立车臣共和国的总统。一年后，他在足球场被谋杀。虽然他投奔了敌方，阿赫马多夫在《纽约客》杂志的采访中仍称他是一个"干劲十足、英勇的男人，表现了极大的个人勇气"。

如今，人们已经无法在格罗兹尼看到战争留下的痕迹了。俄罗斯兑换了大量的外汇输送过来，力图证明联邦制对车臣来说是所有选择中最好的一个：摩天大楼上的灯光五彩斑斓，熠熠生辉；古典的梦幻建筑，大剧院就是泰姬陵和圣彼得大教堂的杂糅；总统府的柱子比古罗马的还多；用成吨黄金和大理石以及吊灯建成的大清真寺，仅仅这些材料的搬运就已经是个工程奇迹了。八车道主街旁的住宅和商铺都用仿欧洲经济繁荣年代的石膏花纹进行了装饰。每隔一个街角就挂着弗拉基米尔·普京的照片，以及卡德罗夫父子二人的肖像。

经过了仔细的安检之后，我们被允许进入了这个区域，这里的高楼被城市的其他部分遮住了。其中的一座塔楼是五星级酒店，瘦削的看门人戴着一顶过大的帽子，红色的大衣下穿着双过大的运动鞋，而大衣更像是为某个举重运动员定制的。前厅、试装小店门口以及吧台边都坐着无所事事的职员，他们全都效仿了总统的时尚：修身西装，上装长度只到臀部，象征性地系着松垮的狭长领带，头发梳到额头上，脸颊的胡子剃了，但是下巴上却留着几厘米长的胡须。我们没有在酒店碰到什么住客。

"我们是被自己打败的"，马格迈德说。他和我一起进了房间，为了从 18 层的高度看看格罗兹尼这个城市。他向我讲述了一个发生在阿尔尚卡拉（Alchan-Kala）村的家族故事，这个故事当时也被西方媒体报道了。当家中的第三个女儿到了适婚年龄时，儿子要求这个女儿必须嫁给他。父亲怒不可遏地呵斥儿子，他是不是疯了。而儿子却反驳，据说一个好的穆斯林必须娶他的第三个妹妹，这是酋长告诉他的。所以，他不会允许这个妹妹走出家门。

"我们还没有见过儿子反对父亲的，"艾哈迈德说，"我们的文化中不存在这样的先例。"

父亲抓住儿子的衣领，把他拖进小木屋，用枪杀死了他。村子里没有人谴责这位父亲。秩序又恢复了，或者说，永久崩塌了。

睡觉之前，我去新建的林荫大道上走了走。很显然，这条大道也是普京的宣传工程。我是唯一一个行人，偶尔有车经过。艾哈迈德和马格迈德向我保证，不用担心会发生什么。总统说得对，车臣如今是一个安全的国度。建筑被墙外的灯光照得透亮，但是窗子里面却没有一丝灯光，就连摩天大楼看起来也没人住的样子。究竟有没有人住在这里，或者，整个格罗兹尼城都只是一个假象？艾哈迈德给我讲的最后一个故事是有关一个老妇人的：当他和家人在二战后回来时，她正坐在艾哈迈德被摧毁的房子前。

"您在这里干吗呢？"艾哈迈德的母亲问。

"我活下来了。"妇人说。

"您活下来了？"

"是的，我活下来了，"妇人指着街对面重复道，那里曾有一座高楼，"我本来住在那里。"

格罗兹尼遭到炸弹袭击时，老妇人想去地下室避难。她用拳头砸着铁门，却听到有人一遍又一遍地说，这里已经挤了 100 个人了，他们都没有空气呼吸了。老妇人徒劳地哀求着，让她成为第 101 个人吧。最终，她只得走上街去。还没走几步，一颗炸弹击中了高楼。地下室的所有 100 个人都死了。老妇人活了下来。

不，带我穿过格罗兹尼的新建市中心的这位年轻的无名（为了她的安全起见而不可说出她的名字）女人说，不，这里真的没住什么人。普通人买不起这里的公寓，有钱人更愿意去住他们可以自己委托人建造的别墅，而不是和一个只因他同时担任了国家统治者就可以为所欲为的业主纠缠不清。豪华公寓里的水压这么低，就连一楼的养生淋浴都打不开，电线已经让好几座楼起了火，在普京广告牌旁边依次排开的那些仿冒"创造者时代"风格的繁复石膏装饰就像学校里的粉笔一样唰唰往下掉。只是不该让人察觉到，所以每个房屋所有人都要时时刻刻修补临街墙面，还得承担在夜里照得房间如同白昼的刺眼户外照明的开支。还有那些摩天大厦：谁会自愿在这个地震多发地带搬进车臣的年轻总统下令建造的塔楼里去呢？这座高楼整个空置，那座高楼用作了酒店，虽然少数几个顾客都被安排在同一层居住。剩下的高楼几乎都只有底层在使用，用作办公室、餐厅或者健身房。面朝总统府邸的公寓反正都是预留给安全部门人员的。尽管空置情况这么严重，但是在格罗兹尼盖新楼还是划算的：不是为了从拉姆赞·卡德罗夫手上买下一套不动产来用，买它只是为了显示自己的忠诚。

也许那些奢侈品商店、咖啡馆或者意大利鞋店也只是为了做样子才开门营业的，因为我到处都看不到流动的顾客群——人们只是装出格罗兹尼是世界都市的样子。当我走进从外观上看和佛罗伦萨或者马德里的毫无差别的游客问讯处的时候，工作的员工是那么吃惊，结果都没法给出任何信息，告诉我城里有哪些风景名胜可看。而新建的华丽房屋却都可以用来装点任何主题公园，不论是迪士尼乐园还是乐高乐园：从古雅典到伊斯坦布尔的蓝色清真寺再到白宫，所有的建筑样式在这里都有翻版。除此之外这里还在盖一座要成为

/ 193

欧洲最高楼的摩天大厦。"感谢你，拉姆赞，打造了格罗兹尼"——这是广告牌上的巨型字体，就好像这个城市之前并不存在一样。

其实这座城市以前真的消失过，那是在 2004 年，当莫斯科刚刚钦定的长官艾哈迈德·卡德罗夫遭暗杀而死，他 27 岁的儿子被任命为继任者的时候。在少数几张突破媒体封锁而流传到外界的照片上，可以看到第二次车臣战争对当地的破坏，而格罗兹尼就像被轰炸过的德累斯顿①一样。卡德罗夫没有重建之前的城市，而是建造了一座高加索大都市，跟它相比，就连柏林围绕波茨坦广场新建的市中心都显得自然得多。俄罗斯一手缔造的和平，我想，在叙利亚也可能是类似的样子，而且真的很可能比延续战争要好：秩序井然、光洁干净，清除了一切过去的痕迹。只是如果要新建阿勒颇，规划师至少要在街道边种点儿树，也别忘了给家庭安排游乐场，设计的公园不要只有象征性的草地。

格罗兹尼号称高加索地区绿化最好的城市，但是在重建时人们根本没考虑到炎炎夏日需要树荫，也根本没有考虑都市生活质量。倒是有一些巨大的水泥广场，那里不会有人再想盖些空楼了。在每个角落都有车臣版的"新三位一体"②：卡德罗夫父子加普京的照片。与此相对应，在紧邻高耸的崭新的卡德罗夫清真寺的卡德罗夫中央广场上，卡德罗夫和普京广告牌会合了。在车臣，就连斯大林统治下整个民族被流放的历史在官方的历史记载中也不值得给一块展示牌。而国家图书馆之所以也没有保存任何集体记忆，是因为在苏联文字改革过程中几乎所有车臣语的书籍和手稿都被毁掉了，车臣人的集体记忆也随之被毁。

---

① 德国东南部重要工业城市德累斯顿在第二次世界大战末期遭到盟军大肆轰炸，几乎被夷为平地。

② 三位一体是基督教神学概念，指圣父、圣子、圣灵三者的统一。

那现在情况如何了呢，可以谈论这些历史了吗？可以，不过是类似谍战片中的密谋情节：官员按照提前做好的约定坐进了停在政府部门的停车场的车里。听他通报过消息的上司，因为大门有摄像头而不愿意让我们走进大楼里。这位官员的表哥是在战争结束后失踪了的上万个车臣人中的一个。我的第一个问题，就是他能不能确认这个在人权报告里一再出现的人数。他确认，官员说。1万左右是符合现实的说法；在工作岗位上发表了一句批判性的言论，说了一个关于总统的笑话被错误的人听去了，或者留了一个赛莱菲耶派①的胡子，这都足以导致当事人被人拖走。就像在斯大林统治时代一样，他们又活在了一个集权体制里，只是今天的车臣人会被自己的同胞堵住嘴。这就是弗拉基米尔·普京一直在说的，矛盾的"车臣化"：压迫下派给了当地盟友。

"但是宗教极端主义也还确实是个问题，不是吗？"

"是的，这个问题也有，"官员说，"尤其是在年轻人当中。如果他们或者他们的朋友被拖走，那他们就会走极端了。"

在过去一两年里，镇压又变得格外严厉了，所以失踪者的家人不再上报，人权组织也不再搜集数据，司法部门连取证的形式都不走了。取而代之的是一轮新的出逃车臣的难民潮，我们在德国也许也注意到了。最好的情况也就是家人最后出现在了一个监狱小隔间里，大多数情况下出现的只不过是街头的一具尸体。

"您表哥到底做了什么？"我问。

"我们也不知道。"官员说，"不过他本来就是个冲动的人，所以我们猜他就是没管住自己的嘴。您要知道，他是教授。我想象得到，他在大学的大教室里这么一讲……那很快就会传出来的，他自己其实也明白。"

---

① 赛莱菲耶是伊斯兰教的一个宗教激进主义教派，或译"萨拉菲"，成员多留大胡子。

他表哥两年前消失的时候，他的上司去找过部长。表哥是被逮捕了，上面说，别担心，他很快就会出来的。可是最后交给家人的是一具尸体，上半身布满了淤青和伤口。官方说法是这个留下三个孩子在身后的表哥出了车祸。但是家人不得举行葬礼，更不可以做尸体剖检。

我问，是不是政治犯都被关在总统府的地下室里。人们经常这么听说，部长证实道：他们都和总统府周边的人有很多瓜葛。而且在车臣说到底大家相互之间都沾亲带故；他的上司了解到，表哥在反驳拉姆赞的话的时候，拉姆赞一拳打到了他脸上。到了这个时候谁都没办法救他了。

"可是您还在为这个国家工作。"我觉得惊讶。

"那我应该干什么呢？"他反问道，"难道我们所有人就该停止工作吗？我们都在努力处理与政治无关的案子。在劳工法、在民法方面我们还能做点事情。法律都是齐全的，这不是问题所在。只是他们不使用法律。而人权方面的案子对司法部门来说是禁忌。"

"但是您还是有勇气坐进我们的汽车里来。"

"是啊，"官员音调毫无起伏地说，然后吸了口气，"您看过《格罗兹尼蓝调》(*Grosny Blues*)吗？"

"那部电影？"

"对，就那部电影。"

是的，那部电影，一段时间之前在欧洲电影院里上映过，我也看过。是三个女性好友素颜出镜，讲述她们在车臣的生活的纪录片。六个月前，其中两人被绑架了，官员说。感谢上帝，她们现在又被放出来了，不过遭受过严重的虐待。第三个女人刚巧逃脱了，没人知道逃到哪里去了。这就是在车臣公开说话又被认出来的后果。

我随后在大学里拜访的女社会学家，不觉得说出她的名字会有问题。我吃惊地看到校园里有这么多女大学生。是的，丽达·库尔巴诺娃（Lida Kurbanowa）证实道，不仅学生里大多数是女性，教授里 60% 也是女性。但是她却不愿意就她进行过经验研究的妇女解放状况做过多的说明。问卷上的回答实在惨不忍睹——"您的个人状况在最近十年里发生了什么改变？""您自己在家庭中有没有遭受过暴力？"诸如此类——调查结果她只可以在柏林或者在哥伦比亚大学作为报告说出来，而不能在车臣的电视节目里说，平时她是经常被邀请去上节目的。

在苏联时期，女人可以在公共生活的各个场所亮相。就是在两次战争期间，男人们也需要女人。但是现在，不仅是戴头巾的习俗，就连一夫多妻制都有人在公开宣传，而这在苏联本来是禁止宣传的。她的调查显示，18~40 岁的车臣女性有 16.8% 生活在一夫多妻的婚姻中，而年纪更大的女性中几乎没有这种情况。

我问，她的数据怎么能和这个现象对应，这里大学里的女性比例比欧洲还要高。大学提供了最后的出路，可以挣脱传统角色的束缚，丽达·库尔巴诺娃说。只要能拥有一张大学毕业证，一个女性就可以稍微独立于自己的丈夫。不过要真的想过上解放了的生活，常常需要做出放弃家庭的决定。在她的同事中，至少有一半的女教授是单身。

时间已经到了中午，我问我的这位同伴——她和之前的官员以及在《格罗兹尼蓝调》中冒着生命危险说出真相的三位女主角一样敢于冒险——在哪里可以吃到格罗兹尼的当地菜。到现在为止，我们路过的都是外来的餐饮店，比萨店、快餐店、乌兹别克斯坦店等。于是我们开车到了格罗兹尼的一个不曾遭受地毯式轰炸的边缘地带。矮小破旧的带花园房屋排列在很少有车开过的笔直街道两边，这条街连同它最低一级的没有铺平的岔道都宽得像一条条林荫大道。在欧亚荒原上，空间从来都是足够多的，在格罗兹尼尤其如此，因为一半的人口已经在和俄罗斯的两次战争中丧生。这座很快就会拥有欧洲最高的摩天大楼的城市，现在已经让人感觉像是尺码过大的衬衣。俄罗斯给每个房屋所有人提供 30 万卢布，换算过来是 5000 欧元，让他们新建房屋或者清除掉战争损害的痕迹。这笔钱不算多，在被车臣政府机关吞掉一半以后就更少了，但是总好过什么都没有。更何况政府机关还威胁说要拆掉所有受损的房屋，好让战争无迹可寻。所以我们才几乎看不到任何废墟，却看到许多空地，那里之前肯定有人居住过。

我们走进一个木屋，只有它浓厚的味道才让人能认出它是餐馆。虽然大多数车臣人都生活在了平地上，但是从他们的传统、歌曲和菜系来看，他们依然是山民。从菜单上我可以想象小规模的畜牧业、少量的耕地、艰难的山路、作为主食的土豆。充当国民菜肴的熏肉可以让人熬过整个漫长的冬天，加了辛辣的酱汁后吃起来还算新鲜。

吃完饭后，我和四位女厨师聊了起来，她们按照旧式做法把头巾在脖子上打结系紧。只要我问菜肴的做法和来源，她们就高高兴兴地回答。她们还兴致勃勃地说，这个餐馆生意很好，因为它是少数几个还能做车臣菜的地方之一。可是当我想知道她们对现在的处境满不满意时，毕竟生意这么兴旺，厨师们就尴尬地搅动大锅，继续削土豆或者切蔬菜做酱汁了。只有年纪最大的还在讲，她显然不仅喜欢做菜，而且喜欢吃：她们当然满意了，毕竟打了这么多年仗，总算过上和平日子了。都不用我追问，她就带着母亲般的骄傲夸起了年轻的拉姆赞，说他是多么能干地重建了车臣，还事必躬亲地处理所有控诉。

我们回到车上的时候，我的同伴证实说，许多车臣人都感激总统，因为他树立了某种规范，带来了安全和井井有条的日常生活。而且由于俄罗斯人输送外资和基建繁荣，在车臣有许多钱在流通，其中一些也渗漏到了下层，比如落进了餐馆的厨房里。拉姆赞的放肆青年般的魅力也很能赢得年纪大的妇女们的欢心。另外三个厨师却还只是看着自己的锅或者蔬菜。

我们离市中心越远，这座城市的苏联风格就越明显。车臣曾经是高加索地区的工业核心，格罗兹尼在20世纪早期就已经是一座现代城市了。但是工厂没有像房屋一样得到重建，所以工人居住区虽然还在，但是已经没有工人了。房子临街面都覆盖了波纹白铁皮，这样就看不到上面的子弹坑。支道上到了冬天都是淤泥，我们开车走过这样的淤泥，停在了众多板式建筑中的一栋面前。我们在用水泥造的光秃秃的门厅里询问，我们可不可以参观这里。我们得知，这栋楼里住着难民，但是没有人再管他们叫难民了，因为这个词让人想起战争。所以他们只是有住房需求的人。这栋宿舍的女舍长告诉了我们他们的收入状况：失业者每人领800卢布，每个孩子再多加130卢布。这样算起来，一个五口之家拿得到大约30欧元，如果父母都失业的话。不过这里只有少数父亲幸存下来了，不然这些家庭就不会住在宿舍楼里。状况比较好的是一个之前在维滕堡（Wittenberg）①驻扎过，会说"你好""身体怎样"这样几句德语的昔日士兵。他的退休金有8400卢布，即130欧元。他在宿舍楼里分发这笔钱，因为他再没有其他亲人了。而邻居们倒是会照顾他，就像他是他们的祖父。"谢谢您，爷爷，打赢了战争。"

我们走进其中一套公寓里，这公寓由卧室、厨房和洗手间组成：四个女人，一个少年，三个孩子，没有男人，幸好还有个拿退休金的奶奶。尽管如此，孩子们每天夜里都是饿着肚子入睡的，母亲们说。不过孩子还是可以接受义务教育，只是母亲们常常买不起课本。以前有个机构帮忙，但是自从非政府组织不可以接受国外资助，帮助他们的那些人也没有钱了。不过时不时还是有好心人路过，打开

---

①　德国萨克森－安哈尔特州的一个城市。

他们的行李箱。除此而外，他们生活中美好的地方就只有彼此依靠了，八个人住在 35 平方米的空间里，这可不是说着玩儿的。

"你们之中有人最近去过市中心吗？"我冲着围绕我们形成的半圆圈问道。去过了，所有人都从外面看过新的摩天大楼和商场了。当然也看到了普京广告牌上出现的昂贵的豪华轿车。

"那你们脑中有过什么想法？"

没有人回答。

"这可不是个好问题。"宿舍的女舍长请我谅解，把我带回了闻着有化学物质味道的走廊里。

在格罗兹尼之外的一个村子，只因为街道旁有了老树所以风光怡人。我在这里拜访了阿西娅·乌玛洛娃（Asya Umarowa）。她是少数几个还生活在车臣的著名艺术家之一。她才 31 岁，一直坚持在画战争。可她保持了这么响亮而有感染力的笑声，让我几乎没法把她和阴郁的绘画主题联系起来。在一幅画上可以看到一个老头和一匹跑走的马。这幅素描也是关于战争的吗？是的，阿西娅说，然后告诉了我她祖父的故事。在他妻子在第一次车臣战争中死去之后，他告诉大家说他哪儿也不想再去了，就放走了自己的唯一一匹马。阿西娅当时和她的祖父母一起住在山区里躲避炸弹。她叔叔把她接回到格罗兹尼；她和另外七个孩子徒步走了三天，到处都是被毁的房屋，燃烧的汽车和边防关卡。在这些关卡，你都不知道在机关枪后面站着的是谁。在第二次战争期间，她的村子有六个月都被俄军包围。据说是军事行动。哪怕是为了最必要的日常用品，都不可以出去。幸好他们有储备，有足够多的水和一个种了蔬菜的花园。封锁解除的时候，她和她的女伴最期待的就是去上音乐课。在她们拿着自己的乐器去上课的时候，背上背着一把卡拉什尼科夫冲锋枪的士兵拦住了她们，喊道"停下！"，女孩子们感到了莫大的恐惧。但是那个俄罗斯人只是把一朵水仙花放到她们脚前，匆匆看了两个女孩一眼，就跑开了，仿佛是他自己受到了惊吓。怪不得阿西娅所有的素描画都在描绘战争。所以她能保持她的欢笑就更难能可贵。

晚上，萨拉玛特·伽耶夫（Salamat Gajew），一个将研究柴巴赫村庄大屠杀当作毕生事业的前历史老师，接待了我。在1944年的流放过程中，这个山村的所有700个居民都被赶到一个马厩里，活生生被烧死了。"鉴于运输已不可能，为了按时完成行动"，他被迫就地处理掉这些人，负责此事的司令员当时给苏联秘密警察的头儿拉夫连季·贝利亚（Lawrenti Beria）发电报说。"由于您在迁移柴巴赫地区车臣人的过程中行动果断，您将得到升迁推荐，作为国家对您的表彰。"贝利亚给他回电报说。

车臣人会不会乐于回顾这段历史，我在饭桌上问，而主人的妻子此时在客厅里听新闻，听弗拉基米尔·普京今天又都去了哪些地方。"乐丁"有点太夸张，伽耶夫说，这是一位76岁的老先生，胡子剃光，两鬓有些白发，戴着角质眼镜，眼神疲惫，穿一条有褶西裤，一件卷筒领套头衫。2004年他被允许在欧洲议会上展示他的研究成果，包括历史照片，翻拍的斯大林和贝利亚所下的指令。回到格罗兹尼后，他就被俄军抓了起来。他们要他签字证明他的文件都是伪造的，不然就要杀了他。那他就是第701个遇难者，他回答说。起关键作用的文件反正已经公开了；就算他撤回他的书，对俄罗斯人来说也无济于事了。抓他的人可能也认识到了这一点，没过几天就把他放出来了。

今天，伽耶夫不再害怕谈论清洗的历史了。不仅他的书得到了再版，他甚至可以在卡德罗夫博物馆里介绍这本书。只不过在国家博物馆，还是没有关于屠杀事件的纪念。虽然馆长答应过要放一个陈列台。然而，伽耶夫在去年第一次可以去参观柴巴赫，而时隔70多年之后，这个地区很大程度都是封锁的。伽耶夫拿出了一本相册，照片中可以看到一片山间草地上散落的石砖，一座哨塔的基座，那座哨塔在 2007 年，战争早已结束时被炸掉了。他竖起了一个没有文字标识的箭头，他说，并给我们看那张照片。他不被允许做比这更多的事情来纪念遇难者。明年夏天他想和朋友们一起回去，重建那座哨塔。

/ 第三十一天　在车臣山区

或许越有人想抹去一个民族的记忆，这个民族就会对自己的历史记得越清晰。我们开车去山区，想要看看昆塔·哈吉——甘地在车臣的先驱——的母亲的墓地。昆塔·哈吉1864年被捕的时候，上千名追随者上街抗议。虽然他们手中挥舞着白旗，但是俄军还是朝他们开了火，数百名苏菲主义者丧生。昆塔·哈吉一直被关押至死。为了为其祈祷，他母亲位于伊拉善尤尔特（Ilaschan-Jurt）村的墓地被保存了下来，圣者昆塔·哈吉就是在这里长大的。这里的山第一眼看上去并没有像我想象的那样荒凉：大片的阔叶林，山势上升平缓，还有雪，温柔地覆盖着丑陋的集体农庄。不过，如果像托尔斯泰那样每天或每周都在荒原上穿行，也会觉得这样的丘陵荒凉。

伊拉善尤尔特就在其中的一座山上。当我们拐了个弯朝那里继续行驶时，一位妇人朝我们招了招手，她大约35岁或者40岁的样子。在这里，拦车也是公共交通的一种形式。这位妇人对第一次车臣战争没有什么记忆，因为战争没有影响到当时在山里的她。但是第二次战争给她留下了些印象。俄军从上空轰炸，叛军在林子里出没。

"叛军是好人吗？"我问。

"我干吗认为那些没为我们做好事的人是好人？"

"那俄罗斯人呢？"

"俄军跑进村子里说我们藏了叛军，而我们事实上连一个叛军的影子都没瞧见。但是他们还是把男人们都带走了，还打他们。然后俄军还喷洒了让树木落叶的毒剂。不，俄军也不好。"

"那现在呢？"

"谢天谢地，现在终于恢复平静了。不过孩子们一旦去了林子就会生病，这真的是个问题。"

/ 202

"您现在有足够的东西生活吗？"

"没有更多，但也没有变少。上帝只会给你正好。"

我们在伊拉善尤尔特的墓地前见到了 77 岁的马尔康（Malkan），她现在负责看护圣者母亲的陵墓。

"是的，我也可以待在家里"，她向我们解释为什么自己还要工作，"但是我害怕，我那样就死了。"

当村子里的人像牲口一样被赶上卡车时，她才 5 岁。她们连穿鞋子的时间都没有，更别说带一件暖和的衣服了。因为男人们都被迫和家人分开了，马尔康以为，她再也见不到自己的父亲了。幸运的是，父亲在格罗兹尼的火车站冲破阻挠找到了他们。而别的父亲则没能在火车开走之前办到。虽然别的家庭带了一个小炉子，可以凑合着烧点东西，但是她的弟弟还是在途中冻死了。还有别的孩子以及老人也是如此，车厢里的尸体越来越多。七天之后他们下车了，本来只认得绿色山林的马尔康眼前除了荒原，什么别的也没有。室外的夜晚比车厢里还要冷，她的第二个弟弟也死了。第二晚，他们用木头块搭了一个小小的棚户区。幸运的是，马尔康的父亲会搭建火炉。很快他们就暖和了起来，父亲甚至还找到了工作。但是，父亲一直没有鞋子穿，去工厂上班的路又是那样远。当他发烧三天没有上班时，父亲被捕了，在监狱里待了四个月。那段时间家里只剩三个人了：母亲、姐姐和马尔康，没有食物，没有钱。她们只得在别人窗前展开裙子，好让人们丢给她们一些残渣。然后她们就把这些残渣洗洗，吃光，勉强活下来。后来母亲找到了她的表弟，表弟认识一个俄罗斯女人，一个有房有工资的农艺师。这个后来要嫁给母亲表弟的农艺师艰难地养活了他们所有人。其他人都死了，马尔康站在伊拉善尤尔特的墓地前哭了好久。

"我眼前还能浮现这一切，仿佛昨天才发生。"

母亲后来又生了两个儿子，家里的人又全了：两个姐姐，两个弟弟。现在马尔康自己就有 45 个孙子。

"您会给他们讲这段被驱逐的故事吗？"

"会的，我们的每个孙子都知道这段历史。"

我问马尔康，她会不会原谅俄罗斯人。

"不会"，她回答得很坚定。

"别的车臣人呢，比如村子里年长一些的人——可能会原谅或者遗忘吗？"

"我想不会的。没有哪个经历过这一切的人能放下。俄罗斯人也是人，有好的，也有坏的。有一个俄罗斯女人救了我的命，我同样不会忘记。但是俄罗斯这个国家我永远也不会原谅。"

"当您现在看到车臣到处都是普京的照片，您有什么想法吗？"

"我们能做什么呢？"马尔康反问，"我们打了两场仗，我们什么都试过了。我们现在成了俄罗斯的一部分。但是原谅他们？没有任何解释，一个道歉也没有？不，这太过分了。我很高兴我们现在拥有了和平。就是这样。但是我不会原谅他们。"

我问马尔康，她怎么看待车臣的总统自称"普京的步兵"，还把车臣人送去乌克兰和叙利亚，为俄罗斯打仗。拉姆赞的父亲为车臣人带来了和平，马尔康说，语气和她刚刚说不能原谅俄罗斯一样坚定。拉姆赞也是一个好孩子，新建道路，还为昆塔·哈吉的母亲建了新陵墓。在我们要离开时，马尔康小声和我们的司机嘀咕着什么。我们的司机已经知道她想说什么了。

/ 204

"不要给德国的哪个老爷爷看我的照片，"我们开走后她还朝司机德米特莱喊，像少女一样咯咯地笑着，"不然会有人来，想要娶我。"

新修的陵墓是一个圆顶建筑，和格罗兹尼的俗气比起来有着令人惊讶的朴素和好看。里面坐着两个男人，我估计一个 45 岁左右，另一个明显60岁以上。年轻一些的那位穿着一件青少年穿的连帽套头毛衣，手机铃声是《深紫》（*Deep Purple*）①。我们得知他出生在一个高贵的神秘主义者大家族，但是对于官方的伊斯兰教，他只有讥讽一笑。相关责任人之所以引用昆塔·哈吉的话是因为这位圣者呼吁人们净化内心，不要去进行政治斗争。他们虽然可以被动地进行祷告，但是内心却不是这么想的。苏菲主义的源泉，比如萨迪（Saadi）②、鲁米（Rumi）③或者哈拉茨（al-Halladsch）的作品在车臣几乎没有人知道，学校只会教一些愚民政策。这个国家突然假装自己对宗教虔诚。但是建个新的清真寺或者强迫人们戴头巾并不意味着真正的虔诚。

"拉姆赞自己呢？"我问，因为这位总统经常在社交软件上展示自己的祈祷姿势："他也是假装的，还是真的很虔诚？"

"我感觉他可能确实比较虔诚，"这位神秘主义者讽刺地回答，"他只是不知道该怎么做。"

他认识许多具有影响力的人物，自己也是各种委员会的成员。由于他的家族，人们还是敬重他的。对内他坚持自己的想法，但是他感觉没有人听他的。国家政要认为民主是一个危险的概念。

"他们了解社会的真实情况吗？"

"不了解，他们以为所有人都很快乐。他们真的是这么认为的，不是假装的。"

他本人一直是反对车臣独立的，因此战争爆发后，宁愿去欧洲留学。而他的中学同学——这位神秘主义者指了指坐在地毯上他旁

---

① 1968年成立于英国伦敦的深紫乐队同名曲。

② 即萨迪·设拉子，13世纪波斯著名诗人。

③ 即莫拉维·贾拉鲁丁·鲁米，13世纪伊斯兰教苏菲派诗人。

边的那位年长一点的男人，则在 1990 年代初站在了另一阵营，也就是战争的阵营。

"您的同学？"我有些惊讶，因为他看起来要老 15 岁、20 岁的样子。

"是的，我们小时候就认识了。"

他的同学胡子灰白，在衬衫外面套了一件针织套头毛衣，外面加了一件老式衬衫，头上戴了顶绿帽子。他当时为焦哈尔·杜达耶夫而战，也就是车臣独立后的第一任总统。他十分自豪地提到，自己是 1995 年守卫总统府的最后八个士兵之一。当他追随杜达耶夫进山的时候，汽车爆炸了。其他的七名战友都死了，而他在昏迷了 37 天之后醒了过来。在朋友家人的共同帮助下，他被送去了德国。医生一开始认为他没有希望了，三场手术之后，他奇迹般地活了下来。人们现在还能一眼看到他脖子上的伤疤，那是插氧气管的地方。他现在渐渐能走动了，可以轻轻地发声。他感谢上帝和德国给了他第二次生命。他认为德国人是充满人性关怀和有慈悲心的。比起俄罗斯人的残暴，被俄罗斯收买的自己人的出卖更加糟糕。在大街上看到普京的照片时，他就把头扭开。就连说出俄罗斯总统的名字对他来说都很难。

我问老者，如果他没有受伤的话，会不会参加第二次车臣战争。应该不会，他回答，杜达耶夫在被杀害之前就预言，第二次战争从一开始就注定要失败。

"杜达耶夫预见到了第二次战争？"

"杜达耶夫说，俄罗斯人只能用武器打断我们的骨头，但是瓦哈比派摧毁了我们的精神。事实上也确实如此。"

如果杜达耶夫活着，他会不会也改变阵营？老者可能会愤怒地驳斥这个想法，我最好还是不要问他了。不过，显然"英雄"杜达耶夫和"叛徒"艾哈迈德·卡德罗夫有着一样的忧虑。好与坏只有

/ 206

在故事中才这么容易区分。

我还没问出口，老者就继续说，在杜达耶夫去世前不久，他曾问过杜达耶夫，战争还要持续多长时间。杜达耶夫回答，战争不会轻易结束，断断续续还要至少 50 年。

从今天来看，为独立而战是不是个错误？年轻一点的男子不想把这个问题翻译给看起来年长一点的那位听，虽然他俩实际上一样大。答案对他的朋友来说太残忍了。

我们在哈拉霍伊（Kharachoy）村的"阿布雷克"塞利姆尚（Selimchan）的纪念碑前停了一下。他对俄国的反抗斗争给车臣人留下了许多故事。当俄军悬赏 5000 卢布要拿下他的人头时，塞利姆尚嘲讽沙皇警察说，他将于 1910 年 4 月 9 日 12 点整抢劫基斯利贾尔（Kislijar）的银行。直到今天车臣人都津津乐道于塞利姆尚办成了这场恶作剧。

"也就是说，这些故事没有被遗忘？"我问了一位浅色眼睛的高大男人，他正背着两个装得鼓鼓囊囊的塑料袋走过纪念碑。

"有人希望人们忘记这一切"，男人回答。他放下塑料袋，给我讲了另一个故事：有一次塞利姆尚故意在自己抢劫过的银行里丢下了自己的皮鞭。他想测试一个同伴的胆量，他请求这位同伴帮他取回皮鞭。同伴反问，塞利姆尚是不是疯了，因为这时银行里已经全是警察了。然后塞利姆尚自己跳上了马，毫发无损地带着皮鞭回来了。塞利姆尚没有为自己留下一个卢布，男人强调，他把所有钱都给了穷人和有需要的人。我们本来已经想上车了，但是接下来的故事太吸引人了：俄军有一次包抄了塞利姆尚在山里的藏身之所。塞利姆尚脱下衣服，把裤子、衬衫、夹克和帽子绑在了一个人形大小的木头上。紧接着，他把马蹄铁反着钉，再让人形木桩朝山下滚。当俄军追着木头射击时，真正的塞利姆尚已经骑马逃到山上去了。俄军找到了他的足迹，但认反了。和车臣的其他故事一样，这个故事最终也结束于一次出卖：俄军收买了塞利姆尚的一个战友，他在1913 年 9 月 27 日朝塞利姆尚的背上开了一枪。这位"阿布雷克"勉强逃到了一座房子里，但却没能够突破敌人的包围。

这位男人想亲自带我们看看纪念碑，不然他不愿意离开：留着长长的胡子，佩着枪带，塞利姆尚在篝火边休息。他的马在一旁吃草。一股井水流过他们身边，是从山坡上的井里冒出来的。

"这口井也有一个故事吗？"我问。

"当然，"男人回答，"不过不是战争故事。你们还想听吗？"

和世界其他地方一样，两个相爱的人因为家族敌对而不能结婚。两人想要出逃，但是父亲听到了马蹄的声音。他冲到外面，刺中了坐在男人后面的女儿的背。

"这不是一个好的结局"，男人承认。

"如果情侣有了一个好结局，那么他们早就被忘记了"，我回应道，仿佛要安慰他似的。

"说得也对"，吃惊的是，男人认可了我说的话。姑娘的血滴下来的地方就冒出了一个泉眼。直到今天，泉水还会经过"阿布雷克"塞利姆尚的纪念碑流到村子里。

我们继续朝山里开，景象渐渐变得和文学作品中一样荒芜了。石头的房子，冒着烟的烟囱，滑雪的孩子们，赶走云朵的太阳，朝远方开的一辆老汽车——看上去真是一片和平景象，虽然按照杜达耶夫的看法，战争还要 50 年才能结束。我们问路时问到的人都无一例外地邀请我们喝茶，吃午饭。这里没有小餐馆，连比萨店也没有，只有零零散散的一些食品店。因此，我们欣然进了一户檐下挂着捆扎好的肉的人家。客厅里充满了酱汁的香气，这家人看起来比较富裕：大屏电视、卫星信号接收器、立体声音响、燃气取暖器、新的沙发套。主人是一个高大瘦削的男人，曾经是个警察，在受到一次袭击之后手臂里装上了金属支架。他每个月拿 4500 卢布的退休金，

/ 208

这是残疾人能领到的最高养老金了。他先讲起有一次巡逻时遇到一群普通的抢劫犯安装炸弹，然后讲到叛军也来了，开始射击。

"叛军？"我插嘴问道："刚刚还是劫匪。"

"劫匪，叛军，这取决于人们怎么看。不过，他们肯定不是切·格瓦拉。"

人们在车臣这样的国家只有两个选择：成为罪犯或者成为受害者。而人们在欧洲则不需要做出这样的选择，所以他很想搬到那里去。

"为什么不去俄罗斯呢？"我问。"不管怎样，您为俄罗斯牺牲了您的手臂，差点儿连命也搭上了。"

"我不是为俄罗斯服务的，而是俄罗斯联邦，车臣是联邦的一分子——这是有区别的。"

"那车臣现在留在联邦里了，您满意吗？"

"这里有人说他们挺满意的。也有人保持沉默，因为不想撒谎。如果说人们在俄罗斯只是害怕说出自己的观点，那么在车臣则是对表达观点感到恐慌。"

"但您选择了这个国家。"

"我和您这么说吧，我必须做出选择。那是在 2004 年，战争在官方层面已经结束了。我学的法律专业，必须想办法活下去。那个时候我面临一个问题，我是要保持理智还是要继续爱国。我想了一下，爱国会发展成怎样的局面。第一次车臣战争的时候我还能保持中立，不参加战斗。但是第二次战争是个巨大的混乱局面，没有中立这个选项了。"

返回格罗兹尼的途中，我们经过了一个守备部队。车臣的士兵从这里被送往叙利亚。司机说，他认识一个刚从那里回来的人。

"他说什么了？"

"没什么，"司机回答，"他说，他们就一直坐着、等着，很无聊。"

"这就是他说的全部内容？"

"不是，他还说，到处都是武器，叙利亚人比我们还害怕。如果那里出现了情报局的人，每个人都低着头朝地上看。"

可能战争还要 50 年吧，从车臣到叙利亚，中间仅仅隔着焦哈尔·杜达耶夫说到的暂时中断吧。

/ 第三十二天　从格罗兹尼去第比利斯

　　高加索山区可能是世界上唯——个让人在两小时之内就能穿越三场不同战争的地区了。好吧，这些都算不上真正的战争；除了袭击，偶尔出现的小规模冲突和国家实施的恐怖政策之外，现阶段各方都是停火状态。而且在这块比联邦德国大不了多少的地区聚集了 50 多个民族，每个民族都有自己的语言。冲突的密度也随之降低。作为欧洲人，我们对车臣也只能模模糊糊地得知那里发生了什么；关于印古什共和国（Inguschetien）①和奥塞梯（Ossetien）②地区，我们充其量也就知道那里有事情发生。假如我是往东走一个小时的话，那我就到了另一个加盟共和国达吉斯坦（Dagestan）③，那里战争停了，和平却还没到来。往西走几个小时是阿布哈兹（Abchasien），往南走一天会抵达纳戈尔诺 - 卡拉巴赫（Bergkarabach）④。大家多半还不知道：所有这些国家边界都有一部分在欧洲。不过这也是非常典型的西欧人视角了。

　　我们一清早就从格罗兹尼出发了，开过一条笔直的高速公路，到达了一个有士兵配备机关枪看守的边防检查站。这里就是车臣的

----

①　俄罗斯联邦中的一个共和国。

②　北高加索的一个地区，分裂为北边的北奥塞梯、格鲁吉亚和南边已经事实独立的南奥塞梯共和国。

③　位于俄罗斯最南端边界处的一个共和国。

④　英文译名为 Nagorno-Karabakh，前缀 "Nagorno" 源自俄语，意为 "高地" 或 "多山的"，与德文译法中的 "Berg" 相同。纳戈尔诺 - 卡拉巴赫是位于南高加索的一个内陆地区，在国际上被普遍承认为阿塞拜疆的一部分，但大部分地区由纳戈尔诺 - 卡拉巴赫共和国实际统治。自 1988 年卡拉巴赫运动发生起，阿塞拜疆就无法对该地区行使权力。1994 年纳戈尔诺 - 卡拉巴赫战争结束以后，在欧洲安全与合作组织明斯克小组的调停下，亚美尼亚与阿塞拜疆政府代表已经针对该地区的争议状态举行过多次和平会谈。

尽头了。伊斯兰教宣礼塔在过了边防站之后还是一样的。就像车臣人一样，印古什人在19世纪也曾艰苦地抵抗过俄罗斯人，到了斯大林时代——就是为了这个缘由吗？——就遭到了放逐。等他们被允许回乡时，他们居住过的领土有很大一部分被割让给了主要信仰基督教的奥塞梯。在东边留给印古什人的一线地带是这么狭窄，我们在半个小时以后就可以看得到基督教教堂塔楼了，而且不只是塔楼，还有锤子镰刀和大幅大幅二战英雄的宣传画，就仿佛我们回到了苏联一样。与高加索山区的其他民族不一样，奥塞梯人大多数时候和俄罗斯人都有着友好关系，后者提供保护，帮他们防御穆斯林邻居和侵占者。所以叶卡捷琳娜大帝要在奥塞梯建一座城市，好从这里看到她的军队一个接一个地征服那些民族，并非偶然。这座城市直到今天都叫作弗拉季高加索（Wladikawkas）——"征服高加索"。

俄国以100万士兵的生命为代价，到19世纪中叶才击退波斯人和奥斯曼帝国的人，破解当地人的反抗，在它南边的这两个水域——里海和黑海周围拓展了自己的势力范围。"谁如果了解高加索山区行军的艰辛，他就会感到吃惊，俄国军队居然能在那里忍受如此程度的匮乏窘迫。"大仲马（Alexandre Dumas）曾这么说过，他在1858年从相反方向走过了同一段路程。法国人在阿尔及利亚也经历过类似的苦战，但是没有这样的地理上的困苦。而且法国士兵报酬高，保养好，有地方住，至少在理论上是有升迁机会的。他们打仗也只打了三年，而俄国人在高加索已经这样熬过了40年。俄国士兵用来充饥的还常常只有湿的黑面包。"他在雪地上睡觉，要把重炮、行李和弹药拖上从来没有人踏足过的高山，那里只有老鹰悬浮在花岗岩和积雪的上空。可这是怎样的一场战争啊！毫不怜惜，不剩俘虏，几乎所有伤员都被杀掉，最凶狠的对手会砍下每个俄国人的头，最温柔的敌人则会砍掉他们的手。"

和西欧列强在非洲、亚洲和美洲的挺进一样，俄国人向南的扩张也是一种殖民行为，却很长时间得不到经济上的好处：欧洲文化和东正教要取代"高加索的野蛮状态"。叶卡捷琳娜大帝甚至号称，她要粉碎奥斯曼帝国，重建拜占庭，打造"东方的永久和平"。这个计划失败得一塌糊涂，因为并没有出现她所期望的反对高门（Hohe Pforte）①的欧洲同盟。但是就是在高加索地区，俄罗斯的统治也是脆弱的，在苏联解体后，沿着殖民地的断裂处爆发了冲突：不论是在车臣、印古什，还是在格鲁吉亚与奥塞梯之间的战争，彼此的较量，甚至是斗争又开始了，要争夺高加索地区的统治权。正如奥斯曼帝国那样，今天想对抗俄罗斯的民族将希望寄托在欧洲，而不是伊斯兰世界。

过了弗拉季高加索，就已经是高加索的军用公路了，俄国人就是用这些马路克服了险峻的群山。在 19 世纪初，这是世界上最大胆的建筑工程，不过自从格鲁吉亚和俄罗斯又反目成仇以来，这里过山关的轿车更少了，卡车也更少了。马路首先沿山而上，一路都在捷列克河岸边，1819 年 9 月 15 日，不想落到俄军手上的车臣妇女就是跳进了这条河里。在边界上很显眼地竖立了一座纪念阿列克谢·叶尔莫洛夫将军的高大纪念碑，这个将军曾经宣称"只要还有一个车臣人活着"，他就不得安宁。要通过边境，俄罗斯人需要签证，而我们只要出示申根护照就行了——我每次都感到惊奇，我从这么远的地方跑来，居然还享受到了本地人没有的便利。我们在 9 点边境刚开放时，就开车过了道闸，我们很高兴有一整天时间可以去看许多风景名胜、自然奇观和大道边的历史古迹。从普希金到莱蒙托夫（Lermontow）②，从大仲马到

---

① 又称朴特门或奥斯特朴特，是奥斯曼帝国政府机构的代称。

② 俄国 19 世纪重要作家、诗人，被视为普希金的文学继承人。

克努特・汉姆生（Knut Hamsun）①，众多作家都歌咏过这条大道。可是我们被人请下了车，接下来的几个小时都在一个俄罗斯方面的行政办公室里度过，这间屋子里光一张书桌、一些椅子和一个书架就把空间占满了。

军官虽然客客气气，但还是试图探听出我们在车臣到底要干吗；他把我们的司机拽到一边，提出诱导性问题，在他的话里挑出所谓的矛盾。幸好我们有包括授权书在内的所有必需的证件，尽可以让他们在网上验证我们的个人信息。而且去车臣应该不犯法吧，那儿按官方说法已经恢复正常了呀。可是把我们的回答敲进电脑里的这位军官，还是觉得我们的出行路线"奇怪"。

"为了什么目的呢？"他一次次地询问。

"我的上帝！"我在他问到第五次的时候烦躁地叫了起来，"这么多作家都在这条大道上走过，现在不就是又多了一个来嘛。"

这场审讯总是被其他官员打断，他们用一个磁卡打开门，就为了进屋来问个问题。有的同事还坐到我们这一圈人中间，听了一会儿，然后一声不吭地走了。一个身着便衣，稍微年轻点的官员在自己智能手机上看音乐视频看了一个多小时。在俄罗斯与格鲁吉亚之间的边界上显然没有太多事儿可做。只有这个军官抱怨说，他在这里要同时打理所有事儿，照料所有人——"现在还得管您的事儿！"我估计他充其量是把我当作了那种西方来的怪咖，要占用他这样要正经工作的人的时间。这也真是个酒疯子的想法了：从德国穿越波罗的海三国到白俄罗斯，然后从乌克兰经克里米亚半岛到俄罗斯，从车臣越过高加索山去不知道在哪儿的伊斯法罕。书桌上的两个电话机，时不时会有一个响起。黑色那部电话机，军官只有高兴了才去接。但是那个旧式的米色电话机，每次一响他就接。电话那边是

---

① 挪威著名作家，1920 年诺贝尔文学奖获得者。

哪个中央部门呢？

军官把剩下的回答记了好多遍以后，他请我们走到门外去。在走廊上我们听到，他在向某个人报告我们的访问计划——多半是用那台米色电话机吧。军官叹了好多次气，说他也没法解释这个计划。最后他又让我们进了房间，另外提了几个问题。比如说他想知道，我对俄罗斯会写正面还是负面的报道。我对俄罗斯的印象没法用正面负面来归类，这又让军官觉得"奇怪"。不管怎样，他建议说，我不能把今天的印象写出来。就在他想让我们再次走出房间的时候——也许是为了在米色电话机上打电话——他找不着磁卡了，要从屋内开门也必须要用磁卡的。军官把每张纸都翻了个个，打开了所有的抽屉，在他皮包里翻了个遍——都没用。我们就那么默默等着，等门从外面打开。但是偏偏现在没有官员进屋来问问题了。其实我们所有人都忍不住要笑起来了，但是在一个俄罗斯行政办公室里这么笑不合适。

等军官用如释重负的一声叹息表示审查结束之后，中午都已经过了。他请我们从手机里掏出电池来，让他记录下序列号——俄罗斯会继续监听我们吗？司机反正用我们听得到的音量嘟哝说，他现在得去买个新手机了。军官在陪我们去轿车的时候，为刚才这番漫长的盘问道歉；在对抗恐怖主义的斗争中有必要了解谁为了什么越过边界，说到底这也是为了我们自己的安全。他希望，我们还是会享受在俄罗斯联邦的旅行。我们有没有参观过叶尔莫洛夫将军的纪念碑？

继续往前走了 100 米，西里尔字母就消失了。这个民族比较古老的那一半是在这样的语言中长大的，但在公共空间里它消失了。而我立刻就感觉到了几分亲切，就因为我又能念出街道上的路牌了，上面除了格鲁吉亚字母之外还写了拉丁字母。另外，护照检查是这么草草了事，就像欧盟公民在大多数边界处都会经历的那样——看一眼证件，看一下脸，敲一下章，就招呼我们过关进入格鲁吉亚了。只有 100 米，恐怖主义显然就不再是那么大的危险了。

马路沿着山势蜿蜒而上。很快视野里除了沥青条纹，就都是白雪皑皑了。只有当我扭着脖子时，我才能透过窗户看到一小块天空和天空下裸露的岩石。在那边不知哪里，有着人类的摇篮，在那些岩石中有一块上面锁过普罗米修斯①。"这就是高加索山了，"大仲马1858 年如此描述有着 5000 米高峰的卡兹别克山的景象，"不像阿尔卑斯山或者比利牛斯山②，也不像我们见过的，或者梦中幻想过的任何山脉。喜马拉雅山和钦博拉索山③ 比它高，但是都是些没有神话的山峰。高加索山是古代第一位戏剧作家上演第一部戏剧的剧院，剧中主角是一位提坦神，剧中演员是希腊诸神。"而每隔 500 米就会在路边出现的移动厕所，还总是一左一右轮换出现，显得格外滑稽。

走过狭窄到一夫当关万夫莫开——2000 年前古罗马游历四方的作家普林尼乌斯（Plinius）就这么记录过——的关隘后，峡谷前就展开了缓缓下降的高原。在俄罗斯人之前，侵略者大多数都来自南方，而不是北方，也许也是因为地形的缘故：只有在北边，高加索山才如此陡峭，这么不易接近。看到第一批房屋、村庄和人的时候，我就觉得已经到了另一个气候带：突然到了南方。欧洲大陆的面相、食品和风俗似乎只是随着俄罗斯的殖民扩展到了弗拉季高加索或者抵达了克里米亚半岛，但是没有越过高加索山。售卖葡萄酒、石榴汁或者异国风味的小吃的街头小贩有着深色皮肤的脸，黑色的头发和精力充沛的动作；我为了买一串 12 个黄油一样软的胡桃蜜饯而

---

① 希腊神话中的神，传说他造人并盗天火给人类，受到主神宙斯惩罚，被锁在高加索，每天承受恶鹰啄食肝脏之苦。

② 欧洲西南部山脉，连接欧洲大陆与伊比利亚半岛，是法国与西班牙的天然边界。

③ 位于南美洲厄瓜多尔，是离地心最远的高峰，海拔 6272 米。

兴致勃勃地与他们讨价还价；老妇人戴头巾，着黑衣——就仿佛我从德国直接来到了意大利南部。但是不仅是南国气息——在古多里（Gudauri）滑雪胜地的小店铺和超市里还可以找到一整个西方消费品世界。格鲁吉亚的上流社会不需要飞去阿尔卑斯山或者美国科罗拉多州，就可以玩直升机滑雪，并享受之后的社交娱乐。而西方只是在"玫瑰革命"①之后才进驻格鲁吉亚。13 年对于人类摇篮来说算不了什么。在通往首都第比利斯的大道上立着的牌子显示了古老的定位：距德黑兰 1240 公里。我们在安纳努利（Ananuri）这座在 17 世纪波斯占领期间重建的堡垒边上作了唯一的停顿，时间已经太紧，不能再有其他歇息了。在教堂里做祈祷的，除了面纱遮到下巴的修女之外，还有衣着西化的年轻人。大门口的阿拉贝斯克雕饰证明了基督教建筑上都有萨非王朝②的影响。

"格鲁吉亚的爱和伊朗的爱是一样的，"在库尔班·萨义德（Kurban Said）③写于 20 世纪初的一部讲述阿塞拜疆男子与格鲁吉亚女子相恋的小说《阿里和尼诺》（*Ali und Nino*）里，有这样的话，"在这个地点，一千年前站着你们最伟大的诗人，鲁斯塔韦利（Rustaveli）④。他歌咏塔玛尔（Tamar）女王的爱。他的诗歌就如同波斯的《鲁拜集》（*Rubajats*）⑤。没有鲁斯塔韦利，就没有格鲁吉亚，没有波斯就没有鲁斯塔韦利。"

"我们不是亚洲。我们是欧洲最东端的国家。"尼诺反对她的恋

---

① 2003 年 11 月在格鲁吉亚发生的反对时任总统谢尔德纳泽的系列示威活动，最终总统辞职。示威领导人，即反对党领袖萨卡什维利每次公开露面都拿一支玫瑰花。

② 1501~1736 年统治伊朗的王朝。

③ 生于阿塞拜疆的 20 世纪作家。

④ 12 世纪格鲁吉亚诗人，格鲁吉亚古典文学代表人物。

⑤ 波斯 11 世纪的诗人欧玛尔·海亚姆的四行诗集。

人说，"因为我们抵抗住了帖木儿、成吉思汗、阿拔斯一世、太美斯普一世和伊斯玛仪一世，所以才有我，你的尼诺。现在你来了，没有剑，没有踏步的大象，没有武士，只不过是血腥沙阿的一个后代。我的女儿们会戴上面纱，如果伊朗的剑又变得足够锋利，我的儿子和孙子将会第一百次毁掉第比利斯。哦，阿里·汗，我们应该在西方世界出生。"

我们从无止境的一长串欧洲商场旁边开过，往第比利斯进发。和平常每晚上一样，今天也堵车了。在欧亚原野上空间多得不得了，而司机现在却要为每一厘米而斗争。尽管等待让人心累，但是这座城市还是立刻就让我感到亲切：就因为这是一般意义上的一座都市，太多人聚集在太少的空间里。宾馆都住满了离开伊斯兰共和国来度个短假的伊朗人。不仅仅是宾馆让我在城里逛第一圈的时候感到吃惊：有历史风貌的市中心看上去就像 19 世纪和 20 世纪早期的照片里的德黑兰，仿佛金银丝细工做出的优雅红砖建筑，前端都有带细长柱子的木阳台和伸到街面上的带装饰凸窗。

我自己的曾曾曾祖父，这么多年了我第一次想起来，就出生在第比利斯，在 19 世纪之初移居到了，也可能是逃亡到了伊斯法罕，那时候第比利斯落入了俄国统治者手中。原来只是个抽象的信息，但就好比今天一个德国孩子得知他的祖先是来自西里西亚或者东普鲁士一样，现在，在第比利斯的小巷里我却获得了一个具体的，也多少显得可信的画面：就是这里，我就是来自这里的。在整个伊朗都没有哪座城市像这样保留了能将东方的建筑传统与西方的影响别出心裁地融为一体的伊朗早期现代派。德黑兰，这场革新运动的首都，1906 年在这里爆发的立宪革命让伊朗比德国更早地成功走向了民主化——而今天，它自己的"创造者时代"只在这里或那里遗留了几座宫殿。

住在我宾馆的伊朗人看起来对建筑纪念碑的兴趣没有对餐饮

的兴趣大：没有哪里的菜系能像伊朗菜这样接近有核桃和石榴、草药杂烩和糖醋香味的格鲁吉亚菜了，只不过在这里吃饭还是能点葡萄酒的，酒在哈菲斯（Hafis）^①和欧玛尔·海亚姆（Omar Chayyam）^②那儿可不仅仅是隐喻。古城区的中心广场和基辅的那个一样有个波斯名字"梅丹（Meidan）"^③，尼诺就将她的阿里带到了这个广场，为自己爆发过的愤怒、悲伤和恐惧郑重地请求他的原谅："原谅我，阿里·汗。我爱你，爱的就是这样子的你，但是我害怕你生活的那个世界。我真是昏了头，阿里·汗。我居然和你，我的新郎，站在街上，为了成吉思汗的所有入侵行动而指责你。原谅你的尼诺吧。要你为被穆斯林杀害的每个格鲁吉亚人负责，是我做的大蠢事。我再也不会这么做了。"

看到丰富多彩的街头景象，尼诺又和东方达成了一半的和解：一个有着明亮而惊讶眼神的库尔德少女正在读手相，就像她为自己通晓过去与未来的能力感到吃惊一样，她周边是来自亚美尼亚的胖胖的地毯商，一步远的地方有波斯的厨子和奥塞梯的教父，这边是俄罗斯人，那边是阿拉伯人或者印古什人，还有印度人。是啊，几乎亚洲所有的民族都在商业中和平地，或者不那么和平地统一在了一起："在一个小店的屋檐下发生了骚乱。商人们围住了吵架的人。一个亚述人在和一个犹太人激烈争执。我们就听到了：'我的祖先把你的祖先关进巴比伦的牢房的时候……'围着的人爆发了大笑。尼诺也笑了，笑那个犹太人，笑那个亚述人，笑这东方集市，笑她落在第比利斯铺路石上的眼泪。"

现在广场上是年轻人、夜猫子、游客，他们的走动和穿着和其

---

① 波斯著名诗人。

② 伊朗 11、12 世纪的诗人、天文学家、数学家。

③ 即波斯语中的广场。

他每一座欧洲城市都没有两样。房子的穹顶和木阳台看上去都只是酒馆风情的背景，这里的酒馆应有尽有，包括爱尔兰式酒吧 ① 和优质汉堡包。所以我格外感到惊讶，和我约了在一家爵士乐餐馆见面的两位文学人士，居然在波斯占领结束了 200 年之后还会用波斯语"萨拉姆（Salâm）"来和我打招呼。他们刚才根本没意识到这是用来打招呼的常用波斯语，安娜·科德萨亚 – 萨马达什维利（Anna Kordsaia-Samadaschwili）和拉沙·巴克拉茨（Lascha Bakradze）惊讶地说，前者是作家，后者是第比利斯文学馆馆长——但是在我说起来之后，他们才发觉是这样。将人引向德黑兰的路牌，他们也已经照着做了。不过他们更多的还是飞往欧洲，他们指的是西欧。而从车臣，或者整个在高加索山以北的世界，在他们年轻的时候还属于格鲁吉亚的地区，几乎再没有什么讯息传到他们耳中。高加索山上的军用公路，已经很长时间没有人走过了。

---

① 起源于爱尔兰，偏于休闲的酒吧，里面有体育项目和音乐。

/ 第三十三天　第比利斯

借助玫瑰革命上台的米哈伊尔·萨卡什维利十分赞赏德国的国会大厦，因此这位格鲁吉亚总统的宫殿上也有一个玻璃圆顶。萨卡什维利已经成为历史了，他不仅仅在选举中没有连任，而且在被通缉之前逃到了国外。但是圆顶依旧受欢迎。就连严肃又封闭的斯大林主义水泥大块头现在也经常顶着一个透明的帽子。最近第比利斯新城还出现了一座名副其实的摩天大楼，就在绝美的古典建筑群中心。在西欧，没有哪位投资者靠这样的庞然大物就能成功。与此相对，拯救老城免于衰败的努力确确实实半途而废了：为吸引游客而建造的东方迪士尼的下半部分建筑已经很气派地装修一新，但是上半部分的房子却仿佛随时要坍塌。"有时投资者们也会推波助澜，毁掉它们"，安娜·科德萨亚－萨马达什维利很愤怒。她空出了上午的时间，带我转转第比利斯。

安娜除了写作也在大学教授文学。她在德国生活过几年，看到了选举出局的总统萨卡什维利进行西化过程中可笑滑稽的一面：以乔治·W. 布什的名字命名玻璃穹顶或者通往机场的主路，而得克萨斯州的人们都不会把布什看作一个英雄。她还看到市场经济的阴暗面：苏联解体之后，市场经济几乎不受调控，结果就被寡头们所操纵。不过她仍然认为，格鲁吉亚在萨卡什维利的领导下取得了进步。1992 年围绕着阿布哈兹（Abchasien）① 和奥塞梯的战争结束之后，安娜乘坐最早的航班从国外回来。当她在夜间降落在第比利斯时，眼前漆黑一片，只有机场跑道被用煤油灯标记了出来。一直到

---

① 阿布哈兹又译作阿布凯西亚，是格鲁吉亚的自治共和国，与俄罗斯南部接壤。在苏联解体后自行宣布独立，但未得到任何国家的承认。阿布哈兹问题是格鲁吉亚和俄罗斯的主要纠纷之一和两国之间紧张局势的源头之一。

2004年，停电还是家常便饭。苏联解体之后，集中供暖也停止了。随后就是腐败问题——没有哪次开车不会被多次拦下要钱，警察的态度有时礼貌，有时决绝。现在的情况也不算好，不过肯定比玫瑰革命之前好得多。亲俄罗斯的媒体和传教士把玫瑰革命当作西方情报机构粗制滥造的作品。不管怎样，2012年，格鲁吉亚作为巴尔干半岛以外的、苏联解体后的共和国完成了第一次合乎议会制程序的政府换届。

有没有纪念这场革命的地方，我问。有的，安娜回答，但是地点一直在变，一开始在第比利斯的中央广场，那里是人们在2003年11月游行抗议当时的总统谢瓦尔德纳泽（Schewardnadse）选票造假的地方。不过迄今为止，只有一个丑陋的十字路口是按玫瑰革命命名的。虽然不是在第比利斯，不过在乡下以及在斯大林的家乡哥里（Gori），斯大林已经得到了平反。人们不喜欢回忆那些黑暗无光的夜晚，但是年轻一点的人们，比如安娜的学生们对历史的遗忘更加夸张，这让她不安：有的人甚至不知道斯大林是谁。

我们在一家咖啡厅里休息了片刻，和昨晚的爵士酒吧一样，这家咖啡馆真的很酷。在维尔纽斯我就注意到了——柏林市中心在1990年代的大转折之后也出现过这样的局面——当崇尚个人主义的自由市场进入社会主义之后，会变得多么具有美感，多么迷人。这些花很少钱改造过的源自苏联时期的储藏间、车间和商店渐渐地自己长出了铜绿，现代化设计与工人艺术的交织，在伦敦或者柏林要花许多钱才能打造出这种效果。结果到最后那些裸露的砖石、磨损的木地板和俄罗斯的电影画报就变得像宜家组装厨房一样随处可见，可任意置换了。比起在社会主义时期被当作咖啡享用的当地饮料，我还是情愿点一杯拿铁。喝拿铁的时候我表示，格鲁吉亚之所以仍旧这么怀念苏联，可能是因为斯大林是格鲁吉亚人。不，安娜坚决地说，眉毛高高抬起：格鲁吉亚的每个家庭都亲身经历了恐怖统治，恐慌，没有缘由就被抓捕，消失的亲人，人们甚至连打听一下都不行，长期的不安。通过饥荒来清洗反对集体化的农民之所以在格鲁吉亚没有像在乌克兰那样造成 300 万生命的逝去，是因为这里的土地更加肥沃。斯大林统治时期的格鲁吉亚作家也只有两个选择：死亡或者成为一个间谍。不，安娜强调，她认为苏联统治下的各民族相互竞争谁的受害者最多，是没有意义的。

"但是，有的民族难道不是确实比其他民族受伤更多吗？"我问，"我就绝对没有听说，哪个克里米亚鞑靼人、车臣人或者印古什人会特别怀旧的，犹太人和生活在俄罗斯的德国人也不会。"

"你说得对，被驱逐又是一种不同的经历"，安娜对我表示认同。前不久她在报纸上看到雷法特·图巴洛夫（Refat Tschubarow）的一张大照片，也就是克里米亚鞑靼人的流亡领袖。他在照片上伸长手臂，似乎摆着希特勒问候时的姿势。安娜后来又在网上找到这张照片，图巴洛夫确实站在讲台上，问候着下面围着他的追随者们。直到今天还有这样的宣传，刻意污蔑那些在沙皇时期就饱受折磨的民族。

"但是如果要进行区分的话，那么也不能忘记那些被完全毁灭的民族，"安娜继续说道，"比如切尔克斯人（Tscherkessen）和麦斯赫特人（Mescheten）就只剩下个名字了。还有一些民族连名字都没有留下。"

19 世纪，施瓦本人来到第比利斯生活。不管怎样，他们还留下了一个夜生活区。他们曾经聚居的地方被清理得彻彻底底，如今几乎已经没有人住在那里了。其实挺可惜的，因为那里都是些漂亮的二层小房子，仿佛是把施瓦本地区的小城搬到了格鲁吉亚。虽然他们在自己的新故乡也辛勤工作，但还是免不了在 1941 年被驱逐到哈萨克斯坦。而现在即使有人买得起这里的房子，应该也不想每晚都被庆祝的噪声打扰。

过了一条街的第比利斯又破败得有些忧伤。俄罗斯帝国时期总督沃龙佐夫（Woronzow）①下令要在老式建筑上加上铸铁的阳台扶手，看过托尔斯泰的小说《哈吉穆拉特》的读者应当知道这种栏杆。沙皇政府想要把第比利斯变成一座现代化的欧洲城市，当时木制的花纹建筑装饰成了妨碍。可是，第比利斯人不想要铁制的东西，又对命令无可奈何。因此，他们把木头的阳台以及楼房其他的凸出部分挪到了屋后。这样一来，许多街道上的房屋立面都是欧式的，但是屋后却是东方样式的庭院。情侣们在美酒和音乐的环绕下谈情说爱，在这样一幅典型的波斯画面上出现的其实是基督徒，因为我发现火上烤着的是猪肉。第比利斯人对花园的热爱似乎也继承自伊朗时代。他们的后院是如此绿意盎然，可爱地配着沙发、座椅和小桌。和传统的伊朗城市一样，这里的生活似乎不在街上上演，而是活跃于院墙后面。我的伊朗灵魂对这一切感到如此熟悉，我不禁想问，我的同胞们在格鲁吉亚的声望如何——我猜，至少应该和施瓦本人一样高吧。

/ 221

"老实说，不怎么好"，安娜回答。她想到了被沙阿（Schah）②阿拔斯二世（Abbas II）③暴力拖运到伊朗去的 80 万格鲁吉亚人。并且沙阿阿迦·穆罕默德·汗（Agha Mohammed Khan）——没错，现在我想起来了——在 1795 年毫不留情地洗劫了第比利斯，破坏了教堂，几乎烧毁了所有的房屋，抓了 22000 人当奴隶。我的祖先造成了这段血腥的历史，不过似乎为了安慰我，安娜又强调说她本人是很喜欢伊朗的。那里的人、美食和建筑都很美好，只是觉得伊

---

① 米哈伊尔·谢苗诺维奇·沃龙佐夫（Michail Semjonowitsch Woronzow，1782~1856），1844~1854 年任高加索总督区总督。

② 又称沙赫，是波斯语古代皇帝头衔的汉译名。

③ 波斯萨非帝国的第七任沙阿。在他统治时期，萨非帝国曾一度中兴。

斯兰共和国很可怕。在费利丹（Feridan）地区至今仍生活着最大的格鲁吉亚少数民族。当她在那里听到同胞们说话时，不禁热泪盈眶——这是18世纪的格鲁吉亚语，几乎没有受到俄语的影响。

"然后呢？"我又充满了期待，"格鲁吉亚人在伊朗生活得很快乐？"

然而，安娜再一次让我失望了：在格鲁吉亚有一句话，如果人们穿过一道彩虹，就能实现所有愿望。相反，在伊朗的格鲁吉亚人说，彩虹后面有"Dschordschestan"——也就是波斯语中"失落的故乡"的意思。

离我回科隆的航班起飞还剩不多的时间了，我请求安娜再带我看看清真寺以及至少一座她最喜欢的教堂。安娜对宗教不是很了解，得思索一会儿。她觉得最著名的锡安主教座堂太旅游化了，因此带我去了安契斯哈蒂圣殿（Antschischati-Kirche），也就是这座城市最古老的教堂。因为安娜穿着裤子，所以她就在门口等着了。她才没有兴致被神父教训一下。

在这座安娜保证很原始的教堂里，人们正在庆祝耶稣洗礼节。不过，现场的氛围一点也不隆重。大部分的教徒分成一小组一小组地站着，聊天、说笑、四处张望。其他人则在静静地祷告，吟唱赞美诗或是与牧灵的神职人员严肃地交谈。两名强壮的神父将袖子高高挽起，正在把教徒们带来的圣水倒进塑料瓶里。年长一点的那位神父一边用手机打电话，一边注意着不要洒出一滴水来。这是另一种，可能比宗教改革之后的欧洲还要古老的、虔诚的宗教形式。他们的动作不是庄重缓慢的，而是很繁忙，如同那位在哭墙边一边打电话，一边诵读《妥拉》的拉比一样。他们并不十分在意信徒们内心的状态，而是要完成这场虔诚的仪式，毕竟宗教仪式不是为了自我的净化，而是为了上帝。所以看起来美不美是次要的，把圣水带回家的器皿用个塑料瓶也够了。

至于清真寺，安娜就不必在门口等了。在前厅用土耳其语交谈的男人们一再保证，穿裤子也没有问题，头巾也不需要。我们穿着袜子走进了祷告室，日光透过巨大的窗户明晃晃地照进来——一个白色的甚至有些现代的宗教建筑，也是唯一一个用红地毯和天蓝色细密画装饰的建筑。

当一位年长的妇人抓了一下安娜的手时，她吓了一跳。原来妇人只是看到安娜很冷，想指给她看暖气在哪里。这里的气氛很放松。有人在闲聊的时候，另一些人就点点头，示意一下，或者做礼拜。这座清真寺里没有专门为女人隔出来的区域。不过大厅被几根柱子分成了两个部分，每个部分都有自己的祷告室，指示着麦加的方向——我还没在其他的清真寺里见过同时有两个米哈拉布（Mihrab）①的情况。其中的一面纵墙上画着逊尼派的格言，而另一面纵墙则歌颂着什叶派的伊玛目。19 世纪的时候，第比利斯只有一座清真寺，俄国当局不允许建第二座。因此逊尼派和什叶派协商，友好地共用一座清真寺。每派各有一个自己的祷告室，所有人都在同一屋檐下。

/ 223

我与一个伊朗家庭攀谈了起来，他们在属于什叶派的地毯上坐着。

"您曾经见过类似的情况吗？"我问，"一个逊尼派和一个什叶派的米哈拉布？"

"没有"，这家人中的爸爸说。与安娜或者我酒店里的那些伊朗人不同，他似乎对宗教有些了解："逊尼派和什叶派到处互相争斗，在伊拉克，在叙利亚，在沙特阿拉伯，在也门。不过，在这里，我们却在一起祷告。"

"这挺好的，不是吗？"

"是挺好的。不过也可能是这里的人们不了解两者之间的区别。"

---

① 意为壁龛，指清真寺正殿纵深处墙正中间指示麦加方向的小拱门或小阁。

“或者没把区别当回事。”

“是的，可能是觉得不重要。”

在高加索，50多个民族生活在一块不比德国大多少的地方。仅仅第比利斯就经历过各种各样的敌对：被破坏的教堂、被摧毁的清真寺、恐怖袭击、战争、种族屠杀、流放，以及各种救世学说当中出现的不幸，不论是基督教的还是伊斯兰教的，不论是宗教的还是世俗的。但同时，第比利斯，包括整个高加索，也达到了各种民族的和谐共存，这在其他地区几乎见不到。比如清真寺能矗立在许多教堂旁边，清真寺里面不对教徒进行区分，也不区分男女。

“这话说得有点夸张了”，安娜又取笑了一下。

可能吧，我想。我还是放弃了回忆昨天在两个小时内路过的那三场战争。走高加索军用公路来到第比利斯的人看到这样的和平局面时，很容易变得怀旧。

我在 2017 年 6 月清晨回来之后入住的那家宾馆，住了几个犹太人大家庭，我猜测他们已经移居到了以色列，现在是回家探亲。戴着圆顶小帽的男人们看起来都是休假的样子，女人们穿着过膝长裙。除了孩子们，所有人都是同一种粗壮样貌，就好像他们不仅仅是同一个种族，还是出自同一个家族；他们叽叽喳喳大声说话，到哪儿都占一大块地方，就像东方人经常表现出的那样。他们是东方人吗？只要脑子里冒出了这样的想法，欧洲和亚洲就被黑海和里海之间的狭长地带分割了开来。赫西俄德尽管详详细细地记述了他的出行，但他估计从来没有踏上今天的格鲁吉亚的领土，他就认为欧亚分界处在里奥尼河（Rioni）岸边；那样的话第比利斯就在亚洲，而第比利斯人估计不会太愿意属于亚洲，而他们的国家是肯定不愿意，它几乎在每一面国旗旁边都拉出了蓝底金星的旗子。是啊，在第比利斯城里飘扬的欧盟旗多得出奇，连欧盟都已经表示抗议了，但是肯定不是因为布鲁塞尔那帮人读过赫西俄德，而是因为他们不想再收纳一个穷光蛋了。另外，这么做也可能会惹"俄罗斯熊"不开心。

当这些以色列人中的一个在电梯前用俄语和我搭讪时，我只能耸耸肩。我们用手势沟通了一下，知道我们两个人都是要往上的。电梯门已经关了，以色列人这才带着询问的表情用手指指指我；他显然是想知道我从哪儿来。我思考了一秒钟，什么样的答案会引起有趣的反应，然后决定说出我的曾曾曾祖父迁居前住的国家。

"伊朗？"这个男人几乎叫了起来，看我的表情都不是惊诧，而是惊恐了。"伊朗"这个词勾起了他什么样的回忆、忧虑和恐惧啊？

"伊朗"，我重复了一次，用力表现和平的微笑，好化解他脸上的紧张。

"伊朗？！"他还是希望是自己听错了。

　　"是的，伊朗。"我加重语气说，为了表示肯定还加了句"夏洛姆"①，让他知道我不想上来掐住他脖子。

　　"夏洛姆，夏洛姆。"他放松下来，喃喃念道，这时候电梯门又开了。

　　文学博物馆风格华丽，又整洁光亮让人舒心，其中还弥漫着旧时代的甚至是前革命时代的气息。在从前的苏联国家的土地上似乎每一个稍大的城市都理所当然地有这样一个文学博物馆。这里用比真人还大的半身像来纪念格鲁吉亚的诗人们，死者面模保存得像圣像一样。他们的手稿和遗物就像圣骨一样展示给参观者。在有一半属于亚洲的这部分世界里，人们和文学的关系是多么的不同！马尔马赫（Marbach）有德国唯一的文学博物馆，庄严程度可以和这儿类比，它是为了历史考证类研究服务的，而第比利斯这里的文学博物馆也为文化效劳。档案管理员怀着敬畏从柜子里取出了两杆步枪，那是哈吉穆拉特（Hadschi Murat）②直到生命最后一刻都用来射击人数占优势的俄国士兵的步枪。他的头颅被一根长矛挑着，放在第比利斯的自由广场上示众。我们可是个文明国家，总督沃龙佐夫（Woronzow）对此感到气愤。托尔斯泰尽管对高加索的自由斗士有如此多好感，但还是将这位总督刻画成了一位相对开明的政治家。沃龙佐夫让人取下这个人头，用酒精泡着送到了圣彼得堡，直到今天这个人头还保存在那儿。达吉斯坦的国会议员一再要求让头骨回国，但是对方很担心如果真这么做，那么头骨就不再是文学家们的朝圣目标，而是该国部分伊斯兰教徒的朝圣目标了。

　　博物馆的院子有着让人舒适的颓败感，也是家咖啡馆的露台。咖啡馆里时髦人士往笔记本电脑里敲字，积极参政分子在开会，非

---

　　①　犹太人常用的希伯来祝福语，意为"平安"。

　　②　托尔斯泰同名小说中的主人公，是反抗沙俄的高加索鞑靼人，也是穆斯林。

主流人士刻意摆姿态地在椅子上半躺半坐。我一下子就分辨出了他们在说的四门语言，这些语言是在同一段对话甚至同一个句子里混用的，以格鲁吉亚语开头，结束在俄语上，或者从英语转换到土耳其语；第比利斯上一次有这么多语言共存还是在第一次世界大战之前了。我和积极参政人士中的两位聊了起来，伊拉克里（Irakli）是一位城市规划师，而娜塔莉亚（Natalia）介绍自己是格鲁吉亚绿党的党员，也不知道这些党员到底做什么。两个人都属于一个还在不断扩展的由多名活动分子组成的团体，他们抵制对历史建筑物的破坏行为。在共产党时代，他们用出色的英语抱怨道，老建筑不受重视，交通轨道直接穿城而过，河岸都铺上了水泥，各地建了丑陋的卫星城，的确如此——可是，是自由市场用它的扩张结构无可挽回地摧毁了作为居住地，作为呼吸着的、通畅的、紧贴人群的有机体的市中心。居民或者文物保护都得不到尊重，楼房就被粉刷一新或者被品位低劣的豪华样式取代，用廉价石膏做出古代风格，或者想像迪拜那样显出未来主义风格。老城区里宁静的广场，通往狭窄小巷的通道，不计其数的小楼梯和布满绿植的庭院，所有这些都是街坊邻居相遇的地方，能保证老城区的生活质量，但都一步步沦为彻底经济化思维的牺牲品，有这种思维的人在街道中看到的就是汽车用道，在少数几个文物建筑中只看到了旅游胜地或者豪华套房，大多数老房子被看作拆除对象，绿化区被换算成能卖出去的公寓的数目。

这真奇怪，这座城市的建筑传统，尤其是东方色彩都是年轻的格鲁吉亚人在捍卫，而且总有静坐的人用肉体来保护它们，可从他们的整个行为做派、他们的语言能力和他们对世界的精通来看，他们又代表了他们自己要反对的全球化。他们是这么理所当然地效法欧洲，但是又没有把欧洲当作这个国家想要从中获益的资助补贴提供方，而更多的是将欧洲看作一个精神世界，这个世界的本质恰恰不是整齐划一的平均主义，而是让不同的、本真的东西和平共处、互通、混合。每个人都可以归属一个精神世界，不论他是生活在大河的哪一边。

就连社会主义建筑也有它们自己的美，娜塔莉亚和伊拉克里说，他们带我到了建于 1930 年代的原历史研究所。可惜它周围围了一圈木板，被遮雨篷盖住了，这之前有几个活动分子曾把自己拴在建筑上。每隔几米就有身穿蓝色制服的保安人员站在人行道上。娜塔莉亚热烈地赞扬起了大气的阳台、高屋顶以及早期共产主义对形式的讲究。在遮盖篷掉下了一块的地方，我看到窗户和阳台已经从棕灰色的墙上拆下来了。这些遮盖篷看上去就像破烂衣服，四处是洞，松松垮垮挂在一个筋疲力尽、处处褶皱、现在又布满伤口的身体上。很快这里就会有崭新的华美达度假宾馆 ① 光彩四溢地高耸入天。为了我们自己的安全，一位保安请我们继续往前走，因为墙上掉落的碎片可能会砸到我们的头。

作家馆是第比利斯文学界排在文学博物馆之后的第二个有着宏伟建筑的机构。在它的花园里，我又一次着迷于前革命时期的光彩、苏联时代的形式主义、东方的忧郁气息和少数几个具有西方或者全球品味的点缀的结合，还加上在菜单和酒单上展示的享乐主义。这种不同时之物的同时共存，作为这座城市的典型特征，魅力到底在哪里呢？它恰恰是在 19 世纪与民族主义对抗而形成的欧洲工程的核心，也许是所有文明的核心：一个地方不该否定自己的历史，既不能拆除也不能遮盖昔日留存的、逐渐生长而成的东西，而是要让它们比邻而居，这样现在也是稍纵即逝的。只有意识形态才会把过去弄成白板一张。

在"创造者时代"风格的别墅的大客厅里，今天除了最后一排

---

① 美国酒店集团品牌。

站立位置还空着，剩下的空间都挤满了人，因为一位女诗人要介绍自己的处女作。如果是一个著名诗人来念诗的话，会是什么状况呢，那要租一个运动场才行吧？ 就在这里，在1937年夏天的一次聚会上，格鲁吉亚作家协会主席保罗·伊阿西维利（Paolo Iaschwili）跳了起来，因为他不想指责自己的朋友提奇安·塔比泽（Tizian Tabides），不愿按照批评与自我批评的惯常仪式所要求的那样去做。和每个夜晚一样，屋外已经有内务人民委员部的"黑乌鸦"等着把被举报的人送进酷刑审讯室或者直接送去处决。伊阿西维利顺着宽大的楼梯跑到了二楼，在一只老虎和一头狮子的前半身标本之间用枪自杀。找到他的尸体的时候，他的同事想尽力逃脱集体惩罚，就急匆匆地将他的自杀判定为"在每一个正直的苏联作家集会中都会引起厌恶与愤怒的""挑衅行为"。就连提奇安·塔比泽也赞成这个决定，但还是在这之后不久就被杀掉了。狮子和老虎身上的血迹被清洗干净以后，它们仍旧以半个身子站在作家协会大楼的二楼，默默地大张着嘴。

/ 228

"历史不容省略。"经历过、抵抗过两个国家体制并目睹它们灭亡的作家基维·马尔格韦拉希维力（Giwi Margwelaschwili）① 如是说。作为1921年逃离布尔什维克的著名知识分子提图斯·冯·马尔格韦拉希维力（Titus von Margwelaschwili）的儿子，基维1927年出生于柏林，6岁时失去了母亲，在父亲的讲格鲁吉亚语的小社会内部又用书籍建立了一个自己的世界，德语的世界。

"您作为格鲁吉亚人在纳粹德国受到了歧视吗？"

"没有，这倒没有，"马尔格韦拉希维力回答道，"但是我的姓氏当然会引人注意，长相也是。而一个孩子如果发现自己和别人不一

---

① 格鲁吉亚德语作家和哲学家，在1921年红军入侵格鲁吉亚后移居德国，并且是柏林格鲁吉亚政治移民组织的主席。

样，就会感到羞愧。"

后来，他加入了摇摆舞青年团，这个组织并不是游击队，也不是特别政治化，但是在纳粹德国，尤其是战时的德国，当然还是显得有反叛性，一再遭到追捕，尽管马尔格韦拉希维力没有用"迫害"这个词。"迫害"那个时候有别的意思，指的是更加恶劣的情况。许多纳粹自己也喜欢听"黑鬼音乐"，也就睁一只眼闭一只眼了。战争结束后，一个同学将提图斯·冯·马尔格韦拉希维力引诱到了苏占区，内务人民委员部的人在那儿等着他，还趁此机会把儿子也连带抓起来了。父亲被拖到第比利斯，被处决，而基维被关进了苏联从纳粹那儿接管的萨克森豪森集中营。直到1947年初，他才得到释放，不过不得返回柏林，而是被驱赶到格鲁吉亚，在这里他虽然看起来和别人一样了，但是他几乎不会说这里的语言，格鲁吉亚语不行，俄语就更不行了。

"我在这儿比在柏林有更强烈的陌生感。"

他学习了德语语言文学专业，被科学学院接纳为院士，重新用德语的书建造了自己的世界，在第比利斯找不到的德语书，他就到莫斯科去买。1968年，海因里希·伯尔（Heinrich Böll）① 拜访了他，想把他的自传体小说系列《瓦库施船长》（*Kapitän Wakusch*）带到科隆出版。父亲的命运还历历在目，马尔格韦拉希维力在最后一秒还是畏惧地放弃了。不然，他就会提前十多年找到自己的读者了。1969年，他第一次来到了东柏林，但是因为他在东柏林还见了沃尔夫·比尔曼（Wolf Biermann）②，所以他回国后被禁止再出国。在苏联解体后，他带着他写的小说迁居到了柏林，总算让这些书出

---

① 德国当代著名作家，1972年获诺贝尔文学奖。

② 东德歌词作者、诗人，因在歌曲中讽刺执政党而被当局禁止出版和演出，后来在访问西德期间被取消东德国籍。

版了；他获得了伊塔洛·斯维沃奖①和联邦总统荣誉奖金，四处旅行开作品朗诵会，和听得懂他语言的同行交流。

"我觉得自己回到了家。"

作品写成几十年之后才总算找到了读者，当时是什么感觉？

"我的书得到了大家好评，但是他们没有表现出太多热情。这让我降了降温。我也有足够的自知之明，我承认这都是书本身的缘故。"

也许就是这样，我想，虽然这些书也不能说毫无文学质量，但是马尔格韦拉希维力的人生故事是那么的扣人心弦，而他的讲述却是那么啰唆冗长。《瓦库施船长》的两卷本更多的是一部关于传记的哲学思考而不是一部传记。特别是马尔格韦拉希维力这么频繁地引经据典，让人不禁要问，生活对他来说是不是就是文学的注脚或者衍生产品。"文本世界对现实的一种刻意扭曲。"他自己就曾这么来概括他写的一部小说。

"您如果写的就是一部简单的自传，那就能写出一部畅销书来，"我说，"就凭您拥有的这个人生。"

"老实说，我也盼望我的书成为畅销书。但是我的脑袋里有太多曲折，我做不到。"

现在，马尔格韦拉希维力又住到了第比利斯，因为他到了这年纪，没有别人照料就过不下去，他虽然驼了背，身子孱弱，白发披肩，却清朗矍铄。

"我只能把历史原原本本都写下来。"他带着柏林口音对我说。/ 230 我这天晚上在他的小公寓拜访他，公寓里的德语书一直堆到了天花板，他女儿在这里照料他。"如果想要跳过哪一章，那一章就会用力拽住你不放。"

---

① 以意大利小说家伊塔洛·斯维沃（Italo Svevo）命名的国际文学奖。

　　我问到了今天格鲁吉亚的状况。马尔格韦拉希维力觉得发展局势不好。

　　"为什么会这样呢？"我吃惊地问，因为我一整天听到了这么多类似的抱怨。

　　"现在这儿的每个人说起话来都口若悬河。其中有多到难以置信的肤浅东西，整个都是废话，的确是这样。但是人们在说。他们自己在说。以前不是这样的。您知道，斯大林喜欢读鲁斯塔韦利，格鲁吉亚的伟大诗人，或者他至少说他喜欢读。他也将鲁斯塔韦利的半句诗印在了心中：爱源出于恐惧。这也正是那时候发生的事儿。人们热爱斯大林，不是因为他友善，而是因为他可怕，因为每个人都可能遭罪。所以所有人都像是僵化了，因爱而僵化，如果您愿意这么理解的话，或者因恐惧而僵化，这两个已经没法区别开来了。但是现在人们不受拘束地胡说八道。这样更好。"

　　我们说到了德国的历史学家之争①，这其中涉及纳粹主义与斯大林主义之间的关联。我问，他觉得他亲身经历过的这两种意识形态有没有可比性。

　　"这两个一样的可恶。"马尔格韦拉希维力说。

　　"那它们彼此像吗？"

　　"它们的军事主义是相像的。两个都违背了你不得杀人这条禁令。死亡的合法化就是灾难所在。"

　　"原本有可能让希特勒不战而败吗？"

　　"原本就该让他不战而败的。"

　　"怎么做得到呢？"

---

① 1986~1987 年在联邦德国的历史学家中间爆发的一次关于纳粹屠犹事件的争论。左右阵营的历史学家针锋相对，著名哲学家哈贝马斯指责有些右派历史学家有为纳粹翻案的修正主义嫌疑。

“只要读他的书就能做到。他在兰茨贝格（Landsberg）①详细写下了他计划做的事情，包括对犹太人的预谋。在《我的奋斗》里一切都找得到。如果读过他的书，就能提前阻止他。我是想说，人们早就在对待希特勒时犯下了根本错误。这个根本错误就是忽视，是视而不见，是不想直面现实。但是战争一爆发，就已经晚了。”

“那就是说，书不是历史事件的后果，而是历史事件可以从书里读到？”

“是的，我的小说里要说的就是这个：现实是怎么源自书，而不是反过来。”

他在文学里看到了一个完全可预知未来的媒介，在这一点上，德语作家基维·马尔格韦拉希维力又显得非常有格鲁吉亚特色。

---

① 德国巴伐利亚地名，希特勒曾经被关押在当地监狱里。

/ 第三十五天　去哥里，去格鲁吉亚—奥塞梯停火线那里

　　一条高速公路把第比利斯与西半区连接了起来，公路旁竖着"伊斯坦布尔 1715 公里"的牌子。道路一开始紧贴着南奥塞梯的边界线，更准确地说，是紧贴着俄军在 2008 年采取军事行动①时向前推进的界线。没有哪个在苏联解体之后宣布独立的政权能够做到，自己的居民种族与新成立的民族国家恰好对应。比如在格鲁吉亚，除了格鲁吉亚人，还生活着阿布哈兹人、奥塞梯人、俄罗斯人，以及占总人口 6.5% 的阿塞拜疆人，5.7% 的亚美尼亚人，再加上阿扎尔人、梅格列尔人、斯瓦涅季人、基斯特人、伊梅列季人、犹太人、雅兹迪人、麦斯赫特土耳其人、希腊人、车臣人等——在这片和德国巴伐利亚州一样大的土地上至少生活着 26 个民族，大多数民族都有自己的语言和宗教。1991 年巨变之后，所有民族生活在了同一个主权国家，这个国家是以其中一个民族命名的，其中的一个教会标志在国旗上出现了五次。有的少数民族在苏联时期遭受了许多苦难，因此他们对于苏联的败落更多的是感到高兴。而阿扎尔人和奥塞梯人则在沙皇时代就完成了高度的俄罗斯化，因此他们对遥远莫斯科的认同要远高于对地理位置更近的第比利斯。并且 1990 年代初，对俄罗斯有归属感、说俄语的人的俄罗斯民族主义高涨，因而同时爆发了两场战争。面积小、根基不牢固的格鲁吉亚必然失败。此后，国土面积的五分之一实际上就在俄罗斯的管控之下。2008 年，米哈伊尔·萨卡什维利想要至少夺回南奥塞梯地区的尝试在数天之内就以

---

① 2008 年 8 月 7 日，格鲁吉亚对谋求分裂的南奥塞梯采取军事行动，攻占南奥塞梯首府茨欣瓦利。8 月 8 日，为保护其国民，阻止格鲁吉亚进行种族净化，俄罗斯军队越过边界，进入南奥塞梯地区与格鲁吉亚军队激战，至 8 月 12 日，梅德韦杰夫宣布停止俄军在格鲁吉亚的军事行动。

失败告终，俄军几乎一直推进到了这条高速公路边。窗外是国内难民的聚居地，空地上横平竖直地排列着大大小小的廉价活动板房。这些人的村庄早就被分裂分子夷为平地。谋求与俄罗斯有一个良好关系的格鲁吉亚新政府不会带来重回故乡的希望。而萨卡什维利也不再是个希望了：在此期间，他辞去了敖德萨州州长的职位，继逃离格鲁吉亚之后再次逃离了乌克兰。不管怎样，公路边没有埋伏着穿着制服的抢劫犯。比起打击外部的敌人，这位玫瑰革命的领导者还是更加成功地遏制了腐败。

一个小时不到，我们到达了哥里，这座城市在 2008 年遭受了最多的俄军炮弹轰炸，虽然约瑟夫·朱加什维利出生在这里，也就是后来代表了强盛苏联的约瑟夫·斯大林。一直到 2010 年，当局才敢把他的雕像从中央广场移走，而且还是偷偷摸摸在警察的保护下进行的。而他处于交通连接点位置（为此，哥里的市中心在斯大林逝世后特意进行了搬迁）的降生房屋还没人敢碰。苏联在这座简易小屋的周围修建了一座希腊式的庙宇，仿佛一位半神在这里点亮了世界的光。庄严宏大的博物馆里都是一群群的青少年，一个接一个的大厅展出了各种纪念斯大林的物件，包括纪念画像、大理石半身像、诗人的致敬作品，这些物品仿佛是圣徒传记作者，全方位地展示了斯大林的各个人生阶段。人们还可以坐进这位专制独裁者巡视自己辽阔帝国时乘坐的火车，进入他沐浴的浴室，看看旅途中烧饭的小厨房。约瑟夫·斯大林旅行时并不特别奢侈。

调查显示，45% 的格鲁吉亚人对斯大林的评价都很积极，这个数据远高于俄罗斯人。不过今天的陪同拉沙·巴克拉茨（Lascha Bakradze）向我保证，只有极少数格鲁吉亚人想要回到过去的那个苏联，他们对斯大林感到自豪是因为他是格鲁吉亚人，而不是因为他是苏联领袖。这其实是矛盾的，因为正是斯大林对苏联进行了俄罗斯化并且压制了其他民族文化，包括格鲁吉亚文化——可能斯大林想要证明自己不会囿于故乡和母语——这一点文化博物馆的馆长也明白。拉沙回忆起了1956年苏联共产党第二十届代表大会后的大规模示威游行，因为尼基塔·赫鲁晓夫在会上清算了斯大林的政策。原本是反对苏联改革的抗议在几天的时间内演变成了号召格鲁吉亚独立的呼吁。当抗议者试图冲击广播站和电话局的时候，红军开枪了。至少80人，也有说是150人或者800人牺牲了——不过是为何牺牲的呢？既是为了斯大林的苏联，也是为了格鲁吉亚的独立。

博物馆当然不会表现这种民族主义的英雄崇拜，而是将斯大林作为苏联的领袖人物进行纪念，他成功地将一个农业国家建设成了领先的工业大国，战胜了德国法西斯，是一名大胆的年轻人、亲近人民的同志、受人尊敬的国家领袖、孩子们的朋友以及文学爱好者。只有地下室的两个小房间被重新改造过，在这里笼统地提到了也有遇难者存在——没有名字、数据和进一步的解释。可以免费拿取的小册子里记载了世界名人对斯大林的欣赏：罗斯福、戴高乐、丘吉尔、希特勒和毕加索。"古老的哲学家，"册子的最后一页上写着，"用这样一句话结束了他们的工作：我做了我会的事情。如果你们也可以，就把它做得更好吧。"

我们从哥里出发，朝南奥塞梯的方向开了45分钟，然后到达了尼柯西村庄（Nikosi）。这里从5世纪开始就有一座砂岩教堂从周围的农舍凸出。在格鲁吉亚，这座教堂并不是特别古老，毕竟这个国家拥有仅次于亚美尼亚的最古老的国家教堂。主教披着一件僧衣，看起来像是在工作，因为还有许多修葺工作要做。这座建筑在再次成为教堂之前，当了数个世纪贮藏粮食的仓库。修道院也修复过，但是在2008年，主教以赛亚（Jesaia）说，被28枚俄军炸弹摧毁了。从主教简朴宫殿的阳台上，人们往下可以看到格鲁吉亚的部分国土，但是格鲁吉亚人已经不能再踏上那片土地了：一片森林，几处废墟，一条通往虚无的乡间小路。在已经好久没有耕作的农田后面是小城茨欣瓦利（Zchinwali）的板式建筑，茨欣瓦利现在已经是一个首都了。

安娜和拉沙，包括我在第比利斯交谈过的所有人都说，这座教堂的名声很不好：恐惧同性恋、仇视女性，各方面都很反动。人们在 YouTube 网站上也可以看到，镇压同性恋游行的乌合之众几乎每次都是由神父领导的。但是这里的这位，主教以赛亚是如此的友善，长长的、有些嬉皮感的杂乱胡须下总是洋溢着俏皮的笑容。我不得不想，那些不好的评价应该都是偏见。他很开心我是伊朗出身。

"为什么呢？"我问。

"因为我们在伊朗有许多的殉道者"，主教心情很好，把我带到了圣拉登（Rajden）的画像前。他一直作为伊朗皈依者为格鲁吉亚国王服务，直到在萨珊王朝 ① 统治者风波中被杀害。

由于担心再也回不去了，以赛亚主教在战争结束后一直在阵线的另一侧耐心等待着，那里居住着一半的教区教徒。他甚至不敢去看望垂死的哥哥和他的墓地。两年半多过后，分裂分子终于允许他在教区的两部分之间往返，但是他仍然不能朝南奥塞梯地区迈出半步。即使茨欣瓦利离得这样近，但是他已不能再踏上那里的土地。

战争开始之前，大家都不知道自己是谁，以赛亚主教如此证实，不知道在经历了这么多次国内战争之后该听信什么。格鲁吉亚人与奥塞梯人曾经通婚，一起庆祝，一起祷告，又葬在一起。直到战争逼迫大家做出选择。选择格鲁吉亚并且留在自己房子里的人不是很多。照看他们的主教不太想说这些人过得怎么样。因为他害怕插手政治话题之后就不能再去南奥塞梯了。他宁可向我们展示教区中心，

---

① 又称波斯第二帝国，是最后一个前伊斯兰时期的波斯帝国，始自公元 224 年，651 年亡国。萨珊王朝取代了被视为西亚及欧洲两大势力之一的安息帝国，与罗马帝国共存了超过 400 年。

他把中心变成了一间艺术音乐学校。主教本人年轻的时候学过动画电影，然后才投身宗教。

"你对宗教的兴趣是如何产生的呢？"我问。

"如何产生？"主教反问，"您的时间多吗？"

简短地说，主教与宗教的故事始于一部苏联电影，影片嘲讽了僧侣与神父。虽然以赛亚本人从未受洗，但他还是本能地感到电影太过恶意。不久之后，他又在家乡的村子里遇到一位老妇人。她需要 20 个签名，才能申请重新开放教堂。然而邻居们都有些害怕。最后以赛亚帮助老人收集到了签名。虽然他是想帮助老人，而不是要特地服务教堂，但是老人成了以赛亚投身宗教的推动力。他很好奇，因此在战争爆发之后，去阿布哈兹尝试了修道院生活。他亲眼见证了和平的生活是如何转变成了仇恨，昨天还在一起举杯的邻居转眼就互相争斗，他们又如何在枪林弹雨中或是在逃难途中筋疲力尽而亡。他终于明白，比起动画电影，他更加需要精神上的指导者。

我在教区中心留意到，以赛亚主教的内心仍然是一个艺术家。成群的孩子们在这里尝试皮影戏、民族舞蹈、歌曲和乐器。我想到了基辅克里米亚鞑靼人流亡学校里的表演，想到了异域风情的彩色服装，流畅的舞动，抖动的臀部——而格鲁吉亚的传统看起来则大不一样：孩子们穿着黑色紧身服装，眼神严肃，跳舞时背部挺直，只有大腿、脚部、手臂和手指旋转，最多也就是头部会突然一下子向侧面摆动。传统音乐听起来也很不一样：基辅颤抖脆弱的乐声让大厅充满了遥远的亚洲风情，而这里沉闷的鼓点和尖锐的号声则让人想到了巴尔干。我说不上来，自己更喜欢哪一种：柔和的摆动还是莽撞的舞动，明亮的声调还是低沉的声音。虽然他们都在黑海边，但这是完全不同的两个世界。每个民族都保留了自己的特色，这很好。"如果世界上的人都必须从所有的风俗中选出最好的那一个，"

希罗多德（Herodot）①曾写道，"那么所有人都会偏向自己的风俗，对所有人来说，自己的风俗肯定是最好的。"这原本是希罗多德讽刺自己的雅典同胞们的话。但是人们不一定非要批判性地理解这句话：表演结束后，世界上任何一个地方的孩子眼中都充满了骄傲。

我在书中读到过最多的格鲁吉亚传统习俗是克里米亚鞑靼人不曾拥有的：宗教仪式般的狂欢。大家轮流说祝酒词，朗诵诗歌，吟唱歌曲，在上菜的间隙还要跳舞。我们准备离开了，主教带我们回到了他的宫殿，这时长长的桌子上已经变魔术般地摆满了饭菜：新鲜的野菜，用蔬菜做的叫不上名字的菜肴，烤土豆，散发着香气的酱汁，核桃，石榴，奶酪和面包。我们解释说，我们只停留一会儿，绝不想造成这么大的麻烦。但是主教并不在意："亲爱的上帝把客人送到我身边。"我们只好坐了下来。盘子只要被吃空了一点点，就立马有人给添上新菜，我都来不及把盘子移开。还有美酒，简单的谈话变成了一场盛宴，大家为友谊、为所爱的家人、为和平以及其他种种干杯。作为新闻记者，我还是想谈一谈我所听到的关于教会不好的一面。但在这样美好的氛围中询问关于同性恋恐惧症、俄罗斯和两性关系的问题总是有些不妥。所以我打算从欧洲这个话题开始：

"有的格鲁吉亚人似乎对于格鲁吉亚以欧洲为参照感到不悦。您怎么看？"

"他们为什么会不高兴？"以赛亚主教反问。

"可能他们害怕自己的传统会消失或者格鲁吉亚将失去自己的身份认同。您难道看不到这样的风险吗？"

"没有，完全没有。"

"那您又如何解释这种恐惧呢？"

"比起自由地生活，做个奴隶其实更容易。因为人们为了自由必

---

① 古希腊作家、历史学家。

须付出些什么，必须自我负责。"

"难道不是教会内的恐惧尤其普遍吗？"

"会有恐惧，这没错。但是并没有您认为的那样显著。人们只是大声地说出了自己的担忧。我本人非常享受自己的国家能够开放。当我看伊朗电影的时候，心扉也敞开了。"

"但是波斯人杀害了许多圣者呀。"

"这恰恰揭示了我们之间的联系。格鲁吉亚曾经总是向南边看齐，向波斯、向东方，之后又开始向西方看齐，向君士坦丁堡、向欧洲。我们向北的道路相对比较新，可能也就200年的历史，这对于我们这样一个古老的国家来说并不是很长的时间。我觉得能够开放边境非常好。您看，您现在来拜访我们，从德国来也好，从伊朗来也好——总之您来了。这就是一种恩赐。"

稍后，大家又开始轮流歌唱了。随着演唱顺序越来越接近我的位置，我也越来越不安。因为主教微笑着拒绝了每一个不会唱歌的解释。我仓促地思索着，应该表演哪首歌。作为一个德国人，我至多会几首美国歌曲，但是都不太适合现在的场合。对于德军没有犯下大规模屠杀的高加索后方地区，德国也不太会引发人们的兴趣。当德米特莱勇敢地敲打出一支白俄罗斯调子时，我用他的智能手机搜索到了一首经典歌曲的歌词。我还是孩子的时候经常在父母车中听到这首歌：Mara bebus（玛拉贝斯）。据说，一名伊朗的共产主义者在被处决的当晚为自己的爱人写下了这首歌，"吻我吧，请最后一次吻我"。虽然我早就知道这只是一个传说，但我还是唱起了这首歌好让僧侣们开心开心。他们对共产主义没有什么感觉，但是肯定很认同殉道和爱情。我这是小学毕业之后第一次开口唱歌，只唱完了第一小节我就开始找手机，因为主教脸上的微笑显得很勉强。我把手伸向空中，然后点开了 YouTube 网站上的 Mara bebus。视频声音其实不大，但是僧侣们太专注了，以至于歌手的声音在宽敞的大厅内回荡着，显得更加忧郁。小提琴的声音也是如此凄苦，完全展现了即将赴死的情人的悲痛。我想，现在的场景有点搞笑。不过紧接着，我就看到僧侣们渐渐地随着波斯乐声晃动起自己的头："吻我吧，请最后一次吻我。上帝会保佑你。"

吃完饭，我们走了几米到了一处墓地，墓地后面是这几天的边界线。这几天？是的，因为界线一直在变动，士兵们解释道。士兵们是官方认定的警察，边界线却不是官方认定的边境线。有的时候俄罗斯人会在一夜之间将界线往前移两亩田的距离，不过这两亩田此后也一直是闲置的；有的时候，俄罗斯人又会往后退几排树的距离。界线重叠也是时常发生的事，这也是分裂分子的一项常规的收入来源：被拖到界线另一边的农民只有缴纳了赎金才能回来。墓地前面是用轮胎筑起的高高的交战阵地，阵地用网盖着，方便移动。边防员没有穿防弹衣，虽然他们就站在黑色的墙前面，这些墙看起来更像是艺术品，而不是战争的证物。显然，他们觉得不会发生交火。坟墓之间还有桌子和长椅，因为格鲁吉亚人有喜欢邀请死人狂欢的风俗。大多数墓碑上都刻着死者的面孔，有几个还罕见地刻着死者曾经开过的汽车。或者，他们是出车祸去世的？草坪的另一边，大概也就 800 米远的地方，一座年久失修的建筑上飘着两面旗子，大概是奥塞梯和俄罗斯的旗子。此外还能看到几个人。我借了一个望远镜，看到了一个士兵，而他也正在用望远镜看着我。

回程途中，我们在洞穴之城乌普利斯彻（Uplisziche）停留了片刻，小城位于哥里南面的 10 公里处。公元前 6 世纪以来，伊比利亚人 [1]——希罗多德未加深究就歌颂他们是一个和平文明的民族——在这里建造了他们的政治和宗教中心。曾经有 2 万人住在山里，每

---

[1] 此处应指"高加索伊比利亚"，或称"东伊比利亚"，是古希腊和古罗马人对现今格鲁吉亚东部、南部地区的称谓，有别于现今所说的"伊比利亚半岛"。——编者注

日朝拜太阳。公元前 1 世纪的罗马人、公元 7 世纪的阿拉伯人、公元 13 世纪的蒙古人都是后来的占领者，并且他们可不太崇尚和平。这里的居民每次都在洞穴里筑工事防御，能存活很久，因为有一条隧道穿过整座山一直通向穆柯伐利（Mtkwari），也就是高加索地区最大的河流，他们可以从这里偷偷汲水。穆柯伐利河在格鲁吉亚之外被称为居拉河（Kyra），希腊语称为居鲁士（Kyros）。人们还可以从隧道里下山。但是穆柯伐利后来改变了流向，如今离隧道出口有好几百米远。这些洞穴在居民面临下一波侵略者的时候就没法充当他们的保护屏障了。

晚上在第比利斯，拉沙和我讲到了他的一位年长一些的作家朋友。他在古拉格的时候曾日夜做梦希望斯大林去世。后来有几天一直没有指示和讲话下来，囚犯们都感觉到了点什么。最后营地长官把囚犯都叫到一起，宣布了斯大林的死讯。所有人都哭着跪了下去，拉沙的朋友也是。他也哭了，但是他不禁自问，他为什么哭。他不是一直都渴求着，斯大林快死吗？

在格鲁吉亚有一个传统，几百年来都让游客赞不绝口，这便是：在公共浴池洗澡。安娜给我推荐过一个不是专为游客开设的浴池，池水里的硫黄含量更高，几乎会让鼻子感到不适。这是以前给士兵开的浴池，曾经是全城最便宜的。浴池师傅不顾我痛得大喊大叫，刮掉了我皮肤上的污垢，让我像个婴儿一样从头到脚裹在泡沫里，还从我鼻孔里冲出了肥皂水，然后我就舒舒服服地在温暖宜人、散发腐味的水里哗啦哗啦划水玩儿了，我感觉自己像是褪下了几厘米厚的表皮。在 200 年或 2000 年前，当人们经历了大汗淋漓的辛苦劳累，在田野里或作坊里干完了日常的艰苦工作，或者翻山越岭跨越沙漠走了几千公里之后，这样一种深度清洁肯定会让人感觉如获新生了吧？我突然想到希罗多德曾不假思索地认定里奥尼河就是欧亚之间的界线，而对于库尔班·萨义德来说，欧亚分界线是在格鲁吉亚与阿塞拜疆之间。将自己看作抵抗蛮族的文明守卫者的不仅有希腊人，罗马帝国和拜占庭帝国同样用这个理由来证明自己发动的战争的合法性：他们要保卫文明发展程度更高的秩序而打击粗野的、与兽类相去不远的原始族群。神圣罗马帝国和所有现代殖民强国也是这样。"在 20 世纪中叶，在欧洲只有少数几个民族国家不曾将自己视为'西方基督教文明的前哨'"，尼尔·阿舍森在他的黑海文化史著作中将这份西方列强名单接着往下写，"法国、德意志帝国、哈布斯堡王朝、将自己看作'堡垒（przedmurze）'的波兰，甚至包括沙皇俄国。所有这些民族国家神话中，与他们直接相邻的东边国家的状态或者伦理风俗都被认定为'野蛮'：法国人认为德国人野蛮，德国人认为斯拉夫人野蛮，波兰人认为俄国人野蛮，俄国人认为蒙古人或者中亚突厥人野蛮，最后在末端的是中国人"。

/ 240

是这样吗？殖民主义就是往天下四方扩张的，并不遵循古典文学中的地理分布，在那里蛮族还真是从东边邻居开始的。希罗多德认为斯基泰人是蛮族，埃斯库罗斯笔下的蛮族是波斯人，欧里庇德斯把陶里斯人（Taurier）写为蛮族，或者蛮族生活在科尔西斯（Kolchis），今天的格鲁吉亚地区，欧里庇德斯就把大开杀戒的美狄亚的出生地放在了科尔西斯。或者是在色雷斯（Thrakien），索福克勒斯所写的那个遭到流放的英雄忒柔斯（Tereus）就是在这里变成了一个强奸犯、食人狂和暴君。沙皇俄国包括它的歌剧院和图书馆都是向南扩展的。由于我现在是在一个公共浴池里，它有一个穹顶，看上去像个清真寺，我就不禁想到，中东民族是不会把蛮族放到更遥远的东方比如中国或印度的，而是放在欧洲，自罗马人之后欧洲就没有了公共浴池。法兰克人身上发臭，是中世纪阿拉伯人的游记里屡见不鲜的话题，而皱鼻子也总是有引申义的。欧洲的崛起伴随着清洁的文艺复兴，而伊斯兰教世界的衰落则体现为垃圾遍地的街道和公共卫浴设施的败落。在向欧洲靠拢的第比利斯，污垢还是用东方的方式从皮肤上刮掉。

当我从浴池里出来的时候，包裹我的空气就像是一阵迅速激活感官意识的寒流，我仿佛又受了一次淋浴。我避开了旧城里整修过的角落，走过两边房屋都有高高的支架支撑以防倒塌的街道。在这里机动车不能通行，柏油地面已经磨损，房屋正面就像是一个新野人随意挥洒颜料画出的大幅油画。不过，那些手指粗，甚至手掌粗的线条不是天才留下的笔画，而是墙上的裂痕。但是这些房子看起来还住着人。从晾出的衣裤可以看出来；从已经腐烂的窗框和开裂了的、用胶带固定的窗玻璃后面的花盆可以看出来；从这里或那里倚着栏杆的老人可以看出来；从后院里传出的孩子叫嚷声可以听出来。在古迪亚士维利（Gudiashvili）广场，伊拉克里和娜塔莉亚曾经阻拦过投资者的地方，有一个蘑菇或者伞的雕塑，下面两个恋人交缠成了一个身体。在这些苦苦支撑的市民房屋周围，杂乱无章地散布着树木，它们也像风烛残年的老人一样低垂或者长得东倒西歪。广场一半是铺路石，一半是深色泥土，有两个生锈了的儿童游乐架，它们或许还是苏联时期留下的，公园椅子多半是更早年代的。一个椅子上坐着一个身着黑衣的女人，在给自己的两个孙儿讲着什么。"在瓦库施船长看来，遗忘就是一片黑色的海洋，围住了我们的当下意识的海岸，人们是很乐意在其中游泳的。"基维·马尔格韦拉希维力的自传体小说在接近末尾的时候是这么说的："可是遗忘的黑海其实是为了潜水而存在的，是要下降到以前的时代的意识层，去过去的事物那儿逗留。然后我们才会记得，才会在我们现实生活的暂时性的低矮楼房里发现一个缺陷。我们现在的生活中缺少了过去的某个东西，我们会满怀忧伤或者渴望，也许会用新的眼睛观察这样东西。"

拉沙建议我们在去阿塞拜疆的路上去探访一下作家吉奥尔基·列奥尼泽（Giorgi Leonidze）的出生地，在第比利斯往东约一小时车程。我们在那儿会经历一次真正的盛宴。在修道院里的午餐虽然极尽好客之情，但是还是偏于新教。好吧，我想，既然是新教风格，那我就期待一下宴席上的狂欢好了。

/ 242

列奥尼泽在六七十年代做了近 20 年的文学馆馆长。虽然他是在 12 月出生，但是因为冬天不适合过节，所以人们就把一年一度的纪念活动移到了 6 月。等我们中午过后没多久进村的时候，文学活动已经结束了——结束得这么快，就连拉沙都感到奇怪——而庆祝的人群已经坐在了四长排桌子边，桌子上堆了两层，下层是材料比较稳固的菜肴，比如土豆、豆子或橄榄，上面则是小碗小碗的酱汁、菠菜、茄子泥、鹰嘴豆沙或类似的食品。在碗碟之间挤着大凸肚瓶，装着水、给孩子的汽水与葡萄酒。每隔几分钟，座上先生们就有一个会站起来——祝酒词显然是格鲁吉亚的最后一块男人专属领地——姿势夸张地朗诵诗歌或者发表一通演说，独自唱首歌，和其他文学同好合唱一首歌，再要不就请一个男孩子来唱首歌。虽然天气暖和，但还有人肩上随意披着条围巾，有人则是齐肩长白发配着纨绔风的西装，里面的衬衣解开了四颗纽扣敞开着，他们这范儿一看就是会写诗的。就祝酒词来说，总有一个人会给定题目，爱情、自由或者格鲁吉亚自然风光的美妙，然后大家挨个即兴作诗。他们一个接一个拿出了乐器。一个小鼓或者一架手风琴，这期间还有大碟大碟的肉、香肠和鱼上桌，作为第三层巧妙地堆在其他吃得半空的碗碟上。助消化的烈酒，从前菜开始就轮圈传送了。每次演讲、祝词、唱歌或念诗结束的时候，我们所有人都站起来，挺直了腰板，用有力的动作为了某个目的碰杯。至于这目的是什么，拉沙没有再逐一翻译给我听，因为所有内容归根结底无非就是为了赞美文学、生活或者家乡，也就是人们住的地方。而这些诗歌也都是质量平庸

的，文学馆馆长朝我挤挤眼睛暗示道，有的格鲁吉亚人作为诗人还是远观的好。

我们比计划要晚，但比计划要欢快许多地朝阿塞拜疆出发了。我最好还是别问玛卡（Maka）她是不是每次都跟着碰了杯。她是我们的司机，干这份工作已经25年了，是坚强、强势到几乎让人害怕，而且酒量还大的那一类女人。这种类型我在格鲁吉亚比在其他地方见得更多。她已经没有男人了，但是有四个孩子，孩子们都在外婆那儿。哦，对了，她还做老师。在格鲁吉亚，一份工作的薪水是养不大四个孩子，让他们过得好一点的。在翻过一个与陡峭的高加索山相比显得柔和亲切的山峦以后，大路将我们带往卡赫季州（Kachetien）的深处，卡赫季州以葡萄酒和古老的教堂而闻名。葡萄酒我们已经喝得够多了，不过教堂还是看不够的。它们是那么和谐地与自然景色融为一体，就仿佛是直接从地里长出来的一样，这不仅是因为它们是用砂石造成的，也不仅是因为它们的规模很人性化：教堂穹顶比最高的树高不了多少；这里的原因也包括它们重建

之后的状态。教会遭人批评拥有过多财富，而在重建工作中这一点并不能看出来。只有最必要的部分得到了修复、挖掘、清理、重力固定。但正是这样修复的教堂，这种脆弱、不完美、只有四分之一得到更新的建筑散发了魅力。每一幅要很费劲才能辨认出图上人物的壁画，每一块上面显示着雨淋烟熏，显示着牧羊人与流浪者、革命者与入侵者的锤击和钉凿痕迹的石头，砖头上不知经历了几个世纪已经剥落的装饰，地板上每一块空缺的瓷砖，都在讲述已经流逝但还没有终结的生命。

不，国家并没有花多大力气来维持这些教堂，社区也没有这么多钱，我们在阿拉维尔第大教堂（Alawerdi-Kathedrale）前与之搭上话的修女玛丽安妮（Mariani）说。如果不是有私人捐助和志愿者的工作，连最必要的修缮都没法做到。这位修女提到了这么多个世纪以来入侵的异乡人，提到了将修道院用作卫戍驻地，只允许教徒在节日进教堂祷告的波斯人，提到了苏联人。谁更坏？波斯人仅仅用弓箭作战，而且波斯人也留下了些美好的东西，修女玛丽安妮补充说，手指着一个花园凉亭，亭子的窗格看得出来是萨非王朝风格。今天主教所住的宫殿也是阿拔斯一世（Abbas I）的总督建造的。

她怎么会这么熟悉波斯建筑的，我问。她在第比利斯学习过东方学，玛丽安妮回答说，与一个陌生文化的相遇也让她找到了自己的宗教；那是在苏联统治末期，不，这并不是什么非同寻常的事儿。毕竟菲尔多西（Ferdousi）①、哈菲斯和其他伟大的波斯人也是格鲁吉亚人的文学巨匠，至少在她这一代人眼中是这样。共产主义政权也还是重视教育的。她还会说几句零碎的波斯语，她很高兴地说出了这几句。她还打算为自己的修道院写一部历史，然后在伊朗出版。然后她开始引用——想象一下这个画面，一个从眉毛到下巴

---

① 重要的波斯诗人，著有史诗《列王纪》。

都被面纱遮住的修女在高加索山以南的一个偏僻的修道院里居然引用起了——歌德的话：东和西不可再分离，而这对天下四方，尤其在文学上都适用。在这期间，主教已经走了过来，像一个瑜伽士一样带着微笑，沉默不语地先吻了吻修女玛丽安妮的头，然后又吻了吻我们的头。没错，我在这个教堂里又没能就恐同、俄罗斯和两性关系的问题问出点什么来。爱在的地方，暴力就无立足之地，修女玛丽安妮这么泛泛地回答我对同性恋者遭受的暴行发出的询问。当德米特莱问，虽然教堂里有禁止照相的牌子，但是他是否还是可以照几张，他不会用可能烧坏壁画的闪光灯的，她友好但坚定地摇了摇头："壁画不会被闪光灯烧坏，烧坏它们的是急躁。"

我起床的时候想到，昨天是我旅行以来第一个没有谈论政治的日子，甚至也几乎没有谈到现状，只稍微提及了几百年前的历史。我说到当今在位的总统了吗？在卡赫季州，路上的牛比人还多。没有广告牌，没有玻璃办公楼，也没有蓝底黄星的欧盟旗帜，既没有新住宅区，也没有工业区，既没有 Lidl①，也没有家乐福，西方小汽车都很少见；当然，同时消失的还有检查站、部队和自己有自己一套规矩的帮派——在卡赫季州，人们不会不停地追问，起源于欧洲的河流会往哪里流。反正这里的人们住在自己的土地上。就连在我们眼中暴虐无比的 20 世纪，在这里也难以寻到它的丝毫踪迹，虽然该隐②和亚伯③以来的历史也充斥着战争、屠杀和迫害。至少我看不到指示灭绝营的路牌，看不到墓群、曾经的犹太人聚居区和战场。就连在其他东部地区随处可见的因为现代化建设而留下的工业废地、板式建筑小区和集体农庄在格鲁吉亚的这片腹地也是难得一见。我们尚处于一个较为原始的时期。

为了赶上奈克莱斯（Nekressi）④修道院的周日礼拜，我们清早便出发了。格鲁吉亚的宗教仪式是最古老的基督教仪式之一。它在 1801 年被沙皇用俄罗斯东正教的礼拜式取代；为了维护文化遗产，格鲁吉亚宗教仪式自 1894 年开始被文字化，随着 1917 年格鲁吉亚的独立，它又被重新艰难恢复起来。然而斯大林时期，格鲁吉亚的礼拜式又被禁止了（奇怪的是，人们习惯把所有以宗教名义发生的

---

① 德国连锁超市品牌。

② 亚当和夏娃的儿子。依据《圣经》传说，该隐杀死了自己的兄弟。

③ 亚当和夏娃的儿子。

④ 格鲁吉亚一座历史悠久的小镇。

灾祸都归咎于宗教本身，但是无神论从不这样）。因此我更加好奇，在格鲁吉亚正教会①被废除200多年以及国家去宗教化70年之后，格鲁吉亚礼拜式是如何被保留下来的。毕竟我在塞尔维亚得知，一旦这样的传统习俗被中断，东正教的仪式不是轻轻松松借助书本就能再次排练出来的。因为过程实在是太复杂了：不仅涉及吟诵，还包括正确的转调；不仅涉及步态，而且要确保下跪在规定的位置；歌唱团如何歌唱、回答；熏香要在唱到哪一个词的时候从哪里，伴随着哪一个摇鼓的声音吹进教堂；蜡烛如何点燃与熄灭，如何精准无误地从这里被举到那里……所有这一切都有着细致的规定。人们知道，正确的路只有一条。为什么恰恰是这样的步伐或者那样的姿势，其背后的原因人们早就知道，比人们的回忆还要早。因为东正教的礼拜式不是在神学院被传授的，而是一代代传承下去，主要是在修道院，这里的人们每天都要花费数个小时练习礼拜。虽然在苏联统治时期，零零散散地也有一些教堂，但是教团早就不存在了，而教团曾确保了礼拜式数百年的传承。修女玛丽安妮昨天说，这个传统只被几个在私人场所集会的神父与小团体保存了下来。斯大林时期，教会的追随者比知识分子更容易被枪毙。

如果只关注东正教的世俗影响或者其领导力量——其中大多数都是由国家任命的——只关注受俸神职、东正教的政治影响力以及致命的反犹主义，只关注其严格的权力观与民族主义——如今僧侣们为了这样的民族主义往往反对最内在的耶稣学说；只关注这一些的话，人们无法真正理解东正教在曾经的苏联国家中有着怎样的权力。这个教会经历了70年的压迫。在这70年中，坦承自己是个教徒没有丝毫益处。这是偷偷摸摸的70年，是小心谨慎、不屈不挠的

---

① 格鲁吉亚正教会是一个东正教自主教会，即东正教最高级别的独立教会，所有自主教会均不受其他教会的管辖。

70 年，是贫穷的 70 年。在这 70 年中，从宗教上给予人心灵与精神上的帮助得不到报酬与认同，这是内心斗争的 70 年。在这 70 年中，所有人都被现实与彼时彼地的生存困扰着，但是每个人又在用另一种天堂时间计算这段时光。70 年意味着什么？格鲁吉亚教会抵抗俄罗斯化已经 200 年了，抵抗伊斯兰也已 1400 年。不仅仅这座仍然在使用中、没有成为博物馆的建筑的年龄是生活在西方的人们不曾了解的，它是 5 世纪、6 世纪甚至是 4 世纪建成的，让人惊异的还有这里的人的面容，其中有一种超验的聚精会神，一种看破红尘的感觉，但是又蕴含着随时可能蔓延开来的愉悦，当尘世的一切在他们眼中都显出稍纵即逝的虚幻，我将之或恰当或不当地与早期的基督教联系在了一起。当然，在 YouTube 视频网站上率领暴民的神父并不会给人迷人、看破红尘和愉悦的感觉。而与玛丽安妮修女或者以赛亚主教交谈的人却又不能轻易将爱这个词抛在脑后。

　　8 点刚过不久，我们到达了修道院，这座修道院从 6 世纪以来就孤独地矗立在高耸于卡赫季州富饶平原的山巅上。门卫粗暴地将我们拒之门外，因为我们不是在东正教受洗的。不知道这个门卫如果知道他面前站着的是一个犹太人和一个穆斯林，而我们的女司机正在车里等着，因为她今天穿着裤子，他会做何感想？幸好玛丽安妮修女帮我们记下了修道院院长的电话号码，他一接到我们的电话就从教堂里走了出来。显然，这里的人们可以在礼拜中途没有负担地打电话，和我在哭墙那里观察到的一样。院长向我们保证，我们被诚挚地邀请参加礼拜。他没有和我们在一起太长时间，因为祷告已经开始。他恳请我们理解，在圣餐仪式的时候我们得离开教堂，到时会有人示意我们。是的，我当然可以很好地理解这一点，在那样的 70 年之后，人们更加重视仪式的规则了。这一汇聚了声音、光线、气味、服装、动作、表情和建筑艺术的表演在我看来并没有那么复杂和有艺术性，甚至远没有我在塞尔维亚修道院见到的那样完备。可能是因为格鲁吉亚的礼拜式形成得更早，所以也更朴素？或者是因为仪式只能以一种简化的形式被复兴？现场的八个僧侣年纪都不太大，他们不可能在苏联统治时期就已经是传统仪式的继承者。有些僧侣在吟诵的时候还出现了错误，不是那种院长小声纠正就算了的小错误。一名辅祭准备好了一份流程单或者还有封在塑料袋里的小纸条。我认为自己看出了流程的脆弱性，奇怪的是，这种脆弱被空间的脆弱性强调出来，教堂里的每一块石头都表露了建筑的年纪。湿壁画也是柔弱的，因为壁画没有被打扫清理出来，而是在烛光中微微闪耀着，满是裂痕，就像是一张衰老的脸。于它而言，过去的 70 年也不过是一道闪电，虽然这道闪电差点儿焚毁了它。

至少德米特莱和我一样印象深刻，在白俄罗斯长大的他对宗教也所知甚少。

当我们从山上往车子那里走时，他小声嗫嚅道："那是一个音乐会，一场交响乐——不可思议。"

"我就说吧"，我胜利般地小声回应道，因为德米特莱之前还不相信我说的，礼拜仪式会有多么美好。真的，用一般的话说就是美丽、艺术价值无穷，是扣人心弦的礼拜式。"为此你可以放弃整个卡塞尔文献展 ① 了"，我顺势调侃了一下当代艺术的保守派们。

"但是摇滚音乐会还是可以与之一比的"，德米特莱申明了自己的音乐品味。

大约中午时分，玛卡在边界前让我们下了车，她从未想过要陪我们去下一个城市。世界上这个地区的国家是如此的小，比北莱茵-威斯特法伦州、黑森州还要小，人口也更少。虽然它们在许多世纪

---

① 卡塞尔文献展（Documenta）是最著名的艺术展览之一，每 5 年在德国的卡塞尔举办一次。

都曾属于同一个政权，但这里的人们还是不会去邻国那里看看。是不会再去了吧？只有四辆土耳其车牌的货车等在那里准备发车，客车则一辆也没有。玛卡在离开之前，拜托我们从阿塞拜疆给她打电话。

"为什么呢？"我们问。

"谁都不知道会发生什么。"

不管怎样我们通过了边境，算是个不错的开始。原本我们通往东方之路的下一个目的地是达吉斯坦共和国（Dagestan），因为从地图上看，它和格鲁吉亚接壤的地方有数厘米长。但事实上没有一条通道可以到达吉斯坦。奥塞梯和阿布哈兹被封锁了，阿塞拜疆与亚美尼亚以及纳戈尔诺－卡拉巴赫之间的边境线也是如此。此外也无法从亚美尼亚进入土耳其，进入纳希切万自治共和国（Nachitschwan）①也几乎不可能。左右两侧是两片水域，出行的可能性几乎没有。这个地区唯一可以通向各处的地方恰巧是所谓的"流氓国家"，即伊朗伊斯兰共和国。我们推着行李经过了一处加盖了棚顶的走道，这条走道就在四车道的公路旁边，大约有 500 米长，公路边还有被废弃的检查站。不时有拖着沉重行李的路人朝我们迎面走来。我想起来，自己上一次步行通过的国境线还是叙利亚与黎巴嫩之间的那条，再上一次可能就是在分裂的柏林了。

边界后面停着好几辆出租车，但是只有一位司机会说俄语，德米特莱因此可以和他用俄语沟通。不等我们发问，司机就自己告诉我们，他瘸腿是因为战争。1993 年他在纳戈尔诺－卡拉巴赫踩中了地雷。不过不用担心，他可以用假肢踩离合器。

"必须和亚美尼亚打一仗吗？"我立刻在阿塞拜疆开始了政治话题。

---

① 纳希切万自治共和国是阿塞拜疆的自治共和国，也是阿塞拜疆的飞地，位于欧洲外高加索南部，北邻亚美尼亚，南靠伊朗，小部分国土和土耳其相邻。

"什么呀，"司机回答，"战争是有权有势的人开始的。我们只是为此付出了生命、房屋和四肢。"

"但是有仇恨存在啊，不是吗？"

"不是因为存在仇恨而爆发战争，而是因为战争才产生了仇恨。"

一路上的风景起先与在格鲁吉亚的时候一样，左手边是树木葱郁的山脉，右手边是广阔富饶的平原。还没到边境的时候，这里的人们就已经开始说土耳其语了，牛羊也一样，那边的清真寺和基督教堂这里也有。除了国旗不同，还有什么是不一样的呢？为什么要为了一条边界线耗费这么大的力气？茶馆！我突然明白过来。在乡村与小城里，茶馆一个接一个地紧挨着，好像所有男性居民都得同时在里面坐下似的。如果人们思考一下茶馆都代表着什么，那么会发现，这是一个与格鲁吉亚相比不小的差异。茶馆代表着人们已经受够了的时间，可能也代表着已经不存在的工作，代表着相聚，不过不是那种充满了美酒、享乐以及第二天就会被遗忘的拥抱的相聚，而是冷静的交谈以及绝对会有的打牌、下棋。从前，茶馆还是文化的代表，先是史诗文化，随后是文学作品和神秘主义的文化。茶馆代表着一种只为男性打造的公共空间，为了将不同性别进行分离，虽然街上的女性也不戴头巾。

"但是人们也不遵守斋月了吗？"我问道，因为我想到了基督教里的封斋节。

"还是要的，"司机保证道，"斋月期间没人喝酒。"

晚上，我们在为了游客而修建的古老荒漠小城舍基（Scheki）里穿行。这里的建筑不再有波斯的痕迹，这里既没有建在掐丝柱子上的木制阳台，也没有夸张的栏杆。这里的建筑更倾向于结实的风格，带着砖顶的方形的石屋，没有装饰的窗户，就连宫殿也是更加重视功能性。不论是在沙阿还是在沙皇的统治下，作为汗国的舍基一直都有着深深的土耳其烙印。因此老城更让人联想到莫斯塔尔

（Mostar）①，而不是邻近的第比利斯。就连在斋月也挤得满满的餐馆提供的也是和伊斯坦布尔以及科隆的土耳其餐厅类似的食物。也就是说，没有石榴和核桃了，没有香草和调味料的混合物了，这里提供的是中东烤肉②、鸡肉串、羊排等类似的丰盛美味，搭配着面包和酸奶一起上桌。这种体验很特别，人们越往东去，世界反而越西方化了。

一位音乐商开心地向我们介绍着他的乐器。对传统的兴趣在上涨，特别是年轻人，他解释道。以前他的父亲只能在婚礼上登台，而现在有了真正的音乐会，有了学会和私人音乐学校。木卡姆音乐③的宗教根源显然已经在苏联时期枯死了。一车车的阿拉伯文书籍被共产主义者沉入了里海，所有的教团都被解散。斯大林时期，数千名伊斯兰教泛神论神秘主义者被谋害或者流放。阿塞拜疆不再有神秘教了。如今，年轻人去到布拉格或者伊斯坦布尔，回来的时候成了赛莱菲耶派，虽然他们其实是什叶派。他们并没有意识到其中的矛盾。不过，音乐商对于这个购买自己古琴和鼓的新民族十分满意。

---

① 波斯尼亚和黑塞哥维那南部城市。

② 一种流行的肉串和烤肉块，传统上是由羊肉制成，也有牛肉或小牛肉，剑鱼和鸡肉。

③ 木卡姆渊源于西域土著民族文化，又深受波斯阿拉伯音乐文化的影响，是伊斯兰古典音乐。

/ 第三十八天　沿着阿塞拜疆—亚美尼亚停火线

　　快到中午的时候，我们又到了边界线上，可是我们找不到边界线。不论我们问谁，都没有人知道去亚美尼亚的方向。为什么要知道呢？封闭的边界线造成了一个完全自足的空间：有人住在边界线这边，估计也有人住在边界线另一边。但是没有人要去看这些人，没有人会路过他们，他们也不会挡着谁的道。慢慢地，这些人自己也走掉了，只有老人留在原地。可是其中没有一个会对他们的回忆感兴趣。如果他们死掉了，也不会有人问这些邻居怎么样了。因为在另一边从来就没有住过什么邻居。在切尔诺贝利周围的封锁区是这样，在以色列将自己与巴勒斯坦隔开的围墙附近是这样，以前在东西德之间的边界处也是这样。在德国地图上也有小块小块这样的地方，它们叫社区边缘地带，远离大路，远离大家的关注。

　　我们现在到了塔塔尔（Tartar）境内，因为这是地图上离停火线最近的地方。我们没法抵达停火线的，我们再次听人告诫说。好吧，我们说。但是我们总得走到一个没法继续往前走的地点，一个边防哨所，一块标明禁止往前的牌子，一条栅栏——总得有个地方标明道路的终点。理论上是这样，但是实际上我们问过的人没有一个人从城里往西出行过。在市政厅里，一位女官员带我进了一个会议大厅，而不是坐在写字台后面接待我。她难以置信地看了我很久，最后才明白我的意图。接着她就嘟嘟哝哝说起了许可证——不，他不想要许可证，翻译这期间一直徒劳地喊道，他要去那些不需要许可证的地方——她又和上司打了个电话，从会议厅里走了出去，没一会儿又走了进来。我们可以写一个申请，她说，但是申请的批复嘛……算了吧，把你的智能手机拿出来，我悄声在翻译耳边说。

　　在显示了乡间大道的谷歌地图上，我们找到了塔普卡拉格云路（Tap Qaragoyunlu）这个村子，它就在停火线旁边。在手机屏幕上，它离我们只有一厘米远，但是我们却要绕个大圈，因为中间隔了一块——从我们的角度看——靴子尖形状的亚美尼亚领地或者亚美尼亚占领区。除了车臣之外，苏联各族人民之间的领地争夺，就数纳戈尔诺－卡巴拉赫之争最为激烈了。5万人为之丧生，双方都进行了大屠杀，另外还有超过100万人遭到驱逐。两个民族相互隔离，可他们在30年前还因为这里最重要的交通要道和供需路线，因为共有的居住区，因为很大程度上共享的历史，因为被同样的统治者统治，因为在20世纪初共同起义反抗俄国，因为在那以后互通婚姻而彼此相连，甚至几乎相互交融。与车臣不一样，亚美尼亚人与阿塞拜疆人之间的战争还在继续；最近一次激战爆发在2016年4月，死亡人数超过百人。很快，这样的死亡就已经进入第四个十年了。这一切都是为了抢夺一块面积只有萨尔州[①]大小，人口只有14万的领土，这些人或者是留在原地未走，或者是从亚美尼亚新迁入的。

我们上路之前，在塔塔尔转了转。让阿塞拜疆在1990年代一夜暴富的石油繁荣，在大街上是看不出来的。这些街道直得就像是用尺子画出来的一样：车辆稀少，公司空空荡荡，就连商店似乎都与美丽新商品世界无缘。连河都干涸了。因为亚美尼亚人切断了水源，有人告诉我们。托马斯·德·瓦尔（Thomas de Waal）[②]写了一本关于这场战争的权威著作《黑色花园》（Black Garden），在他的书中我读到：每个在阿塞拜疆旅行过几天的人都会把亚美尼亚人说成是侵略者，每个在亚美尼亚旅行过几天的人都会把阿塞拜疆人说成是侵略者，在两个国家里会听到许多不可证实的说辞，是谁挑起了战争，纳戈尔诺－卡巴拉赫在历史上为什么属于这个或那个国家。德·

---

① 德国除了柏林、汉堡、不来梅这样的城市之外面积最小的联邦州。

② 英国记者，长期出入高加索地区，为BBC等英国机构工作，2003年写成《黑色花园》，具有极大的国际影响力。

瓦尔本人倒是做了细致的搜索调查，他的书在两个国家都出版了，也都得到了嘉奖。不过，他没有给出最后的判决词。

我们又从塔塔尔出来了，这时我才发觉疑似石油繁荣的迹象：在加油站，一个男人用大塑料箱子装了汽油放进自己的拉达车里，放在后座上、副驾驶座上、后备厢里、车篷上。到了远离城市的地方，汽油就会掺水，这样他就能将这些箱子出手，还拿个好价钱，他向我们解释说。但愿他是第一个不会在汽车里抽烟的阿塞拜疆人。

在附近一个城市巴尔达（Barda）的农贸市场大厅里，我才知道，这里的男人们在喝茶的时候，女人们都在哪里：她们在工作。我根据她们的衣着和脸上的皱纹，猜测她们是普通农妇，却得知其中一个以前是老师，另一个以前是一个工厂的领班女工，第三个以前是一家疗养院的清洁工。那时候还有工资呢！她们叹气道。在苏联时代，她们也都有医疗保险。现在她们手上只剩下了房子后面的一小块土地，她们在地上种水果或者养山羊，最好也就是养头奶牛。有的女人只有一间小厨房，或者一个用作厨房的角落，她们就在那里腌制食品，制作糊糊、果酱或者酱汁，运气好的话她们白天能够卖出两三件。其他女人的丈夫还有工作，司机或者公司职员，她们还算过得下去。她们会去选举吗？只有别人要求她们去才会去。孩子呢？都去俄罗斯或者土耳其了。不去巴库（Baku）①吗？不去，那儿生活太贵了，都因为石油。

我也想买杏子和樱桃、一袋干果、羊奶酪，还有点儿腌制品。可我首先得去把市场管理员请来，这里唯一一个男人，这样那些女人中才有一个能从我这儿收下钱。毕竟我是个客人。我经常写镇压、战争、血腥的历史，在这趟旅途中我很多天也都在写这些。我太少提到这个世界的友善了。尤其是这种好客，越穷的人就越觉得这是

---

① 阿塞拜疆首都。

不言而喻的。很有可能对我来说，不管怎么解释这些，都显得太俗套、太具有社会性的浪漫或者有民族心理学的特征。或者我只是已经习惯了羞愧。

整个下午，我们都被困在一个工地。穿着黄马甲的两个年轻工人是协调交通秩序的，但是其中一个人没有注意，两个方向开来的汽车就上了狭窄的同一个车道。现在一大堆车都穿插交缠在一起难以分离。这两个青年把自己的责任推了个一干二净，而挖土机给每一个从车里转出来发牢骚或者想建议怎么解决这个乱局的司机都盖上了一层灰土。

我们进塔普卡拉格云路村的时候，已经是傍晚时分了。先往南方开两个小时，接着又在东边拐个大弯，折回来往西边开，就是为了看一眼前线，这很可能是个坏点子。说不定根本就没有前线呢！是啊，说不定战争只发生在电视里，就像在好莱坞讽刺电影里演的那样。因为就算是在谷歌地图上离停火线只有一毫米的塔普卡拉格云路村，第一眼看上去也挺安宁：没有铺好的街道上看得到鸡，一个带波纹白铁皮棚屋的花园被用作茶馆，小摩托发着隆隆声，简朴的一层小屋后面都有一小块地，里面很可能种了集市上常见的物类。但是在村子尽头，我们遇到了沿着一条横街延伸的两到三米高的墙。在墙的前面，一些女人在一棵树下摊开了毛巾，孩子摇晃树枝，树上的桑葚就掉了下来。村民坐在房子前，眼睁睁看着白天结束。这些情景一直都是让人放松的，直到我们将车停在街道另一边，这时候有个男人朝我们喊道，最好不要下车。

"为什么？"我们问。

"因为那边的墙保护不了人。"

现在我才注意到，这里人的生活都是在街道一边发生的。那男人说，几乎每天都会发生对射，他还——是职责所需还是在说实话？——补充说，亚美尼亚人总是先动武。那边还安插了狙击手，上个星期刚有个村民被射伤。

"从这里可以看到亚美尼亚人吗？"我问。

"跟我来。"一个盘了高发髻的女人主动提出来，她的眼皮画了很显眼的妆。她带我们走进了院子，她老公在里面倒腾拖拉机。真是奇异的国家或者奇异的时代：在城里，集贸市场摊位后面站着的农妇其实是职员、领班或者清洁工，而在这个村子这里女人们却打扮得像城里女人。在墙上有一块地方掉了一小块混凝土，我们就从这个洞里往那边窥望。我在大概 1000~2000 米远的地方认出了一个作战指挥所，但是没有看到士兵。塔普卡拉格云路村一直以来都是阿塞拜疆这边的，这家的男人解释说；亚美尼亚人住在旁边的村子塔勒施（Talesch），那村子现在空无一人了。战争之前，两个村子的关系还算正常，女人补充道，其实还挺友好的。如果墙消失了的话，她还会再去塔勒施吗？

"您是说，如果这儿变和平了的话？"女人反问道。

"是的，如果塔勒施又住了人的话。"

"不会，我不会再去了。那里住的都只会是我们的敌人。"

这对夫妇不想再给出更多的信息了，既没有写下他们的名字，也没有告诉我们战争期间塔普卡拉格云路村都发生了什么。我们在村里大路上又试着和另外的人搭话，但是也都是徒劳。这些人倒也不是不友好，他们只是不愿意多说话。只有一个人抱怨说，在舒沙（Schuscha），纳戈尔诺－卡拉巴赫的旧首府，现在在大清真寺里都养了猪——他怎么能和这样一些驱赶、屠杀、侮辱他族人的人和平共处？

"您肯定清真寺里是那样的吗？"我问。

"肯定啊，所有报纸上都这么写的。我还看到了猪的照片呢。"

这样的照片很容易摆拍或者伪造出来，我还想反驳他，但是翻译指给我看一个在远处观察我们同时用手机打着电话的男人。我们现在得赶紧溜了，翻译还补充说，因为我一下子还没意识到：这儿是一个安全控制区，显然有人报告了我们的到访，说不定我们早就被人盯上了。

"不溜的话，我们会遇到麻烦吗？"

"你们不会，但是我会有麻烦。"

因为我们在市政厅和工地旁边浪费了很多时间，显然也就没法继续去探索前线了——要么我们找不到它，或者就算我们找到了，我们作为外国人也了解不到太多东西——所以我们决定在占贾（Gandscha）搭夜间列车走。不过，我们这样做不仅仅是为了赢得白天的时间。我也很受这个想法吸引：坐夜车去巴库。

/ 256

我们还有时间可以再绕一下道：我们要去汉拉尔（Göygöl）——在占贾以南20公里，是一座由德国人建造，而不是被德国人摧毁的城市。建造它的是一群因为贫苦而流亡到这里的人，1830年沙皇将他广袤帝国的这个偏远小地方赐给了他们，让他们开发这片土地。他们将这个居住地称为海伦棱村（Helenendorf），种下了葡萄树，建造了带山形墙的房子，这些房子的质量这么好，直到今天都是一处胜景。就好像这些村民都向往美国一样，所有的房屋都有一个可以用来拍电影的木走廊。不，这走廊很可能曾经是德国特色，然后往两个方向出口到了国外。教堂也有源自德国的双坡屋顶、椭圆窗户、红砖墙、尖塔楼，塔楼上还有钟。与第比利斯的施瓦本小区不同，海伦棱村还一直是个热闹的地方。两侧有树荫的街道在高加索交通网络里显得出奇的宽。在这街上和同样有树荫的优雅广场上，居民们或者坐在自己房门前，或者三三两两地散着步。几乎没什么交通。夜晚是这么暖和，穿着衬衫也不觉得冷。如果我不知道我是在里海附近的话，我会以为自己是在一座北德小镇里走，当然这小镇里的移民比例已经达到100%。不知道是不是巧合，人们在房门口洗两辆车，就好像新来的居民已经接受了德国主流文化。

我们搭上话的第一个人，一个有着看上去顺眼的大胡子和温暖眼神的中年男人，名叫伊姆兰·伊萨耶夫（Imran Isajew），是个司机。他跟我们说，他妻子的祖父最初是和一个德国女人结的婚，这个女人被流放到了哈萨克斯坦，两个孩子也一样。

"那位祖父会谈论他的第一任妻子吗？"

"不，谈得不多。他只说他爱那个德国女人，他们的分手不是自愿的。他也思念他那两个最早生的孩子。"

"他们后来就再没有过联系吗？"

"据我所知，没有。有的话对他的第二任妻子来说可能也不是件好事。您知道，爷爷是个风流多情的家伙。如果第一任妻子又再出现的话……"

"那也就是说，您从这流放中受益了。"

"为什么这么说？"

"嗯，没有流放的话，祖父也就不会再结一次婚。那他也就不会有后来成为您妻子的孙女了。"

"如果要这么说的话，也对。但是爷爷从来没有说过他的德国妻子的坏话。从来没有。他直到最后都很想念他的两个孩子。我妻子有时候也会想知道，她的共祖父的堂兄弟姐妹都是什么样子的，他们是金发，还是和我们一样的黑头发。如果后代有朝一日能够相聚，肯定所有人都会激动的。这么多年了。"

我问两个在走廊阶梯上坐着的女人，我可不可以看看她们的房子；我来自德国，我又加了一句，不用再多说什么，两位中年纪较大的那位就已经请我进屋了。她叫吉尔巴哈（Gülbahar），很为她家中那个由我同胞造的柜子一样大的壁炉骄傲。就连羊肉块都可以放在里面烤。关掉壁炉以后，整个房子还会暖和好几个小时，让人觉得舒服。她自己和她老公以及两个女儿是 2004 年才从俄罗斯回来的，在找房子的时候立刻就爱上了德式住宅。木地板、高天花板、宽大的墙壁和走廊：已经有 200 年历史了，但还是很棒。地窖尤其棒，简直就是个冷藏库。可惜她老公搬进来以后没多久就去世了。大女儿出嫁了。她现在就和小女儿住在这套过大的房子里。如果拉米亚（Lamia）也搬走的话，会怎样呢？希望小女婿也会爱上这套德式房子。

她知道房子之前的主人都是谁吗？我们回到街上的时候，我问道。不知道，她只听说这里住过一家亚美尼亚人，在德国人被流放到哈萨克斯坦之后。他们住到了什么时候呢？

/ 258

"住到了 1988 年。这之后就没法再住了。"

"亚美尼亚人搬走的时候，这里是什么样子？他们肯定也喜欢这套房子的。"

"我不知道。我们当时住在莫斯科呀。"

"我们和亚美尼亚人在这里一起住得挺好的。"在人行道上等着的伊姆兰·伊萨耶夫插话道。在汉拉尔，异族通婚也是常有的事儿：亚美尼亚的女人、阿塞拜疆的男人都可以和他们宗教之外的人结婚，这样的传统配合得其实挺好。即使在并非异族通婚的婚礼上，也会先唱一首阿塞拜疆的歌，再唱一首亚美尼亚的歌，或者反过来。有一些亚美尼亚女人还和她们的阿塞拜疆丈夫住在汉拉尔，虽然大家都不会谈起他们。

"您还记得亚美尼亚人被赶出汉拉尔的情景吗？"

"就是时候到了。阿塞拜疆人必须离开亚美尼亚，亚美尼亚人必须离开阿塞拜疆。这一切就像自然灾害一样降临到我们头上。"

"双方没有敌对情绪吗？"

"当然有，但是我自己从来没有经历过。事后我想，我们本来应该说点什么的。"

"对谁说？"

"对亚美尼亚人。我是说，他们是好邻居。我们之间其实没有什么问题。我们都没有告过别。而现在没有人会回忆这些了。"

不过维克托（Viktor），最后一个德国人，是汉拉尔的所有人都乐于回忆的；他是一个特别的、招人喜爱的老先生，竹竿一样瘦的身材，比阿塞拜疆人高一头，是一个单身汉，一直和他母亲一起生活，直到母亲去世。在夏天他总会戴一顶巴拿马草帽。他还会说一点德语，很重视自己的德国出身，不过用俄语和阿塞拜疆语交流得更好。他是四年前或五年前死的。

"四年前或五年前？"我感到奇怪，居然还有德国人在二战后住在汉拉尔。

"这里当然还住过德国人。我还是孩子的时候，我们肯定还有15 家人是金发的。"

他们是逃脱了流放的命运，还是事后回来的，伊萨耶夫先生也不知道。那时候他还太小。汉拉尔的很多居民都希望维克托的故居能作为博物馆保留下来，所以它还没被卖掉。我们在走廊上用智能手机照了照两个靠前的房间，维克托的卧室和客厅，里面有一个大书架和一架钢琴。如果海伦棱村的这段德国记忆能保留下来，不仅仅对汉拉尔来说是件好事。

半个小时后，我们到了占贾，但是我们几乎没看到什么东西。这座城市说起来也是阿塞拜疆的第二大城市，是重要的历史古城，1918 年建立的短命的民主共和国的首都。它处在一片黑暗里。每次在黑夜里穿过一座没有路灯照明的大城市，都让人感觉阴森，几乎就像是在战争中，在政权颠覆时，或者在其他的特殊情况下。在人家的窗户里和一些商店里亮着灯，不可能是大停电。是一项省电措施吗？还是一场技术故障？占贾看来不是一座繁荣的城市。只有到了市中心才有亮着的路灯。广场就像刚清洗过的。街道宽敞。现代的火车站大得像个机场候机楼，虽然每天只有五趟车，其中两趟是夜车。开往巴库的夜车！我们的孩子已经不知道夜间列车是什么了。

可是这样的流动旅馆会提供现代社会所承诺的一切，自由移动和舒
适感。是啊，它们在第一架飞机出现之前很久，比电力或者汽油发
动机更像魔术：在一个国家入睡，在另一个国家醒来。在占贾，夜
间列车不是什么了不起的事件。没有人着急，在从第比利斯开来的
令人崇敬的火车头进站的时候，而它自己很可能需要停顿休息一下。
一个列车员从车站候车厅里找到我们，从容不迫地带我们到了铁轨
边上。在那儿，他还有时间和下车的同事亲吻、喝茶。在卧铺车厢
里，一个疲倦的服务员穿着有洞的制服在等我们，接过了我们的行
李。接着他为我们送了床单和毛巾到有木墙板的车厢隔间里来。这
个车厢看起来和斯大林坐着穿过苏联的那一个并没有太大不同。

　　我朝窗外望去时，不仅仅是出于疲劳而揉了揉眼睛：荒漠。
在这么靠北的地方有荒漠？昨天早上在高加索山脉的南翼时还是
一片葱郁，那里有树林、泉水、河流和群山。在我内心的版图
上，从伊朗开始才是荒漠，然后一直往南延伸到阿拉伯和俾路支
（Belutschistan）①。我昨晚读完了库尔班·萨义德（Kurban Said）的
小说，关于丛林居民与荒漠居民之间的差异，同时也是格鲁吉亚与
阿塞拜疆、西方与东方之间的差异，其实也就是不同文明之间最重
要的差异，萨义德有着自己的全套理论："东方之地干燥的醉态来源
于荒漠，因为荒漠的热风与热沙让人迷醉，这里的世界是简单容易
的。而丛林则充满了各种问题，只有荒漠不问任何东西，不给任何
东西，也不承诺任何东西。不过，灵魂之火来自丛林。荒漠居民——
我认为——只有一种情感，只知道一种事实。而丛林居民则有多副
面孔。狂热分子来自荒漠，创造力则来自丛林。"

　　这读起来像是纯粹的东方主义，即他人为东方之地塑造的形象
或者说也包括它的自画像，这样的形象完全是按照西方对异域之地
的期望而塑造的。这样的形象就完全不对吗？我现在正透过火车窗
户上的沙尘、砂砾、刮痕、油脂、擦拭的痕迹以及他人留下的指纹
朝外看，我想就是荒漠，而不是别的什么东西，从古至今将东方与
欧洲区分开来。当然在摩洛哥、也门、印度之间有着不同的气候带，
也有像尼罗河岸边那样的绿色三角洲、荒原、海岸线、湖泊，山脉
上有草地、满是鲜花的斜坡或是终年的积雪，在伊朗北部甚至还有
原始森林。然而如果我内心的地图没有再一次发生错误的话，没有
哪个地方的荒漠会广阔到超过两到三天的行军路程，而正是这样的

---

　　① 南亚和西亚俾路支人聚居地，位于巴基斯坦、伊朗和阿富汗三国交界地区。

荒漠构成了东方。它的地毯就是花园，艺术就是对一个确实空无一物的世界的写照，装饰物是对无边无际的天际线的表达，它的热情好客是一种必然，是主人自身的一种生存保障。甚至民主政体在东方遭遇的一些困难也可以用荒漠来解释，因为荒漠让城市与乡村之间的对立更加锐化——没有哪一处较大的绿洲可以免于强盗、强占者与破坏狂的袭击。由于地形原因，市民社会的形成局限于少数几个中心地区，这些地区的结构又因为不断的农村人口迁入而变得杂乱。因此荒原社会一直到城市层面都是按照氏族和部落而分割成碎片。如今，游牧民族与大城市周边贫民窟里的农耕民族之间的神奇对立还在继续。所有城市，包括花园——不，应该说恰恰是花园——被打上了避难所以及与虚无之地对立的天堂之国的烙印，就像欧洲人认为无法抵达的冰川之国也充满了各种可能性一样。《圣经》里的预言者们，例如告诫者、异人、诗人、幻想家，那些被同时代的人视为狂热分子的人不是来自荒漠，就是来自荒漠附近，这一点看来不是巧合。他们走进荒漠，在那里生存下来，又走出荒漠开始布道，比如《以赛亚书》第 40 章的"在旷野有人声喊着说"，就连《圣经》也多次引用了这句话。在荒漠，人们的需求会随着每天前进的路程、每一次气候的骤变以及每一次海市蜃楼上涨。可能没有哪个其他地方能像荒漠这样让人直面一个更高的力量，一个可以让人们在困苦、恳求或者抱怨时呼唤的力量。在荒漠，人们的四周都是虚无。没有哪个其他地方能像荒漠这样让人感受到生命比造物主还要强大，生命就是馈赠。"荒漠就像是一扇通往一个神秘、不可思议的世界的门。"

德米特莱将我从思绪中拉了出来，他还记得苏联时期的那一套流程：我们在卫生间前刷牙，用纸杯泡茶包。茶包是男乘务员送来车厢的，虽然他的眼神将我们中的每一个都责备了一遍，似乎在说他是整个车厢内唯一一个在工作的人（不过，昨晚他的鼾声就算是在走廊的另一头都听得到）。接着我们把床单和手巾折好，把座椅翻上去，拿出行李。火车开进了巴库。城市边缘荒芜的水泥贮藏仓与市中心摩天大楼的差距几乎和20世纪初的社会差距一样大。石油让工业巨头们变得富可敌国，而晚上棚屋里的工人们连抖去身上脏灰的力气都没有了。巴库比第比利斯晚了几十年进入了现代化，但处处都显示着"黑金"的魔力：别墅、垄断公司大楼、工业设备、阶级斗争，林荫大道上不再是只有亚洲人的面孔，而是半个世界的人都开始出现在这里。

　　库尔班·萨义德本人的人生之路十分奇幻，几乎是当时社会的一个典型产物：他于1905年出生，出生时名为列夫·阿伯拉莫维奇·纳西博姆（Lew Abramowitsch Nussimbaum）。双亲是犹太人，父亲来自俄国，母亲来自格鲁吉亚。和当时社会上层普遍流行的一样，列夫接受的是德式教育。和第比利斯的基维·马尔格韦拉希维力相同，列夫和父亲在布尔什维克占领之前逃了出来，在穿过了整个东方以及半个欧洲之后于1921年到达柏林。他在大学学习了伊斯兰学并在不久之后皈依了伊斯兰教。列夫用艾萨德·贝伊（Essad Bey）的笔名写出了《文学世界》（*Literarischen Welt*），成为一名明星作家。他还创作了一批有关近东地区的畅销书，这些畅销书虽然有浓重的东方主义色彩，但仍然值得一读，比当今有关伊斯兰的大部分书籍都要吸引人。在纳粹颁布出版禁令之后，一位奥地利贵族为列夫弄来了另外一个笔名，他以库尔班·萨义德的身份凭借《阿里与尼诺》获得了最后的成功。1942年，列夫在人生的第二次逃亡之路上死于意大利。这本小说后来在格鲁吉亚以及阿塞拜疆出版时并没有注明是从德文原版翻译而来的。人们也能理解，为什么这两个国家都声称作者是自己国家的：《阿里与尼诺》的文字不仅绚丽多彩而自成风格，而且是唯一一部——虽然也含有不少陈词滥调——描绘了20世纪初高加索地区风貌的小说，例如那里奢华的城市与古朴的乡村，战争与斗争，逐渐消亡的传统和开始进行的工业化。此外，作者还在书中用寥寥几笔塑造了一些人物，我在数百年后的今天还能看到这些人物的身影。我想到了带着好心情讲述殉道者故事的以赛亚主教；想到了边境线后面那位用假肢鄙夷地踩着离合器的司机；还想到了车臣人马格迈德，他情愿在自己的土地上做一名自由的农民，即使那是一块贫瘠的土地：如此多的战争却只有如此少的胜利，如此小的土地却有着如此丰富的文化，因为平常的生活太过艰难，所以节日才要持续更久一些。

"阿斯兰·阿咖（Arslan Agha），你究竟想成为怎样的人啊？"阿里对着喝醉的朋友喊道，这位朋友是个真真正正的无用之人。

"国王。"

"什么？"

"我想当一个美丽国家的国王，有许多骑兵。"

"除此以外呢？"

"死亡。"

"为什么？"

"死在征服我美丽王国的时候。"

2017 年 6 月第一次走在巴库的时候，我遇到的既不是原始的荒漠居民，也不是新迁入的丛林居民——库尔班·萨义德把当地人分成这两类——我遇到的是完全另外一个物种，来自别的星球的生物：他们穿着用易皱人造材料制作的橙色或者浅蓝罩衣，又或是穿着短裤和网球衫，要不是蓝绿色，要不是明黄色，总之衣服上肯定印满了广告。每个人头上都戴着红色的鸭舌帽，耳朵里塞着耳塞，脖子上围着塑料绳，这些绳子证明了他们属于同一团体：周末这里要举行一级方程式赛车比赛。从几天前开始，不仅比赛跑道被用高高的篱笆、水泥块和塑料膜遮挡了起来，这样没有买票进场的人就看不到赛车了；而且许多其他路段也被封锁了起来，一片魔鬼般的寂静，和荒漠似的。

我试着往里海边去，地图上显示它离我只有一个街道的距离。弯弯绕绕了一个小时之后，我终于找到了地铁的地下通道，地铁原来是在终点直道下面运行的。赛车团队已经在宽阔的岸边林荫大道上建起了自己的营地：媒体中心、贵宾休息室、儿童游乐区、红新月会①、车手及团队和工程师的专用区，除了比萨、意面、热狗和汉堡还有一个专供当地食物的帐篷。高尔夫小型车队随时准备出动或是已经开始在场地里跑来跑去。在各个角落里，教练正在用双语给年轻的队伍指导行车路线，还有各种服务人员、安保、租车服务、数据、赛道守卫、票务和医务人员。我视野中的唯一一批老人正在徒劳地打扫着沥青路面。不过，我还是可以在林荫大道上散步，这里有绿地、艺术喷泉和棕榈树，几乎有一点佛罗里达的感觉。最迟从第一场训练开始就只有付了费的游客才可以踏进这片区域。想要近距离看一眼法拉利或者银箭②至少需要90欧，而排位赛和正式比赛就更贵了。各个价位的门票仍在销售当中，但是在一个平均收入只有400欧元的国家，大家的兴致似乎并不高。而外来者并不在乎这些：据猜测，外宾出场的最低报酬为600万美元，产生的其他费用也全部由主办方承担。同时，承办国还通过其他各种角力赛，例如欧洲歌唱大赛③、艺术双年展以及首届欧洲运动会，向全宇宙展示了自己的进步。

---

① 即伊斯兰国家及穆斯林占人口多数的国家的红十字会。

② 银箭是1934~1939年间德国主导的梅赛德斯奔驰和汽车联盟大奖赛赛车的名字。这个名字后来适用于2010年至今的梅赛德斯GP / AMG Petronas F1赛车。

③ 欧洲歌唱大赛是欧洲广播联盟（EBU）主办的一项歌唱比赛，自1956年开始举办，是世界上已知最大的歌唱类比赛。比赛中每个国家派出一个歌手或一个乐团演唱一首自选的歌曲，之后观众通过电话、短信或网络投选最喜欢的歌手，再统计各国的票数间接选出优胜者。而胜出者所代表的国家自动成为下年赛事的东道主。

　　林荫大道中间有一座金属建造的管状建筑，完全可以想象成一艘宇宙飞船。事实上这是一座地毯博物馆，被建造成了卷起来的地毯模样。由于建筑内部也没有笔直的墙面，因此传统的编织艺术品斜着挂在这个具有未来感的空间内。不过无所谓了，这些古老的地毯是如此的美丽，工艺是如此的完美，在它的抽象化中又蕴含着现代感。我反动的血液顿时沸腾了起来：20 世纪初的那种艺术品鉴力究竟发生了什么变故？在阿里与尼诺的故事之后一切艺术创造都没有突破，而是一种文化的终结。趋势就是越来越俗气，越来越倾向于模仿西方艺术，倾向于变得具象化，但是如今这种具象也再次过时了。如果我从地毯博物馆望向城市就会发现，这一点同样也适用于这里的建筑：这座东方以及早期欧洲城市的剪影如此协调，尽管有着诸多差异，东方和西方在这里还是和谐地结合在了一起。越是如此，巴库新建的标志物火焰大厦就越显得怪异：三座摩天大楼的造型仿造了火焰，到了晚上就会像火一样被照亮。燃烧的玻璃大楼与橙色的罩衣以及红色的鸭舌帽很配，巴库想借此与阿布扎比（Abu Dhabi）① 一较高下。"火焰之国"同时也是旅游局的口号，因为巴库除了石油之外还有一座琐罗亚斯德教 ② 庙宇可作景点。这里也有火山，但是从里面不会喷发燃烧的熔岩，而是只有棕色的泥浆。

　　我沿着地下通道回到了市里，整座城市现在都笼罩在一片旧日光辉之中：市民的房屋、剧院、学院和广场同东方色彩的老城窄巷一样被装饰过。但当我更仔细地望去时却发现，就连城市建立初期的建筑物也常常被翻修一新，装饰相应地显出奢华格调：有些建筑商没有尽心进行修缮或者文物保护，而是简单地用仿制品取代了老建筑。如果霍亨索伦王室宫殿和申克尔建筑学院先后被重建起来的

---

① 阿拉伯联合酋长国首都。

② 又称拜火教。

话，那么柏林的历史中心也将同样看起来索然无味。人民剧院刚从过去的历史中解放出来，紧接着人们就可以开始对在战争中不幸保存下来的历史建筑进行新建。巴库要向前走。

卡蒂贾·伊斯马耶洛娃（Khadija Ismayilova）[①]认为，每个城市都有一条"幸运带"。在其他城市，发展主要体现在几条街道、购物中心和公园上，只要总统来访时，看到自己的国家有一副繁荣模样就足够了。但是巴库则恰恰相反，这里的富裕、商业世界和旅游业很集中，"幸福带"也格外长：从市中心北部13公里处的机场开始，一直到南部的旗杆。这是世界第二高的旗杆，在162米的顶端飘扬着阿塞拜疆国旗。它原本应当是世界第一高，但是落成8个月后塔吉克的旗杆高度超过了它。卡蒂贾说过，如果整个国家都建立在虚假的胜利之上，那么想要成为一个自信的社会是很困难的：在与亚美尼亚的战争中，阿塞拜疆失去了20%的国土，却硬要说这是一场胜利的斗争。

卡蒂贾是一名调查记者，进行过许多反腐调查。她受到了威胁、中伤、逮捕并在2014年被判七年半监禁。卡蒂贾在去年获缓刑，暂时恢复自由。在阿塞拜疆，数名新闻同僚为了延续这位女记者的调查工作而联合建立了一个卡蒂贾项目。

"政府已经意识到，如果逮捕一个批评者，就会有两个新的批评者出现，"卡蒂贾说，"进而会造成他们在海外的形象受损——监禁我的代价对他们来说太高了。"

步行街区有许多漂亮的广场，我与卡蒂贾约在其中一个广场旁的街边咖啡馆，从喷泉后面能够清楚地看到它，让其他人尽管看看，卡蒂贾与谁见了面。她的律师也来了。从监狱里获释之后，卡蒂贾被禁止工作，不能出境，必须定期到警局报到。她受到监视，上网

---

① 阿塞拜疆女性新闻工作者，致力于揭露阿塞拜疆高层的腐败行为，并曾因此入狱。

also

也被干扰。就连兄弟姐妹们都丢了工作，她的一个妹妹因此搬去了安卡拉。但是，卡蒂贾不仅没有屈服，而且比以往更加坚定。这位年轻的女士才刚刚 40 岁，考虑到她已经完成的这些事，人们不禁要问，卡蒂贾是不是从办校园报刊时期就已经开始着手揭秘工作。卡蒂贾玩笑似的告诉我，人们原本想在审判之前用性爱录像带封住她的口。她被控告逼迫自己的一位情人，闹到这位情人想要自杀。接着网上就出现了一段在她卧室拍摄的录像。

"有性生活的未婚女性——他们以为这样就能让我在我们国家这样一个保守的社会里完蛋。"

事情的发展却不是如此：卡蒂贾从录像的拍摄视角中推测出，摄像机肯定是放在自己卧室的某个位置了。她敲开那里的墙，发现了一个洞口，里面挂着一根松松的线。接着，她打给了电话公司，报修家中出现了一个常规问题。当她把那根线指给技术人员看时，技术人员立刻表示这根线是由他亲手装进去的。而当他得知录像带和诽谤的事情之后表现得非常震惊。他和其他所有阿塞拜疆人一样，每天都和腐败打着交道。他坚称自己事先并不知道线上被装上了监视摄像头。技术人员说，公司指示他在工作时间之外完成这项任务，这样他的名字就不会出现在记录册上了，对此他自己都感到很惊讶。

"你怎么想到给电话公司打电话的？"我问道。

"我是调查记者，"卡蒂贾回答，"我知道每个地区都由同一个技术人员负责。我就试了一下。"

技术人员提供了证词，卡蒂贾的情人也是，他既没有感觉自己受到卡蒂贾的逼迫，也没有自杀的倾向。一批海推布①，甚至是伊斯兰党派都站在了卡蒂贾这边，她再次成功地揭露了一桩丑闻。安全部门的一批公职人员因此被辞退，不久之后总理也辞职了。而卡蒂

---

① 在伊斯兰教中，海推布是主麻日礼拜时在清真寺里演讲（即呼图白）的神职人员。

贾本人也很快因为别的事情遭到审判：偷税是一项在所有独裁国家都行得通的罪名。

我问道，为什么海推布和伊斯兰教教徒会支持她？

卡蒂贾本人对此也感到困惑。她是公开的无神论者，曾多次批评宗教。

"我想有两个原因：一方面——对不起，这听起来可能有点不谦虚——他们认可我的勇气。另一方面，他们本人对政府也不满意并且知道，这样的事情不只发生在我一个人身上。在我之前就有类似的诽谤和被匿名放到网上的性爱录像带。只是这样的威胁第一次在我这里没有奏效。我说了：尽管把你们想要的东西放到网上，我是不会让步的。这让他们最终停止了这么做。那些有可能遇到类似情况的人也因此站在了我这边，虽然他们可能除了这件事之外与我有着完全不同的观念。"

"这算是一个进步吗？"

"当然。以前出现这样的事情，女人可是要被处以石刑的。"

然而，卡蒂贾并没有在自己的国家看到民主的觉醒。依赖国家政权的人太多了，以至于很难形成反抗。众多例子中的一个：仅仅在巴库就有大约 50 万套房屋没有在土地登记局进行登记，这是 1989 年私有化混乱局面以及石油繁荣时期非法建造产生的后果。按一家四口人算就是 200 万人。为了不失去自己的房子，他们都必须闭牢嘴巴。还有许多老师故意在课堂上忽视掉一些内容，这样孩子们就必须去他们那里补习：这样的事情只有在领导以及教育部门不管的情况下才能行得通。同样的，这些老师们会被优先选入选举委员会。在那里，老师们也对其他事情不管不问，视而不见。

"这不是简单的专制。这是一个共犯体系。"

卡蒂贾中断了谈话。我也发觉，比卡蒂贾年纪还小的律师正在不安地在智能手机上输入着什么。她告诉我，她已经三个小时没有收到丈夫的消息了。她的丈夫也从事人权方面的工作，他今天拜访了一位委托人，但是违反常态地错过了下一个约见。三个小时了——肯定有什么原因。卡蒂贾向我保证，她的律师一有丈夫的消息就告诉我。

晚上我参加了一个艺术展览的开幕式。美术馆在老城的一座宫殿里，整整三层，里面全是优雅、怪诞的宾客，漂亮的年轻人居多。还有几张西方面孔在这里也感到像在家一样自在。人们彼此介绍着自己，在露台上推杯换盏，喝着白葡萄酒或者金巴利①。只是我遗憾地觉得展品乏味地可怕：没人观看超过两分钟的摄影作品，还有涂刷在画布上的不干胶标语。我把这些现代艺术与格鲁吉亚展览以及今早在博物馆看到的令人兴奋的地毯做了对比，我想我可能对新事物缺乏一些感觉。我可能属于衰落的那一极。可能作家就是这样的人，他们总是站在最后一节车厢后面的站台上。当其他所有人都在期待列车进站时，他们还在书写着这辆车经历了什么——这是职业造成的怀旧情感。新事物由其他人负责：研究者、技术人员、商人、占领者、发明家和列车长，主要是年轻人，而不是老人负责。因此老人更偏爱过去，这样他们才能安心地死去。但是就连站在车厢后面的站台上的我都能看出来，这种精致老城画廊里的新事物肯定是无人欣赏的。

"露台上的视角是最棒的"，萨比娜·希赫林斯卡娅（Sabina Shikhlinskaya）转动着眼珠说道。她自己就是一名摄影艺术家，她主动提出明天带我去看当代哈萨克艺术的展览，绝对值得一看。为什么不顺道也了解一下哈萨克斯坦呢？我想。而且，我对萨比娜会说些什么也感到好奇。她属于第一代摄影艺术家，在作品当中主要表现的是自己祖国的近代历史。她是一位热情奔放的女士，在国际

———————
① 起源于意大利的一款力娇酒，使用多种草药和水果酿制，味道很苦。

上获得了很大的成功，她现在可以独立选择自己在阿塞拜疆与谁合作。她不认为自己是一名社会活动家，但又与这个用艺术向世界展示自己的国家保持着距离。

"在还有年轻人因为绝望而自焚的时候，我无法为这个'火焰之国'做宣传。"

万分幸运，卡蒂贾律师的丈夫安然无恙地现身了。

我打算去林荫道上长跑，但找不到地下通道了。我不是唯一一个在封锁路障前感到困惑不解的长跑者。一级方程式锦标赛看起来把许多体坛名将都带到了巴库，而他们都想从海边晨跑开始新的一天。现在我们穿着有标志颜色的衣服，在从今天开始守卫跑道的绿军装士兵身边来回跑。这样的士兵有上千名，沿着屏障每隔 10 米，或者至少每隔 15 米排列开来，感觉挺无聊，因为他们身后连发动机的响声都听不到。而面前现在只有我们。如果考虑到布置这些防卫的起因，一级方程式赛事真是得到了一整个军队的保护。要是这个周末敌人入侵了呢？是赛车更重要还是塔普卡拉格云路这样的村庄更重要？

在驱车前往雅拉塔（Yarat），巴库新开的现代艺术中心的路上，萨比娜指给我看现代的大楼正墙面，苏联的建筑师用这样的楼面覆盖了中心地带。在国家的记忆政策里，阿塞拜疆的现代史不是开始于 1918 年的民主化，不是 1920 年成为苏联的共和国，也不是 1991 年的重新独立，而是在 1993 年随着盖达尔·阿利耶夫（Heydar Aliyew）成为国家总统开始的。在担任了多年阿塞拜疆共产党第一书记之后，他成功地成为独立的阿塞拜疆之父。他死后 14 年，他的大幅照片还是在国内四处可见，就好像他还在执政一样。他的儿子伊利汉姆（Ilham），从 2003 年起当选，长着胖脸颊和双下巴，不是那么喜欢照相。几乎所有的苏联战争纪念碑都被拆掉了，也没有再建纪念 1920 年反红军战争的纪念碑，但是反亚美尼亚战争的纪念场地却占地广大，让人不由得猜想这些战争中的每一个受难者都得到了尊重。许多林荫道都满是坟墓，在我走过的墓地里，1973 年、1970 年、1969 年、1974 年出生的，都在 1992 年死去。盖达尔·阿利耶夫最重要的功绩之一，就是以 1994 年的停战协议至少结束了日复一日的死亡，让他的国家重归正常，一种极为正常的专制。

从纪念地所在的小山上看下去，可以看到纳尔金岛（Insel Nargin）。不论在沙皇统治下，还是在苏联时期，这座岛就和阿尔卡特拉斯岛（Alcatraz）[①]、伊夫岛（Chateau d'If）[②]一样是座监狱。民主共和国崩溃的时候，岛上2000名阿塞拜疆和土耳其士兵得以逃脱出岛，但他们很快就会问自己在枪林弹雨中死去是不是更好的选择。在苏联解体之后，这座岛就一直空着。萨比娜对这段历史很熟悉，因为她为了一个艺术项目在2004年偷偷在这个岛上生活过一个星期。她的记录现在都已经成了历史资料，因为三年前岛上所有房屋都被拆除，监狱遗迹被清理掉，这座岛要被改造成一个休闲娱乐的公园。不过那座迪士尼公园还是没有修建起来：土耳其感到愤怒，这座岛上埋葬了"他们的"士兵，为了"你们"的独立而葬身于此的士兵。于是，纳尔金就仍然是闲置的空地，而废墟又都已经消失了。

这样的地方在阿塞拜疆有无数个，萨比娜说，当地的记忆被体制化地阻断的地方。还有哪儿？我们从城里出来往南行驶了一个弧线，经过了1920年红军打败该国军队的战场，在当地人口中被称为"血湖"，甘利戈尔（Ganli Gol），位于两座山脉之间的一个下降的干枯原野。在苏联时期，这里是闲置空地，现在是工业区，有仓库和免税商品。

我们刚刚离开没有任何路标牌标示的这个战场，萨比娜就指给我看高速公路旁边的一线围墙。为了隔离噪音吧，我一开始以为，

① 又称恶魔岛，位于美国加州旧金山湾内，原来是军事要塞，后改为监狱。1972年后成为旅游景点。

② 地中海上的一个小岛，靠近法国东南部，在大仲马的小说《基督山伯爵》中是关押基督山伯爵的监狱所在地。

但是用作这个的话，这堵墙太矮了。从两段墙的开口处我还看到，墙后面没有房屋，而是一片沙漠。这样的墙国内到处都是，萨比娜说，然后从高速公路上拐了下来，带我们开进一条狭窄的街道，左右两边都被波纹铁皮围墙拦了起来。一般来说，这样的围墙是用来遮挡贫困地区和不寻常的居民区的，比如在机场高速公路两边，那样的话还说得过去。但是这么多围墙拦在工业区或者墓地周围——这些地区有什么见不得人的呢？而另一些墙根本没有遮住什么，墙那边就只是沙漠或者一座山而已——它们立在那儿就是为了自己好看吗？还真有许多围墙设计得挺有艺术感的，用了大理石板或者带状装饰，这些装饰都可以让目光穿透过去。这还真奇怪，我同意了萨比娜的说法，在我们开回到高速公路上来的时候：这是一条多车道公路，两边都有墙——但是墙那边什么都没有。

"也许当局已经知道墙后面要造什么东西了，"我想想说，"所以就预先建了墙在这里。"

"我也倾向于这么解释，他们就是不让人往地平线上去看。"

回到海边，我们看到了远处的巨大钻油平台，那是最近几年里建起来的。但是在岸边还有工业早期留下的小油泵，那时候阿塞拜疆出口的石油满足了世界上一般的石油需求——可以想象这个小国家当时承受了几大强国之间怎样的斗争、影响和干涉。恰恰是如今真可以算作博物馆藏品的油泵，看起来却还在使用，至少看上去就像原始鸟类的长喙的那些顶端有粗管子的泵头还在一上一下地往地面砸。在这里某处，在巴库以南的油田里，肯定有过工人的棚屋，对他们来说，独立运动的自由理念并没有多大意义，他们的希望都寄托在了共产主义上，他们以此期待世界能变得更公平一点。巴库不仅曾是布尔什维克的一个堡垒，其中曾有一个名叫约瑟夫·斯大林的年轻领袖在此活动过；对于一再以为自己接近权力中心的伊朗共产主义运动来说，拥有超过 10 万伊朗工人的巴库也是一个中心，后来还成了最重要的避难之地。当礼萨沙阿（Reza Shah）①加强镇压时，共产主义的伊朗人民党的领导班子逃到了苏联，其中大多数人逃到了阿塞拜疆。在这里，斯大林完成了他的邻国独裁者的未竟之业，处死了几乎所有伊朗干部。这场大恐怖是伊朗共产主义历史上最黑暗的一章，他们对于自己领袖被谋杀和被流放的事则几乎只字不提。人民党最终是在1980年代初被毁掉并斩草除根。在那之前，在伊朗共产党人也曾参与的伊朗革命中，他们还自以为又接近掌权了。那些油泵真的像鸟儿，滴落着油脂，瘦腿长颈，黑得油光发亮的鸟儿，它们的长喙对地下埋藏的宝贝贪得无厌。《这世界还嫌不够》②，1999年的邦德电影，就是在这具有末日景象的场地中取的景。接下来的场景里，空无车辆的大道连同棕榈树、沙滩和咖啡馆就会一直通往这里，巴库因而有那么几公里可以被误认作迈阿密。

　　我们沿着海岸线回城，一直走到了原来海军驻扎的地方，现在它变成了一条艺术创意街。宽大厅堂的一间改为了夜总会。这里对于萨比娜来说是新巴库造就的最好事物之一。虽然那里放的不是她自己喜爱的唱片，而是电子乐，但是她从中可以了解到，这家夜总会对许多年轻的阿塞拜疆人来说有多重要。类似的话我也可以用来描述雅拉塔艺术中心的院长——比利时人毕雍·盖尔德霍夫（Björn Geldhof）——带我参观过的展览：虽然展出的录像和艺术装置并不符合我的艺术品味，但我还是能感觉到，这些展品有多严肃。几乎所有的作品都是与哈萨克斯坦的近期历史相关，而这段历史就像许多苏联成员国的历史一样充满了各种禁忌。亚历山大·乌盖

---

①　即礼萨·汗，伊朗沙阿，1925~1941年在位，领导过伊朗的不流血革命，缔造了巴列维王朝，推动伊朗改革，二战期间与纳粹德国合作过，后被迫退位，流亡国外。

②　这部电影的中文译名为《黑日危机》。

（Alaksandr Ugay）竖着放了一艘大木船在展厅里，船上装满了抽屉，就像一个办公室里的旧柜子；打开抽屉的话，就能找到1938年被斯大林流放到哈萨克斯坦的朝鲜人的信件、照片和其他文件。努拉梅特·努尔波尔（Nurahmet Nurbol）在一幅亚麻画布上画出了三张眼睛闭着或者眼窝空空的脸，从审美上来看和基督教圣像画类似，三乘三米半大小，挂在一个角落里。这些脸构成了让人心情沉重的恐惧、压迫和无语的意象。巴克斯特·布比那科娃（Baxit Bubinakova）以她消瘦的赤裸身体在自己的小公寓里模仿苏联历史画里的英雄姿势。不论人们对这个展览的看法怎样，是觉得它强烈、浮夸还是猥琐，它都已经激起了人们的反问、讨论，甚至是抗议。而这正是这个展览的目的，毕雍·盖尔德霍夫说，他是一个激情四溢的艺术馆馆长。他们现在每个月有7000个访客，另外还有2000个小学生。机灵活泼的年轻员工随时准备解答问题或者自己提出问题。在面临士绅化^①压力的邻近街区，艺术馆员工成群出动，向当地居民介绍说雅拉塔也是他们的中心，是与邻人相遇交际的场地，它虽然有种种美学追求但绝不拒人于千里之外。我虽然对博物馆教育懂得很少，但也立刻就感受到盖尔德霍夫的热情是有感染力的。

"可不可以设想这样一个展览，"我问道，"像探讨哈萨克斯坦历史一样探讨阿塞拜疆的历史？"

"那这样的展览估计是没法面面俱到的。另一方面，现在这个展览中有很多东西是可以对照阿塞拜疆来看的。"

"也就是说，纳戈尔诺－卡拉巴赫的战争是没法成为展览主题了？那对亚美尼亚人的种族屠杀也不行吧？"

"我们作为博物馆能做的事情是有界限的，这是很明白的。你是

① 指城市中某些原本聚集低收入群体的街区在改造后房租上涨，高收入群体迁入而迫使低收入人人群离开的城市发展变化。

／ 第四十天　巴库　／

可以说：我不接受。那我就会回到欧洲或者去世界任何其他地方工作。但是你也可以逐步地拓宽界限。为自由能做的，还会比这个更多吗？我们是持批判态度的，但是我们不是游击队员。那不是我们的角色。"

我们又回到了车上。这时候萨比娜说，那么多的钱都花在了那些庞大项目上，用过一次就不再用了的竞技体育馆，为了一个傻瓜流行乐比赛而专门造的一个音乐厅或者每年翻修内城造出的一条几乎没有一个阿塞拜疆人会站上去的跑道。可是雅拉塔中心或者整条旗杆以南的艺术创意街则是巴库城里能够在这些统治者成为历史之后留存下来的地方之一。

"还有其他地方吗？"

"有的。"萨比娜语气坚定地说，开车带我们到了一幢宏大的纪念碑前，这将是统治者留给世界的遗产：一座闪闪发亮的白色建筑，看上去是由塔楼一样高的几片波纹纸组成的；而混凝土层却又伸入了地面。这样观赏者几乎都可以走到墙面上去。这是盖达尔·阿利耶夫中心，是伊拉克裔英国建筑师扎哈·哈迪德（Zaha Hadid）2012 年设计的，是摄人心魄的优雅宫殿，即使是我这样一个保守分子也会把它列入建筑史上的伟大作品之列。它在巴库正中心造成的效果有可能就像一个来自外星的不明飞行物。但是和地毯卷或者一级方程式不同，扎哈·哈迪德的建筑来自一颗绝美的星球。

文化中心内部的景象却也因此更加让人心潮回落。扎哈·哈迪德的灵感看起来已经耗尽，大厅设计得很随意，高天花板，宽阶梯，带半圆形吧台的咖啡吧，一切都是白色，和现今流行的博物馆建筑没什么两样。尤其是展览本身，也是毫无创意，可怕至极。访客走过的那些闪亮的陈列柜和技术先进的投影设备，将阿塞拜疆的血泪史转换成了凯旋之旅。展览既屏蔽了第一个独立共和国的失败，也跳过了大恐怖时期。而亚美尼亚军队 1992 年在霍贾利

（Chodschali）实行的大屠杀——据不同的信息来源，遇害的阿塞拜疆人数从200人到600人不等——在这种独特的"纪念综合体"中被解释为一场种族屠杀，而盖达尔·阿利耶夫被说成了历史的终极所在。他的神圣遗物在很多层都看得到，从他的晚礼服到他的写字台，再到他的公车和他任总统时从各国客人那里收到的乏味礼物。在另一个展览中有巴库的风景名胜的仿制品，在艺术馆商店里出售由总统女儿亲自设计的围巾和苹果手机壳。但是我估计这位年轻女士是做不成扎哈·哈迪德了。

"这里的一切都会被替换。"萨比娜·希赫林斯卡娅已经想到了未来，那时在这个艺术馆里就会展出艺术："关键是，建筑会留下来。"

我和作家阿克拉姆·艾力斯利（Akram Aylisli）约了一起吃饭，他在2012年以小说《石梦》（Steinträume）打破了没有博物馆敢触碰的一个禁忌：他讲述了1980年代末，在纳戈尔诺－卡拉巴赫当地党政机关决定加入亚美尼亚后，被驱逐到阿塞拜疆或者被打死的亚美尼亚人的故事。小说主人公，演员萨戴伊·萨迪格力（Sadai Sadygly）在官方围猎人的时候想要干预，自己却遭到了毒打。在重症病房里，萨戴伊梦见了自己在埃利斯村子里度过的童年，那也是阿克拉姆·艾力斯利自己的家乡，在那里基督徒和穆斯林曾经友好地共同生活过。小说在莫斯科出版后，他被禁止出国，被赶出了作家协会，他的书不仅被禁，还遭到公开焚烧，从所有图书馆下架，他写的剧本不得搬上舞台。艾力斯利的妻子和他的儿子也失去了工作。可是小说里最具有挑衅性的情节甚至都不是种族屠杀，也不是在1915年后对种族灭绝的记忆："如果要给每个被屠杀的亚美尼亚人点一根蜡烛的话，那么这些蜡烛发出来的光就会比月光还要亮。""萨戴伊·萨迪格力再也不会看到世界沉浸在这么难以置信的明亮光辉中了，但他永远不会失去这个信念，在埃利斯存在一种只有埃利斯才会拥有的光。按照萨戴伊的坚定信念，这种光就只能在这里：上埃利斯从长度和宽度上很可能只延长了六七公里。在这块一眼望得到头的土地上建起12座教堂，在每座教堂旁边造出了一小块天堂的人，如果他们都不能从他们的光里留下至少一丁点儿，那么人们还需要上帝做什么？"

为了他的文学付出了如此高昂的代价的艾力斯利，在私人生活中也是一个慷慨大方的人。他没有给我他的地址，而是坚持要到内城接我出来，我们在内城找不到正经东西吃的，那里都只有新潮玩意儿。我迟到了三刻钟才到达我们约定的十字路口，因为我一次又一次地在一级方程式路障里迷了路。可艾力斯利没有半点儿不高兴：这是位有着深色细长眼睛，白发梳着侧分头，身穿褶腰裤和短袖衬衫的小个子先生，每说一句话都会微笑。有哪个德国作家会这么容忍一个让他在炎炎夏日下等了三刻钟的外国记者呢？我自己肯定不会。

我们坐进了一辆出租车里，不知为何巴库的这些出租车外形和伦敦出租车一样。我们沿着隐蔽的小道离开了内城，开过了一排排没有了新外墙的板式建筑楼房。就是到了现在，在他讲述自己怎么一夜之间从备受敬爱的国民诗人变成了遭人唾弃的贱民的时候，阿克拉姆·艾力斯利还是不停地微笑。他的同行和作家协会的反应对他的打击最深，作协称他为"民族的敌人"，将挂在作协大楼里的他的照片取了下来。

"那些作家，那个协会——以前就是我的家人。"

只有几个年轻一点的作家站到了他这一边，总的来说也都是年轻人比他自己这一代人要勇敢得多。而他的处境之所以还没有变得更糟，也许是因为国外的抗议保护了他。

"您在发表那部小说的时候，预料到会有这些反应了吗？"

"我当然知道，我会招惹麻烦，但是事情居然会闹到这一步，不，这是我当时没能预料到的。说实在的：我还以为，我的名望会保护我，我的勋章和我的资历会保护我。他们会对一个年轻点的作家下重手，但是不会对我。所以我才决定我必须冲到前面去。"艾力斯利从窗户往外看，仿佛是在思考他是不是做对了。"也好，"他随后叹了口气，更像是摇头无奈而不是义愤填膺，"说到底，对一个作家来说，比勋章更大的荣耀，是他遭受了帕斯捷尔纳克（Pasternak）① 遭受过的厄运。"

我们从出租车里出来的时候，司机直接叫出了阿克拉姆·艾力斯利的名字。

"您认识他？"我问司机。

"每个人都认识艾力斯利先生。"司机热情洋溢地回答。艾力斯利的微笑也为此变成了幸福的欢笑。

/ 278

在餐馆里——这是一家花园餐馆，在苏联时代留下的住宅高楼之间营造出了意料之外的田园诗情调——作家用夸大的动作请服务生在桌上摆满店里储存的各色特产。我建议点一瓶当地产的红酒，他考虑了一小会儿，决定与其爱国不如享用好酒。巴库的饮食，因为其中有甜或酸的带米饭菜式而与伊朗菜相似。不，应该反过来说，伊朗的许多阿塞拜疆人会说：波斯人继承了我们的菜品。

我问阿克拉姆·艾力斯利，他在他的小说里描写的是真实的埃利斯还是只存在于幻想中的埃利斯。

"它和现实是一一对应的。这就是我还是孩子的时候见过的埃利斯，是我母亲讲述的埃利斯。"

"她也会讲述 1919 年的冬天吗，土耳其士兵就是在那时候让埃利斯的亚美尼亚人淹死在了'血海'里？"这个表述是直接取自小

---

① 苏联著名作家，曾获诺贝尔文学奖，因在成名作《日内瓦医生》中批判苏联体制而遭苏联文坛攻击，他本人被开除出作协。他被迫拒绝领诺贝尔奖。

说里的。

　　"那当然。那景象，对所有人来说都还历历在目。她对亚美尼亚人从来没有说过不友善的话，正相反，她思念亚美尼亚人。"

　　"您会把1915年后发生的事件描述为'种族灭绝'吗？"

　　"我想我会的。纳泽姆·希克梅特（Nazim Hikmet）①说过这个词。奥尔罕·帕慕克（Orhan Pamuk）②也说过。土耳其最聪明的人都说这是种族灭绝。只有在阿塞拜疆没人说。这在1988年就成了大问题：任何一个亚美尼亚人都不会忘记从1915年到1919年发生过的事。这也解释了他们的行为：他们不想让历史重来一遍。"

　　艾力斯利提醒说，纳希切万自治共和国位于亚美尼亚西南部但属于阿塞拜疆，国内的亚美尼亚部族好几十年受到了几乎全方位的压迫。

　　"阿塞拜疆人根本就没有意识到，亚美尼亚人遭受了多少苦难。所以他们也不理解那些反应。是，是亚美尼亚人挑起了矛盾，宣称纳戈尔诺－卡拉巴赫归他们所有。但是事实是，是我们的同胞首先攻击了他们，而不是反过来。"

　　"这也是您亲眼看到的吗？"

　　"我不能写我自己没有亲身经历过的事情。书里写到的一切，都是我亲眼见过的。所有人都看到了。"

　　"您怎么解释这种仇恨的爆发？"

　　"这就像是一场集体癫狂，一种心理病。没有人明白他到底在干什么。所有人突然都往同一个方向冲，就像盲目跟随一头领头牲畜的畜群一样。其中也有戈尔巴乔夫年代的因素，这也是不能忘记的；

---

　　①　土耳其左派诗人、剧作家、小说家，赞赏苏联社会主义制度，多次遭土耳其当局逮捕，后流亡苏联。

　　②　土耳其著名作家，2006年获诺贝尔文学奖。

什么都变贵了，只有人不再有价值。每个人都可以买到人，只要有几个就足以释放出暴力来。我不明白为什么戈尔巴乔夫在德国这么受人推崇。对我来说，从 1988 年到 1990 年的每一天都是一场个人悲剧。每一天。"

"为什么说是个人悲剧？您自己也受到攻击了吗？"

"我有那么多朋友都必须离开。我和亚美尼亚人的友谊对我来说比独立还珍贵。"

"您说，所有人都看到了这些。如果一个社会的人都看到了这么些可怕的事情，有些人甚至也犯下了可怕的罪行，但是没有人谈论它，那这个社会会发生什么呢？"

"这个社会会变得冷漠无情。它会变得麻木不仁。就像我这代人一样。就像我的同行一样。"

他不想抱怨，也不想对他的社会做评判，艾力斯利继续说，他想开启找到言说话语的可能性。所以这本书里的主人公不是亚美尼亚人，而是一个是以人的良知行事的阿塞拜疆人。每个人都能认同他。所以小说也涉及了那些被集体赶出亚美尼亚和纳戈尔诺－卡拉巴赫的阿塞拜疆人的痛苦。

是的，这是《石梦》中另一个了不起的段落：萨戴伊自己在语言上和宗教上都已经皈依了受害者，他并不想面对这个事实，但是他妻子却提醒他道，仇恨和暴力存在于两边，亚美尼亚人"就因为他们把我们也当作了土耳其人，就对我们吐唾沫。如果土耳其人屠杀过你们，那你们就去土耳其和他们算账啊，我们和他们有什么关系？这样的亚美尼亚闹事鬼比我们自己那些好到哪儿去了？你为什么不好好想想，亲爱的？这些事儿开始以后，你就不再是你自己了。"

萨戴伊当然是有了心理阴影，他对事件的看法也是主观的。他只埋怨一方，也就是他自己这一方。但是这不就是文学的任务吗：

305

/ 280

批判自己而不是批判别人，恰恰是在别人已经被说成了敌人、威胁和野蛮人的时候？同时，文学也打造了一个发出不同声音的空间：也包括萨戴伊妻子的声音，她对他的反对同样有道理。

"是啊，真相有许多。"阿克拉姆·艾力斯利说。我们的桌子这时候已经堆满了甜食，但是他脸上的微笑却消失了："每个人看到的都不一样。同时每个人也都知道发生了什么。每个人都知道的。我不想在这些话没有说出来之前死去。"

"您相信与亚美尼亚隔绝的边界会有一天重新开放吗？"

"我相信，但是我说不出是哪一天。我们首先必须改变自己。只要我们还在这样一个由 10% 的盗贼统治整个国民的国家，就什么都不可能发生。"

"那在亚美尼亚情况有差别吗？"

"不，那边也是这样，"艾力斯利说着又笑了起来，"这一点上我们倒是彼此很像。"

"您会活到边界打开的那一天吗？"

"我希望会。"这位作家回答说，停顿了一下，他的脸又变严肃了。"我相信，如果我不相信这一点，我早就死了。"

"那就祝您健康。"我举起了装有格鲁吉亚葡萄酒的杯子，我作为好德国人，坚持用这种酒而不用法国葡萄酒，这样至少做到了生态平衡，虽然还说不上是爱国主义。

阿克拉姆·艾力斯利这时又微笑了："我的书被烧了。我的妻子和我的儿子丢了工作。我受到威胁和咒骂，我的同行和朋友回避我。但是我看上去像是个悲伤的人吗？"

"不，您真的不像。我觉得很诧异。您是怎么做到的？"

"我还是赢了：书出版了。这件事没有人能再撤销掉了。它甚至还被翻译成了很多门语言。作者受到攻击，很可能对于书来说还有益处。我赢了：发生过的事件，总算说出来了。我一心要实现的，也就莫过于此了。"

　　我想，阿克拉姆·艾力斯利在每说一句话时，几乎每一句话都微笑是有道理的。他的《石梦》同样也属于百年之后人们还会读的书，而那时候世界上不会再有谁还记得那个总统了。

文学博物馆前的诗人尼扎米（Nizami）①雕像愤怒地透过封锁街区望着赛车跑道。虽然用波斯语进行诗歌创作，但由于尼扎米1141年出生在占贾，他在阿塞拜疆被尊作民族诗人。文学博物馆外墙上还挂着一些19世纪以及20世纪早期文学家的画像或是半身像，他们其实都是波斯文学的一部分。不过阿塞拜疆有足够的理由颂扬这些作家，毕竟不仅他们曾经生活过的地方现在是这个国家的领土，而且他们也为这个国家奠定了根基。同德国和白俄罗斯一样，阿塞拜疆一开始也是一种文学上的理念。这些诗人、小说家和剧作家将自己视作民族主义者，他们想要引导自己的民族进入现代化。然而，这种行为的意义并不能等同于两次世界大战以来所流行的民族主义含义。单单民族这个词语就还有一层不一样的、解放的色彩，它尚没有突变成仅仅表示狭隘种族、语言与宗教的含义。比如米尔扎②法塔利·阿坤扎德（Fathali Akhundzadeln）——如今国家博物馆是按照他的名字命名——他不仅为突厥语言设计出了拉丁字母并在19世纪中期通过自己的小说创建了阿塞拜疆散文文体，同时，他还是波斯民族浪漫主义的领军人物。伊朗的世俗化力量至今都尊敬地将米尔扎阿坤扎德视为启蒙者和宗教批判者。阿坤扎德十分赞赏欧洲的哲学与文学，这对于19世纪东方国家的民族主义者来说是理所当然的。所有在圣彼得堡或者莫斯科创作以及翻译的书籍在巴库也受到了知识分子们的热烈欢迎，他们用俄语阅读，用土耳其语交流，又用波斯语写作。民族主义并不意味着献身于某一个民族、将自己的民族置于其他民族之上或是只和与自己种族、语言或是宗教一致

---

① 波斯诗人以及波斯文学浪漫主义时期的重要代表人物。

② 在波斯语中为贵族名称的前缀或后缀，也用作学者、官吏等的敬称。

的人联盟。民族主义也可以是一种博爱，建立在多种文化之上，反对所有压迫，无论是殖民压迫还是本土力量的压迫。

现代的理念不仅从巴黎和伊斯坦布尔，也从巴库、占贾和第比利斯这种波斯文化深深扎根但是沙阿的审查鞭长莫及的地方传入伊朗。这也就造成了位于伊朗的阿塞拜疆族裔聚居区的城市大不里士（Täbris）成为伊朗启蒙的枢纽，而不是首都德黑兰（Teheran）。1906 年，大不里士成为伊朗宪法革命①的中心。陈列柜里展出了巴库的各种波斯语报刊，报刊对自由、世俗化和权利的宣扬如此激烈，以至于在现今看来令人难以置信，就算是在当时的欧洲也颇为少见。杂志《毛拉纳斯尔丁》（Molla Nasreddin）②得名于民间文学中的一位诙谐人物，该杂志第一次在伊斯兰世界传播了批判宗教的讽刺小品文和漫画作品。一位访客在发现我能读懂橱柜上的文字之后在陈列柜前用波斯语同我攀谈起来。他告诉我，《毛拉纳斯尔丁》的主编米尔扎贾利尔（Jalil）和自己的妻子一起在俄国人到达之前逃往伊朗。但是伊朗的落后让贾利尔感到十分厌恶，他甚至拒绝说波斯语。还在边境的时候，他就惊恐地看到，那里的女性们全都裹得严严实实，走在男人们的身后。守斋尤其盛行，举国上下都要斋戒。米尔拉贾利尔回到了巴库并创办了《毛拉纳斯尔丁》，对毛拉们施以冷嘲热讽。

人们是否还知道阿塞拜疆与伊朗曾紧密地联结在一起？不，他们不知道，这位内行的访客回答我，他是一所大学的历史系教授。如今两个国家之间几乎没有交流。就连伟大的伊朗电影在巴库都很罕见。比起伊朗的当代文化，人们对尼扎米所处的时代或者欧洲电

---

① 伊朗反帝反封建的资产阶级革命，群众要求召开议会，制定宪法。

② 毛拉是对伊斯兰教学者的尊称；纳斯尔丁即阿凡提的原型人物，这本来是一个传奇人物，生活在 13 世纪的土耳其人，以聪明善辩著称。

影人了解得更多。

　　这不仅仅是由于苏联对阿塞拜疆进行了全面的俄罗斯化，比百年前的沙皇统治时期还要彻底，而且也是出于时下的政治原因：虽然两国都属于什叶派并且阿塞拜疆族在伊朗是仅次于波斯族的第二大民族，但是伊朗这个伊斯兰共和国①在纳戈尔诺－卡拉巴赫冲突②中从一开始就站在了信奉基督教的亚美尼亚一边。伊朗还早于德国议会承认了阿塞拜疆人对亚美尼亚人的种族屠杀，甚至将 4 月 24 日定为官方的纪念日，当天还有亚美尼亚居民的纪念日游行。这不仅仅体现了伊朗对国内亚美尼亚少数民族的高度尊重——他们从此拥有了很高的社会声望——同时也是在现实政治上与阿塞拜疆对抗。伊朗指责阿塞拜疆支持阿塞拜疆族的伊朗人从事分裂活动（同样的，阿塞拜疆也怀疑伊朗要输出它的国家伊斯兰教）。相反，在化名为库尔班·萨义德或艾萨德·贝伊的列夫·阿伯拉莫维奇·纳西博姆笔下，爱着格鲁吉亚姑娘尼诺的阿里既反抗俄罗斯在阿塞拜疆的殖民政权，又在伊朗成为反抗卡扎尔（Kadscharen）③王朝极端统治运动的一分子："波斯就像一位白发乞讨者张开的手掌。我希望，这只枯槁的手掌能成为一位年轻人握起的拳头。"阿塞拜疆的独立运动以及伊朗的宪法民主都失败了：巴库经历了一个短暂的去宗教化民主共和政体，并早于许多欧洲国家引入了女性选举权，随后却并入了

---

① 又称回教共和国，是实行共和制的伊斯兰国家，代表国家有伊朗、巴基斯坦、阿富汗、毛里塔尼亚。

② 纳戈尔诺－卡拉巴赫地区（简称纳卡地区）位于外高加索，苏联时期是阿塞拜疆西南部的一个自治州，多数居民为亚美尼亚人。由于对当地经济和生活条件不满意，纳卡地区的亚美尼亚人一直谋求将纳卡并入亚美尼亚。苏联解体后，阿塞拜疆和亚美尼亚两国为争夺纳卡爆发战争，亚美尼亚占领了纳卡及其周围原属阿塞拜疆的部分领土。1994 年，两国就全面停火达成协议，但至今仍因纳卡问题处于敌对状态。

③ 艾哈迈德·卡扎尔是伊朗卡扎尔王朝的最后一位沙阿，于 1925 年被正式罢免。

苏联，而在伊朗，哥萨克领袖礼萨·巴列维（Reza Pahlewi）① 则于1925年将原本的君主立宪政体变回了专制统治。"父亲，亚洲已经死了。我们的朋友们都牺牲了，我们自己也被驱逐"，阿里在战场弥留之际控诉道。而他与尼诺的爱情故事也像所有其他小说中那样以悲剧收场。"你是一个勇敢的人，阿里·汗"，父亲安慰他。"不过，什么是勇敢呢？欧洲人也很勇敢。你，以及所有与你一起斗争的其他人，你们不再是亚洲人了。我并不恨欧洲。欧洲对我而言根本无所谓。你之所以恨它，是因为你自身就带有欧洲的一部分。你上的是俄罗斯学校，会拉丁语，你有一位欧洲妻子。你还身处亚洲吗？如果你胜利了，你会亲自把欧洲的一切引入巴库，即使这并非你本意。"

距离尼扎米的塑像不远处是木偶剧院。剧院坐落在老城墙的另一侧，也就是内侧。那里正在排练尼扎米的史诗《莱伊拉和马季农》（Leila und Madschnun）。于泽尔·哈策贝育夫（Üzeyir Hacıbəyov）② 从这个悲伤的故事——夜之精灵莱伊拉是敌对部落的一位姑娘，王子马季农因为对她的爱恋而变得疯狂——当中获得灵感，在1908年谱写了阿塞拜疆史上的第一部歌剧。演奏片段出人意料地把东方音程与弦乐器顺畅地加进了欧洲交响乐，而每段演奏之间的间隔则用来对尼扎米的诗节进行即兴演唱。尼扎米的诗让每一个热爱玛卡姆音乐的人都感到心碎。当然，歌剧保留了19世纪的一些木偶姿势。如今，这些姿势在"尊重原著"的表演中时常显得不甚合适或者滑稽可笑。精致而又易碎的木偶做出环抱前胸的动作，

---

① 即礼萨·汗，卡扎尔王朝因为英军入侵波斯而变得衰弱，巴列维家族顺势推翻了卡扎尔王朝。1925年，礼萨·巴列维成为波斯帝国的统治者。1935年，更改国名为伊朗。1979年，巴列维王朝覆灭。

② 阿塞拜疆著名作曲家。

或者在情人面前无力地下跪前行，恰恰是通过这样的陌生化（台上一直能看到木偶操作师），人们可以真切地感受到波斯的爱情传奇以及早期的恋爱故事中那些浓烈的情感，而不是像在现代演出中常发生的那样，为了避免过于激情勃发，情感都被拉低到了电视剧的水平。坐在巴库木偶剧院昏暗空荡的前排座位，我开始想象，在拜罗伊特音乐节上，特里斯坦（Tristan）与伊索尔德（Isolde）① 不是由穿着商务西装的老气歌唱家，而是不由分说地由木偶扮演，他们最终羞怯地躲到书桌后面，为爱殉情。

仍然沉醉在歌唱与木偶当中的我们搭乘了一辆出租车去寻找比迄今在旅程中所见更远的过去：位于巴库南部大约 30 公里处的戈布斯坦（Qobustan）岩画，距今已有长达 15000 年的历史。公路上幸好没有太多的城墙阻碍视野，我们朝左可以看到海面，朝右可以看到荒漠，左手边是海上石油平台，右手边是燃气焰火。自然与科技组成的这样一幅全景画面只能在少数几个国家见到。岩画位于海岸

边高耸的崎岖山脉里，是在 1930 年代末由一位工人偶然发现的，那时苏联全境的考古学家要不被射杀，要不消失在了古拉格劳改营。直到那时，阿塞拜疆都不曾有过考古，博物馆馆长菲克拉特·阿卜杜拉耶夫（Fikrat Abdullayev）向我们解释了政府当时允许挖掘岩画的原因。可能巴库的相关委员会根本不知道考古是颠覆性的，毕竟报纸上也没有刊登"黑乌鸦"带走了谁。

阿卜杜拉耶夫领我参观了巨大岩石上画着的舞蹈者、母亲、猎人、哀悼者和乞讨者。看完之后我不禁想问，整天穿梭在这些 8000 年、10000 年，甚至 15000 年前的物品之间的人会不会有着另外的时间感。曾经在这里舞蹈、生育、埋葬双亲、获取生存所需食物

---

① 《特里斯坦与伊索尔德》中的主要人物，该剧是由德国知名作曲家理查德·瓦格纳撰写的三幕歌剧。

以及祭拜神灵的人们已经不剩一丝痕迹。他们的居住地、语言、历史以及人名都无从得知，只留下了整个民族的名字和一些岩画。而这些岩画又是如此的不显眼，以至于没有指示牌的话，远足来的人很容易就会错过。

"是的，当然，"阿卜杜拉耶夫回答道，"人们会有一种这一切早就存在于此的感觉。"

"但是在20世纪发生了这么多的事，就在世界的这片地区：革命、战争、制度更迭、迫害，等等。"

"我的意思是：从这里看的话，这一切都不过是个瞬间。而我确信，这一切曾经也都发生过，革命、战争、制度更迭、迫害。"

"这就意味着，世界不会变得更好或者更糟。"

"现在，人们自从15000年以前就认为，过去才更好。"

"不过，进入20世纪的时候，人们曾把美好世界的希望寄托在未来。"

"就像刚刚说的，这样的一个世纪不过是一个极其渺小的瞬间，不值一提。"

"那么您自己是何种看法呢？"

"您指什么？"

/ 286

"您也认为，过去更好吗？"

"我现在老了，而过去我很年轻。所以我也认为过去更好。就是这样简单。"

晚上是我最后一次在巴库的新城闲逛，这座新城刚刚100岁。我渐渐地熟悉了赛车跑道，知道如何从这里走到那里且不被一级方程式锦标赛阻碍。是的，这些广场和林荫大道最终还是引起了我的好感，虽然它们相对于我多愁善感的心而言还是有些装饰过度了。在经历了第比利斯混乱的资本主义之后——那儿的每个角落里都坐落着些不一样的东西——我几乎已经开始认可独裁城建计划的优越性了，如果文物保护能受到与纪念总统父亲一样的重视。诚然，在一杯啤酒 3 欧元、一管水烟 8 欧元的价格下，人们能够感知，坐在咖啡馆和餐厅的人绝不来自普通人群——但是在巴库刚刚进入现代化的时候，情况难道有所不同吗？数不清的露台上的桌子旁都坐满了人，林荫大道也每晚都是人。至少在游客密集的地区，这座城市显得同过去一样国际化：伊朗人、俄罗斯人、土耳其人、以色列人、阿拉伯人、西欧人以及这周来观看一级方程式赛车比赛的游客，后者已经能组成一个小小的独立民族了。到处都插了足够的旗子，赛车一开过，随即飞扬。但是完全不显得魅力四射，就连上了年纪的男人和女人都还穿着搬运工的短袖、百慕大短裤，文着文身。当地人对此并不在乎，尤其是年轻人，他们或许只能买得起一支冰激凌或者只能喝着超市的饮料，听听其他某位年轻人在公园长椅上弹奏的吉他。不论他们是如何看待这个时代以及自己的统治者的，他们很明显非常享受巴库再次焕发的光彩，至少很享受市中心、里海边的林荫道以及直达机场的那段路，因为这条路不是建在墙之间的。

　　我在起飞前又去了一座犹太会堂。艺术家萨比娜·希赫林斯卡娅对阿塞拜疆尽管有种种批判，但恰恰觉得犹太人的生活在这里不仅得到了宽容，而且得到了保障，变得闲适。而她自己的父母就像许多犹太人一样在 1980 年代末期民族主义狂潮爆发时毫不犹豫地迅速逃离了巴库。但萨比娜说，这与其说是因为他们的宗教，尤其是她父亲的宗教（萨比娜的母亲是穆斯林），倒不如说是他们说的俄语导致了麻烦，说俄语一下子成了危险的事。萨比娜留了下来，而且并不后悔这个决定。她喜欢她的国家，也很喜欢今天的巴库。所以让我看到笼罩在阿塞拜疆的历史上的阴影之外的东西，对她来说很重要。在我听到活生生的意第绪语之后，我曾怀着几分激情在敖德萨写道，可能除了犹太人的生活再没有更好的标尺来衡量欧洲是不是成功的了。但是事情没这么简单。我在阿塞拜疆了解到，这个国家没有给自己的公民自由，却给了犹太人一个安全的家园。政府不仅支持新建犹太会堂，还和以色列维持了最好的关系，对伊斯兰主义 ① 则以铁拳打击。本雅明·内塔尼亚胡（Benjamin Netanjahu）② 来访过，门厅里一张大照片上可以看到他。阿塞拜疆的国旗和以色列的国旗和睦地并排飘扬——还有哪个伊斯兰教国家会有这样的景象？

　　"这儿所有的犹太人都有两本护照。"米利克·耶夫达耶夫（Milikh Yewdayew）乐呵呵地说，他既是拉比又是巴库的山区犹太人 ③ 的社区领袖："所有人。"

---

① 指一种主张伊斯兰不仅是宗教信仰，还是一套政治体制的意识形态。

② 以色列现任国家总理。

③ 或译作"高山犹太人"，指生活在达吉斯坦和阿塞拜疆北部的犹太人族裔。

与阿什肯纳兹犹太人①——耶夫达耶夫看起来有点儿鄙视这一支犹太人族裔——不同，他们更注重自己的传统、自己的语言，还有自己的故乡村庄：所以今天已定居在以色列的那些人还会定期回来。因为山区犹太人一直以来都家底殷实，所以大部分人也出得起这个钱。然后耶夫达耶夫就自豪地带我参观了教堂各个空间，还给我看了厨房。穆斯林员工和犹太员工正在那儿叮铃哐啷地清洗早餐餐具。我很少看见阿塞拜疆人戴头巾，在整趟旅行中看到的比在科隆的埃格尔斯坦因街区一个下午看到的都少——而在这个跨宗教的洗盘子行列中所有人都遮住了头发。

"那你们说什么语言？"我在耶夫达耶夫向我介绍几位喝茶的男士时天真地问——女士们这会儿都在工作（很显然这里的性别角色分工和在穆斯林社会中的一样）。

山区犹太人是在 17 世纪前后从伊朗移民到此的，耶夫达耶夫解释说，所以他们说的是一种波斯语方言，它不像新波斯语那样混杂了阿塞拜疆语。

"波斯语？"

"是的，波斯语，但是是犹太波斯语，和人们今天在伊朗说的差得很远。"

这时候这位拉比兼社区领袖就用他的、我们的语言和我交谈起来。我能听懂的比例就和我在敖德萨听意第绪语能理解的比例相仿。

"一根棍子有两端。"第一人称叙事者阿里如此来讲述他在爱上尼诺之后经历的外部变化。而化名艾萨德·贝伊和库尔班·萨义德的列夫·阿伯拉莫维奇·纳西博姆也许也是在写他自己：身为俄国父亲与格鲁吉亚母亲所生的儿子，他在阿塞拜疆接受了德式教育，

① 指在中世纪居住在德国，后迁居东欧的犹太人族裔，他们多以意第绪语或斯拉夫语为母语。

虽然是犹太人，但皈依了伊斯兰教，却又一生与犹太世界牵扯不断，被教友骂作"编造假史的犹太人"，但至死他都认真对待和实践着伊斯兰教，他是在柏林一跃成为写出《文学世界》的明星级作家的东方人，是作为犹太人在1942年被迫害致死，作为穆斯林下葬在意大利的波西塔诺小镇的欧洲人，为之哀悼的有约翰·斯坦贝克（John Steinbeck）①、盖哈尔特·豪普特曼（Gerhart Hauptmann）和绝大部分在政府机关前巧妙隐瞒自己的无国籍犹太出身的村民："一根棍子有两端。顶端和末端。如果把棍子倒过来，末端在上，顶端在下。而棍子本身没有变。我也是这样。"

---

① 美国20世纪著名作家，1962年获得诺贝尔文学奖。

/ 第四十三天　埃里温

　　黑海与里海间的这块小小土地上有如此多的国家、变节的地区以及自治共和国，故而过境不仅是个极具特色的事情，而且人们不一定能自主决定穿越边境的顺序。如果从格鲁吉亚出发去伊斯法罕（Isfahan）①，那么先到亚美尼亚和纳戈尔诺－卡拉巴赫的路线更近。但如果这样走的话，人们在阿塞拜疆就会被拒之门外，因为阿塞拜疆认为纳戈尔诺－卡拉巴赫是块被封锁的区域。因此人们必须从第比利斯先向东走，到达巴库，然后再到位于西边的亚美尼亚并从那里继续东行之旅，穿过纳戈尔诺－卡拉巴赫，到达伊朗。因为阿塞拜疆与亚美尼亚之间的边界是封锁状态，如果人们想要回到西边的话，要么得向北在格鲁吉亚绕个弯——然而那里我已经去过了——要么得向南在伊朗绕个弯，那里我本来打算最后再去的。最终，我在巴库登上了飞机——直飞航班已经没了——并于 2017 年 6月的一个清晨到达了埃里温（Eriwan）②。亚美尼亚人曾先后被罗马人、安息帝国、拜占庭人、萨珊王朝、阿拉伯人、塞尔柱人、蒙古人、鞑靼人、马木留克人、萨非王朝、土耳其人以及俄罗斯人征服，而如今他们不再允许自己被其他国家的人指手画脚。航班经停维也纳的时候，奥地利人对这一点深有体会：空乘费了九牛二虎之力才让在机舱里走来走去的老妇人们恢复理智，而那时奥地利航空的班机已经在起飞道上转弯了。有人一定要在飞机达到飞行高度之前再和最后一排的亲戚交代点什么，有人一定要把自己的第四个手提箱放在行李架上，还有人想要近距离地看看这两个人引起的骚乱。"她是个蠢货"恐怕还是乘务长听到的最友好的一句话。

---

① 伊朗中部城市。
② 亚美尼亚共和国的首都。

　　还没下飞机，我就想直奔亚美尼亚民族屠杀纪念碑——是的，也可以说是朝拜，因为建在城市前面山丘上的纪念碑就像是一座寺庙。因为雾气的存在，从那里望向阿拉拉特山（Ararat）①的视野成为一种预兆，不过海克·德莫扬（Hajk Demojan）不认为这是个好主意。他是 1995 年落成于山顶的屠杀博物馆的负责人，他认为，流散在外的族人倾向于从民族灭绝的角度来定义亚美尼亚。而在亚美尼亚国内则存在着民族身份认同的其他方式：民族独立、纳戈尔诺 - 卡拉巴赫、基督教、亚美尼亚的原始文字，甚至是让 3 万亚美尼亚人沦为牺牲品的斯大林主义以及让 60 万亚美尼亚士兵参战、30 万士兵牺牲的二战。对于散居在外的教徒来说，每一天都是 1915 年的 4 月 24 日，因为他们远离原始居住地的生活就开始于大屠杀的第一天，当时 250 名亚美尼亚教团的代表在短短几个小时之内就被伊斯坦布尔当局逮捕了，包括文学家、政治家、作曲家、教会人员和军官。相反，当地人在 4 月 23 日和 4 月 25 日以及剩下的其他日子里仍然生活在自己的国家。散居在外的教徒或许可以永远记住这样的仇恨，但亚美尼亚总有一天要和自己的邻居和解。

　　我想知道，亚美尼亚的回忆文化与以色列的记忆政策有着何种区别。德莫扬回答我，亚美尼亚人在 1915 年之前就在这片土地上生活了数千年之久并且在 1918 年就建立了自己的第一个独立共和国，这是莫斯科革命以及沙皇军队撤退的结果，而不是种族灭绝的产物。

　　"在您构想展馆的过程中这又意味着什么呢？"

　　"当然，我们研究了所有类似的展馆，包括以色列犹太大屠杀纪念馆。在这个过程中，有一个最重要的方面突显了出来：不仅要回忆失去的，也要记住留下的。"

　　当我们从办公室里出来的时候，我回想到了华沙的犹太历史博

———————————

① 土耳其东部山脉。

物馆。如同米歇尔·莱瑟罗维茨（Michael Leiserowitz）认为的那样，对于以色列的青年一代来说，记住在东欧发生的这两件事同样重要：不仅要记住大屠杀，也要记住犹太人在这之前的生活。博物馆所展现的客观性让我感到非常惊讶，这样的客观性让它超越了苏联惯用的浮夸，同时也没有像克拉科夫的辛德勒博物馆或者柏林犹太博物馆的沉默之塔那样让记忆文化变得美国化：既没有煽动，也没有情感带入，取而代之的是客观的信息。当然人们也会体验到被某种情感占据的时刻，但这一切都建立在被记录下来的史实之上，即使由于时间间隔太长，记录的事实会有所模糊。例如人们只能依稀从黑白相片中辨认出被钉在十字架上的人、被绞死的人、饿死的人、受屈辱的人以及他们惊愕的孩子。这种能够让人们看到难以想象的事情的想象力，即看到夺去人们个体以及灵魂的绝对的恶，恰恰是这些在展览中放大了多倍：从后方打光的模糊、褪色甚至发皱的老照片为这样的想象力打开了大门，照片就是通过这扇大门深深地浸透到了人们的情绪当中。

凡是到过以色列大屠杀纪念馆的人都会不自觉地把它与埃里温的这座展览馆进行比较。一个显著的差别是：埃里温的纪念馆不仅仅是用来，或者说，不主要是用来塑造民族自信的，它更像是把这场犯罪当作一个客观存在并邀请人们对之进行观察。它摆出了一项又一项的证据：居民人口、教堂数量、亚美尼亚村庄的位置、引文、纪录片、照片、亲历者的报告、证人的叙述，就好像纪念馆要消除掉所有对大屠杀真实性的质疑似的，虽然亚美尼亚人并不会对此存疑。展览不仅让那些拯救了亚美尼亚人的"圣人们"发声，并且也让那些同情亚美尼亚人并且控诉刽子手的土耳其人或者其他穆斯林表达了自己的观点。通过这样的方式，埃里温的纪念馆果断避免了各民族互相敌对的局面。海克·德莫扬指出，到访这里的土耳其参观者比设想的要多，考虑到两国糟糕的政治关系，人们或许以为不会有这么多的土耳其人会来：不仅有游客，还时常有记者、学者、文学家前来。因为展馆的与众不同，人们表示很高兴有它的存在。恰恰是通过这样的对比，人们尤其能注意到埃里温大屠杀博物馆的努力：他们想要与历史和解，而不是把过去当成民族间不能互相理解的借口。

除了区别，两座博物馆之间的相似之处也同样引人注意：为了表现犹太人不仅仅是牺牲者的一面，以色列大屠杀纪念馆突出了华沙犹太贫民区的斗争历史。同样的，埃里温的博物馆也突出了人民的英勇抗争。因为不论是在以色列，还是在亚美尼亚，仅仅依靠叙述苦难的历史无法号召人们做好准备，为年轻的祖国抵御新的威胁。因而在博物馆——应当说是在整个亚美尼亚，因为许多学校和广场都是以他命名的，并且他在逝世后获得了亚美尼亚的国民身份——弗朗茨·韦尔弗（Franz Werfel）①被赋予了一个特别的角色，他为亚美尼亚抗战树立了最大的一座丰碑。展柜里展示了 1934 年第一版的《穆萨达的四十天》(Vierzig Tage des Musa Dagh)，九年之后——与以色列大屠杀纪念馆再一次有了关联——小说在华沙的犹太人聚居区流传开来，当时人们正在应对渐渐变得希望渺茫的斗争："每当土耳其人开始进攻时，人们就开始以一种——我无法用其他词来描述——出于无聊的安定感予以还击，仿佛对他们来说活着或者死亡都一样，他们并不太在乎将来会栖居在生或死的居所里。"韦尔弗没有把对亚美尼亚人的种族灭绝看作远古民族或者宗教冲突的产物，而是把它放在了民族主

---

① 奥地利作家。韦尔弗生于布拉格的犹太富商家庭，1915~1917 年在奥地利军队服役，之后和穆齐尔、布莱一起在维也纳战时新闻社工作，从此成为职业作家。1938 年法西斯统治奥地利时流亡法国。1940 年逃往西班牙，后经葡萄牙去美国。1945 年死于美国。

义意识形态的语境中看待。同样的，埃里温的展览也描绘了奥斯曼帝国的失败、年轻土耳其极力追求的现代主义以及欧洲利益政策所造成的动态局面。1915 年的 4 月 24 日不是代表着一场圣战的开始，而更多的是标志着 20 世纪这个种族灭绝时代的开端，甚至比 1914 年 6 月 28 日的萨拉热窝刺杀事件更具标志性。"如今还有人谈起对亚美尼亚人的毁灭？"展览引用了阿道夫·希特勒在 1939 年说过的这句话。这句话证实了弗朗茨·韦尔弗的远见，他早在亚美尼亚人的命运中窥见了犹太人的不祥之兆。韦尔弗在小说中依据历史流传再现了恩维尔帕夏（Enver Pascha）① 与若阿内斯·莱普修斯（Johannes Lepsius）② 的一段对话："幸亏德国没有，或者说，只有少数内部敌人"，这位战争部长以及种族灭绝的主谋是这样反驳德国传教士的。"但假设存在内部敌人，比如法兰西阿尔萨斯人、波兰人、社会民主党人士以及犹太人比如今现实中的数量要多得多，那么请问莱普修斯先生，您难道不会采取一切手段，把您正在苦苦挣扎、被外部敌人包围的国家先从内部敌人的手中解救出来吗？"

恩维尔帕夏 1915 年说的这几句德语，谁读到了都会立刻察觉到德国进行犹太大屠杀的粗暴逻辑。弗朗茨·韦尔弗本人也在这位奥斯曼政治家身上看到了熟悉的身影，即弗朗茨·卡夫卡 1914 年为他朗读的一部未发表小说《在流放地》（In der Strafkolonie）中的人物。那位看管杀人机器的军官并没有那么残忍或是粗暴。相反，他的行为举止以及言语格外有教养。他身上突显的是另外的特质：他

---

① 一战同盟国阵营的奥斯曼帝国三巨头之一，其他两个巨头是穆罕默德·塔拉特帕夏及杰马尔帕夏。他是奥斯曼帝国青年土耳其党人的领袖。一战结束后，他在帕米尔高原参与巴斯玛奇运动，被苏联红军击毙，享年 40 岁。

② 德国新教传教士，东方主义者和人道主义者，曾致力于在奥斯曼帝国防止亚美尼亚种族灭绝。他也是德国亚美尼亚协会的创始人之一和第一任主席。

不了解传统意义上的道德为何物，不了解那些无法用实用性衡量的价值观。他的论据全是毫无怜悯的实用主义。"如果这个人是个恶人就好了"，这句话同样适用于恩维尔帕夏。"如果他是撒旦就好了。然而他不是恶人，也不是撒旦。这个无情的大众刽子手像儿童般无邪，招人喜欢。"对韦尔弗而言，战争部长以及卡夫卡笔下的军官都代表着"令人窒息的一类人"，他们"存在于罪责与烦恼之外"，因为他们"克服了所有的情感"。按照恩维尔帕夏的种族灭绝思想，虽然遗憾，但是出于"不可避免的国家必要性"，民族群体当中已经没有位置留给像亚美尼亚人这样的"鼠疫杆菌"了。对他们进行迫害和毁灭并不是目的本身，甚至不是出于纯粹的杀戮快感。这是推行一项"现代化"人口政策的手段，这项政策致力于建立一个纯种的土耳其民族国家。同恩维尔帕夏想要在巴尔干战争当中通过种族清洗建立民族国家类似，阿道夫·希特勒1924年在慕尼黑人民法庭上除了援引墨索里尼之外，还列举了恩维尔帕夏作为"觉醒"德国的榜样，恩维尔帕夏曾成功地为君士坦丁堡的罪恶之地"消了毒"。

我在穿越高加索山脉时，曾有一瞬间以为自己把德国在20世纪书写的历史抛在了身后。但是我现在意识到，埃里温的这座博物馆同时也是德国的纪念地，不仅因为柏林的皇室政权默许了种族屠杀并且大量身处奥斯曼军队要职的德国军官还积极参与其中。这里也记下了在种族大屠杀以及政府组织的集体谋杀之前会发生什么。同时作为一个先前到过格鲁吉亚和阿塞拜疆的德国人，我此时看着在跨高加索地区的三个国家里发生的这一切深有感触，仿佛是在看一部由犹太出身的德语作家写成的民族小说。韦尔弗突出了种族灭绝的现代性、年轻土耳其人从欧洲学来的种族主义、他们对"宗教仇恨的狂热"以及"毫无理智地崇尚所有形式的西方进步的激进西化"态度。这些描写可以帮助土耳其读者，将《穆萨达的四十天》理解成一部有关土耳其的小说——而不再把对亚美尼亚人的谋杀和迫害看作西方羞辱与贬低土耳其的宣传策略的一部分，就如同西方当年反奥斯曼帝国时用过的那种策略一样。这一点对孕育了执政的正义与发展党① 的社会阶层来说格外有意义。因为韦尔弗笔下对"土耳其平民"、"农民或者低贱的城市居民"的描写如今读起来几乎都可以说是种美化。他也赞美地写到传统伊斯兰学者，尤其是泛神论神秘主义的伊斯兰学者，这些人认为土耳其感染上的民族仇恨是现代社会的"最危险的瘟疫"。"这种仇恨是把自己的罪责推脱给邻人，是最恶毒的学说"，阿伽·利法特·巴拉卡特（Agha Rifaat Barakat）抱怨道，他不仅预言了亚美尼亚人的毁灭，还预见了土耳其民族的没落，如果"可笑的效仿者无赖在伊斯坦布尔"取得胜利的话，那都是些"效仿者的模仿者，这些穿着燕尾服和小礼服的猴子，这些泄密者，这些想要毁掉上帝的宇宙，只为了能自己得到权利与金钱的无神论者"。

　　那个时候，亚美尼亚人不仅会在清真寺内被臭骂，他们还会被村子里的邻居殴打、谋杀、洗劫，不论是展览还是小说都淋漓尽致地展示了这一点。然而韦尔弗一再提醒人们，"毫无保留地站在恩维尔的亚美尼亚政策后面表示支持的"主要是以欧洲为导向、追随政权归还俗人主义的中产阶级。"穆迪尔② 时常在巡视途中惊讶地看到，在被自己下达了驱逐命令的村子里，土耳其人与亚美尼亚人聚在一起，抱头痛哭。更惊讶的是，亚美尼亚人的房子前站着抽泣的土耳其邻居们，他们朝着正从屋子里走出来、无暇顾及四周、没有眼泪、已经石化的亚美尼亚人喊道：'愿真主保佑你们。'甚至还送去了口粮、许多礼物让亚美尼亚人带在路上，比如一只羊，甚至是

---

① 简称正发党，是一个右翼民粹主义的民族保守主义土耳其政党。它试图带领土耳其人找回自己奥斯曼的传统和伊斯兰的身份认同，自 2002 年起一直是土耳其的执政党。

② 奥斯曼帝国行政官的称呼。

骡子。穆迪尔还遇到过土耳其邻居陪着这些苦命人走了数里路的情况。更有甚者，他看到自己的同胞跪在自己面前，乞求道：'请您让他们留在我们这儿吧！他们有着错误的信仰，但他们都是好人呀。他们是我们的兄弟。请您让他们留在我们这儿吧！'"被埃里温博物馆名正言顺地赋予了特殊地位的犹太人弗朗茨·韦尔弗在维也纳这样写道，彼时阿道夫·希特勒在德国取得了大权。就算在当今，这也是有助于和解的话语。

我们穿过了一条数百米长的走廊，墙上刻着的是曾被清洗过的村庄名字。接着我们到达了一座广场，这里在 1965 年曾有过一座种族屠杀纪念碑——这在当时的苏联是轰动事件，因为苏联此前从未准许过自己的联邦共和国建造自己的纪念碑。"如果在斯大林时期公开谈论种族清洗，那么你就会得到一张去西伯利亚的车票"，海克·德莫扬说道并且指出，大约数十万从西亚美尼亚来的难民还没抵达就被当作土耳其间谍流放到了西伯利亚，被一起送走的还有他们的记忆。为了给后代留下证据，许多亚美尼亚人在自己的房屋墙体里掩埋了装满文件的金属箱。对历史学家来说这也是个古怪的情况，为了得到历史的真相居然要拆掉当事人曾经住过的房子。赫鲁晓夫倒台之后，亚美尼亚人对正视过去的诉求再也无法被压制：1965 年 4 月 24 日，数十万亚美尼亚人在歌剧院前抗议，要求建造一处官方纪念地。之前在格鲁吉亚发生的民主主义大集会遭到了残酷镇压，为什么在亚美尼亚的集会没有遭到镇压呢？德莫扬认为，亚美尼亚人相对好地保存了自己的语言、宗教和文化。也许是因为苏联对外宣称自己是所有亚美尼亚人的家园；也许是因为共产主义也一直在亚美尼亚人当中拥有许多追随者。也有可能是因为亚美尼亚苏维埃共和国 96% 的居民都是亚美尼亚人，是整个苏联内民族最为单一的共和国，因此莫斯科当局不用担心各民族间会爆发什么冲突。总之出于这样或那样的原因，教会、苏维埃亚美尼亚共产党先后加入了请求的队伍，不久后从莫斯科传来了同意建造纪念场所的批示。对此，游行者们自己都感到很惊讶。纪念场所名为"Mets Jerern"，意为"大犯罪"或者"大罪恶"。为了尽快地造成既成事实，埃里温的领导层在同一个星期就开始了建筑招标。

从照片上可以看出，人们是如何自觉地投身到建造工作当中，然后又是如何不知所措地站在落成的纪念场所前。因为年轻建筑师阿图尔·塔克汗雅（Arthur Tarkhanyan）设计的雕塑群十分抽象、静谧，在当时的苏联轰动一时：12 个排列有序的灰色圆形塔架，它们在一束永恒燃烧的火焰上方组成了一个拱形。旁边一座 44 米高的方尖形石碑直冲云霄，这是亚美尼亚人的自我主张，破碎的尖端象征着散居在外以及留在故土的亚美尼亚人之间的分离。没有一个字、一幅图，甚至没有一处装饰花纹或是雕刻，只有直直的线条以及整齐划一的灰色石头。不过作为轻声吟唱出的背景音乐，这还是一个建筑的合唱团，以军队的姿态歌唱着战争、抗争和"我们的血"。每年 4 月 24 日都有数十万人前往纪念碑朝圣，纪念碑所表现的先锋性好几十年都难以超越。天气晴朗的时候，他们能眺望到在与土耳其接壤的、被封锁的边境后面的民族之山阿拉特。之后他们就会回去，在 4 月 25 日恢复正常的生活，在种族屠杀博物馆馆长的眼中，这也是同等重要的一件事。

20 世纪最大的这两场种族屠杀之间正好隔着一代人，能够保存证据的一代人。在以色列、德国、东欧，当人类的记忆渐渐消失后产生的变化，我在埃里温的郊区已经体验到了。回忆消失这种事不会一蹴而就，而是在绵延发展，直到最后一个人去世。有时甚至不用等到最后一个人去世，而是在那之前就渐渐地褪色、变得模糊。霍夫汉内斯·巴拉班扬（Hovhannes Balabanyan）和母亲一起被拖拽到荒漠里的时候只有两岁。而现在他已经 104 岁了，是那场种族清洗最后的幸存者之一，甚至极有可能就是最后一个。他那时太小了，根本记不清长长的流放之路是怎样的。他的记忆最早只能追溯到叙利亚的哈马（Hama）①，追溯到母亲为了支付房租，在地毯厂打工的日子；追溯到为父亲忧心的那段时光，父亲和一半的男性村民都去了穆萨达防御；追溯到故土的丢失，大人们的谈话通通是有关于此；以及似乎包裹了所有未来的黑暗。与此同时，巴拉班扬的脑中错综复杂地交织着许多场景。听他说话时，人们往往分不清他是在讲自己的亲身经历，还是他孩提时偶然听到的事情，又或是他晚些时候读到的内容。

　　"他想要知道，你亲眼看到过什么，爷爷"，巴拉班扬的孙女朝他喊道，她比我的翻译更加了解如何让老人理解我的意图。巴拉班扬再一次提到了穆萨达，但是当时两岁的他是不可能亲自参与了战斗的。在这位老人的眼中，整个民族的历史似乎不可区分地成了他自己的故事。那是在亚历山大勒塔（Alexandrette）②的港口，那里有一艘法国船。到处是叫喊声、尖叫声、呼救声，我们很危险，救命！我们是亚美尼亚人，我们是基督徒。年轻一些的人为了上船跳进了海里，而年长一些的后来则被小型救生艇接了过去，还有带着孩子的妇女——巴拉班扬或许也在其中？不对，他在哈马，巴拉班扬突然记起来，她的母亲那时在地毯厂工作。

　　"您的父亲也是被圣女贞德号所救吗？"我提了这样一个问题，为了表明我已经从书中知晓了法国海军的救援行动。

　　"我马上就会告诉他，"霍夫汉内斯·巴拉班扬这样回答替我提问的孙女，"我想把整个故事都告诉他。"但是他已经104岁了，时常在细节处就丢失了自己，因为每个细节都同等重要，最后说着说着就分不清哪些是亲身经历，哪些是听说，而哪些又是后来读来的

/ 298

---

　　①　叙利亚西部城市。

　　②　土耳其城市，现名为"伊斯肯德伦（Iskenderun）"。

内容了。"只有受迫害与压迫的民族才是痛苦的导体，"弗朗茨·韦尔弗写道，"某一个体所遭受的事情，整个群体也都经历了一番。"

"他能回忆起的最早的事情是什么？"我请求外孙女帮我问一下。我想知道一些《穆萨达的四十天》没有记载的东西，但是巴拉班扬——"我马上告诉他"——得先说说亚美尼亚人与法国人签订的一个协议。

"爷爷，这些书里都有，"现在孙女也开始与巴拉班扬小小地争执了起来，"这位先生来这里是因为你是最后的幸存者之一。他想听听你自己的故事。"

"知道，我马上就说了"，巴拉班扬还是不为所动，继续说起和法国人之间的故事。我随后得知——不过更多的是从孙女那里得知的，而不是巴拉班扬本人，因为在他的思维当中，他还在穆萨达——巴拉班扬在哈马待了四年之后，随母亲以及其他的难民回到了他们原来的村庄比蒂亚斯（Bithias），弗朗茨·韦尔弗也曾在书中提到这个地方。巴拉班扬在孙女叙述的时候插话道，村子被土耳其人改了名字，除此以外一切都和往常一样。

"就连和土耳其人生活在一起也没有什么变化？"我感到很惊讶。

"没有，没有，一切如常"，霍夫汉内斯·巴拉班扬解释道。他再一次谈到了亚历山大勒塔，也就是如今的伊斯肯德伦，巴拉班扬的爸爸好像就是在这里被法国人解救的。1939年，土耳其军队又来了，巴拉班扬毫无预示地突然跳到了自己的故事，村子里的亚美尼亚居民不得不逃到哈马。1939年？我读过的书籍里没有与这场第二次的驱逐相关的记载，尽管我追问了一下，但是巴拉班扬也没有继续解释相关的情况。他们从叙利亚搬到了黎巴嫩，在贝卡平原住了六年的帐篷，最终比蒂亚斯的亚美尼亚人四散到世界各地。在此期间，巴拉班扬成了一名教师，虽然他自己也只上过四年学，如果他之前的记忆没有出错的话。1949年他移居到亚美尼亚，和四户人家一起分到了一座房子。这在当时的苏联稀松平常，许多其他的承诺苏联都没有遵守。

"您如今如何看待土耳其呢？"我问道，然后得到了一个出乎我意料的直接的回答。

"土耳其绝不会承认对我们的种族屠杀的。永远不会。"

"那您如何看待土耳其人呢？"

"他们根本不是人"，巴拉班扬更加坚定地说。他切换到土耳其语："土耳其人生下来就是为了杀戮，为了焚烧、偷窃和毁灭。"

"如果现在有个土耳其人坐在您面前呢？"

霍夫汉内斯·巴拉班扬仔细地打量了我，似乎脑中没有想到穆萨达、伊斯肯德伦，他只是坐在孙女的沙发上。大部分时间他都在这上面打盹儿。

"如果一个土耳其人现在坐在我面前？我不会向他显示我的仇恨。我会友好地接待他，和他用土耳其语交谈。"

我们开车回到城里。提格兰·曼修灵（Tigran Mansurian）已经在一家老式咖啡馆的雅座等着我了。他戴着方形金属框架眼镜，有着狭长的脸。不论他的头转向哪里，总会有雪白的发丝落在脸上。曼修灵是一位作曲家，并且是这个国家最著名的作曲家。世界各地的爱乐乐团以及节日演奏的现代音乐曲目上都有他的名字。他的四重奏、奏鸣曲、协奏曲以及合唱曲听上去与西方观众对现代音乐的理解大不相同。他的音乐充满感情，甚至经常是悲伤的，但又不矫情，听上去就很简单的悲伤或者像一首儿童歌曲那样悲伤。不过，他用的是交响乐团发出的有力声音，贯穿了所有音域。和谐吗？是的，人们时常还没有听多久就可以感受到它的和谐了。就像一张地毯那样和谐，这张地毯是用不同的装饰物甚至是具体物体的细密画构成的，但是作为整体的这张地毯又是如此抽象。

耳中听着曼修灵的 CD，我想问问他，东方的音乐遗产是否与现代音乐之间有一种自然的连接，因为它们都没有把音调分成不同的层次。但是我几乎还没坐下，我们就又谈到了 Aghet 这场"灾难"——这在亚美尼亚指的是种族灭绝——因为我说到了遗产这个词。土耳其士兵把他的外祖父连同马拉什（Marasch）村庄的其他男性关在一个草料棚烧死的时候，曼修灵的母亲才几个月大。外祖母和姨妈死在了前往叙利亚的途中。只有他几个月大的母亲活了下来并在贝鲁特（Beirut）一家美国人开的孤儿院长大。这就是他这一代亚美尼亚人的遗产。

您的母亲有说过她在孤儿院的童年吗，我问。当然，曼修灵回答，他就是伴随着母亲对死亡与迁徙的叙述长大的。但她那时只是个小婴儿啊，我对此表示惊讶。我有一个叔叔也存活下来了，他比我母亲大几岁，后来移民去了巴西。对他而言，一切都历历在目，仿佛就发生在昨天。曼修灵出生在贝鲁特，并在 1947 年随父母一起搬去了亚美尼亚，那年他八岁。您对贝鲁特最深的印象是什么，我问道。

"大海！"曼修灵回答，他在苏联时期不能出国，"可惜亚美尼亚没有海。"

您的父母为什么离开了贝鲁特？他们肯定是觉得，曼修灵解释道，这座城市是在法国人的治理下诞生的，而且非常国际化。是的，本来一切都挺好的，他们的生活水平也不错。但是父亲想生活在自己的国家，他相信了苏联的承诺。都是些虚假的承诺，曼修灵补充道并给我讲了一个亚美尼亚人都知道的笑话：一个想要搬去苏维埃共和国的亚美尼亚人和自己在海外散居的亲戚朋友约定好，他会给他们寄一张照片。如果照片中他是站着的，那么说明一切都好，他们可以跟着他一起来苏联。如果他是坐着的，那么他们就继续在原地生活。后来当亲戚朋友们打开信封时，照片中的这位亚美尼亚人是躺在地上的。

"不过我对发生的一切都心存感激"，曼修灵苦涩一笑。

"尽管有过这么多的痛苦？"

"如果我们能够理解，生活就是由许多失去组成的，那么我在这样的现实情况下经历过的最好事情，就是以难民孩子的身份来到亚美尼亚。这是'最好的失去'。如果我是在别的国家长大的，那么身为作曲家的我就绝不会有这种音乐架构。"

/ 301

曼修灵口中的音乐架构已经有 1600 年的历史了。是的，我在看生平数据的时候还差点漏看了开头的 1，直到我最终确认，这个那个或亚美尼亚作曲家确实都逝世于公元 5 世纪。

"他们真的存在过吗？"我问道："我的意思是，这些都是真实可靠的名字和曲目吗？它们是那个时候就被记录下来并保存至今的吗？"

"他们当然真实存在过"，曼修灵被我逗乐了，他用带着喉音的声音高声吟唱起来，旁边包间的客人肯定也听到了，这是梅斯罗普·马什托茨（Mesrob Maschtots）① 在公元 5 世纪用乐谱记下的曲调。我果然在悲伤并且不断起起伏伏的单声调吟唱中辨认出了我在曼修灵的 CD 中听过的音乐结构。曼修灵继续耐心地向我解释道，已被欧洲的先锋派毁掉了的声调系统在东方从来没有存在过，这对他来说完全是另外一个起点。

"这适用于整个东方音乐吗？"我问。

"是的，如果一个阿拉伯作曲家停止用自己的音乐系统思考，那么就意味着他停止了创作阿拉伯音乐。这听起来可能也不错，但就不够阿拉伯了。不过对一个亚美尼亚作曲家而言，情况则有

---

① 亚美尼亚神学家、语言学家。他最重要的贡献是发明了亚美尼亚字母并第一个将《圣经》翻译成亚美尼亚语，促进了基督教在亚美尼亚的传播。

所不同。"

"为什么？"

"因为亚美尼亚音乐非常早地就适应了西方并且吸收融合了西方元素。这些早在我之前就发生了。这意味着，亚美尼亚音乐的特色就是能适应两种音乐系统。"

一开始给人以安静、深思熟虑印象的曼修灵现在变得越来越活泼了，打着手势，又唱了几小节。

"人们应当重视自己的传统，"他大声说道，"人们如今能够为音乐做出的特别贡献都在传统里。世界的富有就在于多样性，而不在于统一。这种多样性不会自动产生，它来自过去。"

"音乐能够突破自身传统的界限吗？"

"绝对可以"，曼修灵对此深信不疑并且提到了自己作品在伊斯坦布尔上演的情况。"我们所处的地方有着如此多的界限，还有如此多以前不曾有的新界限。但不需要成为法国人，人们就可以理解德彪西（Debussy）①；不需要成为亚美尼亚人就可以理解亚美尼亚音乐；不需要成为土耳其人也能够理解土耳其音乐；伊朗音乐同样如此。音乐不像文学，甚至不需要翻译。这是音乐最像乌托邦之处。"

我看着曼修灵。他的头发又落在脸上了。我开始想象，他曾于2011年在柏林首演的有关种族灭绝的安魂曲在伊斯坦布尔上演会是怎样的景象。如果我们能够理解生活就是由失去组成的，那么在现有情况下"最好的失去"——用曼修灵自己的话说——就是能从灾难中孕育出能够团结人们的东西来。

晚上我终于有时间可以穿行在埃里温，它虽然算不上如画般美丽，却也是一个让人感到舒适的城市。亚美尼亚在1918年成为共和国以及1922年成为苏维埃共和国时，虽然这个国家是存在的，国民

———————————

① 法国著名作曲家、乐评家。

也存在，但是并没有真正意义上的首都，因为亚美尼亚人的城市居民区在国境的另一侧，即在与土耳其接壤的那一侧。相反，埃里温是一个只有 14000 名居民的东方驻防小城，位于与伊朗接壤的长长国界线上，它是 1828 年沙皇从沙阿手中夺来的，大部分居民都是穆斯林，这里的清真寺比基督教堂都多。苏联拆除了这里的土屋、荒漠商旅旅店和集市，目的是比明斯克早 20 年把这里建成一座模范城市，不过埃里温没有斯大林主义的浮夸与新历史主义。然而建筑对于一个夏日的夜晚也没有那么重要，埃里温的市民似乎毫无例外地都坐在了门前——整座内城就像一个大的街头咖啡馆，这里的每张桌子旁都坐满了人，就连广场和林荫道上也全是人：老人、年轻人、儿童，其中还有不少看上去是亚美尼亚人的游客，不过他们却说着一口美式英语，原来是散居在外的亚美尼亚人。此外就是伊朗人"占领"了埃里温，不过这次是以付费客人的身份。在别处都是为牙膏或者汽车广告留出来的广告栏位置上，在埃里温却贴着知名诗人或者歌手的照片，就我所知，其中只有夏尔·阿兹纳武尔（Charles Aznavour）① 还活着。

/ 303

　　一位艺术品商人正在咒骂投资人的绝对权力，这些投资人根本不知如何对待有历史的艺术品，和巴库以及第比利斯的情况如出一辙。没错，新建埃里温时在市区里设置的各种小公园的确很漂亮——但是还没过多久，就连最后一座公园也被购物中心堵死了。不过还是有许多有文化的亚美尼亚人呀，我插话道。我想到了自己在德国和伊朗的那些亚美尼亚熟人，他们身上都是文化精英的老派作风。哎，知识阶级已经不存在啦。就算有，你也只能在跳蚤市场见到，他们正在卖二手书或者别的什么办公用具，以期度过拮据的日子。整个亚美尼亚留存下来的最具有苏联特色的东西恰恰是艺术

---

① 出生在法国，后归化入籍亚美尼亚的歌手、编曲、演员、公众活动家以及外交家。

学院，在那里就连毕加索都显得太过现代。

我认识了一个亚美尼亚籍伊朗人，他是 10 年前从伊朗移民过来的。他强调，他并不是出于政治原因或是迫害才移民，而是由于在总统穆罕默德·哈塔米（Mohammad Chatami）①的改革失败之后，他与自己的国家反目了。他感到非常愤怒，他愤怒地跑过街道，他对德黑兰感到愤怒，对周围的人感到愤怒，对每个出租车司机感到愤怒。他再也无法享受伊朗的高山了。然后他对自己说，他最好在与自己的出生国度反目之前搬走。欧洲和美国理应是排在前面的选项，但是亚美尼亚在他看来更加有冒险性。现在他可以从埃里温去德黑兰并且成功地翻译了一些波斯语的现代诗歌。你后悔自己的决定吗？不，完全不后悔。为什么？我很好奇。因为自从来到亚美尼亚之后，我又开始喜欢上伊朗了。毕竟他迟早都是要移民离开伊朗的，亚美尼亚人在伊朗没有未来。革命之前的 50 万亚美尼亚人只剩下了 5 万人，其他人要不就死了，要不就迁走了。因为他们是二等公民？不是，他回答道，因为所有的年轻人都想离开，而亚美尼亚人有离开的可能。

一个知识分子——我认为他是知识阶级的典型代表——是整趟旅行中我遇到的第一个愿意热烈谈论戈尔巴乔夫时代的人。他的回忆已经没法做到准确了，但是他记得苏联解体时的混乱局面：停电，冬天没有暖气，长途公路上的拦路抢劫者以及每个部门都是一个内讧成风的鲨鱼池。然后就毫无征兆地爆发了各种暴力、对其他人的憎恨，不管这个其他人是谁。然而在那之前！这位知识分子喊道，在这场混乱之前，在僵化消失之后——那个时候才是人们开始谈论、开始微笑的伟大时代，那时艺术与文学欣欣向荣，似乎一切皆有可能。

———————————

① 伊朗第五任总统。

　　这是我在晚上偶然听到的想法，或许很典型，或许不是。我这一天跨越了104年的过去，只是我还要继续出境，往前走。海克·德莫扬说得对，亚美尼亚只想着那些"灾难"是不正确的。因此我在睡觉之前还得就吃的说几句，埃里温在吃这方面很不错。人们可以吃到黎巴嫩菜、波斯菜、土耳其菜、牛排薯条或是汉堡，不过这些店名上都写着传统亚美尼亚菜——如果一个国家四分之三的人口都散落在世界各地的话，这至少对这个国家的菜系来说是件好事。就连阿塞拜疆菜在埃里温都能被叫作亚美尼亚菜。

/ 第四十四天　埃里温

　　我没有带弗朗茨·韦尔弗的《穆达萨的四十天》作为旅行读物，这本书我很多年前就读过了。我带的是奥西普·曼德尔施塔姆（Osip Mandelstam）[①]的《亚美尼亚游记》。《游记》是于1931~1932年，即几乎是与韦尔弗的书在同一时间写成的。作者将亚美尼亚，"犹太土地的这位妹妹"与自己的犹太民族联系在了一起。不过全书中弥漫的倒不是某种不祥的预感，而是回顾，是美化，是对恐怖已经蔓延的现实的逃避。亚美尼亚对于曼德尔施塔姆来说成了"应许之地"[②]：

> 以前我就曾看到过
> 我那富饶的阿拉拉特山的桌布，如《圣经》所述——
> 我逗留了两百天在安息之地
> 人们称它为亚美尼亚。

　　这次旅行是诗人再次被捕前的最后一次畅快呼吸，他人生中余下的最后几年生活在贫困和卑微，迫害和劳役中，直至他1938年在一个西伯利亚劳改营的艰苦环境中死去。在亚美尼亚，他获得了"额外赠送的一天"，正如他最后发表的书中倒数第二章结尾处所写："盛满声响、佳肴与芳香的一天，一如往昔。"

　　这一章是在重述5世纪的一个传说，它决定了《亚美尼亚游记》会在苏联引发轰动。这个传说的主人公，亚美尼亚国王阿尔夏

[①] 俄国20世纪重要诗人，因反对斯大林而死于古拉格劳改营。

[②] 《圣经》用语，是《旧约·创世纪》中上帝与以色列人祖先亚伯拉罕立约，许诺后者后裔将拥有的土地。

卡（Arschak）被萨珊王朝的沙普尔二世（Schapur II）囚禁在安拘希（Anjusch）的地牢，"遗忘的城堡"里。"①阿尔夏卡的身体得不到清洗，他的胡须疯长。②国王的指甲被折断，他的脸上爬满了蛆。③寂静让他听过希腊音乐的耳朵变聋。④他的舌头因为监狱的膳食而变得粗糙，但以前它曾将葡萄压在上颚，如同笛子手的舌尖一样灵巧。⑤阿尔夏卡的精液在他的睾丸中枯竭，他的嗓音和山羊叫唤一样细弱。⑥阿尔夏卡想，沙普尔王欺压我，更糟的是，他要将我呼吸的空气夺走。 ⑦这个亚述人牢牢抓住了我的心。"1923 年的时候，曼德尔施塔姆就已经比任何人都早地预料到了极权主义的来临，他将这种极权主义与亚述王国联系了起来。他在复述传说时将沙普尔二世描写成亚述人，就是在暗示这个残暴的国王指的是斯大林，而亚美尼亚人的心则代表了曼德尔施塔姆自己的心。诗人想着自己遭受的驱逐，将自己和亚美尼亚人等同起来，亚美尼亚是一个经受过占领、驱逐、大屠杀以及 1915~1919 年的种族灭绝式杀戮却顽强生存下来的古老民族。

我在清晨散步时证实了我的印象，埃里温是一座与众不同因而也值得一游的城市。市中心的宽阔街道，往往是带有座椅或咖啡馆的林荫道，幸好白天还没有多少车辆人马往来。房子虽然千篇一律，都是在 1920 年代根据亚美尼亚建筑师亚历山大·塔曼扬（Alexander Tamanjan）的设计，用同一种带天然浮雕的棕红色石头建造而成的，但这风云突变的一个世纪在每一座房子的装饰外墙上都勾画出了一个特殊的故事。苏联初期，这一切还是与人相符的

/ 306

尺寸，苏联是为居民造出了一座城市，而不是反过来为了实现一个理念而打造了居民：广场和房屋大小适宜，外墙是暖色调，公园和绿化带众多，街道两旁有树木。埃里温，不属于中世纪也不属于文艺复兴时代，甚至都不属于"创造者时代"；埃里温体现的是两次世界大战之间的年代，就像我在考纳斯（Kaunas）第一次见识到的

作为整体的城市建筑群那样，不过那座北方城市要拘谨些，要冷漠些，而且已经经历了大规模翻修。正如亚美尼亚其他事物一样，现代化在这里也是历史最久远的。儿童游乐场的赭色以前肯定是黄色，苔绿色以前肯定是草绿色，浅淡的粉红以前肯定是大红色。手动的旋转木马现在还能用吗？原始形态的碰碰车车场如今堆满了园艺工具。仍旧停在各自位子上的那些机械小车，它们上一次开动是什么时候？在马捷纳达兰（Matenadaran），像一座神庙一样建在市中心一个高地上的手稿博物馆里展出了出自5、6世纪的文稿，它们都有署名，现在还很容易读懂。德国人或者法国人很难读懂他们中世纪晚期留下的文字。在伊朗，文字上的连续历史只能回溯到9世纪。也难怪，亚美尼亚的教堂也是世界上最古老的国立教堂。如果没有这些教堂的话，亚美尼亚还会存在吗？

"肯定不会。"大主教安努沙万·安德兰尼克·扎穆克赫扬（Anushavan Andranik Zhamkochyan）说，他在他的神学院大办公室里接待了我。"亚美尼亚很少作为国家存在，但是亚美尼亚教堂一直在。"他是一位友好的，显然也挺乐观的人，称赞他的教会与自己的政府，与伊朗，与欧洲，与梵蒂冈，与穆斯林都有良好的关系，即使是对苏联也强调了它的好的一面，苏联对亚美尼亚的教会的态度还算相对温和。不过恰好办公室里还坐了一位考古学教授，他说起话来就是另一种音调了。没有任何土耳其人——阿塞拜疆人在他的词汇中是不存在的——被驱赶出亚美尼亚，没有平民遭到屠杀，没有清真寺被毁。那霍贾利的大屠杀呢？没有大屠杀，只有自卫战。那战前在亚美尼亚和纳戈尔诺－卡拉巴赫居住过的10万阿塞拜疆人呢？所有人都是自愿坐进他们车里，开回家去的吗？反过来在土耳其那边，据他所知，都是屠杀、种族清除和酷刑折磨："如果土耳其进了欧盟，他们也会毁掉欧洲。到时候基督教就会被消灭得一点不剩了。"

在德国，我这一代西德人，更不用说更年轻的德国人，已经不会在言谈中表达敌意了。我们见识过对这一个或那一个或大或小的群体的怨怼、仇恨和暴力；但是敌意，两个彼此对立的集体视对方为敌手的敌意，已经转移到了体育竞技上，在那儿倒是会有人焚烧对手球队的旗子或者双方斗殴。在埃里温我经历的却是这种敌对，单是提到另一个国家的名字都会激发怒火、恶心和对抗情绪。这也许也是围绕纳戈尔诺－卡拉巴赫的战争中的那种不对等，那种难以消解之处。对对峙中的一方来说，这场战争不到30年，而另一方认为这是上百年的战争。这一边号称死了2万人，另一边说是150万。那边有10万人遭到驱逐，这边则是民族的四分之三都流落到了世界各地。更不用说他们都觉得身负使命了。今天的阿塞拜疆人几乎不再记得在每个亚美尼亚人的内心里永远燃烧的那段历史。不论是对是错，亚美尼亚人还一直在对土耳其人作战。也许正是因为这个原因，亚美尼亚的军队在对抗阿塞拜疆人的战争中显示为更强的一方，因为在亚美尼亚，敌意和其他所有事物一样都更古老。

"这是我奶奶阿拉克斯经历过的战争，这是我外婆里奥普西梅经历过的战争，这是黛拉茨·佐尔经历过的战争。"导演萨尔科斯·哈茨潘尼安（Sarkis Hatspanian）说。他在1980年代初还参加过德国的和平示威游行，几年之后却在亚美尼亚自愿报名参军上前线。他熟知自家回溯到1792年的族谱，认识86位在1915年还活着的亲戚。其中只有三位在种族屠杀中幸存了下来，他的祖父和两位姨奶奶。今天他又有了89位亲戚。萨尔科斯·哈茨潘尼安脑海里一直浮现着这个数字：比种族大屠杀之前多了3位。

我昨天已经认识到，1915年和今天之间，亚美尼亚曾有过多么动荡变换的家族故事，悲哀、驱逐、饥饿、流放、战争、古拉格、体制改变、重新开始，一次又一次。但是哈茨潘尼安在市中心的众多花园咖啡馆中的一间里，几乎是上气不接下气地给我讲述的生平经历，还是颇有些惊心动魄之处。是的，他看起来自己都感到惊奇，在一个人的人生中会发生这么多事；不管怎样，他一次又一次地摇晃着花白的头发，与这白发呼应的是，他穿了件亚美尼亚宣传员的黑色 T 恤衫和牛仔裤。有时候，他还狡黠地咧嘴一笑，暗示我接下来还有更劲爆的情节。他 1962 年出生在土耳其东南部，他祖父带着姐妹两个在 1919 年回到了那里。回？我昨天在霍夫汉内斯·巴拉班扬那儿就感到惊讶，他为什么和母亲在 1919 年回去了。虽然亚美尼亚人在从奥斯曼帝国灭亡到阿塔图尔克（Atatürk）①掌权之间的时间里遭到的驱逐和杀戮被土耳其国会和报纸认定是"反人类罪行"，主要责任人也被判处死刑，包括不在场的恩维尔帕夏，但是我还是不禁要问，这些村民怎么会有勇气在种族屠杀还没过多久就回到土耳其人中间来生活。现在我知道了，伊斯肯德伦周围的地区当时属于法国托管地，而幸存的亚美尼亚人被告知他们自己的村子恢复了安全；不过以前的房子里早就有了新居民，这些人则很确定他们不会再搬出来了。所以兄妹三人就得从零开始。1939 年法国人将这片地区移交给了土耳其，企图以此来阻止土耳其与德国结盟。我现在明白了，就是因为这个原因，1939 年土耳其士兵也出现在了霍夫汉内斯·巴拉班扬的村子里。

虽然他上了一所亚美尼亚学校，但是萨尔科斯交的主要是土耳其朋友，在政治上很积极，在 1980 年军事政变之后三次被捕。是因为他是反对派，他强调说，而不是因为他是亚美尼亚人。他逃到了科隆，作为唯一一个亚美尼亚人参加了反军事政变委员会。在君

---

① 即穆斯塔法·凯末尔，土耳其革命家、改革家，土耳其共和国缔造者，土耳其共和国第一任总统、总理及国民议会议长。阿塔图尔克在土耳其语中是"土耳其之父"的意思。

特·瓦尔拉夫（Günter Wallraff）①揭示现实的畅销小说《最底层》（*Ganz unten*）中他改头换面变成了一个为德国人清扫污秽的土耳其劳工。他结识了海因里希·伯尔，在大学里活跃于斯巴达克斯同盟②，这个组织里主要是伊朗人。据推测，他或迟或早都能进入德国政界，就凭他能这么快在科隆左翼组织里混得如鱼得水。但是1982年联邦宪法保卫局③按响了他的居所的门铃，劝说他离开科隆，因为来自土耳其的极端右翼组织"灰狼"把他放在了打击名单上。官员们给了他一个月时间寻找新的流亡地，一个月之后出境就不再是建议，而是驱逐了。

哈茨潘尼安向亚美尼亚政府求助，希望能移民过去，但是被他视为故乡的苏维埃共和国甚至连一个回答都没有给他。去法国吧，格外友好的联邦情报局建议他。在法国生活着50万亚美尼亚人，你也可以隐匿其中。可惜他一句法语都不会说，但是他肯定能很快就学会法语，就像他很快学会了德语一样。两个警察开车送他越过萨尔布吕肯去巴黎，他在那里待了一个半月就得到了一个旅行证件。他拿到证件后做的第一件事就是回到科隆向他的德国、土耳其和伊朗朋友告别，包括所有同志；当时恰好是元旦，所以开怀畅饮又多了一个理由。

在巴黎，他为伊梅兹·古尼（Yilmaz Güney）④工作，后者以《自由之路》（*Yol*）在戛纳赢得了金棕榈奖。通过这位土耳其人，他认识了苏联亚美尼亚族导演与异见分子谢尔盖·帕拉杰诺

---

① 德国当代著名记者与作家。

② 德国社民党建立的一个左翼组织。

③ Verfassungsschutz，1950年在科隆设立的政府机关，负责收集和分析从事反自由反民主、危害联邦或某个州安全的活动的情报。

④ 土耳其电影导演、演员，许多作品都反映土耳其普通工人阶级的困境。

夫（Sergei Paradschanow），后者在 1968 年拍摄的《石榴的颜色》
（*Der Geschmack der Granatäpfel*）是 20 世纪先锋电影的一部经
典作品。帕拉杰诺夫给他提供了一个助手职位，协助自己拍摄电影
《自白》（*Bekenntnis*），于是哈茨潘尼安在 1990 年 3 月 26 日终于
飞到了埃里温。他买了一张单程票，也没有问是不是买往返票可能
便宜一些，因为他根本不想成为法国人，而是想最终做回亚美尼亚
人。但是哈茨潘尼安刚到，帕拉杰诺夫就患上了癌症。让－吕克·
戈达尔（Jean-Luc Godard）① 安排了一架导演专机，接他回法国治
病。他的助手也跟着一起返回了巴黎。

　　在云层之上，他们一共就四个乘客：帕拉杰诺夫、哈茨潘尼安
以及一个亚美尼亚导演和一个土耳其导演。而在地面上，亚美尼亚
人和阿塞拜疆人正互相驱逐。"你飞回去吧，"帕拉杰诺夫在治疗
没有见效的时候建议他说，"再试试吧，那是你的国家，你在那儿
会有用武之地的。""好的，师父，"哈茨潘尼安回答说，"我飞回
亚美尼亚去碰碰运气，但是你得先给我说出你的三个愿望。"帕拉
杰诺夫的愿望是，在死之前去看看安德烈·塔尔可夫斯基（Andrei
Tarkowsky）② 在巴黎的墓，看看埃菲尔铁塔，认识作家弗朗索瓦
斯·萨冈（Françoise Sagan）③。

　　为帕拉杰诺夫实现了三个愿望之后，哈茨潘尼安第二次买了单
程票飞到了埃里温，只是这一次没有人等候他了。他谁都不认识，
因为西亚美尼亚口音而显得与众不同，与那些做中规中矩的苏联电
影的电影同行完全合不来。不久，他在自己的小公寓前的大街上看
到邻居们聚集了起来。"来吧，我们去纳戈尔诺－卡拉巴赫。"男人

---

① 法国和瑞士籍导演，法国新浪潮电影奠基人之一。

② 苏联著名导演。

③ 法国当代著名女作家。

们叫道。哈茨潘尼安就跟着一起去了，连 T 恤衫都没来得及换。没有人知道到底发生了什么，只听说土耳其人打来了，而他们是种族屠杀之后第四代人。"你想想看，战争已降临，无人不应战。"①哈茨潘尼安用了波恩和平示威者都耳熟能详的一句话来描述当时的气氛。

哈茨潘尼安也竭力声明，亚美尼亚人绝对没有对平民使用武力。因为他说土耳其语，所以他担任了联络官员，负责与被请出自家房子的当地居民对话，所以他了解情况。单单在五天之内就有 6 万阿塞拜疆人被转移，但他们没有听过一句大声吼叫。正相反，许多阿塞拜疆人还对亚美尼亚人的礼貌表示感激，他们在自己的士兵那里是不常感受到这样的礼貌的。他这支队伍在四年内解放了 27 个阿塞拜疆族村子，但没有一个平民死去。哈茨潘尼安仍然说着一口漂亮的德语，带着柔软的莱茵地区语调，他说的真是"解放"。我大吃一惊。解放？然后我想起来，他们当然不是解放了阿塞拜疆族的村子，而是将村子从阿塞拜疆人手中解放了出来。

那今天的亚美尼亚情况如何呢？

/ 311

"噢，这你不该问我。我在这里可是属于极端反对派。"

他已经见识过土耳其的监狱了，而亚美尼亚监狱他是在 2008 年经历的。他和上千人在歌剧院门口示威了一整天，抗议"克格勃政变"，这是他对谢尔日·萨尔基相（Serge Sarkissian）②被选为总统的事件的称呼。他不是唯一一个被判刑的，但是是其中唯一一个外国人，所以在监狱里待了三年半。出狱以后，他本该立即被遣返，但是哈茨潘尼安逃到了法国大使馆里，在外交官员为他办好了居留

---

① 七八十年代德国和平运动中极为流行的一句话是"你想想看，战争已经降临，却无人应战。"许多人认为这句话出自德国作家布莱希特，实际上是拒绝参军的美国人卡尔·桑德伯格（Carl Sandburg）说过的话。

② 亚美尼亚政治家，现任共和党主席，曾任亚美尼亚的国防部长、国家安全委员会主席和总统、总理。

许可之后才重新回到街上。2013 年他总算成了亚美尼亚公民，但要等到 2023 年才能参政。

"到了那个时候会怎样？"

"到了那个时候我就会组建一个政党。我们需要一个主张和平的政府。"

"和平？"

"是的，和平。我们必须和土耳其缔结和平，没有其他路可走。"

"那要怎样才能做到呢？"

"这我也不知道。我只知道这样做的前提是：民主。因为把这个国家攥在手掌上的 10 个、12 个寡头政治家从现在这种状况中捞尽了好处。2023 年，那一年我要建立一个政党。"

"那这个党会干什么呢？"

"我们会游行到巴库去。"

"去巴库？"

"对，我们会组织一场和平游行，一场去巴库的和平游行。"

这些话听起来，我该怎么说呢，有鉴于两个民族之间的敌意，两个政府的民族主义和所有外交努力的失败，这些话听起来是异想天开。但是萨尔科斯·哈茨潘尼安的人生还是足以让人相信，他在 2023 年也可以组织一场 1981 年在波恩进行过的和平游行。

他还有更多的话要说，他说，关于巴黎，关于科隆，关于对抗独裁的斗争——如果要说到亲戚的话，还可以讲讲他的还生活在土耳其的父母，他的五个兄弟姐妹——只不过我得启程了，我在他的一次歇气的停顿里插话说。不然我就会错过和萨尔科斯·哈茨潘尼安 2008 年徒劳地示威抗议过的政府的一次会谈了。这位政治家是训练有素的外交官，我问他关于腐败、寡头和政治犯的问题，都得不到什么结果。所以我们的话题很快就转到了今天的宗教战争，比如基督徒被驱逐出中东，比如虽然和阿塞拜疆一样是什叶派国家却与亚美尼亚站同一边的伊朗所扮演的角色。不过我不能说出他的名字，因为他如果授权给我将他的话公之于众，那么每一句话他都会做改动。这样的话我宁愿让他保持匿名，而写出他在对谈中真正说过的话。

"阿塞拜疆人想要把围绕纳戈尔诺－卡拉巴赫的冲突变为宗教战争，好获取伊斯兰教世界包括逊尼派极端分子的支持。但是这不是宗教战争，这样的声明也是危险的。"

"是对亚美尼亚人来说危险吧？"

"是的，对我们来说。我们亚美尼亚人，自从有伊斯兰教起，就是中东的少数派。我们总是必须证明，我们是好邻居，是好公民。您瞧瞧，不论我们住在哪儿，在黎巴嫩，在伊朗，在叙利亚，我们在各地都是被接纳的。"

"您在伊朗不仅仅是被接纳。亚美尼亚人是受到崇敬的。"

"这可不是顺理成章的事儿。这是因为我们根本没有别的选择，只能与多数派打好交道。我们人数太少，没法发动对伊斯兰教或者穆斯林的战争。那样我们就会被碾压。"

"在西方有许多人将亚美尼亚人看作基督教在中东的最后一座堡垒。"

"但是这对我们没有好处。"

"现在在欧洲出现了新的民族主义化浪潮，还有特朗普，还有伊斯兰'圣战'。有将西方看作与伊斯兰教作战的人。"

"我说了的，这是一个非常危险的想法。"

"您害怕被卷入？"

"我告诉过您，我们亚美尼亚人的记忆很长。我们还记得十字军东征。那个时候我们已经从伊斯兰教下得到过解放。结果就是，我们和穆斯林一起被杀害。"

有的城市有这么多的历史，当今时代就挺难得到它想要的。现在总是显得不如以前有趣。而埃里温又不是罗马、开罗或者第比利斯这样的历史大都市。在古代编年史中，它只是偶尔被顺带提到，今天城里的建筑几乎没有一座的历史比人的一辈子更长。但是我在埃里温城里走的时候，尤其是在我与城里居民攀谈的时候——既是和善于处世的外交官们——我今天还是摆脱不了这样的印象，我更多的是走在历史里而不是在现在这个时间里。也许在这样一个国家，它的文化、语言、文字、宗教和音乐都经历了种种剧烈动荡和颠覆却几乎没有改变或者比我们在欧洲或近东见过的改变要少——也许过去并不一定要有物理形态，而更多的是飘浮于空气中。奥西普·曼德尔施塔姆就感受过这一点，当时埃里温还是一个崭新的城市："由于一种错误的主观意见，我习惯于将每一个亚美尼亚人看作一个语文学者。"他没有像人们对他期待的那样赞颂革命性的进步，而是在这里四处都看到了一个从停靠在阿拉拉特山上的挪亚方舟里走出的民族的延续性，就像波斯传说中所称颂的：

> 我爱这艰难困苦的生活，
> 诞生与呼唤，来自远方：
> 一个民族，被束缚于大地——
> 人间一年于他已是逾百年……

为了还是能多少获得点现在的信息——更确切地说，是最近一段时间的发展状况，在我的这次旅行中人们总是将这些状况和欧洲联系到一起——我联系到了"粉红亚美尼亚"，一个为性少数派，也即为女同性恋、男同性恋、双性恋和性别转换者服务的非政府组织。刚好在这一天，在遭受抗议和威胁之后，国际电影节中的一系列活动都被迫中断了，因为其中有一场节目会放映展示亚美尼亚同性恋的纪录片。现在会在电影节之外组织一场放映，所以我的约谈就被挪后了半个小时。因为我还有点时间——机缘巧合，让我经历了如此一种反差！——我就飞速地参观了一下阿塞拜疆人被驱逐之后仅剩的唯一一座清真寺。天蓝色的圆顶让人想起，埃里温曾经是一座波斯省城。修缮工作是伊朗伊斯兰共和国出资的，所以清真寺也是亚美尼亚—伊朗友好协会的合适驻地。

　　我去过的世界上的所有国家，还没有哪一个让我听到了这么多关于——不，不仅仅是关于伊朗，虽然对于身处异地的一个伊朗人来说这已经够不习惯的了，而是——德黑兰的伊朗政府的好话。唯有今天：大主教赞扬了伊斯兰共和国，因为它修缮了亚美尼亚人的教堂。政治家心怀感激地提到了他们和德黑兰的兄弟情谊，即使是萨尔科斯·哈茨潘尼安这个曾经混迹于科隆斯巴达克斯的左派也认为，亚美尼亚人如果没有伊朗的支持，就会输掉争夺纳戈尔诺－卡巴拉赫的战争。在马捷纳达兰研究所，入门大厅就用于展览来自伊朗的手稿，其中包括著名的《沙阿赦令》。亚美尼亚人体现的显著的宗教情怀和教堂在公共生活中的突出地位也完全无损他们与伊斯兰共和国的友好关系：一个毛拉在虔信基督教的亚美尼亚会比在信奉什叶派伊斯兰教而政权世俗化的阿塞拜疆更觉得安定舒适。伊朗游客看起来却对信仰相关的事物不感兴趣：在刚过午后的这个时刻，我是清真寺里唯一一个访客。幸好资助的经费不够修缮花园，所以内庭的样子是美妙的荒芜。穹顶的天蓝色，树木树丛的绿色，其中散播的花的颜色，就像是在一幅细密画上那样。这里远离街市的喧嚣，只听得到水井里簌簌的水响。大门敞开，远近无人——恰恰是一个清真寺在亚美尼亚散发出了几乎天国般的和平光辉。可惜我不能停留，也不能躺下小憩，不然我就会错过与"粉红亚美尼亚"的约谈，那个组织估计不会将宗教与和平联系起来。

/ 315

　　在入口处没有牌子的多层高楼里，一个普通公寓——这就是亚美尼亚的同性恋者在自家四面墙之外唯一一个可以拥抱彼此的有屋顶的地方。公共活动完全不可能，玛米孔·霍夫塞普扬（Mamikon Hovsepyan）说，他35岁，但已经是这三到四个带简陋家具的房间里年纪最大者之一了。根据问卷调查，亚美尼亚人90%都恐同。战争再次激化了植根于传统中的民族主义与沙文主义。政府呢？最激烈地反对同性恋的报纸，主编就是国会里执政党的议员。警察呢？他们甚至不会接受"仇恨犯罪"①的报案。教会呢？在脱口秀里总是同一批教士把所有东西都混为一谈，他们把价值丧失、贫困化、物质主义，尤其是同性恋的蔓延看作西方式的堕落的最后征兆。他们常常引用《圣经》里的惩罚，并且每次都会指出，今天人们当然不会遵照执行这些惩罚，所以也就不用惊讶某些旁观者会采取行动来惩罚犯事者。他自己呢？自从他在这样一个脱口秀节目上亮过相以后，他就再也不愿意走到大街上去了。现在太多人知道他住哪儿了。他接下来可能就要搬家，或迟或早都必须移民出国，或者至少退出社会活动。没有人愿意长期在亚美尼亚公开地作为同性恋者生活。

"粉红亚美尼亚"的资金主要来自欧洲。玛玛多夫（Mamadow）知道，这样正好给了恐同人士话柄，但是没有来自荷兰或者瑞典的钱就不会有为同性恋提供咨询或者一个庇护之所的办公室。而且许多欧洲人确实对这样一个话题感兴趣，这又符合另一个常见的陈词滥调。在国外的会议上，他总是解释说，他是同性恋，没错，但是他的生活并不局限于同性恋身份，他还有其他问题要面对，政治问题和社会问题，这些问题对他来说重要性至少也不低于性取向问题。但是要说到社会断层、寡头政治、民族主义或者结束之日遥遥无期的战争，在欧洲就不会有多少人听。反倒是不断有人问他同性婚姻的事儿。就好像同性婚姻是发展的唯一指标一样！在亚美尼亚这样的国家引入同性婚姻，就像是建一座空中楼阁。更紧迫的是唤醒这

---

① 指针对某个社会群体的蓄意攻击行为。

个社会，获得一种新的意识。一个被人看出来是同性恋甚至公开承认自己是同性恋的年轻人一般来说都会遭到身体暴力，"被打清醒"或者被送去接受"医治"。同性恋的女孩子境况更糟，因为她们常常遭到强奸，而这是为了让她们"变正常"。"粉红亚美尼亚"如果了解到了某桩施暴事件，组织成员就会直接联系父母，而且往往能取得意想不到的成功。而那些将这个或那个关于社会宽容的规定作为认可或者出资的基本条件的姿态，也许会让柏林或者布鲁塞尔的积极活动分子感觉良好，但是亚美尼亚这儿的同性恋者却要忍受这些要求招致的对他们的恶意攻击。

我们打了辆出租车，去看那场不允许在电影节上放映的电影。我问那位把自己的丰满身体塞进小欧宝车的方向盘和靠背椅之间的女司机，男人们会不会因为方向盘后坐着一个女士而受到惊吓。

"当然会啦！"她叫起来，笑得格外响亮，车子都从行车道上震出去了一下："您也想下车吗？"

我还没来得及回答，她就告诉我，她刚才只是开了个玩笑。没有人会要下车，男人们至多就是感到了一点儿不安，但很快就打消了疑虑。她45岁，很早嫁了人，其间有9年没怀孕，第二次怀上孕之后没多久丈夫就死了。于是她就坐到了方向盘后面，还让自己孩子过得好一点。之前没有吗？没有，她丈夫禁止她工作。

"如果他看到您现在这样儿呢？"

"那他还是会禁止我出来工作的。"

"那您会怎么做？"

"我会听他的。"

"为什么呢——你是这么一个自信的女人！"

"因为我丈夫对我一直挺好的。因为他忍受了我没有怀孕的9年。"

不论是不是思想解放，这位女司机脾气反正不小，一路不停地做手势，或者被别的司机——当然是男司机——惹恼了的时候，双手同时砸在方向盘上。她对她在亚美尼亚的生活满意吗？

"我对我的两个孩子挺满意。"

在人满为患的媒体中心，好几家举办活动和会议的非政府组织都挤在这里，气氛紧张而无畏。与举办方敌对的活动分子应该听到了电影放映的风声，有人要在门外闹事儿。安全起见，门都从里面反锁了。观众都年轻，几乎没有人超过30岁，就像人们常说的，穿着打扮都挺西式，和柏林或布鲁塞尔的差不多，发型时髦，穿牛仔裤，有文身。彼此都有身体接触，女性都挺自信。不论我和谁搭话，他或她都懂英语，而这在亚美尼亚并不是天经地义的。我很快就了解到，所有参与这次电影活动的非政府组织至少部分地得到了欧洲机构的赞助，其中也有土耳其—亚美尼亚关系正常化协会。怪不得街上那些愤怒的人会觉得欧洲的文化帝国主义在这里组织幽会。但是欧洲为了这个原因就要停止支持被恐同困扰的亚美尼亚年轻人吗？一个中年男人，胡须剃得干净，穿着褶纹长裤和短袖衬衫，在电影里不经意地说起，如果有人对他表现得不是很友好，他都已经心存感激了。为什么感激？他问自己。在与人相处时待人友好是很自然的事儿啊。如果友好的对待已经不是自然的事儿了——那他是不是就没被当作人？

我从房子里出来的时候，没有看到闹事的人，在街道另一边倒是看到了一个瘦弱的男生，年纪不到30岁，我猜，就和他拍摄的媒体中心里的观众一样大。我一开始和其他人一样背对着他，倒不是害怕，而是觉得自己毫无防备地暴露在了他的镜头前。然后我转过身来，走到了街另一边。这个男人看出来我要走到他面前，似乎犹豫了一下要不要跑掉。所以我就加快了步子。现在是他感到害怕了，或者不是害怕，而是困惑和紧张。让他吃惊的是，我用一个友好的语气开口说话，而他虽然一开始犹豫，但是渐渐地就回起话来，而且越来越主动。他叫海科·艾法子安（Haik Ayvazian），他认为亚美尼亚是一个基督教国家，所以他站在了这里。他说，《圣经》不容置疑地说过同性恋是一种罪孽，而且是死罪。那他是想，我问他，让街另一边的年轻人也遭受《圣经》里说的惩罚吗？

"不，我们不是反对那些人。我们只是反对同性恋还继续扩展。"

"您说的'我们'指的是谁？"

"我们亚美尼亚人。98% 的人都拒绝这个的。"

他们——海科接下来都是讲"他们亚美尼亚人"——不想把同性恋当作犯罪来处理，这不是问题关键，也和暴力完全无关。关键是要阻止来自国外的宣传，政府还在容忍这些宣传，就连教会都没有对此明显表态。所以他自己就加入了一个组织，"鲁斯"（光明）。这个组织里的年轻人捍卫亚美尼亚的基督教身份。

"那您为什么照相呢？"我问。

"我想知道，都有谁看了这场电影。"

"那您只要站到门口看看出来的人就行了。为什么要拍照片？"

"这些照片是给我自己的。"

"为了什么呢？"

"您为什么想知道呢？"

"我和您至少是一样好奇的。"

"也许我想知道，是不是有政府的人在这里面。"

"好举报他吗？"

"我难道没有权利知道政府在支持什么吗？"

对海科来说，街那边的同龄人不是真正的罪犯；他们是政府软弱屈从的欧盟的受害者。

/ 319

我感受到的是这些观众都是很有自主意识的，我反对说：他怎么会有这样的想法？

"因为欧盟一直在提同性恋的权益。一直在提。它为什么要这么做呢？这里有多少人关心这个？为什么这个话题对它来说这么重要？它这么做有什么目的？"

"您觉得呢？"

"因为它想让我们疏远我们自己的文化，想煽动我们反对我们的宗教。"

"这不是苏联做过的事儿吗？"

"苏联是用武器来征服我们的，但是欧洲想征服我们的头脑。"

"可是您怎么会这么想的呢？您这么说肯定是有证据的吧。"

"您看看，在德国，如果父母批评性教育课，如果他们说同性恋是坏事，孩子就会被带走，离开父母。"

"我是从德国来的。我还从没有听说有人会因为这个原因把孩子和父母分开。"

"但是这是有证据的！"

"那您怎么知道，您的这些证据是真的？"

"我可以给您看报道，里面有照片之类的，这都是被证实的事例。"海科很肯定地说，还写下了我的电子邮箱地址。

晚上我去了一个派对，这个派对的客人的数目不多不少，正好让人觉得派对是随意发起的。除了那些无所事事的闲人，还有几个作家，其中有奥尔罕·帕慕克的译者，还有来自伊斯坦布尔的一群女同性恋积极活动分子，她们的来访大概就是这个派对发起的缘由。非常有典型意义：与土耳其的交流出现在为同性恋争取权益的圈子里，就仿佛那边的活动和这边的是彼此相连的。也许确实相连：我不知道女性们是不是没有男性们那么有民族主义倾向；但是性少数派肯定没那么讲民族主义；他们知道，不论在哪一个民族，说到异类总会把他们包括在内。我问起了这里的亚美尼亚人都认识的阿克拉姆·艾力斯利，《石梦》在这儿已经有了好多个翻译版本。他在小说发表后的遭遇，在亚美尼亚是不可想象的，与之相比，这里的情况还算开明。另一方面，艾力斯利这样一个为别人、为敌人的苦难写了一部伟大小说的人在亚美尼亚也是没有的。

我在床上点开了萨尔科斯·哈茨潘尼安和海科·艾法子安带着友好问候发来的网页链接。在一张1993年发表于《自由报》上的媒体照片里，还留着满头黑发的萨尔科斯拿着一把冲锋枪蹲在一个亲热拥抱他的老妇人身边。图片下面的文字介绍她是阿塞拜疆村民，还引用了她的一句话：她爱这位亚美尼亚军官胜过了自己的儿子，后者对她弃之不顾。《自由报》发表这个消息后的第二天，土耳其报纸《国民报》也刊发了同一张照片，但是文字介绍说一位阿塞老妇在亲吻她的儿子，求他向那些屠杀了家中其他人的亚美尼亚人复仇。他，萨尔科斯，将两篇报道都寄给了欧盟，作为土耳其政治宣传的例子。我没有理由怀疑，他或者他的部队是尊重平民的。但是在这场战争里，不可能只有一边有流氓，另一边都是英雄。这不会是他的想法，这是违背他的经验的。这在2023年估计就会是一个难题，在他游行到巴库的时候，因为他要在那里遇到相信自己的记忆的人。

海科没有给我寄来宣传资料，而是出乎我意料地给了我一个"德国之声"①的链接和一个《卫报》②的链接。其中的报道是关于巴登－符腾堡③的性教育课程改革的。说的不是孩子会被带离顽固的父母，但是我可以想象，如果不熟悉当地语境的话，是能从这篇文章里读出这种暗示的。毕竟里面描述了性教育课是要求学生必须参加的。海科还给了YouTube的链接，这个视频通过隐藏的摄像头展示了德国青少年管理局如何在警察的帮助下将孩子从家里接走。他提议明天再见一下我，把我介绍给他的朋友，这样我就能更好地理

/ 321

---

① 德国政府出资的一家宣传机构，提供电视、广播、互联网资讯。

② 英国的一家全国发行的综合性日报。

③ 德国南部的一个联邦州。

解他们是怎么看今天这个世界的。继续和他聊还是值得的，我想。因为他会听别人说话，会试着让别人理解自己。他也会和从电影放映活动里出来的同龄人谈话吗？他们会和他聊吗？我没法得知了，因为我们一大早就出发了，为了能绕道塞凡湖①去纳戈尔诺－卡拉巴赫，奥西普·曼德尔施塔姆为这个湖写过几段最为感人的段落。在 1933 年回国后不久，在他最后一次公开朗诵会上，有人挑衅地问他他的诗歌的基本特点到底是什么，他简短地回答说："对世界文化的渴望。"

---

① 亚美尼亚东部的大型高山湖泊。

　　通向塞凡（Sewan）① 的国道旁挂着卖的沙滩浴巾上都是些穿着比基尼、身材姣好的美女、明星、脱衣舞娘，或是美钞图案——估计人们很难带着这样的浴巾继续前往伊朗并在里海边用它擦拭身子。最终，我在第三个摊位找到了一条印着微笑米老鼠的沙滩巾。这个应该可以。海岸边一群半大的孩子紧挨在一起站在马路旁，他们像十字架上的耶稣一样张开着双臂。这是在干什么？我问道。他们在比画鱼的大小，他们自己或者更有可能是他们父亲钓到的鱼，司机向我解释道。特别机灵的孩子拿来了商场橱窗里赤裸的模特模型，把它的手臂高高地举向天空。有些模型的头低着，仿佛就连亚美尼亚的橱窗模特都在练习耶稣受难的模样。

　　不过接下来就很幻灭了：奥西普·曼德尔施塔姆曾在 1930 年住过一个月的小岛已经不存在了，现在已经变成了与陆地接壤的一个半岛，因为海平面下降了 20 米。我们得知，这对生态系统来说是个大灾难：从 1933 年开始，苏联工程师故意让水面面积减少了 40%，目的是增加富饶的岸边土地并且通过更少的水分蒸发提高水的利用率。人们搬到了半岛上的山上，没有海盐咸味的风吹进肺里，人们穿过高高的荒原草丛，它们是"如此茂盛、多汁和自信，以至于人们想要用铁梳子梳一梳它们"。原本丰富得无与伦比的鸟类与植物也没有剩下多少。这个已经不是个岛屿的半岛也没有不到半个世纪前那样宁静与偏远了。对岸建起了苏联的疗养院以及资本主义的别墅和度假屋，还有水上摩托的噪声、沙滩酒馆的流行音乐以及远处的汽车喧嚣。不过曼德尔施塔姆那时也是清晨就从摩托车的突突声中醒来的。那时还造了一座灯塔，不过看样子后来也被拆掉了。曼

/ *322*

————————————

① 亚美尼亚城市名。

德尔施塔姆在此逗留期间或者离开不久之后，岛上建了一座作家之屋，这座屋子如今还在，应当要修一修了。"不论我去到哪里，我都能遇见布尔什维克党坚定的意志和手，"曼德尔施塔姆写道，"但是我的眼睛却沉醉于一切奇特、易逝以及快速流失的东西，我的眼睛在旅途中只捕捉到了带来光明的意外颤抖和真实的植物花纹。"我还见到了基督教堂，即公元 301 年的古老废墟。我站在火红的无名氏墓碑前，这些墓碑就像曼德尔施塔姆记录的那样简直铺成了一条路。这里的寺庙与坟墓比大自然还要好地经受住了社会主义，寺庙与坟墓在亚美尼亚几乎已经成为自然的一部分。

早上我们坐在酒吧的露台上喝咖啡。这座 1964 年由玻璃和水泥建成的贝壳造型的酒吧就在作家之屋的旁边，在山坡上悬浮着——没错，苏联先锋的又一个引起轰动的作品，如今作为远足小酒馆还在营业。用木壁板装饰的大厅内挂着来岛上或者半岛上休养过的作家画像。可惜我一个也不认识，尽管管家非常崇敬地告诉了我他们的名字。人们说得很好听，他们在亚美尼亚都是举世闻名的作家。只有被亚述人夺走了呼吸的奥西普·曼德尔施塔姆不在其列。

我们继续沿着东岸前行，穿过了一片没有树木的地区，终于到达了一处与世隔绝之地，这里在数百年前应当是一整片湖。不过现存的湖也很大，仍然是世界上最大的高山山脉湖泊之一。考虑到亚美尼亚偏小的地形状况，这几乎就是一片海了，就是提格兰·曼修灵想念的海啊。湖水用它的清澈、冷冽以及 2000 米高处的死寂拥抱了我们。沙滩巾上的米老鼠在被阳光晒得有些无精打采的荒原草丛上显出前所未有的熠熠生辉，而草丛从湖边蜿蜒连绵地一路向山上生长开来。

这里的道路状况不太好——不过，既然没什么人来，要那么好的路有什么用呢？——因此我们到达湖南面的瓦尔特尼兹（Varteniz）的时候，中午已经过了。工人们曾经的住宅区使用的黑色石头也被用来建造村子，漂亮的自然砖石在这里一定比水泥要便宜。除此之外，这里看上去与苏联成百上千的工业小城都一样：四四方方的宽阔马路；没有展示橱窗的商店，可能其中的许多不只在中午关门；一些小吃店；一个集市；少量的行人；比行人还少的汽车以及散落在这里或那里的昂贵豪华越野车。在经历了"血染之国"时期之后，这里的街上没有酒鬼这一点的确引人注意。坐在邻桌吃着肉串三明治的男人们告诉我，亚美尼亚宣布独立时，所有的俄罗斯人都搬走了。

"是因为工厂都关闭了吗？"我问道。

"而且他们说俄语。"

"那些豪华汽车是怎么回事？"

"都是富裕人家的。"

"在这里怎么才能挣大钱？"

"遵纪守法肯定是没戏的。"

在瓦尔特尼兹之后，我们不知什么时候就离开了亚美尼亚。因为没有指示牌，我们压根没有意识到我们已经站在了阿塞拜疆的土地上，准确地说，是在亚美尼亚与纳戈尔诺－卡拉巴赫飞地之间的克尔巴贾尔区（Kelbajar）。战争之前，这里的居民都是穆斯林，主要是库尔德人、农民和牧人。而现在，我们一个人也没有遇到，车也没看到一辆。小酒馆的男人们建议我们加满油再上路，因为之后很长的一段路上都没有加油站，而且几乎找不到可以帮忙的人。在出现路牌指示我们已经离开了亚美尼亚之前，路边已经有牌子上面写着纳戈尔诺－卡拉巴赫共和国欢迎你。谷歌地图上的纳戈尔诺－卡拉巴赫共和国起始于更东边，在达季万克修道院（Kloster Dadi Vank）① 后面才是共和国的领地。不过和格鲁吉亚与南奥塞梯地区

/ 324

---

① 纳戈尔诺－卡拉巴赫共和国的亚美尼亚修道院，建于 9~13 世纪之间。

之间的纠纷不同，这里的边界线即使发生变动也没有人会发出警报。下一个河谷处又有一座边境岗，然而路边却没有海关。拦路的横杆就是简单的一根木头，上面系着一根牵引绳。横杆已经抬起来了，但是为了确保我们没有非法越境，司机还是停下了车。

看来德国护照很少出现在这条通向纳戈尔诺－卡拉巴赫共和国的支路上，坐在书桌后的官员连护照的空白页都仔仔细细地查看了一番，意味深长地点了点头。他没有询问我们入境的原因就把没有盖章的护照又递了出来。他说，我得在斯捷潘纳克特（Stepanakert）①申请签证。接着他把我们送到汽车旁，与我们握手道别并目送我们远去。这可真是个奇怪的国家，我如此想道。人们必须先入境，然后才能获得入境许可。与在克里米亚一样，入境不久后手机就没了信号。这下我也不能用信用卡支付了。司机一边开车，一边在方向盘上展开了一张地图。这张地图上的村庄名字与谷歌地图上的完全不同，这些地名全是以 Nor（即德语的"Neu"）开头的：新卡拉奇马尔（Neu-Karachmar）、新马纳沙（Neu-Manasha）、新布拉德朱尔（Neu-Bradjur）。估计老卡拉奇马尔等都在阿塞拜疆，如今都有了土耳其语的称呼。

我们在达季万克修道院稍作停留。传说中这座修道院建成于公元 1 世纪。而如今的整座建筑包括教堂则是在 14 世纪建成于树林茂密、险峻陡峭的山脉中的一个山丘上。修道院如今仍旧显得如此孤独、无人在意，仿佛自从建成之后，地球上什么也没有发生似的。没错，风化的墙壁、青苔以及长在天花板和穹顶上的灌木让这座教堂看起来像是一棵蜷缩着的、巨大的、狂野分叉的、没有叶子的原始树木。同大部分的亚美尼亚教堂一样，建筑的平面结构模拟了正十字架的形状。和格鲁吉亚一样，这里的建筑被修缮到墙面刚刚

/ 325

① 纳戈尔诺－卡拉巴赫共和国的首都。

好不会倒塌的地步。湿壁画没有掩饰自己的年份，装饰物以及踢脚线后面的电线也没有被隐藏起来。某面墙上满是煤灰，而在另一面墙上则能辨认出楼梯的轮廓，这个楼梯肯定是通向走廊的。在苏联时期和家人住在这座教堂里的牧人一定是担心自己的孩子从楼梯上摔下去，因此他把楼梯拆掉了。通过煤灰的痕迹，人们可以辨认出灶台曾经摆放的位置，灶台也用作炉子。地上如今铺着旧的波斯地毯，许多信徒以及屋顶架上的鸟儿们都在上面留下了自己的印记。我不禁再次自问道，这些空间的魔力到底是什么，它们原本可以被修复得更加精美、更加原汁原味。它不仅像一张原始的面孔或是树木的年轮一样讲述着自己的故事、经历、痛苦与幸运，它同时也是随机的东西、不完美的存在，是这些年随机组装在一起的东西。电线、煤灰以及地毯上的小洞都是光线的射入。而鸟儿们每秒钟都给出了不同的转向，因为只有神才是永恒完美的。

神父霍夫汉内斯·胡哈梅相（Hovhannes Houhamesyan）体格高大，身强力壮，有着被精心修剪过的胡须和一头向后梳着的头发。他告诉我们，他与这里的鸟儿有着协议。

"协议？"

"是的，我和它们约定，除了教堂，它们想住哪里就住哪里。"

"结果呢？"

"它们就是不遵守协议。"

神父霍夫汉内斯与这座教堂的联系十分紧密，因为这片孤独的区域既没有真正意义上的教团，也无法提供修道院的生活。这里只有在周日或者节假日为周边村民、零散的乞丐以及偶尔出现的亚美尼亚游客举行的礼拜，某位老妇人的零食店以及做了24年都没有完成修葺工作的建筑工人。神父说，整个地区在独立之前还有土耳其人定居。这些土耳其人很有可能是一群本身受了真正土耳其人许多苦的库尔德人，或者神父所指的土耳其人其实是阿塞拜疆人。不过神父似乎没有意识到要将两者进行区分，抑或是这样的区分在战争中已变得模糊不清。

当我问神父为什么他没有使用阿塞拜疆土耳其人这个称呼时，他坚持说"不存在一个叫阿塞拜疆的国家"。

至于原住民们因此被迫放弃自己的屋子这一结果，神父认为没有问题，毕竟亚美尼亚人早在土耳其人之前就住在这里了。人们只要对比一下这里教堂与清真寺的年份就可以知道，这片土地到底属于谁了：接近两千年历史的教堂对至多两百年的清真寺。我徒劳地尝试诱导神父霍夫汉内斯对那些失去故乡的人们表达一下同情，对那些普通的农民与牧人。故乡？这位曾在前线以随军神父身份服过役的神父问道。是啊，故乡，我说。对于个人来说，不管两百年或者两千年前的情况如何，他所出生和成长的地方就是他的故乡啊。然而神父无法深入到个人层面，他口中的土耳其人只是一个迫害和屠杀亚美尼亚人的集体概念。我试着从对敌人的爱这一概念入手，这其实是基督教的特别之处：在前线时，对敌人的爱意味着什么？神父像是在布道坛上一样提高了嗓音并且郑重地解释道，作为基督徒，人们不可以挑起战争。

"好的，"我接着说，"但如果人们已经身处战争之中，对敌人的爱还有什么意义吗？"

"那时我们不得不保卫自己的国家免遭敌手。"

"那您爱自己的敌人吗？"

"有一条规则"，神父慢慢说道。他站着，上半身往后靠，似乎想要获得更多的氧气："敌人至少得提供一次让人们爱上他的机会。但是土耳其人根本没有。他们受到的教育就是憎恨我们、杀害我们。他们不给我们机会爱上他们。"

"这就简单了！"我略显不敬地失言了，"如果敌人给您爱他的机会，那么他也不是敌人了。基督教特别的地方就在于，它告诉我们，你不仅仅要爱身边的人，也要爱你的敌人，也就是恨你、伤害你以及拒绝你的人。你应该爱这样的人。这可能吗？"

"如果我们和平地生活在一起，这是可能的。不同的宗教和平相处，那么我们也会爱他们。不过在战争中这不可行。"

"为什么不行？"

"你爱着的人，你是无法去杀他的。"

"您当时在前线的感受是怎样的？"

"如果你在瞄准一个人的瞬间对自己说，你是爱着这个人的，那么你会无法扣下扳机，就是不行。我当时也是这样。战争中就是如此。"

我们试着在地图上找到霍贾利这个城市，这里在 1992 年 2 月 25 日至 26 日的夜晚发生了纳戈尔诺－卡拉巴赫战争期间最大规模的大屠杀，但是我们不知道这座小城如今的名字。早在 1991 年 10 月，霍贾利就被亚美尼亚军队切断了与阿格达姆（Aghdam）的联系，阿格达姆是离霍贾利最近的阿塞拜疆城市。霍贾利没有电、自来水、暖气和通讯，只能靠偶尔飞越敌阵的直升机补给，直升机随时都有可能被打落下来。当亚美尼亚人在俄罗斯坦克的帮助下冲进来时，留守在霍贾利的 160 名轻装阿塞拜疆战士根本没有还手的机会。阿塞拜疆指挥官号召居民们徒步逃到阿格达姆，因此 3000 名平民以及少数被派去陪同的士兵在深夜的大雪里出发了。清晨时分，他们到达了一片空地，接着遭到了山丘上的火力扫射。阿塞拜疆士兵进行了还击，无奈人数相差悬殊，很快就被杀死了。几天后国际新闻记者来到这片空地时，地上铺满了尸体，其中还有不少妇女和儿童。托马斯·德·瓦尔在其有关纳戈尔诺－卡拉巴赫战争的权威书籍《黑色花园》中认为阿塞拜疆议会的某调查机构公布的 584 名死难人数是与实际相符的。在此之前，亚美尼亚人都被视为受害者，至少他们对纳戈尔诺－卡拉巴赫的争夺在左翼阵营中披着解放斗争的圣光。但是霍贾利事件以及一年之后对从未属于纳戈尔诺－卡拉巴赫的克尔巴贾尔的占领——俄罗斯正规军再次参与其中——导致了国际舆论的转向。亚美尼亚政府先是否认了这些报道，然而最终还是承认造成了平民死亡，不过不是这么多。最为坦诚的还是后来成为国防部长的亚美尼亚军队领导人谢尔日·阿扎特·萨尔基相："霍贾利事件之前，阿塞拜疆人都以为我们在开玩笑。他们以为我们是一个从不会伤害平民的民族。现在我们必须要终结这种想法。这就是发生的事情。"与此相反，政府坚称从苏姆盖特（Sumgait）① 逃出的难民是非正式的民兵发动了攻击。官方数据显示 1988 年在苏姆盖特发生的大屠杀造成了 26 名亚美尼亚人丧生，这个数字同样得到了德·瓦尔的认同。不过，亚美尼亚公众社会的计算结果逐年累积到了 450 人。无论如何，受害者绝对比霍贾利事件的遇难者要多。相对的，阿塞拜疆也抱怨霍贾利的死难者人数要高于亚美尼亚牺牲者。

这不仅仅是一场关于数字的争执。在阿塞拜疆，几乎没有人，主要是几乎没有年轻人对苏姆盖特发生的事有具体的了解。他们甚至不知道，阿塞拜疆人在那里对他们的亚美尼亚邻居进行了拷打、折磨、强暴、羞辱并且杀死了其中的至少 26 人。如果有谁试图让人们回忆起这场动荡，那么其他人就会将这个人当作煽风点火的苏联间谍。几乎没有一个亚美尼亚人知道霍贾利。就像恋人们经常做的那样，这个民族牢牢记着自己的不幸遭遇，但是对于自己的罪行却轻易就忘了。他们没有否认罪行，他们就是忘了它。但这其实更加严重，因为这样一来连伤疤都不会留下。比如伊朗人，他们为了攻占我所属的民族而编造了一套传说，即伊朗人永远只是被攻击的对象，被亚述人、巴比伦人和希腊人，被阿拉伯人和蒙古人，被土耳

① 阿塞拜疆城市名，位于里海沿岸。1988 年这里爆发了对亚美尼亚人的屠杀事件。

其人和俄罗斯人，被英国人、美国人，被伊拉克人和瓦哈比派。至于在高加索地区有多少我的先辈们被杀害，多少人被拖去当奴隶，多少教会被亵渎，这一切我是在几百年之后的这场旅行中才明白，因为这段记忆已经无法刺痛任何人了。

借助托马斯·德·瓦尔的《黑色花园》，我们得知了霍贾利的大致方位并到处打听。这本书已经成了我在纳戈尔诺－卡拉巴赫的向导，就像蒂莫西·斯奈德的《血染之国》对我在波兰与乌克兰中间地带旅行的帮助那样。但是我们越接近目的地，听说过这个名字的人就越少。这也是人们想要重新唤起战争中的斗争历史时会遇到的难题：某个地方被驱逐的人越多，就会有越多不了解这个地方的新人来到这里。我们最终到达了霍贾利。它不是一个真正意义上的城市，而是一片分散在开阔地带的住宅区。就算是在这里，我们也找不到任何一个知晓当时攻占情况的人。当地居民无法想象亚美尼亚士兵在这里射杀了平民，甚至是犯下了屠杀罪行。

一家食品店的老板告诉我们，他们来到这里的时候，霍贾利的所有房屋都已经被烧毁了。

"谁干的？"

"我猜是土耳其人吧。"

"您当时在场吗？"

"不，当然不在。我们来的时候所有东西都已经被毁了。"

战争爆发之前，他们一直住在当时还在边境线另一侧的阿格达姆。如今，阿格拉姆成了纳戈尔诺－卡拉巴赫与阿塞拜疆间的缓冲地带。和阿塞拜疆人住在一起一直都挺难的。不过苏联解体之后，亚美尼亚人也不敢在晚上上街了。

"阿塞拜疆人走了之后，您松了口气吗？"

"如果已经无法共处，人们能怎么做呢？"这位父亲反问道并开始讲述自己服役时发生的事情，他当兵期间曾在东德驻扎过。那时两德之间的国界线是封锁着的，而这边是开放的，如今的情况则恰恰相反。世界局势的发展就是如此。

"是的，我们是幸运的"，和父母一起站在柜台后面的两个女儿中的一个开了口。她描述起土耳其人对亚美尼亚人与生俱来的仇恨、土耳其人的残暴和杀戮成性。她看起来只有 18 岁的样子，至多 20 岁，对战争或者阿塞拜疆人应该没有记忆。半对着我们，半对着家人，这位父亲又加入了话题。在他看来，女儿的评判太过绝对。他讲到自己上一次到克拉斯诺达尔拜访的经历，他的姐姐住在那里。姐姐在一场婚礼上开玩笑地指着几位客人说，他们是阿塞拜疆人。这位父亲不知道自己该怎么做，留下还是离开。这是他在战争之后遇到的第一批阿塞拜疆人。

"如果是你们，你们会怎么做？"我询问起两个女儿的意见。

"那是土耳其人，一直是土耳其人，"小女儿生硬地说。她似乎与姐姐达成了一致："要是我，我就离开。"

"那您是怎么做的呢？"我又问了父亲。

"我留下来了。我当然留下来庆祝了。不然还能怎样？"

"您也和阿塞拜疆人碰杯了吗？"

"没有，那倒没有"，父亲笑着抚慰着两个女儿。接着他给了我们阿蒙（Armen）的电话。阿蒙是唯一一个在战争之前就住在霍贾利的人。关于这里是如何被解放的，他肯定知道得更多。

司机拨通了电话。我在旁边都能听到一个嘶哑的声音在描述路怎么走，这条路几乎都要把人带出霍贾利了。我们看到一处灌木丛中耸立着一堆瓦砾，这是清真寺的残留吗？是的，一位散着灰色头发的妇人肯定了我们的疑问。她似乎已经在这里站了很长时间了。不过对于我们的其他问题，她只是报以疑惑的眼神。紧接着我们开上了一条乡间小路，阿蒙正在等着我们。虽然年长，阿蒙仍是一个健壮的男人，长着浓密的白色头发和眉毛、粗壮的胡茬。他穿着一条污渍斑斑的运动裤、一件敞开到肚脐眼的衬衫。他的声带上有太多的尼古丁，咳嗽起来就像是交响乐似的。他曾是牧羊人，阿蒙嘶哑着嗓子说，他一生都是个牧羊人。他带我们来到家里。他的家前厅是个装破烂儿的屋子，后面的起居室窗户都被遮起来了，十分阴暗。我们走进去的时候，一位头发仍旧乌黑的妇人正坐在床沿上看印度爱情电影，她没有和我们打招呼，只是朝我们看了看。她穿着的无袖粉色连衣裙可能也是件放羊服。阿蒙向我们介绍说，这是他的第二任妻子，却是他人生中的第一位爱人。她的前妻我们可能也在街上遇到过。没错，就是在那座废弃的清真寺前。在阿蒙出生的村子里还有 15、16 个其他的亚美尼亚家庭，此外就全是阿塞拜疆人了。婚姻情况如何呢？几十年间就只出现过两个通婚家庭。大家会互相参加彼此的节日庆祝或者葬礼吗？阿塞拜疆人经常去亚美尼亚人那儿，亚美尼亚人则几乎没去过阿塞拜疆人那里。为什么？因为亚美尼亚人那儿总有丰盛的食物呀，阿蒙笑着回答。笑声是如此让人同情，以至于人们想要立刻把他送去医院才好。阿蒙在短短几分钟内已经抽完了三根烟。尽管天色已晚，他还是把摩卡壶端上了桌，咖啡的浓度一般人都受不了。

/ 331

"当时我们都很穷。阿塞拜疆人在过节的时候也不是那么大方，他们传统就是如此。这对我们来说就不值得了。"

除去阿塞拜疆人寒酸的招待之外，两族人民的生活还算得上和谐。但是大约从 1968 年开始，政府部门不再向亚美尼亚人分派空置的房屋。这当然会导致冲突并且给亚美尼亚人留下了他们在自己的国家里不受欢迎的感觉。再加上他们在各部门受到的歧视，比如在分配任务、食物以及工作方面。到了 1982 年，局面已经到了无法忍受的地步。阿蒙搬到了一个只有亚美尼亚人居住的邻近村庄。在霍贾利附近只有两名与阿塞拜疆人结婚的亚美尼亚女子留了下来。战争爆发后，身为主管妻子的那位被自己的儿子杀害了。而另一位则及时与丈夫逃离了出来。在阿蒙原先居住的村子里，有四位居民遭到了杀害，500只羊被偷。阿蒙也听说了霍贾利大屠杀事件，但是25年过去了，他仍然坚信阿塞拜疆人是被自家的士兵射杀的，因为他们想要逃跑。亚美尼亚部队根本没有动机去杀那些已经动身回阿塞拜疆的阿塞拜疆人。此外，亚美尼亚人原则上是不会杀害妇女和儿童的。接着，阿蒙向后伸手拿了一柄长刀放在了桌上。

"我们只杀男人。"

"用这把刀？"

"是的，用这把"，阿蒙一边说着，一边把刀举到了脖子边，"这样。"

他和亚美尼亚村子的其他男人们曾经捉住了两名阿塞拜疆人。不知道是不是士兵，这点搞不太清楚。一名从苏姆盖特大屠杀中侥幸逃脱的女人走到了前面，把一柄菜刀捅进了其中一个阿塞拜疆俘虏的脖子。她在苏姆盖特看到过，亚美尼亚女人是如何被割下了乳房和耳朵的。

"这两个俘虏和苏姆盖特的事情有关系吗？"

"没有，当然没有。他们就是这里的居民。"

"那她为什么要杀这两个人？"

"就是族间复仇"，阿蒙用了复仇的意大利语词并且做了一个轻蔑的手势，仿佛人命不是什么紧要的事情似的。

"然后呢？"

"菜刀不够锋利，接触到皮肤就弹了回来。然后我把我的刀给了她。"

"就是这把？"我指着桌上的刀问道。

"是的，就这把"，阿蒙一边回答，一边把到又举到了喉咙那儿。"然后，那个女人喝了俘虏的血。"

很多年前，1930年的时候，有人游到了塞凡湖后就再也不见了。

人们派出了一支考察队找到了这位冻僵了的，但仍在微笑的游泳者。人们找到他的时候，他正在一处山岩上躺着。岛上的居民鼓掌迎接了这位被救者。"那是我生命当中听过的最热烈的掌声，"奥西普·曼德尔施塔姆如此写道，"人们欢呼雀跃，因为一条鲜活的生命没有变成尸体。"

/　　第四十六天　穿越纳戈尔诺－卡拉巴赫

"一个得不到认可的国家，外交部部长会做些什么？"

"认可不认可的，没什么大的区别。"卡伦·米尔佐扬（Karen Mirzoyan），纳戈尔诺－卡拉巴赫的外交部部长说，"和其他所有国家的外交部部长一样，我在世界上代表我的国家。我只是不能使用传统的外交手段。但是我也因此更加自由一些。我差不多是不存在的。"

"如果您不存在的话，为什么就会更加自由呢？"

"这么说吧，我跟人交流时直接得多。我能坐车去柏林，喝着啤酒，吃着小香肠和人谈话。我可以向他们解释，我们是一个正常国家，想要的就只是过正常生活而已。"

纳戈尔诺－卡巴拉赫根本没有那么特殊：他刚刚在德涅斯特河沿岸 ① 待了 10 天，那里有和他们相似的问题。那他怎么看待其他分离运动呢，东乌克兰或者克里米亚半岛、阿布哈兹、南奥塞梯、加泰罗尼亚 ② 或者苏格兰的那些运动，它们之间有着天然的联系吗？有，当然有，卡拉巴赫人觉得自己和所有为了自己的独立权利而斗争的民族都是相连的。

"那你们就建立一个'不被认可国家联盟'好了！"

"这是个错误的表达。"卡伦·米尔佐扬看起来觉得这个建议不值一驳："更正确的说法是'被阻碍国家联盟'。有许多国家不得不长期为认可而斗争。即使今天的超级强国，也曾经不受认可。"

---

① 德涅斯特河沿岸摩尔达维亚共和国（Transnistria Moldavian Republic）位于东欧摩尔多瓦境内，是不被国际社会普遍承认但事实独立的政治实体，另称德涅斯特河东岸共和国、德涅斯特河左岸共和国、外涅斯特里亚共和国等，定都蒂拉斯波尔（Tiraspol）。

② 加泰罗尼亚位于伊比利亚半岛东北部，属于西班牙，但一直追求独立。

卡伦·米尔佐扬是一个平易近人的人，留着胡须，戴着教授眼镜，他要是读到别人说他的肚子毫不隐瞒他对啤酒和小香肠的偏爱，也会微微一笑。对于霍贾利大屠杀，他没有拐弯抹角地否认，而是说情况比大多数报道要更复杂——但是没错，亚美尼亚人也不是天使，战争就是肮脏的。以后，等到政治上有了解决方案，就可以开始让对立双方走到一起来了。难道不该倒过来吗，我问，解决方案的前提不正是承认对方所受的苦难吗？自己就是研究东方学因而也了解历史背景的这位外交部部长对此没有把握。在霍贾利事件之前，有过苏姆盖特，而在苏姆盖特之前有过其他事件，如此反复往前推，可以推到沙皇时代，波斯帝国或者蒙古帝国统治时期。我一定要读读菲尔多西（Ferdousi）的《列王纪》，那里面就已经将纳戈尔诺－卡拉巴赫称作亚美尼亚人的家园，这是出自 10 世纪的一部波斯作品。好的，我回应说，阿塞拜疆人就会说，纳戈尔诺－卡拉巴赫是他们最著名的歌手与诗人的出生地，而且不是在苏联时期才归阿塞拜疆的，好几个世纪以来就是一个汗国。他会用另一种说法来表述，外交部部长说：纳戈尔诺－卡拉巴赫在几个世纪以后终于自由了。我提醒说，许多亚美尼亚人是在 19 世纪才被俄国人安置在纳戈尔诺－卡拉巴赫的。是啊，正是如此，外交部部长叫道，每个人都会在历史中找到一个适合自己的解释的段落。可是到底要往回推多远呢？到最后我们又会回到游牧民族与定居民族之间的有神话色彩的对立冲突。不，他怀疑，就历史来争吵并没多少好处；更重要的是务实地解决问题，而让阿塞拜疆人回到他们之前的居所，肯定不是解决方案之一。

/ 334

斯捷潘纳克特不是一个美丽的城市，但也不是个贫穷的城市。从街道上就可以看出许多钱流进了纳戈尔诺－卡巴拉赫，至少比流进亚美尼亚其他小城市的钱要多。因为斯捷潘纳克特只有 5 万居民，所以是个小城市，虽然这里是首都。纳戈尔诺－卡拉巴赫的一切也都小，除了从三面包围高原的山峰。流散在外的亚美尼亚人尤其热衷于证明自己的爱国情感，他们积极参与建设这个年轻的国家，募捐、投资、前来度假或者做义工，就像年轻的美国犹太人在以色列做的那样。在许多公共建筑上都标出了捐赠者的姓名。还有一条贯穿全国的高速铁路，一个还没有飞机起飞过的新机场。让我们吃惊的是，机场的门还是一下就打开了，所以我们就能在光洁透亮的航站楼里散步。我们可以站在值机台前面，可以取用行李车，也可以用厕所。在广告牌上写着，15 点 30 开始办理登机手续。不过我们从机场经理那里得知，这只是个测试。他可能也只是个衣着高级的房屋管理员，反正是整座建筑里唯一一个在场的人。他兴致勃勃地带我们穿过了安全检查闸门，闸门哔哔响，但是没有任何官员被吸引过来。我们不需要将手提行李放到 X 射线的检查机器里，径直走到了候机大厅里，我们还可以继续走到同样空荡荡的跑道上去。不过跑道是有两个士兵看守的，他们问我们在这里做什么。可反过来对他们来说这也是个好问题。

"今天中午可能有飞机降落吗？"

"当然有可能。"被我当作经理的先生肯定地说。他解释说，一周会有一次演习，训练员工做好降落工作。然后他指给我看机场的控制塔，那儿还真的——我都不敢相信——有两位机场地面导航员往下挥手。

"这些导航员在做什么呢？"

"他们在等。"经理说，他希望我下一次来纳戈尔诺 - 卡拉巴赫的时候能坐飞机来："我们每次告别来访的客人的时候都会这么祝愿他。"

可惜我们没有得到批准进入阿格达姆附近的缓冲地带，这座城市位于阿塞拜疆的核心地带，但是在 1993 年被亚美尼亚军队攻占了。所以我就想碰碰运气，从边界这一边过去看看，我们能走多远。

但是让我们大为惊诧的是，没有人拦住我们，我们既没有撞上墙，也没有走到一个边界哨所前。我们可以就这么开进无人之地里。在这条路况越来越坏，用满是洞的栅栏围住的行车道的左右两边，有一层高的石屋废墟散落在平原上，长满了密密的灌木丛。屋顶和一些墙体都坍塌了，所有的窗户都被扒下来了。房屋之间还时常出现像揉作一团的纸一样的汽车残骸，仿佛在这空旷里它们太占地方。寥寥几条乡间小道表明，还是有人在房屋之间走动的。我步行到了种玉米或土豆的田边。这里一片静寂，因为有了被遗弃的颓败的农家房屋和像空罐头或者塑料娃娃一样的残存破烂的景象，格外压抑。在这静寂中，在战争——这场战争过后生活就再也回不到从前了——当中，我裤袋里本来已经被我当作死了的手机震动起来，发出了一个，不，两个，不，三个，其实是一连串的铃声。"欢迎来到阿塞拜疆"，这是第一个进来的短信。"按照您的套餐，每分钟⋯⋯"我利用这个机会给家里打了个电话。"你现在在哪儿？"我 10 岁的女儿问。我试着跟她解释了一下。

我们行驶得越远，废墟之间就离得越近。还出现了许多树，构成一条林荫道或者在一座公园里洒下树荫。多层的房屋越来越多地出现了；也许那已经是阿格达姆的政府办公楼了，这座城市曾经是拥有 50 万人口的州首府。如果我对这些装饰外墙的归类没错，它们还是出自苏联初期的。我们没有见到板式建筑；也许它们经不起时间考验，虽然它们更新。流亡在外的卡拉巴赫阿格达姆足球俱乐部刚刚成为阿塞拜疆冠军，下一个赛季要踢欧洲冠军联赛，但是在阿格达姆的废墟之间只有猪在跑。在可能曾经是中心广场的空地上，一群年轻的士兵在砍柴，没有表现太多的好胜心。从年纪来看是应征入伍的士兵，他们穿着 T 恤衫配迷彩裤，脚上是运动鞋或者塑料拖鞋。我们好好考虑了一下，还是没有和他们搭话，免得他们问我们在这里要干吗。幸好他们也没有显得对我们特别感兴趣。

/ 336

我们走到了大清真寺，1868 年建造的寺庙，由纳戈尔诺－卡拉巴赫国家保护，这是一面当然已经遭风雨剥蚀的牌子上写的。的确，它相对来说保存良好，特别是双色砖石修成的两座精美的宣礼塔。但是曾经用来装饰祈祷室的那些图案都已经只剩残片了。占领者在光秃秃的墙上留下了自己的名字。曾经充满艺术感的窗户被拆掉了。地板变成了碎石地。我从宣礼塔上俯瞰城市，这座城市没有遭到过轰炸，就连枪击都没有受过，在 1993 年 7 月 23 日毫无抵抗地落入了亚美尼亚人手中。放弃阿格达姆等于阿塞拜疆军队的一次惨败，这支军队由于在巴库的权力斗争而实际上失去了首领。这之后不久，曾任阿塞拜疆共产党领袖的盖达尔·阿利耶夫成功出任总统，用停火协议中止了战争，不过也中止了民主。今天阿格达姆看起来就像是被扔过原子弹或者遭受过毒气弹攻击的城市的样子。所有属于人类的物体都还在，只是没有了活人。恩维尔帕夏在

奥斯曼帝国灭亡之后逃亡到了德国，随后将他的泛突厥主义带到了中亚，1922 年在对抗红军的战斗中死于塔吉克斯坦——他的理念不还是获胜了吗？"这里就像世界上各处一样，占主流的民族主义让那个充满理念的、崇信宗教的帝国实体破碎了，化解成了各个生物组成部分。"《穆萨达的四十天》里写道。曾经有着巴比伦式的多语言混杂共存的城市，曾经有多个民族互相冲撞但毕竟共处共生——一种早期现代性，在其中国际主义是不言而喻的——的国家，曾经有各个宗教或好或坏地比邻而居的村庄，它们在亚美尼亚和阿塞拜疆转变为了单一种族的共同体，这是其他任何地方，就连土耳其，就连曾经发生过大规模屠犹的德国都不曾有过的。我本来应该用这个现象来反驳纳戈尔诺－卡拉巴赫的外交部部长，在他简单地把汗国时代当作异族统治的时候。可是这现象也是违背那些在巴库创立民族文化的勇敢启蒙者的。这是我从宣礼塔上看到被遗弃的阿

格达姆时想要写进现代性留念册里的："古代的帕夏们 ① 很清楚：超越性的精神统一体的思想，哈里发的思想比几个野心家执着的进步妄念要崇高。在古代帝国的那种受人诋毁的慵懒中，在那种无为之治中，在那种昏昏沉沉的任人收买中，包含了一种谨慎明智而不惮舍弃的治国之道。而这是一个只想快速见效的短视的西方人完全不能理解的。古老的帕夏以最精微的感觉知道，一座高贵但落败的宫殿是不愿意得到太多改善的。但是年轻的土耳其人却摧毁了几百年的功业。他们所做的，本是一个多民族国家的统治者绝不可以做的！由于他们自己的民族狂热，他们唤醒了被压迫的民族。"弗朗茨·韦尔弗就已经表达了几乎可憎的怀旧情绪，可 1933 年的时候最糟的情况还没有发生。

　　旧日的街道在一条无人看守的道闸杆后面继续往东延伸，但是我不敢朝开阔地带再多走两三百米了，因为那儿某个地方肯定有战壕、铁丝网、地雷或者亚美尼亚和阿塞拜疆用来隔离对方的其他东西。所以我们就往北开，在阿格达姆的边缘发现一辆小车停在一座房子前。真的，在房子里我们遇到了一个小家庭，修缮房子的父亲和母亲，还有一个残疾的儿子。母亲告诉我们，五年前他以 920 克的体重来到了世间，之后她马上就请我们进屋喝咖啡。母鸡在院子里四处跑，还有火鸡和一只试着逃脱她儿子束缚的绵羊。马厩里还有其他牲畜发出叫声。父亲说，纳戈尔诺-卡巴拉赫的紧张局势开始于集体化，也就是在他之前的年代，但是并不是从种族灭绝、中世纪或者某个神话时代开始的；他不会回溯这么远。他是在阿斯克兰（Askeran）出生的，西边 18 公里远的地方。他在那儿做厨师，几年前找到了阿格达姆里的这个院子，这是最可能继续用的一个了。他把它用作乡间居所的时候，没有人过问。他们在市场上卖水果、

---

① 这里指官吏。

蔬菜和鸡蛋，最近还卖牛奶和肉。那时候他才刚满 18 岁，他自己并没有为解放而斗争，但是去年 4 月的战争，他还是应征参军了。所以他比其他人更珍惜和平。

"您觉得，阿塞拜疆人会回来吗？"

"我只是个工人，"男人说，"如果和平了，他们也能回来的。为什么不回呢？"

"如果屋子主人站在门口——您会把院子还给他们吗？"

"如果他们是好人的话——肯定还。这院子是他们的呀。我会对他们说，我为他们重建了这个院子。"

离这儿几百米远的地方，我们遇见了一个金发或者染了金发的女人，她妆化得很显眼。她有足够强壮的手臂，拎着两大桶水。她是 1998 年才搬到纳戈尔诺－卡拉巴赫的，因为她丈夫在这里找到了个职位；他两年前死了，从此她就独自一人留在了这个陌生的国度。要回去已经太晚了。她住在阿格达姆，因为住宿免费，她还有个大花园。另外到处都有士兵买她的水果和蔬菜；用这些钱她再去买她自己种不了的东西。她对政府没有任何期望，而对于命运，她只期望它不要来干扰自己的生活就好。

街道上重又铺满的沥青，路旁的电线杆和不再是废墟的房子让我们知道，我们离开了缓冲带。我们到达的第一个村庄叫新马拉加（Neu-Maragha），村里除了——与其说留存不如说被遗忘的——纪念第二次世界大战烈士的苏联纪念碑之外，还有一块纪念失落家园的石碑。我们问坐在两个店铺门口的几个女人，谁是来自老马拉加的。她们就带我到了一个丛林里，艾米利昂·鲁茨克（Amirian Ruzik）回顾了过去的 79 年。他对阿塞拜疆人对亚美尼亚人与生俱来的仇恨毫无兴趣，在马拉加他们在一起生活得很好，也许也是因为在那儿的阿塞拜疆人是人数极少的少数民族吧。那为什么还是出现了暴力冲突？都是无中生有！鲁茨克的回答就像很多经历了内战的人一样。他记得，是阿卜杜拉赫曼·瓦齐罗夫（Abdurrahman Vezirov）1989 年在电视里呼吁族人屠杀亚美尼亚人，那之后很快他们的村子遭到了坦克攻击。红军帮助村民离开了马拉加，鲁茨克一路搭公车，和人合乘出租车，艰难抵达了他妹妹所住的撒马尔罕（Samarkand）。他后来回去的时候，所有房子都被毁了，村子被阿塞拜疆的军队占领了，他的两个儿子上了战场为亚美尼亚人而战。村长将他能找到的所有村民集合起来，一共 12 户人家。他们搬进了被阿塞拜疆人遗弃的房子里。因为他只剩了一个人，所以就分到了这个简陋的小屋里，这里连自来水都没有。他到现在都对这种不公平感到愤懑。新马拉加就和整个世界一样，都被错误的人统治着。他觉得将这种冲突回溯到集体化的说法是无稽之谈。正相反：如果苏联没有崩溃，他今天还在马拉加活得好好的，而不是在一个没有窗户的洞里，拿着只够买烟的 60 美元退休金。但是少抽点烟，倒也不是什么坏事。

"那孩子们呢？"我问。

"我的女儿努娜（Nune）在新马拉加有一座房子。"

"您为什么不搬去她那儿住？"

"我会过去吃饭，但是一天剩下的时间，唉，我还是更愿意一个人待着。"

/ 340

这会儿，女儿也到了，她自己也已经 54 岁了，很乐意给我们看看她父亲不论怎么劝都不愿意去住的房子。穆斯林的旧墓园还在吗？不在了。努娜说。清真寺也没了。只有一座年代久远点的墓地，在村外几公里的地方，那里还有许多刻有阿拉伯文字的墓碑。

"它们为什么能保留下来呢？"

"有人毁掉了其中一座古墓碑，第二天他家里就有人死了。从此以后我们就再也不去碰那块古墓地了。"

"那些树呢？"我突然想了起来。

"树也没人碰。"努娜回答说，她似乎并没觉得这问题古怪："树不属于任何民族。"

我们拜访了墓地，其中亡人还是按照另一种纪年法下葬的，希吉拉①后 1328 年或者 1305 年。这之后，努娜将我们带到她和家人住的房子里。房子属于村子里的伊玛目，后者看上去不像个穷人。房间的绿色墙面已经剥落，暗色的木地板也磨损了，窗框从来没有换新过。花园里有颗老苹果树，长满果实。

"多美的一座房子啊！"我叫了起来，问她为什么不翻修一下。

"我的儿子反对。"

"为什么反对？"

"他们认为战争随时都会再爆发，到时候我们又得丢下这儿的一切。"

告别的时候，努娜送了我们一大袋从树上摘下的苹果，那苹果树也许是伊玛目或者他父亲或者他祖父种下的。

---

① 意为"出走"，是公元 622 年伊斯兰先知穆罕默德带领信众离开麦加，迁往叶斯里卜（即后来的麦地那）这个事件的简称。后世也将 622 年定为伊斯兰历的元年。

相对于 3500 人的人口——其中大部分是来自阿塞拜疆的亚美尼亚贫困难民——来说，舒沙（Schuscha）太过广阔了。舒沙在 19 世纪还是外高加索地区最重要的城市之一，因其崭新的基督教堂、清真寺和剧院而闻名。作为贸易线路上的重要连接点，舒沙曾经非常富裕，亚美尼亚语、阿塞拜疆土耳其语、波斯语和俄语是通用的四门语言。此后，舒沙曾三次被焚毁，分别在 1905 年、1920 年和 1922 年。最后两次分别被亚美尼亚人和阿塞拜疆人焚毁，而第一次则是被亚美尼亚与阿塞拜疆共同毁灭。就连奥西普·曼德尔施塔姆都对舒沙沿着斜坡笔直向上的无人的宽敞道路感到震惊。

> 在纳戈尔诺 - 卡拉巴赫，
> 在被摧毁的城市舒沙
> 我看到的景象
> 让人的灵魂同样感到害怕。
>
> 四万扇死寂的窗户
> 在咯吱作响，而
> 过往劳动的果实变成了空茧
> 坟墓般躺在山上。

1992 年霍贾利陷落时，阿塞拜疆的炮兵正在舒沙坚守并轰炸了附近的首都斯捷潘纳克特，斯捷潘纳克特地势比舒沙要低 600 米。亚美尼亚人在损失惨重的情况下，终于在 1993 年 5 月 8 日到 9 日占领了当时 90% 的居民都是阿塞拜疆人的舒沙，并进行了肆意的抢劫和掠夺。这是一场有意识的、公开进行的报复行动：两个民族在罗曼诺夫皇朝败落后首次独立，在这场两者之间爆发的短暂战争中，阿塞拜疆士兵在舒沙这座城市进行了为期三天的大破坏，摧毁了亚美尼亚人的居住区，屠杀了上百名亚美尼亚平民。多亏了一群世代居住在此地的亚美尼亚人，两座主要的清真寺才得以保留。他们在城市陷落后为了保护珍贵的地毯、图画和瓦罐挡住了坦克的去路并且在城市博物馆设置了七天路障。为了吸引游客，许多保存下来的石材建筑已经被重新翻修，不过这些建筑至今无人居住。基督教堂

光彩四射，看上去就像新建的似的。两座清真寺则挂着牌子，上面写着它们是在伊朗的帮助下修缮复原的，虽然也看不出来什么。

陪我们一同前往前线的年轻信息官告诉我们，就连他也无法事先知道，新闻记者会被送到哪一段阵地。

"为什么不能呢？"我问。

"因为阿塞拜疆人在监听我们。"

"哦。"

"当然我们也在监听他们！我们有一次就监听到，一位将军约了自己的情人。接着他和自己的妻子说，由于一个重要的会议他要迟到一会儿。然后我们就给他的妻子打了电话并告知她，她的丈夫实际在哪儿。"

"你们就这样赢得了战争！"

"人们把这个称为心理战"，信息官的笑容说明了这不仅仅是个恶作剧，如果故事属实的话。

卡拉巴赫东北部地区的马塔克特（Martakert）营房内是一片闲散的氛围，因为今天是周日，士兵们可以外出。营房外面是等着与儿子们欢度周末的父母；营房里面，扩音器正播放着亚美尼亚流行音乐，新兵们在踢足球。少校为我们点了咖啡，他的交换条件是我们从前线回来之后要和他喝酒碰杯。咖啡上面还有一颗 Merci 牌的

夹心巧克力球。当我提到我也到过阿塞拜疆那一侧的国界线时，办公室里的每个人都想知道那里的情况。我向大家讲述了我对塔普卡拉格云路村的拜访以及那里时不时地还会发生交火。

"是啊，每次都是他们先开始的"，少校这样认为。

"阿塞拜疆人也是这么说的。"

穿过田间小路，我们被送到了"最北边的停火线"。我得这样表述，以防有人知道停火线的确切地点。塔普卡拉格云路村反正就在那些房屋与树木侧影中的某一处，可能也就两公里，或者四公里远。一位士兵一边递给我望远镜，一边告诉我，尽管有停火协议，这里还是经常性地发生一些小冲突。昨天阿塞拜疆人就又进行了20次射击，不过亚美尼亚这边没有反击。通常来说不会有人受伤，人们必须严格留意，不要离开沙袋和战壕的掩护。直到2000年前，人们还和另一边通电话，甚至是聚餐。而现在他们只能观察敌方的活动。这加剧了骚乱的可能性，虽然没有人愿意这么做。

/ 343

和格鲁吉亚以及东乌克兰的前线不同，人们可以看出来这里设置的是长期阵地。战壕被仔细地加固过并且铺上了石板。通道沿线建有加了屋顶的小房子，可以用来休息或者用餐。士兵们在这里待两周，然后回到营房。兵役一共两年半，六个月后就要上线前了。一群新兵和我们一起坐到了狭小的咖啡间，我想知道他们是否相信自己还能经历边境线的开放。不会，我们这一辈没机会了，其中一个说道，我们的孙辈也许可以。当问到人生目标时，他们给出的都是些常见答案：工作、家庭、安全、体面的生活，有的人想去国外。我还想知道他们是否认为阿塞拜疆年轻人的目标会有所不同，比如正在另一边的战壕里服役的新兵。我觉得不一样，其中一位新兵相信另一侧的同龄人有着其他目标。亚美尼亚人想要建造房子，而阿塞拜疆人只想着摧毁房子。你们真的相信，年轻阿塞拜疆人的人生目标就是摧毁房屋吗？是的，这位新兵确认道，就连那里的小孩子都是在仇恨教育中长大的。我向他们讲起了德法之间的世仇。在我的学生时代，德国同学想要找到一个法国的寄宿家庭是极其困难的，因为许多法国祖父母们不允许德国人进门。但是对于如今的年轻人来说，世仇仅仅是历史课上的一个概念了。

"这很不一样"，指挥官开口了，他比新兵们要大 10~15 岁。

"怎么不一样？"

"德国人和法国人都是欧洲人。而我们，我们在这里，就在这个战壕里，我们是在欧洲的最东边。而那里，"他用手指了指两公里或者四公里外的房屋以及树木的侧影，"那里就是亚洲了。"

"这意味着什么？"

"这意味着，我们是在对付一群羊。"

我一再确认自己没有听错翻译。羊？不是船或者其他什么吗？

"他们就是羊，"指挥官排除了误解的可能，"人们告诉他们，你们所有人都要到那里去。然后他们所有人都跑到那里去了。这就是区别。"

另一边不仅总是率先开火，看来在所有战争中都是如此。而且本质上总是另一边的人在憎恨，而这里的人们只想过一种普通的生活，有工作、家庭和安全感。

今天剩下的时间我们就在盘山公路上沿着山脉上上下下，先是在前往亚美尼亚中心区的主路上，然后是朝着伊朗的方向。我们越往南走，路边就出现了越多的波斯文字：酒店、餐馆或者迪斯科舞厅，并且越往南，社会主义的住宅区就越破旧。这些大大小小的城市最具有东方主义的特征是街上以及人行道上熙攘往来的人群，这在高加索以北拥有同样建筑风格的地区是见不到的。此外，少见的汽车以及老妇人们穿的黑色衣服也使得这里看上去十分乡村。我在设想，如果人们从相反的方向过来会产生怎样的第一印象：感到失望，因为人们不会把在伊朗处于中产阶级的亚美尼亚人与贫困联系在一起，人们想象中的迪斯科舞厅也绝不是板材房屋一楼的下等酒吧间，这样的板材房屋外立面甚至被藏在了晾晒的衣物之下。

我们到达了阿拉斯河，沙皇俄国曾把伊朗赶到了这条河的后面。在这里，我看到了另一番熟悉的景色：光秃秃的宽阔斜坡在晚霞中闪着温暖的棕色，与河谷中耀眼的绿色对比分明，而呼啸的河水像一条银色的项链穿过河谷。在满是深邃峡谷与陡峭山峰的高加索地区，没有哪一条分界线能比这条更加自然，虽然它是在19世纪被随意确定的。在接受了亚美尼亚的护照检查之后，我如同在间谍影片当中一样，孤零零地拎着行李走上了大桥。只不过这一次，等在桥的另一端的不是黑色的豪华轿车，而是两位海关关员，这样的景象只有在伊朗共和国才会出现。其中穿着制服的年轻海关关员把我的信息输进了电脑，他有着狭长的颊须，抹了发胶的头发被梳成了尖尖的 撮，像是随后还要拍摄MTV似的。而年长一些的海关关员则懒洋洋地半躺着，他明显是年轻海关关员的上级。他穿着阿迪达斯的运动装坐在椅子里，似乎是在读着电脑屏幕上的记录，如果他没有在看Youtube视频的话。两个人都把胡子刮得很干净，这在很长一段时间内即使对于伊朗官员而言也是不可想象的，因为革命派的意识形态要求至少要留三天的胡子。很快他们还扎上了领结，接着改革就结束了。

我的信息出了点问题，这位上级不得不拖着运动鞋离开了一会儿。当他回来的时候，他要求我和他一起进去。国家与公民的以你相称的习惯仍是革命的一部分，这与像马戏团般的套话的波斯语格格不入。我被带到了一间办公室，办公室的门口铺着一块裁剪得当的地毯，这样人们就可以像在清真寺那样在油布上脱下鞋子。透过开着的门，我发现隔壁房间内有两条穿着睡裤的腿正放在办公桌上。我带着资产阶级的傲慢心想，农民！不是工人国家，而只是一个农民国家：这些海关关员，不论是时髦的、想要拍MTV的年轻海关关员，还是没有拘束、穿着运动的上级官员以及穿着睡裤的这位信徒，包括那些部长、大使、将军、国务秘书以及国企或者宗教企业中家财万贯的老板们，他们在农村人口流向城市的一代、两代，至多三代人之后还保留着乡下的习惯以及生活方式。他们口中的"你"不是同志的意思，而是乡村用语。

"Ya Ali！"我听到有人喊道，这是人们用来呼叫什叶派第一任伊玛目的用语。紧接着一位蓄着胡子的军官走进了房间。他没有穿制服马甲，半边的棕绿色执勤衬衫没有掖进深色的裤子里。他首先为不得不脱鞋而向我道歉。如果我造成了什么事端，那么他会去外面。不过现在在室内，大家可以放松一点。然后他邀请我坐到沙发上，开始用"您"这样抚慰性的尊称提问，并且声调也十分恭顺，就像波斯礼仪要求的那样。他询问了我的职业、教育背景、家庭状况、旅行线路、德国的住址、伊朗的住址、德国的电话号码、伊朗的电话号码等。我很快意识到，这都是些常规问题，不是什么审讯。我问道，可不可以同时为我的手机充电。然后这位军官就把电视机的插头拔了下来。电视中的伊朗国家新闻频道仿照的是美国有线电视，只是女主持人穿的是一件黑色卡多尔①。军官还请教我还能问些什么问题，我告诉他可以问问我父母移民离开伊朗的年份。我想知道他为什么要把这些都写下来。这是有关外籍伊朗人的规章要求。他为耽误了我宝贵的时间而多次请求谅解。看来现在的规章也要求，要友善对待外籍伊朗人。曾被人咒骂的外籍伊朗人现在也成了人们想要成为的对象。

我坐着在阿拉斯河南岸碰到的第一辆出租车驶进夜里。这时我意识到，这是我此次旅行越过的最后一道边境线。几公里之后，边境线的另一侧就不再是亚美尼亚了，而是纳希切万自治共和国，这

---

① 全身罩袍外套，里面用深色头巾拢住头发，只露出面庞。

个共和国值得用单独一个章节来写。支撑欧洲统一的东西有许多，欧洲往东和往南去的各地生活状态以及政治局势也很困难。尽管如此，还是有许多美好的东西存在，虽然边境线还是边境线，人们是在边境的这一侧还是另一侧也会造成很大不同。它不仅是语言之间的真正不同，而且是制度、生活方式、文化和经历方面的差异，这样的差异在欧盟内部已经不再那么显著了，甚至整个西方内部都没有这样深刻的差异。边界必须被打开，否则人们根本无法了解这些差异，也无法了解自己。

　　我还没来得及好好感受一下国家之间的差异，亚美尼亚退下之际，伊朗便已登场了：以一座教堂的形式。在远离所谓文明——那文明相对来说也是粗糙的——之处，这教堂在一片绿色中映现了山坡的粗陋棕色，在天堂中提醒人沙漠的存在。基督教是一个东方宗教，在圣斯德望 ① 教堂（die Stephanus-Kirche）表现得很充分，这座教堂据说是使徒巴多罗买（Apostel Bartholomäus）② 创立的。大门上的钟乳石穹顶或者圆顶内部表现天国无穷无尽的连续雕饰看起来都是典型的伊斯兰风格；它们同样也是基督教的，要说代表性的话，它们可以代表整个中东的神圣建筑。会不会有一天，大家会说基督教曾是一个东方宗教呢？在圣斯德望教堂里，只有在节庆日才会举行弥撒，因为这里已经没有了僧侣，周围也没了教民社群；但是教堂倒是保存得比我在亚美尼亚参观过的修道院更好，维修也更仔细。在欧洲，犹太会堂也是在犹太人几乎不再存在了以后才得到珍视的。不是非得要有种族屠杀，少数民族也会因为其他原因而消失——驱逐、蔑视、不自由、普遍的困苦——突然之间人们就找不着他们了。圣斯德望对于什叶派国家来说当然也是一个极受欢迎的圣徒，而在基督教中他是作为第一个殉道者而受人敬仰的。基督教是真正的、较早的殉道宗教，这也是圣斯德望教堂让人记起的。这教堂几乎可看作通往伊朗的入口。

　　在过境之后的第一座城市焦勒法（Dscholfa），我想象一个亚美尼亚人对伊朗的第一印象会是什么。当然也是常见的那些印象：妇女们的头巾或者看起来像小孩子素描画里一样的方形小车——怪不

---

① Sankt Stephanus，或译士提反、司提反、斯蒂芬等。

② 或译巴托罗缪、巴尔多禄茂等，耶稣十二门徒之一。

得没有人喜欢进口它们。没有"迪斯科舞厅",但是有可口可乐、汉堡和回归了的比萨店。这时候亚美尼亚人会想:这里交通更繁忙、街道更好、商品更多、广告更多、财富更多、贫穷也更多。在埃里温为保存古建筑而斗争的人会注意到焦勒法建筑的粗暴功能化。我没法安慰这位亚美尼亚人:如果说他们的历史没有留下什么遗产,那么现代西方从历史中留存的还要更少。伊朗各地的小城市看上去都是同样乏味,是千篇一律的那种乏味:沿着多车道的一条穿城主干道依次排列着两到三层店铺,都是混凝土造成的大方块,大多没有任何装饰或者只是铺了一层彩色塑料的外墙。不过焦勒法有一个新的步行区;可能是某个负责人在去欧洲出公差的时候把这个想法带了回来,在伊斯兰共和国里这就成了效忠总路线换来的一个红利。

在修建良好的高速公路上,我不到两个小时就抵达了大不里士（Täbris）,以前需要半天才能到。我们以前有时候会和父母与兄弟在夏天一起从德国驾车到伊斯法罕,那时候这座城市作为德黑兰前一站,有着某种家园的亲切,某种安逸感。现在的大不里士是张开大嘴吞噬沙漠地带的另一头百万人口的巨兽,遍布着城市高速公路,塞满了现代的公寓楼街区,充斥着购物中心,被卫星城环绕。伊朗当年还只有3000万人口,如今虽然不断有人口流出,但还是有超过8000万总人口——人口增长听起来有多猛烈,空气的味道就有多刺鼻。

我为了躲避盛夏酷暑和雾霾,逃进了迷宫一般的集市里,这里还和我童年记忆里的一样。在周边的巨变衬托下,它在40年、45年之后的今天显得更有异国情调:空气出奇的凉爽,气味每隔几米就会切换——草药、调料、肥皂、奶制品、鱼、肉制品、地毯和手工作坊,从极小的天窗投下来的光线暗淡,陈列的物品却依然五彩缤纷,闪闪发亮。在一个茶馆里,我点了果仁蜜饼和水烟,结果在抽了第一口之后我脑子里就一片天旋地转了。我显然已经被科隆埃格尔斯坦因（Eigelstein）区的水烟馆惯坏了,不习惯这种没加香料的浓水烟了。我又勇敢地吸了口烟，直到感受到一种舒适的愉悦，在这愉悦中觉得周边的生活慢了十分之一：本就慵懒的店主和他的懒散员工，同样嗜睡的商人，还有推着双轮小推车走过挤满游客的狭长小巷的老头，仿佛每一秒钟都值得节省下来。邻桌人的谈话，我一句都听不懂——不是因为周边的喧嚣，而是因为所有人都在说土耳其语，说准确点，是阿塞拜疆土耳其语。大约有 1600 万的阿塞拜疆族人住在伊朗，是阿塞拜疆共和国人口的两倍。店主对待我的态度稍微带点家长作风，就好像他必须亲自给我解释怎么喝茶才行，这当然不是因为他把我当作外国人，而是因为他把我当作了波斯人。

我在这儿写什么呢，一个男人向我打听，他的水烟就放在桌上我的水烟旁边。我是作家，我解释说，我一直都在做笔记，这是我工作的一部分。

"你是在写我们吗？"他笑嘻嘻地问，手指着自己身边的那些刚和他聊过天的男人。

"我倒是想写，可是我一句话都听不懂。"我老实交代说，接着就问了我刚想起的一个问题，因为我发现他是用波斯语跟我搭话的："你们在这里到底觉得自己是属于伊朗，还是觉得自己更属于北阿塞拜疆？"

"这可不是一句话就能说清楚的。"旁边桌上朝我们俯身过来的男人中有一个人回答道。

"那就用两句话说好了。"

"我以前觉得做个伊朗人挺自豪的。但是现在我是'untarafi'了。"这个说法我是第一次听到；按字面意思它是指人在对岸，属于另一边。对于赞成和北部统一的阿塞拜疆人来说这似乎成了固定概念。

"但是你们可掌控了这个国家呀。"我接着说道，哪怕是一直以来被视为这个国家的经济核心的德黑兰集市，也都牢牢攥在阿塞拜疆人手上。在国家权力机关里更是从下到上直到革命领袖阿亚图拉 ① 哈梅内伊（Ajatollah Chamenei），决定性的关键职位都是他们的人。

"没有！"我旁边这位先生反对说，"领袖不是阿塞拜疆人。他只是号称自己是。他的父母其实是从伊拉克移民到这儿来的。"

/ 350

"就算是这样——在政府部门里还是有这么多阿塞拜疆人呢。"

"他们都会否定自己是土耳其人，他们不说阿塞拜疆语，哪怕说也只是在家里说。"

"你只要看一看这个国家就行了。"另一个人轻蔑地哼哼道，仿佛这足够解释他为什么成了"岸那边人"。

"可是'岸那边'的自由和这边一样少啊。"

"但是'岸那边'你至少有乐趣。这里你既没有自由也没有乐趣。"

"光是他们逮到你拿着一瓶威士忌的时候对你做的那些事儿，就够糟心的了。"

"如果你张嘴多说话，他们就会对你'kun-tschubi'。"这是一个刚刚引入伊斯兰共和国的新词。字面意思是"后庭木"，就是"往你屁股里塞木棍"的意思，这本来是对政治犯采用的一种通行虐待手段。在 2009 年集体抗议的时候一个保守派高官的儿子被误抓，也受到了这种待遇，结果司法界只能承认他们有这样的做法。不过真实情况却是：这个男人是在对一位在做笔记的外国人张嘴说话，说得非常清楚，身在集市，旁边围着半打男人，有着上千只耳朵。

我一路问，找到了坐落于集市的一个大门外的宪法革命纪念馆，这个馆在大不里士毕竟是尽人皆知的。这本来是一个富有商人的二

---

① 阿亚图拉为伊斯兰什叶派十二伊玛目支派的高级教职人员的职衔和荣誉称号，极少数什叶派宗教学者能达到大阿亚图拉的等级，有资格就有争议的宗教问题得出权威的结论。

层豪宅，1868 年建成，砖石结构，有木制带栏杆小阳台、修长的柱子、多彩玻璃的天窗，绿色内庭里有不可或缺的喷泉。20 世纪初在这个房子里聚会的立宪派的肖像画挂在墙上。他们的私人物品和武器在陈列柜里展出。还可以观看来自巴库的报纸，报纸原来是陈列在当地文学馆里的。这其中有批评宗教的《毛拉纳斯尔丁》和一台印刷机。在 2009 年的起义中，这份报纸虽然传播不快，但是和脸书与推特一样有效果。现代派和宗教人士之间的对立，在奥斯曼土耳其帝国末期迅速激化，在伊朗的宪法运动中则没有那么鲜明。现代派穿着他们的东方衣服和蓄着大胡子出现，显得挺传统。其中许多人，地位最高的是阿亚图拉，都投身于自由化的改革中。一张大幅照片展示了 1906 年第一届伊朗国会，其中的议员要么戴着菲斯帽①，要么戴着缠头巾，但是他们却颁布了一部即使放在欧洲来看也显得进步的宪法。对亚美尼亚族反抗斗士叶普伦·汗（Yeprem Khan）②的纪念是要让人记得，亚美尼亚族的部队也为伊朗的第一次民主化战斗过。放了一尊青铜半身像的一个房间，有一半都是用来纪念美国人霍华德·巴斯克维尔（Howard Baskerville）③的，他作为大不里士的长老会学校的教师，卷入了那场政治斗争。美国领事极力阻止他参与其中，但是巴斯克维尔不仅支持了革命，还成为他们的一个军事领袖，带着自己的军队在 1909 年帮助革命派保卫被包围的大不里士，抵抗国王军队的进攻。"这些人和我的唯一区别就是出生地。"他有一次曾对一个同胞，估计就是领事本人，说："而这并不是什么大的区别。"

　　10 个月之后，城里居民已经开始吃草了，这位美国人和一群大

---

①　土耳其毡帽，被视为东方穆斯林的象征。

②　伊朗宪法革命领袖。

③　参与伊朗宪法革命的美国教师。

学生在 1909 年 4 月 20 日尝试突破包围圈，结果牺牲了，成为伊朗的烈士，年仅 24 岁。"年轻的美国以年轻的巴斯克维尔为伊朗宪法做出了牺牲。"一个国会议员在葬礼上说。半个大不里士都来到了美国墓地，朝圣一般参加了这场葬礼。五天之后，大不里士陷落，被保王派攻入，在他们背后是俄国和英国。这两大强国在之前不久签订的《圣彼得堡条约》中将伊朗分割成了两个势力范围，他们一致将穆罕默德·阿里沙阿（Mohammed Ali Schah）①当作了一个领头小卒。但是立宪派在同一年就打了回去，赶走了穆罕默德·阿里沙阿。当国会 1909 年 11 月重新恢复他们的工作时，他们首先举行了一次纪念霍华德·巴斯克维尔的演讲。他的枪包裹在一面伊朗国旗里，送到了他在明尼苏达州的父母手上："波斯对你们挚爱的儿子的光荣牺牲表示最深的哀悼，他是为自由而死的。我们发誓，他就像拉法耶特侯爵②一样将被未来的波斯民族永远记住，他的尊贵坟墓将永远得到保护。"

/ 352

另一座大厅是献给参加革命，而且绝不仅仅是在精神层面上参加革命的妇女的。她们定期地在清真寺前静坐示威，保护反对派宗教人士的集会。在一次战斗中阵亡的立宪派中就有 20 个妇女。另一个女游击队员击毙了一个在德黑兰炮兵房广场发表演讲的忠于沙阿的教士，结果被就地处决。这里纪念的还有毕毕·坎瑙姆·阿斯塔拉巴蒂（Bibi Khanoum Astarabadi），她因为散发"男人的缺陷"传单，在 19 世纪末就已经颠覆了主流的性别形象，在 1907 年

---

① 伊朗卡扎尔王朝第六任君主。

② 拉法耶特侯爵吉尔伯特·德·莫蒂勒（Gilbert du Motier, Marquis de La Fayette），法国贵族，第一个志愿参加美国革命，在约克镇战役中决定性地击败英军。起草《人权宣言》和制定三色国旗，成为立宪派的首脑。1830 年参与建立七月王朝。由于参加了美国独立战争和经历了法国大革命，被称为两个半球的英雄。一战中，美国参战时有一个著名的口号就是"拉法耶特，我们来了！"。

开办了伊朗第一家穆斯林的女子学校。还有蔡纳布帕夏（Zeynab Pascha），她在大不里士领导了反对烟草特许权的抗议游行。几乎统治伊朗半个世纪之久的纳赛尔丁沙阿（Nasser ad-Din Schah）在 1890 年允许一个英国商人垄断烟草的生产、售卖和出口，直到石油被发现并成为伊朗最能获益的行业。反对派随之呼吁抵制烟草买卖，而教法学者发布了"法特瓦"，宣布暂定抽烟为罪。蔡纳布帕夏带着一队武装起来的妇女，冲击了还在卖烟草的商店，也冲击了大不里士的国立百货店。"如果你们男人没有勇气反抗强权，那就解开我们的面纱滚开。"她在一个集会上喊道："别说你们是男人了。我们会代替你们战斗。"接着她就扯下了自己的面纱——这在 19、20 世纪之交是前所未闻的挑衅——把它扔给了犹豫不决的男人们。几个德黑兰妇女 1906 年以她为榜样，拦住纳赛尔丁沙阿的继任者穆扎法尔（Mozaffar）的车队，发表了抗议声明："可悲啊，会有那么一天，人民会夺下你的王冠，拿走你的王袍。"这里还有第一份伊朗女性报纸，1910 年的《真知》。之后涌现了更多的女性杂志，如《女性世界》《繁花盛开》《女性之言》《伊朗女性》。

这里有在革命期间全国各地纷纷建立的女性组织的招牌："女性自由协会""伊朗女性秘密工会""家乡女士协会""伊朗女性福利协会""伊朗女性""女性工会""犹太女性协会""女性富裕使者""女基督徒毕业生协会"等。在俄国于 1911 年年底向民选政府发出为期 48 小时的最后通牒，要求将财务总监威廉·摩根·舒斯特（William Morgan Shuster），一个改革伊朗的封建税收制度并协助解除它与外国的不平等条约的美国财务官员兼作家，驱除出境的时候，300 名妇女冲进了国会，扯下了自己的面纱，要求议员们顶住压力：这个美国人必须留下来。不然她们就会杀掉自己的丈夫和孩子，然后自杀。果然国会就向俄国展示了强硬的抵抗态度。关于早期伊朗女权主义运动，能读到的这一切已经足够让人难以置信了，但是我后来看到了这些女革命家的照片，却感到更加迷惑不解：她们都戴了很长的面纱，不仅缠了头巾，还用传统的罩袍遮住了整个身体。她们当然是戴面纱的，我想到，不然她们就不能把头巾扯掉了呀。

因为展品几乎没有配说明文字，我就打听是否能有人为我讲解这个展览。没有，没有展览解说员。也没有宣传单，甚至连博物馆说明书或者图册都没有。就没有什么东西可以让人更多地了解宪法革命。

"没有文字说明的博物馆算个什么博物馆啊！"一个在内庭里休息的扎领带的男人骂道。

"我们应该庆幸他还让它留在了这儿。"我安慰他。

"这么来看，我们是得心存感激，你说得对。"

我还想参观一下大不里士最著名的作家的故居，但是在看了第一座之后就放弃了。帕尔文·伊特萨米（Parvin Etesami）——这是我母亲最喜欢的女诗人，所以我耳边一直回响着她的诗句——的旧宅的改造表现了如此一种深不可测的冷漠绝情，我都要替我母亲感到羞愧了。这里的展览仅限于几张潦草放大了的照片、复印的诗集和她的德黑兰美国学校毕业证书。这些都是在旧宅地下一层的两个小房间里展出的。稍显精致的一层客厅通往以前肯定繁花盛开的内庭，但是我们进不去，因为里面住着博物馆馆长。

/ 354

傍晚时分，我到历史学家拉希姆·莱斯尼亚（Rahim Raisnia）家做客，这是一位有前革命遗风的老派学者，虽然他还并不老，1979 年应当还是大学生。他的老派更多的是来自他所属的静穆而天性偏于世俗的历史学家类型，不顾周围的风暴而坚定地对过去进行整理归类。他负责指导《伊斯兰世界百科全书》中关于突厥人的文化与历史部分的撰写，所以我们在他的地下室里——这里满是堆到天花板的书——先聊起了从高加索影响到了伊朗的启蒙者和社会主义者。不，斯大林时期上千名伊朗共产党员遭到的流放和杀害在伊朗还从没有人研究和反思过。莱斯尼亚对这种历史盲视症直摇头，所有的意识形态都会有这种倾向，不单单是伊斯兰共和国。

那百科全书的工作呢？相对自由，莱斯尼亚说。虽然主编吴拉姆·阿里·哈达德 - 阿德尔（Gholam Ali Haddad-Adel）是保守派首领之一，也是与革命领袖最亲近的亲信之一。在 2009 年绿色运动① 失败之后，哈达德 - 阿德尔自己召集了百科全书的工作人员，向他们保证，他会将议会议长的职务与百科全书主编的工作区分开来；他们应该一如既往地从事自己的研究。哈达德 - 阿德尔在很大程度上信守了这个承诺，莱斯尼亚说。既有的红线，另一部伊斯兰百科全书也要谨守。有两部伊斯兰百科全书吗？是的，莱斯尼亚说。改革派有他们自己的百科全书。那红线是什么？比如巴孛（Bab）② 和巴哈伊信仰③，今天在伊朗这两者都遭到打压。对它们的描述就必须是负面的，不论撰写人属于哪个阵营。不过写的时候可以用缓和的语气或者写得简短。在他自己的领域，也即伊朗的突厥语历史，他就没有遭受特别的限制。那宪法革命呢？在某种程度上也是可以写的，在马哈茂德·艾哈迈迪 - 内贾德（Mahmud Ahmadinedscha）不再是总统了之后。不过不能用另一部百科全书使用的口吻。在宪法革命周年的时候，差别更为明显：改革派总是在博物馆里集会，而保守派在大不里士的另一个地方召开纪念谢

---

① 2009 年伊朗总统大选后，获胜者内贾德的竞争对手、改革派穆萨维的支持者走上德黑兰街头抗议，认为选举中有舞弊行为。因为穆萨维的竞选运动以绿色为主调，所以他的改革被称为绿色革命。

② 巴孛，原名萨义德·阿里·穆罕默德，巴比教创立者，巴哈伊信仰三位中心人物之一，号称自己是伊斯兰教什叶派预言的救世主卡伊姆，以巴孛作为称号，意为"大门"。

③ 巴哈欧拉创立于 19 世纪中叶的伊朗的独立新宗教。

赫·法兹卢拉·努里（Sheikh Fazlollah Noori）①的会议，努里在1909年被公开吊死的时候得到了殉道者桂冠。他宣称所有追随议会的人都是异端。

那穆罕默德·摩萨台（Mohammed Mossadegh）呢？他是民主选举出来的首相，将石油收归国有，1953年被美国中央情报局策划推翻。对他的评价慢慢变好些了，莱斯尼亚说。那支持政变的宗教人士所扮演的角色呢？如果对之进行非常学术、非常谨慎的表述，是可以涉及这个主题的，只不过只能在偏僻的角落在一篇报纸文章或者类似的地方。毕竟其中涉及的是阿亚图拉卡沙尼（Ajatollah Kaschani），霍梅尼的老师，摩萨台的敌对者，他享有的尊荣包括街道以他命名，邮票上印了他的样子。我还记得，巴拉克·奥巴马（Barack Obama）2009年在一次伊朗新年的致辞中，作为第一个直接向伊朗人民说话并寻求和解的美国总统；霍梅尼的继任者阿亚图拉哈梅内伊却回绝了包括这一和解的许多提议，他指出美国阴谋颠覆了摩萨台。是的，莱斯尼亚说，1953年的政变对于伊朗人来说，比1921年宪法革命的失败意义更重大，是留下心理重创的20世纪政治事件，所以也就被那些本来提都不愿意提摩萨台名字的人利用了。

早期的女权运动者呢？这些人真正流行起来了，莱斯尼亚认为，只不过不是在大学，在大学里极少有严肃的人文学科。每一座小城市如今都至少有一座大学。这么多的商业化高校，可以用钱或者其他好处换到的毕业证都让学术头衔失去了价值。就好像有博士学位加身的政治家和军队领袖能像摩萨台博士那样认真学习过甚至还写了一篇论文一样。摩萨台是地位很高的法学家，在瑞士获得了博士学位。当然还有多次对最聪明的头脑和最有政治热情的教师的解雇

---

① 著名什叶派穆斯林神职人员，反对伊朗宪法革命，最后被立宪派以叛国罪处决。

及驱逐浪潮，最后一次是在 2009 年。刚到 40 岁就已过世的数学家玛利亚姆·米尔扎坎尼（Maryam Mirzakhani）是第一个获得费尔兹奖^①的女学者，她就移民去了美国，因为她在伊朗得不到尊重。而她只是成千上万人中的一个。伊朗是有着最高人才流失率的国家。

我问到了分离主义者。鲁哈尼总统在他的就职演说中承诺建立一个土耳其语言文化学院，但是就像其他许多人一样未能兑现承诺，莱斯尼亚说。在伊朗的所有宗教和种族都能看到的民族主义在主流话语中被越来越强地与波斯性联系起来，虽然只有一半的伊朗人是以波斯语为母语的。阿塞拜疆族的文化和文学仅仅在私人协会里得到维持，通过自发组织的报告、朗诵会和语言课程。这就形成了一道危险的壕沟。一方面在学校里是不用阿塞拜疆土耳其语教学的，另一方面每个，真的是每个阿塞拜疆族人都会看土耳其语电视节目；毕竟伊朗电视台让人难以忍受，它们把演播室当作了布道坛。与此同时，在土耳其电视里民族主义也在滋长。至于阿塞拜疆共和国，它几乎毫无隐瞒地在宣传和资金上支援分离主义者。许多阿塞拜疆族人还是"此岸人"，仅仅希望获得伊朗内部的一个恰当的自治区。但是越来越多的人信奉泛突厥主义，或者成为"对岸人"。因为许多阿塞拜疆族人会抵制选举，对阿塞拜疆地区拒绝建立任何文化自治区的保守派相对来说更有利——一个死循环。

那他自己呢？边界还未打开的时候，他曾经目送一只鸟儿往北方飞。那时候他想，他情愿献出一只眼睛，来换取对"对岸"情况的了解。但是在 1980 年代末，他作为第一批去北阿塞拜疆访问的人之一，却庆幸有两只眼睛可以看到进步和落后。由于有音乐学院，这里的音乐发展得很强，这让他印象深刻。文学是受资助的！他几

---

① 正式名称为国际杰出数学发现奖，国际数学联盟每四年评选 2~4 名，由有卓越贡献且年龄不过 40 岁的数学家颁发此奖。

乎不敢相信。这里有付给作家的工资，有绿地里的居所让作家居住，好让他们头脑自由地创作，自由，而不是受限！另外，那里的作家也写了很多废话，这他也注意到了。这不奇怪，因为他们是按字数收钱的，这样的付费方式鼓励不了严谨。那在阿塞拜疆，什么让他觉得落后呢？书店里摆出来的关于阿塞拜疆种族的书，还有肆意诋毁亚美尼亚人的知识分子，莱斯尼亚回答说。"我们的人物是灭火，而不是点火。"所以他提醒阿那尔（Anar），当时最著名的阿塞拜疆作家，今天还是作家协会主席。就是他将阿克拉姆·艾力斯利赶出了作家协会。"您说得对。但是在这里行不通。"阿那尔回答说，他讲到了他做过的一个报告，他在其中引用了一首古老民歌中的一行歌词。"我爱你，即使你恨我。"听众被惹怒了，大声表达了他们的不满，就因为这首有名的歌里的一句话。他被迫说了几句诋毁亚美尼亚人的话，以免自己遇到更大麻烦。对敌人的爱在阿塞拜疆就是一个理想，无法实现。

　　在送我回宾馆的装了无线电的出租车上，我注意到所有的广播都是波斯语。这是新规定，司机解释说。如果有人往对讲机里说土耳其语的话，他会立即受到总部谴责，屡次犯规的话就会被开除。但是他们都是土耳其人，总部那位女士也是。有时候司机完全听不懂她说的波斯语。

/ 第四十九天　途经阿哈马达巴德前往阿剌模忒堡

　　在公路沿线找早餐根本不是一件简单的事。仿照西方样式建造的路边餐饮店多了一个伊斯兰教寺院的尖塔，他们提供三明治、可颂面包、比萨和汉堡包，但是这里却没有司机觉得能吃的东西。司机听不进去在大不里士与德黑兰之间找不到用羊头和羊蹄制作的肉冻这句话，他想要的这道 kalleh-pâtscheh 是工人和旅客们用来补充能量的食物。司机驶过了一家又一家的餐馆。当他又在一家餐厅询问有没有肉冻时，一位园丁引起了我的注意。他正在以极度的细致灌溉停车场之间的一块草坪。一开始我觉得他很普通，但是我观察的时间越长，眼前的场景就显得越不真实。这位园丁似乎是在为每一根草茎浇水，没错，显然他在跟草坪说话。他一边慢动作似的移动浇水的橡皮管，一边在和草坪说话。我想到：不，他是真实的，他只是在用极度的认真做着一个园丁该做的事。而他周围的人才是疯了：把清真寺的尖塔建在加油泵上，用比萨和汉堡取代肉冻。最终司机勉为其难地点了一份西红柿蛋卷，尽管他在点餐之前就已经知道，端上来的绝不会是像在阿塞拜疆那样制作的正宗蛋卷。

　　"西红柿应该煎更久一点"，司机直到饭后还在抱怨。

　　"那您在点餐的时候就不该让我快一点上菜"，服务员为自己辩解道。

　　"他说得有理"，我给司机来了最后一击。

　　"你们波斯人都是一个屋檐下的"，司机用土耳其口音控诉道，他的口音甚至能逗笑波斯人。

　　我们大约在中午驶离了高速公路。这里的路和高加索北部地区的远程公路一样笔直，只是这里一望无际的旷野上连根草都没有。

　　"去阿哈马达巴德（Ahamadabad）的路怎么走？"司机询问了路边的四名年轻人。虽然目光所及之处根本没有车辆，他们四个人仍然在路口等着绿灯。这段回忆对这个国家而言是如此不堪，以至于这个村子根本没有被指示牌标出来。

"你们要去摩萨台的墓地？"年轻人立刻明白过来我们为什么要去阿哈马达巴德。

"是的"，司机回答。

"上帝保佑他"，他们几乎是齐声说道，然后给我们指了方向。

环顾四周：在这片狂风肆虐的荒野，只有被宝贵的水浇灌过的土地才能使用。穆罕默德·摩萨台的最后几年就是被囚禁在这样的荒野之中，和他的部下、自己村庄的农民以及150名看守他的人一起。他的妻子和孩子被允许每周探望他一次，他就被埋在这里。我原本以为，至少大自然不会是他的敌人。他在1962年2月9日给自己的儿子写信说："寂寞折磨着我。夏天我是在房子外面度过的，每一个经过的人我都和他们交流。但是在冬天天冷的时候，我就待在屋子里，感到很不舒服。我也找不到一个可以信任、能够与之交谈的人。老实说，我不想活下去了。"

这位把石油国有化并借此把石油从英国人手中夺回来的伊朗首相的形象在1950年代初传遍了世界：一个发展中国家的倔强领导人；中止了与世界强国签订的、仍在有效期的合同；端坐在铺满文件的床上；穿着普通人穿的、用廉价伊朗材料做的衬衫与睡裤。床上是他最喜欢的工作地点。就连访客，包括外国密使，甚至是部长，他都是在床上接见的。这不是像伊朗国内理解的那样，标志着伊朗在西方面前不再需要恭敬地站得笔直；也不是像西方媒体解读的那样，这是想要玩弄世界政治的一个疯子做出的无耻行径。就连《明镜周刊》这样的左倾杂志也曾在封面页刊登过仰视拍摄的摩萨台的头像。这样的角度让他的嘴变了形，巨大的鹰钩鼻如同国家社会主义时期的画像。

摩萨台病了，深受一种罕见的、无法探明原因的精神疾病的折磨。他经常发烧，可以研究自己的胃溃疡几个小时，没有哪个医生能够准确诊断他的胃溃疡。除此以外他与自己的办公大楼保持着距离，因为那里有太多的人怀着可疑的目的想要说服他。所有的时代见证者都说摩萨台十分礼貌，但是他在接待时或者在舞会上却很少假装客套。没错，他不属于贵族的装腔作势，就像一名真正的贵族一样鄙视这样的矫揉造作。作为卡扎尔的后代，他在宪法革命时期同自己的阶层作着斗争，甚至是与自己的亲戚们斗争。当敌人耍阴谋诡计时，摩萨台为了向公众说明情况需要一再召集集会。他其实对这样的集会有些惧怕，尽管他是一位如此具有说服力的演讲者，甚至能让数十万人落泪。情绪激动时，摩萨台自己也会流泪或是无力地倒在演讲台的后面。有一次在议会时，摩萨台出奇愤怒，以至于他撕下了首相宝座上的木制扶手，疯狂地挥舞着它。鉴于他的能量，伊朗人至今都称摩萨台为"狮子"。而他本人则因为身体的残疾、高龄和衰弱而不停地诉苦。他在国际会议上朗读了自己的病情报告书，威胁要立刻并且永久地卸下重担，也就是目前的职务——如果他的要求不能得到满足的话。事实上，摩萨台在自己漫长的政治生涯中确实不止一次因为感到有地方不对劲而坚定地在公开场合宣布要辞职。摩萨台从 14 岁开始走上政治舞台，当时的卡扎尔王朝国王任命他为大呼罗珊（Chorasan）①大区的财务主管。他后来曾多次入狱、流亡，但也同样多次担任内阁职务。他曾坐在自己青绿色的庞蒂克轿车内，让司机开足马力把他送到位于阿哈马达巴德的农庄内，他在那里几周都没有接听电话。

1953 年 8 月 19 日，叛乱分子围攻了摩萨台位于德黑兰卡赫大街的屋子。电台被占领了，街上都是坦克。然而，身为首相的摩萨

① 大呼罗珊是中亚历史上的一个地区，大致包括今伊朗东北部、阿富汗和土库曼斯坦大部、塔吉克斯坦全部、乌兹别克斯坦东半部。历史上领土范围变化很大。

台本可以找到方法呼叫自己的人民。这种情况并不少见，会有数万、数十万的人涌到街上，把这群并不是代表自身利益的捣乱分子驱逐出德黑兰的南部。不过摩萨台没有这么做，他放弃了。有些人认为，摩萨台是想避免一场血流冲突，而有的人则认为他遵循了什叶派殉道者的传统，这些殉道者会坦然接受覆灭并认为这就是自己的宿命。"一切都变得糟糕，这么糟糕！"他的一位大臣叹息道，那时他们正躲在隔壁房子的地下室里。"但这也挺好的，真的挺好的"，摩萨台如此回应。他被送上法庭，需要用律师一般的精确以及经验丰富的议员的善辩为自己和民主制度辩护。

他坐着的时候：衰老、伛偻的身子探出被告席的栏杆；他提高音量的时候，仍旧是一只怒吼的、用食指和不可辩驳的论据为自己抗争的狮子。虽然被多次暗示，但是摩萨台拒绝向沙阿乞求怜悯。并且他也拒绝如果被无罪释放了就停止工作。他坚持自己没有错。摩萨台最终被判了三年有期徒刑并在出狱后被立即监禁在了离德黑兰西北方向几百公里处的阿哈马达巴德。

伊朗人民还是能够时不时地看到这位男人的照片。他曾是他们的希望，而今变得越来越虚弱，不过却仍旧不屈不挠地坐在自己的床上，或是挂着拐杖，费力地穿过农庄的院子。1967 年，85 岁的摩萨台恰恰死于他从瑞士求学时期就时常在公众面前断言自己患有的疾病：胃溃疡。沙阿禁止人们进行任何形式的悼念。1979 年 5 月 5 日，沙阿倒台还不到一个月，100 多万人坐着公交车，开着汽车，坐着卡车，许多人甚至是走路前往阿哈马达巴德，为摩萨台博士进行了第一次的忌日纪念。

墓地很好辨认，因为它是村子里唯一用泥土围起来的建筑。我们在塔克杜斯塔（Takdustar）先生的帮助下找到了入口。塔克杜斯塔自己的房子就在右边的第一条街。看到我们在敲铁门，他叫来了街另一侧穿着卡多尔的女人。塔克杜斯塔先生是一个高大瘦削的男人，有着雪白的头发、胡须和胡茬。他用绳子把发皱的衬衫扎进了满是灰尘的裤子里。塔克杜斯塔的父亲是被摩萨台要求清洗尸体的农民之一，而塔克杜斯塔本人是为摩萨台准备扁豆餐的厨子，即摩萨台的最后一餐。盘子被吃空的时候，摩萨台说，现在够了。第二天，他就死了。

我们询问这位厨子为什么没有地名指示牌，他回答说，"不给建。这个男人为自己的民族牺牲了一切，他的财富、健康、自由，甚至是女儿"——摩萨台的女儿在政变时因为忧虑和骚动疯了——"他当首相时连工资都不愿意领，没有汽油钱，就连看守他的那150名士兵的饭钱还是他自己掏腰包付的，就为了不给大众增添额外的费用。而您看看，这个民族回馈给了他什么：连个门牌都没有"。就连这个地方都不配有牌子了。就连他的邻居在他去世50年后还要受到惩罚。

摩萨台的儿子同时也是他的医生。当儿子向他坦白，他的病只有在欧洲才能治好时，摩萨台拒绝了，即使沙阿已经同意让他出境，签证也办好了。摩萨台宁可去死，也不愿意因为去国外治疗而让伊朗的全体医生感到羞辱。厨师还告诉我们，摩萨台严格遵照法律，他在花园里散步时总是留意不要越过自己地皮的边界，即使墙在几米外的另一边。

"谈到这一切的时候，人们都感到羞愧，人们为自己是个伊朗人而感到羞愧。"

有游客到访过这里之后，摩萨台的这位厨师曾经多次遭到盘问并被要求不允许再放游客进来。

"这个男人给了我食物。只要我有这里的钥匙，我就会让每一个想要拜访的人进入他的房子。"

对面小商店的主人曾经也领过摩萨台的食物。如今他靠着记录这所房子面前停放车辆的车牌号赚取一些额外的小钱。有一次，一位村民抱怨——当时他和其他村民一样都是摩萨台的雇员——自己遭到两名特工人员中的其中一个，即沙希迪（Schahidi）先生的殴打。摩萨台就把这位特工叫到屋子里谈话。沙希迪为自己辩解说，那位农民有毒瘾，有损公共道德。当时和职员一起透过半掩的房门进行偷窥的厨师回忆到，摩萨台把拐杖的把手套在特工的脖子上，然后在房间里把他拖来拖去。

"我也知道他抽鸦片，但这不是你们该管的事，"摩萨台吼道，"你们在这里只是为了监视我。"

"我错了，我错了"，那位特工不停呻吟。

/ 363

虽然特工一再发誓不会再去骚扰任何一位农民，但是老先生还是不满意。摩萨台是白发苍苍的老翁，同时也是囚犯和民主主义者，但也还是一位领导者。

"不给特工们食物了"，他向厨师指示。

整整一周的时间，沙希迪先生和他的同事尤斯夫查尼（Yussofchani）先生不得不到遥远的市区购买食物。他们要么得自己做饭，要么得乞求士兵们给他们分一点吃的。这样的情况一直持续到摩萨台撤销对他们的惩罚。清贫的病人从全国各地涌到阿哈马达巴德，因为他们相信摩萨台可以给他们一些钱并为他们在德黑兰医院安排治疗，德黑兰医院是摩萨台的儿子主管的。

"我只是向您讲述了我自己亲眼所见的事情"，厨师在领我们去房子之前说道。

庄园里的树应该是摩萨台亲手种下的。一条可行车的石子路一直通到两层红砖房的前面。房子的尖屋顶现在已经不流行了。这座砖房的房间不会超过四个，有一个平台和一个阳台。在1990年代末短暂的政治春天期间，也就是穆罕默德·哈塔米执政初期，摩萨台的孙子在这块地皮上建了一座小博物馆。石子路边上还像德国公园那样摆放着塑料垃圾桶。而如今应当无人知晓的住宅楼变成了纪念馆。透过玻璃还能看到那辆庞蒂克。摩萨台经常在会议中途宣布辞职，然后就是坐着这辆车火速逃离德黑兰。我留意到，摩萨台房子的百叶窗以及房门恰恰是同样的青绿色。摩萨台就葬在卧室的下面。他的卧室空荡荡的，朴素的瓷砖地面上铺着漂亮的地毯。即使变成了一具尸体，摩萨台也无法离开阿哈马达巴德。墙上挂着各种文件、引言和照片：摩萨台被控告时在法庭上拄着拐杖发表辩词的照片，摩萨台拄着拐杖散步时的背影照，摩萨台拄着拐杖筋疲力尽地躺在墓碑的中央，墓碑被绣花布盖着，上面是《古兰经》、花束和花环。我们依次把手放在了墓碑上并祷告了三遍法谛海哈 ①。为什么伊朗至今都在指责美国推翻了摩萨台，而伊朗自己却连他的村庄都不允许被标识出来？并且伊朗境内没有一条道路是以摩萨台命名的，司机补充说道。为此，2009 年许多人高举着穆罕默德·摩萨台的照片进行了游行。有些人还受到了刑罚。

太阳仍在高照，我的箱子里装着在亚美尼亚买的沙滩巾。我本来是为了去里海边买的，想要重温一下儿时的记忆。而且如果只看荒漠的话，对这个国家是不公平的。我在德黑兰待的时间已经够长了，它在我小时候就是一个惨无人道的地方，那它现在是什么样子呢？地图显示有一条小路一直往上通到厄尔布尔士山，向下通向海边。路边是阿剌模式堡的废墟，这座堡垒同样有着厚重的历史，德国文艺专栏也爱报道它：这里是不可攻破的、充满传奇色彩的阿萨辛教派（Assassinen）② 的撤退地。阿萨辛教派于 12、13 世纪在东方各处杀害了许多政治显贵以及宗教名望之士，根本不顾自己的生存。2001 年 "9·11" 事件发生之后，不少文章都把穆罕默德·阿塔

---

① 《古兰经》的第一章。

② 伊斯兰教什叶派异端教派，因秘密的暗杀组织而闻名。

（Mohammed Atta）以及其他自杀式恐怖分子看作阿萨辛教派的后继者。两个组织的首领，即哈桑·伊本·萨巴哈（Hassan ibn Sabah）与奥萨马·本·拉登（Osama bin Laden）之间也被认为存在关联，后者的堡垒也在山里。曾有一队精锐的西方作家和记者为了更加了解纽约"9·11"事件而去了阿剌模忒堡。不过据我的记忆，他们并没有带回什么能够澄清事件的信息，只是说阿剌模忒堡上面的自然风光很美好。

　　风光是怎样的呢：从第一个山丘开始，呈现的色彩越来越多，尚没有被小溪或者积雪浸润。越来越高，几乎没有草坪或者灌木覆盖的山脉彼此间隔很远，这使得每种山石以及植物各自形成了单色的油彩画，而狭窄的沥青公路则蜿蜒其中。我们越往山里去，就越常看见绿色掩映中的河谷。在干涸的山坡映衬下，河谷更加地熠熠闪光。我们还穿过了阳光映照的稻田。阿剌模忒堡前有许多果园，主要是闪着红光的樱桃树。虽然旧时的堡垒只剩下了墙基，但是爬上来还是值得的，尤其当白天的游客都走了，山顶上只剩下我们时。这里就像一座瞭望塔，高耸于周围漂亮的村庄、森林和田野之上。它们就像彩色的马赛克石，镶嵌在棕色的群山当中。如果人们绕着堡垒走一走，就能在对面的小山上看到造物主的画布，是一块彩色的画布。地下是否有河水流过会让棕色变得明暗不同；从绿色过渡到赭色再到草坪的黄色；还有红色，到处都是红色，这是石头的基色。我感觉自己甚至看到了橘色，虽然这应该只是光线造成的错觉，是由其他各种颜色混在一起造成的。红色、黄色、绿色、棕色和橙色——这是调色盘上的所有颜色。只是少了蓝色，不过天上已经有足够多的蓝色了。

　　我在下山时还遇到了一车较为年长的荷兰人，导游正在向他们介绍"9·11"事件。就算是在伊朗，阿萨辛教派也被完全遗忘了。它是标志着末日来临的众多教派之一，而世界并没有因此毁灭。他们的名字得以保留下来得感谢当代学者的论战："吸大麻的人"明显是个带有贬义的名字。对这群学者来说，这些教派就是罪恶的典范，密谋要推翻伊斯兰。从马可·波罗及其他的旅行者开始，论战的范围一直涉及欧洲，甚至科幻小说、好莱坞电影和电脑游戏。不过阿萨辛派不再被视为伊斯兰的敌人，而是伊斯兰暴力的集中体现。

我们在阿剌模忒堡脚下的村子里过夜。膳食公寓的女老板能把一切都掌控好：三个儿子；因为整容手术而缠着绷带的儿媳妇，她似乎成了村子里的时尚天后，因为大城市的街头到处都是做过鼻子整容手术的年轻女性；三个法国背包客、两个土耳其背包客，虽然语言不通，但是女主人还是能和他们很好地交流；一群德黑兰人，他们在喝茶和抽水烟的时候因为闲聊而忘了时间，现在不得不摸黑返回；还有厨房里的事情、小儿子的作业以及自己的家务事……这一切都尽在女主人的掌握之中。她要做饭、给出指令、算账、教育孩子、接待客人、安抚众人，所有的事情都要同时做。她一个人就像一个团队似的。14 岁的小儿子告诉我，他的父亲在 100 公里外的加兹温（Qazwin）工作。小儿子领我去种植园和山顶散步，这样就可以晚一点再完成作业了。这里的农民过得没那么糟。果树是最合适这里地形的作物，收成很好，收益也不错，还不太花力气。因此一年中的大多数时间人们还能在城里打工挣钱。7000 托曼 ① 的成本能够收获 1 公斤樱桃，而 1 公斤樱桃在德黑兰可以卖 12000 托曼，分别相当于 1.7 欧元和 3 欧元。这里的每个家庭都至少有两三棵果树。没有果树的人可以帮忙采摘，一天 7 万托曼。虽然学费并不便宜，但是这里只有少数老年人是文盲。小儿子告诉我，这里的家长都很重视教育，所有家长，这是普遍现象。体罚已经被废除了，但

---

① 伊朗发行的货币为里亚尔（Rial），但日常生活中人们习惯用托曼（Toman）来标示价钱，1 托曼 =10 里亚尔。

学校还是男女分开，人们在教室里也是面朝前坐着。小儿子在得知德国的课堂完全不一样后感到万分吃惊。紧接着，他想知道基督教堂里是什么样子。他还从没有听说过，德国有犹太人居住，也没有听说过那场大屠杀。而在我们散步经过的村子里，主街旁都挂着烈士们的黑白照片，都是些放大的护照照片，往往是柔和镜头拍出来的，这在1980年代初很流行。因为这样的镜头会让皮肤变得雪白。照片上的发型都是1970年代流行的了，要不有连鬓胡子，要不头发齐肩。500多万伊朗人死在了"圣战"当中，当时萨达姆·侯赛因为了阻止伊朗改革，在西方的准许下袭击了伊朗。然而，真正被阻止的是伊朗的民主制度，在阿布·哈桑·巴尼萨德尔（Abolhassan Banisadr）执政时期至少还能见到民主的影子。当伊斯兰教徒不得不面临战争的时候，这位由70%的伊朗人选出的伊斯兰共和国的首任总统，头上裹着卡多尔，及时越境离开了。不久之后，妇女们又被迫带上了自1906年革命以来取消的头巾。

我本想要和邻村里一位正在自家门前坐着的老者说说话。但是他只能听懂图斯语（Tusi），即这里山上人讲的语言。他无奈地耸了耸肩膀。后来我和一群摘樱桃的人交谈了起来。他们例行问了我一些问题，比如德国怎么样；也向我发了牢骚，比如这里的腐败多么严重，通货膨胀多么厉害，各种独断专行。这里有人支持现行的制度吗，我问道。没有，方圆多少公里都没有。所有村子都选的鲁哈尼，仿佛投了总统赞成票就证明自己是反对制度似的。

"但你们还是会去投票？"

"是啊，在差的里面选一个不那么差的。"

无论如何，虽然全国的改革并不成功，但是哈塔米总统时期引入的区议会政策已经让村子有了变革。没错，摘樱桃的人说，如果人们认识管理事务的人并且能够通过选举让他们下台，这已经是个进步了。

　　我们继续散步。我问小儿子，这些村子是否有自己的特点。那当然了！小儿子大声说道：刚刚那个村子里的人鼻子都很长，难道您没有发现吗？上面那个村子里的人很能聊，我们最好还是别去了。我发现，比起一年中的其他九个月，他更喜欢山里的夏天。那时的山里有点像布勒比①，只不过人们在这里遇到的不是麋鹿，而是熊。

　　"你怎么看，"我问，"以前更好，还是现在更好？"

　　"您说是村子里的情况吗？"

　　"是的，还没搬去市里的时候。"

　　"以前的房子造得更好，因为冬天很冷。不过我听爷爷说那时候很穷，没有学习，没有医生，没有电，冬天是真的很艰苦。我觉得今天还是比以前要好的。"

　　他只是太年轻，如果博物馆馆长菲克拉特·阿卜杜拉耶夫在的话，他会这么说。阿卜杜拉耶夫每天都在戈布斯坦的岩画间闲逛。如果 14 岁的人认为过去比较好的话，那就是个大灾难了。

　　晚上我坐在房间前面的阳台上偷听院子里的闲聊和欢声笑语，里面还有母亲的声音，一直在发号施令——是不是由于这个原因她的丈夫才要逃开的？正当我准备睡觉的时候，装着一个能把整个屋子填满的大袋子的黄色出租车驶到了门前。后备厢也被塞得满满的，只能用一根绳子把盖子合上。我走到阳台扶手那儿，看到原来是家里的父亲带着各种储备从城里回来了。他极其消瘦，弯着背，脸上显出筋疲力尽的神情，甚至已经无力到笑不出来，无力到除了一句"萨拉姆（Salâm）"②什么都说不出来。他的眼睑半垂着，令站在阳台上的我心都碎了。他也不年轻了。

---

①　Bullerbü，瑞典童书作家阿斯特里德·林格伦（Astrid Lindgren）笔下虚构的一个小村庄。

②　波斯语中的常用问候语。

穿过峡谷，越过青青草原，路过冰川，一次次看野马在身边跑过，我们在一条荒漠商道上横穿了厄尔布尔士山。这条商道是 17 世纪初在阿拔斯一世统治下作为贯穿全国的远距离公路网络的一部分建立起来的，之后一直没有得到加固。被叫作商队驿站的歇脚处还很好地保留在路边，不带宣礼塔。我们遇到的唯一一群人是在夏天带着蜂箱外出扎营的养蜂人。半升一杯的蜂蜜要十多欧元，这在德国也是挺高的出厂价了；蜂蜜看来也是农业中比较能赚钱的。我们最后借住的那位养蜂人是个真正痴迷蜜蜂的专家，他却抱怨说，不择手段的竞争让他的日子难过。掺杂了糖、色素或者廉价的超市佐料的蜂蜜在市场上被当作厄尔布鲁士山区出产的纯天然产品售卖。诚实的养蜂人常常控诉，食品监管部门也做过检测，但是一切都无济于事，很可能有人有关系，出生于烈士家庭或者用钱打点了。如今这些控诉都没人听了。

在我的童年记忆里由原始森林、玉米地、空寂的沙滩、渔村和四处散布的别墅组成的海岸，从山上看过去是一座无尽延长的城市，有一条高速公路穿行其中。在喧闹的度假胜地，度假女士们的外套和头巾显得不真实，因为家里其他人都穿着沙滩装在街上散步，孩子们穿着 T 恤和短裤，丈夫胳膊下夹着塑料鳄鱼玩具。我到了一个——希望不像公共沙滩那样四处是垃圾的——私人沙滩泳池边，从行李箱里掏出了我的米老鼠。这个泳池有三个狭长的区，几乎和水管一样，一直伸到海上很远处，彼此之间由高过人头的塑料薄膜隔开。一个区是给男人的，一个区是给女人的，中间是家庭区。我不想每隔 50 米就要在塑料薄膜前转身，所以就往开阔的海面游去。这时候沙滩上起了一阵骚动。两个男人在叫着什么，拼命挥舞着手臂。其他人站在他们周围。距离太远，我听不到他们的话。没有眼镜，我也看不清楚。是有人溺水了吗？过了一会我才猜到，那些叫喊是冲着我来的，但是我在车里度过了那么多天那么多小时，好不容易才能这么舒畅地游泳，所以我就装作什么都没察觉到。我又不会溺水。我又游了几个来回，这时候一个人游着靠近我，他气喘吁吁地叫着什么，做着手势，到最后我再怎么装糊涂也不能忽视他了：我必须立刻回到沙滩上去，不然警察就会来了。在岸上，等着我的是身宽体胖、紧急救生员都做不了的泳池看护员。他要么是愤怒，要么是紧张，满脸通红：我到底在想什么，居然在女宾区游泳？

"怎么是女宾区呢？"我带着德语口音问道，"我可是在海上远处游啊！"

"是，但是您游过了边界！"

"对不起，在海上根本没有边界。"

"我的上帝，您得自己想象一下边界的延长线，这又不是什么难事。"

"这太没道理了！这样我每游个 20 米就得转身了！那我到海里游泳干什么！"

"您就是想看女人。我可是看得清清楚楚的！"

"我在那么远的地方根本什么都看不到。"我辩解道，又从米老鼠下面拿出了眼镜盒作为证据。

"那好吧，那好吧。"泳池看护员满意了。我显然没有造成一个必须被警察带走的有伤风化的流氓印象。我太老了，是国外来的，我鼻子上还架上了一副知识分子的眼镜。"说实在的，您在哪儿游泳，抱歉，不关我鸟事。您要游到巴库去都随您，我的先生。但是我们必须在风纪监控上管得很严。如果有人在这儿不守规矩的话，那我们的铺子很快就会关门了。"

我还是往禁区好好看了几眼的，但是我才不会把这个透露给泳池看护员呢。穿着泳装的女人，我忍不住这么想，真的是让人吃惊，如果在街上遇到她们的时候总是只能看到她们被外套和头巾罩住的样子的话。只可惜，我没有戴着眼镜游泳。

在对面朝海边方向去的车道上有 100 多公里都是拥堵，我们则从它们身边开过去，再次穿过了厄尔布鲁士山。在周末之前恰好有一个节日，许多节日中的一个：因为除了普遍的伊斯兰教的节日和国庆日之外，还有什叶派的哀悼日，这些哀悼日都是为了纪念殉道者的，第一个或者第二、第三、第四直至第十一个牺牲了的伊玛目，或者第十二个隐遁了的伊玛目。前总统艾哈迈迪－内贾德为了找回后者而威胁以色列，差点导致了世界末日。我还根本没提到新年，只是提到了另外十三个节庆日，不管哪个政府都没法让波斯人放弃这些节日。石油储藏并没有帮助他们形成一种新教的勤劳工作精神。

在最难行走的地点居然还是有路可走，这得感谢 1925 年终结了民主但将德黑兰与海岸相连的礼萨沙阿（Reza Schah）。公路、车站、发电站、水库，直到今天伊朗的基础设施都以此为基础，而这些主要都是在他维持到 1941 年的统治时期建造的，因为英国和苏联加上新兴强国美国都认为他的年轻儿子穆罕默德·礼萨沙阿更顺从它们。现在，周末之前的出行要花费的时间就和骑骆驼一样，因为两车道对于德黑兰今天的 1000 万或 1500 万人口来说太少了。伊斯兰共和国大约从建国之日起就在修建一条平行的高速公路。但是在全国为伊玛目的继任者建立起的神龛造起来却快得多，不断有它们的指示牌出现。

"在占领期一旦有阿拉伯人被俘，他就被说成是伊玛目的继任者。"来自大不里士的司机骂道。对他来说"此岸"、"对岸"都一样，重要的是他不想再受神职人员统治了："他们先是袭击了我们，现在我们还得朝拜他们的士兵。"

为了不困在城市交通中，我们在到达德黑兰前拐到了环道上，这条环道沿着厄尔布鲁士山坡往北绕了一个弯，通往在废气迷雾中仿佛失去颜色的一片地势低的房屋之海。每一个旅客，不论他是从亚美尼亚来还是坐飞机抵达，他都会有这样一个印象：德黑兰似乎仅仅是由现代建筑构成的，最老的房子出自 1960 年代，是米色砖砌成的四至六层小楼。还有数不清的写字楼和公寓楼，20 层、30 层高。再就是高楼密集区，全新的或者是在建的，像一个环一样围住这座城市。八车道的城市高速公路网络是这么细密，旅客会更多地联想到洛杉矶而不是东方。

　　我去拜访一位如今靠边站的高官。他仍旧比——我们只是举个例子——住在波鸿联排别墅里的德国联邦总统更富有。从早祷到入睡都为其服务的两个阿富汗仆人，最新的意大利浓缩咖啡机，全套完美福①餐具，这都是不言而喻的配置，虽然在伊朗贵得吓人。所有墙上都挂着的古老细密画却更惊艳；我之前在博物馆都不曾看到过这么精致、美学质量这么卓越的藏品。官员在几天前刚从医院里回家，所以穿着睡衣，睡衣上面套了一件阿富汗长袍，闪着绿光。就像哈米德·卡尔扎伊②！这一小圈人嬉笑道。仆人们看到他这么穿会高兴，昔日高官回答说。他们在回家度假时为他带回了这件长袍。主仆之间对话时的友好、亲密的口吻很引人注意，通常并不会这样。他说话挺慢的，也会停顿很久，不是因为生病，或者不仅仅是因为生病，虽然这肯定是场大病——在餐具柜上放了便于改善呼吸的蒸汽加湿器——而是因为他一直就是个深思熟虑的、忧郁感伤的人。人们常常会忘了这一点，因为伊斯兰共和国的行动常常显得粗鲁：1979 年的革命是一场真正的意识形态革命，在思想上有着长达数十年的准备期，其基础是马克思主义、伊斯兰教、哲学、后殖

----

① WMF，德国著名餐具品牌。

② 阿富汗伊斯兰共和国第一任总统。

民主主义和存在主义理论上的争辩。结果在官位上就会经常遇到学识惊人的革命者。那些有宗教信仰的知识分子抱怨说，他们更喜欢读诗人鲁米（Rumi）或者海德格尔的著作而不是推敲经济计划或者外交公告。他们之中有许多人早就进了监狱、被软禁起来或者流亡在外了；招待我们的主人还继续过着高水准的自由生活，因此他也会招待其他在体制里变得没那么富有的人。他的孩子都在国外，有安全保障。这个国家最著名的记者之一现在在养鳟鱼。日子过得不坏，他说。就像以前他的文章一样，鱼儿也能让人心潮澎湃。他们总是在祷告结束后的 9 点、9 点半之后才碰头，集体晚饭要到 11 点。宗教气氛浓厚，进屋不能穿鞋。但是仆人向一位来自国外，正要进屋的女客人保证说，她尽可以放松。他指的是她在屋中不必缠头巾、穿罩袍。女客人两样都继续穿戴着，因为她不能想象放松了的宗教人士，却惊讶地看到昔日高官在欢迎她的时候热诚地握了握她的手。桌边还坐了一位世俗人物，也许也是一个信密教的，反正不是体制中人，因为他留着较长的头发，就像个年纪大了的摇滚歌手。

这个夜间聚会的小圈子关于这个国家所谈到的内容，再清楚不过了：腐败、欺骗、管理混乱都是公开的、体制化的，伊斯兰教被用作润滑剂，好让由安保机器转起来的轮子一直转下去。政府为无耻的迷信提供宣传和资金，让它们成为不同信徒的鸦片，这些信徒又会有更多后代。生育控制被取消。人口过多。缺水。环境受污染。统治者很可能自己也不相信，他们明天还会在位，所以他们也不在乎未来。靠边站的高官自己说起来和那些从来没有话语权的人几乎没有什么差别。政教分离是理所应当的，如果伊斯兰教还要继续存在下去的话。他们也提到了巴哈伊，几天之前他在亚兹德（Yazd）①被人杀害了：凶手确实不懂他有什么罪。这位官员预言，凶手不会

①　伊朗中部城市。

怎么遭罪就会被释放，而他在任职时是绝不可以对巴哈伊提一个字的；这个凶手反正是不用交杀人的赎罪金的，因为巴哈伊按照伊斯兰法是不受法律保护的。

如果伊斯兰教还要继续存在下去的话，我插话说，年轻人，也包括积极参与政治的人会整个抛弃伊斯兰教。官员说，是的，是这样。但这并不糟糕。年轻人有纯洁的心，这更重要。杀死伊玛目侯赛因（Imam Hussein）[①]的凶手急急忙忙做了祷告，可是这没有让他变成更好的人。是的，年轻人：这一群人都在他们身上寄托了希望。现在轮到其他人了，无法再发表言论的记者说道，更年轻的人。他们自己可惜已经没办法改革伊斯兰共和国了。可是他还是一如既往地充满信心，只是单靠一代人，力有不逮。

官员不想将细密画留给自己，而是要移交给一家博物馆。他为了这个梦想搜集了 30 年。我们张大了嘴四下观望。在一对出自卡扎尔王朝的作品前，他向我们预言，我们不会忘记它们的。他这么说是有道理的。画中是四排由植物和鸟儿组成的巨浪正在翻滚。这个世界的象征，它就在这同一时刻既存在又消逝。

---

① 侯赛因·伊本·阿里，伊斯兰教先知穆罕默德的外孙。

　　我以前就常常想过：留在伊朗的亲戚们——他们为数不多——拥有我在我们这些国外伊朗人中找不到的一种很特别的财富。它难以描述——前后相继的节日盛宴，仅仅用来招待客人的假日，对我们的怪僻臆想的宽容，在客人从炎热干燥的城市空气里走进屋子时，已经在衣帽间桌上摆好的一杯新鲜、清凉的西瓜汁——要解释它就更难了。是因为革命和战争在一个人的人生中留下了更深的切口吗，而且不仅是人生被打乱，他们还有关于镇压和徒劳的反抗、牺牲和一次次新的衰败的集体记忆？是的，很可能就是因为徒劳；谁要是移民走了——尤其是，谁要是像我亲戚中大部分人那样移民到了新世界——他也许更关注可能性，要从零开始，然后向上发展。在这里人们50年或者60年，或者像我姨妈所说，95年以来就这么生活，至少在主观上会觉得每一次的希望都遭到了愚弄。这也许导致了他们对那些还感兴趣的人，来自国外的游客和亲戚会持有友好的态度。肯定的，我们的家庭并不具有代表性，他们属于市民阶层，他们的观点、日常生活、住房装修、性别关系、阅读的书籍、看的美国电视剧和西方市民阶层没有太多差别。如今他们去好一点的餐馆甚至也会自带酒，当然不会贴着标签，而是装在水瓶或汽水瓶里，要斟酒的时候才从塑料袋子里取出来。用不着再飞去巴库或第比利斯、埃里温或者安塔利亚才能像在欧洲一样外出娱乐。城市高速公路沿线的灯箱广告在预告一场吉卜赛国王合唱团 ① 的音乐会。

　　市民阶层依然给大城市打上了印记，这也许会让游客感到吃惊，

---

①　吉卜赛国王是来自法国南部的音乐家团体，用安达卢西亚西班牙语演奏加泰罗尼亚伦巴。

就像他们对德黑兰的现代城市景观感到吃惊一样。实际上反西方革命只可能发生在一个比近东其他任何一个国家都更西化的国家。但是现在我们每一个人都有很大一部分家人在国外，糟糕的是：几乎所有人都在寻找机会将孩子最晚在读大学的时候送出去。富裕家庭很容易做到；在加拿大，到最近为止在美国，人们都是乐于接收伊朗人的，他们在所有族群当中也是拥有学术头衔最多、失业率最低、收入远高于平均水平的。

谁如果没有财力和学历漂洋过海的话，他还是能说自己是基督徒或者同性恋者而去德国。教会、同性恋组织和难民局如今正绞尽脑汁想搞清楚，怎么才能辨认出申请者的自我说明是真实的，而在伊朗的客厅里，国外自称同性恋者集中出柜的事儿却引发了会心的大笑。对于主要出自我们这个阶层的基督徒而言，出境甚至会受到一个显然是和伊朗当局合作最好的高效率的美国组织公开的指导、协助和鼓励。所以在德黑兰或者伊斯法罕的亚美尼亚生活也就随之解散了。国家乐得看到这个情况，这样它就有了更多空间来安置它的穷人，如今这些人常常坐着运动型多用途轿车穿行在德黑兰，搬去城市北部的富人区，他们需要市民住宅，虽然已经富了起来，但还保留了穷人文化，包括忏悔和哀悼仪式。位于德黑兰边缘的巨大的湖，名字按字面意思翻译过来就是"波斯湾的殉道者之湖"，在新市民看来是很普通的一个就近休闲场地，他们喜欢在湖边铺开他们的地毯、保温瓶、烧烤器具和水烟，而农业用水却越来越紧缺。

在德黑兰城中，在城市高速公路两侧的一个新公园里也可以遇见这些新兴阶层，一条被亮绿色灯光照亮的三层步行桥横跨高速公路，被称为"自然之桥"。在一个让人想起慕尼黑奥林匹克公园的帐篷形状建筑下，周末的时候，直到深夜两点还有游艺场的喧闹。一方面，现在各色人等混杂，罩袍派也会出现在留着大胆发型的滑板小子来回跳跃的地方，城市空间不再属于旧的市民阶层，这是好事。但是当我在和粮贸市场一样大的饮食角要找点吸引人的事物，对我们有吸引力，我是说，对于市民阶层来说，却只能找到肉排、薯片和西式快餐。警察以各式各样的队形拿着警棍待命，就怕游乐的大众中产生集会。

作家阿米尔·哈桑·谢赫尔唐（Amir Hassan Cheheltan）已经有好几年都不能在伊朗出版自己的书了。他靠国外版本生活得挺好，却为自己作为伊朗作家而不能出波斯语的书而悲伤。我建议他，放弃在伊朗获得印刷出版批准的希望，在一家流亡出版社或者在网上出版自己的书，那样感兴趣的人是会读到的。反正在伊朗靠出书是挣不到钱的，靠好书更是不可能。发行量跌落得严重，一本有点品位的作品第一版标准发行量是 3000~5000 册，现在有时候却只有 300 册。几乎 8000 万人口的国家，只印 300 册。没有教养的人会相应增长。

国家变得机灵多了：如果它像 1990 年代末的连环谋杀那样杀害作家，那就会引发众怒、抗议、骚乱；它现在杀害的是阅读，在学校里菲尔多西和哈菲斯都只是作为知识打包来教，现代文学一点儿都不会教。它将最优秀的作家与他们的读者隔离开来，直到作家们什么时候被人遗忘。而因特网现在在很大范围里都是免费的，所以人们也就逐渐丢掉了阅读的习惯。不是信息被屏蔽，而是思考瘫痪。一家文学杂志的出版人也承认这一点，我逛完公园就搭车到了他这儿。可是他还是乐观的，因为他观察到，人们的意识在扩展。没有什么再留在表面之下了，由于有了因特网，所有的肮脏勾当都会被揭秘，消息会传播到乡村，最近的爆料是领袖的《古兰经》诵经人（Koranrezitator）连续猥亵了好几个自己的学徒。那些学徒的家人——都是最穷的人——为了起诉这个诵经人四处奔走呼告了五年之后，他们鼓起勇气，向流亡电台求助，说出了一切，所有的不堪

/ 第五十一天　德黑兰 /

行为，所有的暴力行径，揭露了所有他们徒劳地敲过的门，他们遭受过的所有恐吓。尽管大阿亚图拉 ① 马克雷姆·希拉吉（Makarem Schirazi）宣称，这样的事情哪怕只是说出口都已经是罪孽，但整个国家都在谈论这个话题，尤其是最穷的人。被猥亵的学徒如今已经是青年，他们现在是英雄，千真万确，他们不再像以前那样因为遭猥亵而自己有罪。而人们编排出了多少讽刺笑话哦！比如说最近在上百万智能手机上可以点击观看的动物视频，即一个萌萌的土拨鼠在重复回放的镜头中温柔地给另一只土拨鼠按摩背，下面是波斯语的文字：司法部门对待被告《古兰经》诵经人萨义德·图西（Said Tusi）的方式。这个事例是无害的部分。所有的集体处决、被杀害的作家、被迫害的巴哈伊、酷刑囚禁；在伊拉克人早已被击退后又毫无理由、毫无理智地拖长了六年的战争；童子军、腐败、审查、对自然的毁坏和水资源匮乏——没有什么不曾在卫星电台中讨论过，用图像、画外音、历史资料证实过。

"可是，意识到了这些之后有什么行动呢？"我问道。

"没太多行动。"编辑承认道。

"有人会对自由的表象感到满意吗？"

"不管怎么说他们在政治上没有变得积极起来。"

"他们会反思这套意识形态，会发展出与它对立的思想吗？"

"的确，大众在 1979 年也没有书籍，但是有各个立场的先驱思想家，有许多政治态度鲜明的知识分子，有领导游击战的市民之子，有反对现实状况的观点。我们却还是换汤不换药，因为所有反对方案都早已失败了。不，不是因为它们失败了，而是因为宏大的方案都只导致了乱局。"

---

① 伊斯兰教什叶派宗教学者中的最高等级。

在电影博物馆里醒目地挂着贾法尔·帕纳西（Jafar Panahi）[①]的嵌有柏林电影节标志的《德黑兰出租车》海报。由于他拍摄了 2009 年抗议游行的一个纪录片，这位导演被判处 6 年监禁，被禁止出境，20 年内被禁止从事任何职业。他在支付赎金获得提前释放之后，偷偷地拍了《德黑兰出租车》这部电影，放在一个 U 盘中偷偷带到了柏林，参加了竞赛单元。在放映的时候，伊朗政府严词抗议，几乎造成了一场外交风波。但是在德黑兰，在国立电影博物馆，人们却为贾法尔·帕纳西赢得的金熊奖而骄傲，所有我问过的人都在 DVD 上或者在线看过那部电影了。

---

① 伊朗电影导演，伊朗新浪潮电影的代表人物之一。他导演的电影《德黑兰出租车》获得了 2015 年柏林电影节的金熊奖。

德黑兰让人无法忍受，糟糕透顶的城市。虽然城里有据说数目众多的"平行世界"让人振奋，艺术圈、电影圈、电子乐圈、摇滚乐圈，甚至还有时尚圈，可惜已经没有了文学圈。不过最大的是毒品圈。人们大多数时候反正都被堵在路上，迷幻药有什么用？可是，当我们往城外开，往山区开上一个或一个半小时之后，就没法走得更远了，沥青路断了，马路被封锁了，一个护林员解释说除了当地居民，只有获准通行者才能继续往前了，前面是自然保护区。

"这里有什么动物呢？"我们问。

护林员单调而机械，同时又带点儿骄傲地念出了一串名字；不是所有的名字我都能听懂，但是我听到了熊和老虎。熊，没问题，但是怎么会有老虎？是的，有的，老虎。在距离德黑兰一个或一个半小时车程的地方。

回到德黑兰之后，我在德黑兰北部的一个现代公寓楼盘的入口处通报说，我要拜访马哈茂德·道拉塔巴迪（Mahmoud Doulatabadi），他因为描写伊朗村庄的小说而举世闻名。1940年他出生在伊朗东北部的一个村子里，靠做羊倌儿和干农活挣钱。他还做过建筑工人、电影院的检票员、鞋匠帮工、自行车修理师、理发师、洗棉工和广告营销员。然后他努力进了德黑兰戏剧学院，在舞台上活跃了一段时间，之后就开始写作，一写起来就停不下笔了。单单是他讲述东北部沙漠中的一座积满灰尘的山的史诗作品《科利达》就有五卷，3000页——这是一幅宏大的全景图，再现了伊朗乡村从受封建君主统治到1963年土地改革再到其人口大量外迁以致形成德黑兰南部贫民区的时代变迁。而这些贫民区又生成了阿亚图拉霍梅尼在1978年召唤出来走上街头的广大民众。最初发起革命的是中产阶级，他们的经济发迹并没有给他们带来政治自由，还有自由主义者、社会主义者、马克思主义者、托洛茨基分子①、伊斯兰左翼分子、共产主义者、民族主义者、宗教改革派，尤其还有大学生。但最后是最穷的民众推翻了沙阿。道拉塔巴迪写的书可以说包含了一部从反穆罕默德·摩萨台的叛变至今的伊朗心灵史，这个历史在政治事件之下推进，或者简直就是不折不扣地缔造了这些事件：从为濒临灭亡的伊朗乡村生活树立丰碑的《科利达》到讲述父亲逃亡后留下的一家农民的故事的《苏鲁奇的空广场》，直到对革命进行最为犀利的清算的《上校》。

是的，道拉塔巴迪说，伊朗乡村的历史，只有他能写下来，因为作家中只有他经历过这段历史，因为这是他自己的历史，虽然在他身上这个历史走向了另一个方向：他当时着了魔一样开始读书，并且在农村革命之前就迁居到了城市里。

"我必须走出村了，我知道的实在太多了。"

今天，道拉塔巴迪和他的妻子恰恰住在埃文（Evin）监狱附近，而且住了80年，在他身上真看不出来。他和他那一代大多数重要作家在沙阿统治下都曾进过那个监狱。他唯一的要求就是，窗户要开向另一边，他对自己的妻子说。他妻子12年前找到了这个带门禁的小区，这样她才能在傍晚安静地散步，在附近买到日常用品。要写作的话，他反正是会躲到他在离德黑兰一两个小时车程的地方买下的小地产里去。

道拉塔巴迪一开始想了解我的旅行，因为东欧对伊朗人来说比巴黎、伦敦或者美国还要遥远。当我说到亚美尼亚边境上那些我更觉得滑稽而不是讨厌的海关官员时，他轻蔑地摇了摇头。每次在政府机关别人用非尊称的"你"称呼他的时候，就像70年前在村子里

---

① 信奉马克思主义左翼理论家托洛茨基提出的国际革命路线和反斯大林主义思想的马克思主义者。

的店铺里那样，他都会激动起来。有一次他在德黑兰机场的候机大厅里干脆打道回府了，因为海关边检站的官员实在太惹他生气了，那官员故作亲切地问他："嘿，哈吉①，你要去哪儿啊？""我不是哈吉！"作家厉声回答道，"您别这么假惺惺了。"然后他就卷入了一场激烈的舌战，到最后甚至被人带走审讯。当他重新拿回护照的时候，他已经没有兴致出去旅行了，更不想回来的时候再经历一次护照检查了。

"我还是太冲动了。"道拉塔巴迪承认说，他带我进了他的小书房，开始说起1963年土地改革中的收税官，这场改革在沙阿犯过的所有错误中是后果最严重的："他用这次改革将他赶出农村的那个阶级亲自拉到了自己身边。"1963年获赠了小块土地但很快又必须廉价卖出去而到城里碰运气的那些人，他们的孙子现在在统治国家。但是城里只有困苦，不仅仅有困苦，还有冷漠。他们放弃了自己的生活，那种生活是艰辛，没错，但是和他们的父辈和祖辈所过的生活一样，其中包含了一种文化，一种延续了2000年、3000年的传统，和自然相连。可是他们换来了什么呢？在废水沟旁边的一间铁皮棚屋。

道拉塔巴迪并不觉得土地改革从根本上就是错的，但是沙阿本该做得更好，考虑得更多，花钱也得更多。可是他就用石油财富笼络了中产阶级，却用一块用来死太大用来活太小的零碎土地敷衍农民。也不存在任何让农民联合结成合作社的努力。就连左派都不关心农村里的居民，左派更愿意讨论巴枯宁（Bakunin）②。

我问，沙阿到底是出于什么原因施行了土地改革。害怕出现在

---

① 原意为"巡礼人"，在伊斯兰文化中是指曾前往圣地麦加朝觐并完成规定朝觐功课的穆斯林。

② 俄国著名无政府主义者。

中国或者在南美出现过的农民起义，道拉塔巴迪回答说。另外，沙阿想削弱他的敌手，除了宗教人士之外就是大地主了。结果却是这两者联合起来反对他。当他坐进监狱的时候，他环视了一下其他囚犯，道拉塔巴迪继续讲述道。只有两个人是以前的工人或者来自农村，其他所有人都是市民的儿子，是地主的后代，那些地主在现代化初期搬进城市里，让自己的孩子上世俗学校或者把他们送出国，从城里经营自己的农产。差不多所有部长在宪法革命之后都成了大地主，就像摩萨台和之前的阿米尔·卡比尔（Amir Kabir）以及其他 19 世纪和 20 世纪早期的改革者一样；这些还是，不论好歹，真正的大族长，说出的话都绝对有效。即使是礼萨沙阿，虽然有种种暴君之为，但是还是以他的强硬权威推动这个国家向前发展了，建造了学校、水坝、铁路线、精炼工厂和街道，当他的儿子穆罕默德·礼萨·巴列维（Pahlewi）在城里，在宫殿里出生的时候，仅仅散发了一点儿钱，穷人拿了这点钱什么都没法投资，只能用来支付去马什哈德（Maschhad）① 朝圣的路费。

他那部关于今天这个时代的小说《上校》讲的是伊斯兰共和国的一个前军官的失败和死亡。这个上校隶属于礼萨沙阿建立的国民军。这是要把所有民族和各阶层国民都统一在这个军队里吗？道拉塔巴迪又摇了摇头，现在更多的是无奈而不是轻蔑。因为在整个国家他的书盗版盛行，是从德语译本回译成波斯语的版本。到现在仍旧手足无措的他告诉我，事情怎么会发展成这样的：在鲁哈尼 2013 年被选为总统之后，文化部副部长邀请他参加了一个对谈，甚至还派了一辆公车来接他。书很棒，部长说到《上校》的时候说，他是在去卡尔巴拉（Kerbela）② 的飞机上读的——恰恰是在朝圣旅途中！

---

① 伊朗第二大城市，伊斯兰教什叶派圣地。

② 伊拉克城市，什叶派圣地。

道拉塔巴迪在脑子里闪过这个念头。这本书一定要在伊朗出版，部长继续说，然后宣布了他的计划。在新年庆典前夜，连着15天都不会有报纸发行，这时候就偷偷供货，肯定能行。在那之前作家要保持沉默。道拉塔巴迪表示同意，但是没几天就有报纸打来电话：您听说《上校》要出版了吗，是真的吗？"您去问文化部吧"，道拉塔巴迪回答，额头已经皱起来了。

他的出版商还是准备出版工作，但是第一版才印出来，市场上就已经充斥了回译的盗版书——对一个其作品正是以原汁原味的波斯语文笔而生色的作家来说，这是场灾难。文化部提议说烧毁所有查获的盗版书，但是一个作家无论如何都不能同意焚书，更何况他知道盗版书也会从文化部自己那儿或者从国家机关里流出，就像之前的信息也透露给了媒体界，导致出版受到干扰。不过焚书是绝对不可以的。

"他们永远不会允许《上校》正式出版，绝不会。为什么呢？因为这本书揭穿了他们40年的谎言。他们宁可让一个糟糕的山寨版在市面流通，这样小说就不会受任何人青睐了。"

他在2017年还会再选鲁哈尼做总统吗，我问。

"不然还能怎么做？"道拉塔巴迪反问道，他提到地区范围的战争，在伊拉克、阿富汗、叙利亚的战争，也提到了与沙特阿拉伯关系的恶化，唐纳德·特朗普的选战得胜。"当前要做的只是阻止这个国家爆炸。别的都不重要。所有人也就必须选鲁哈尼。他们还制造出了莱希（Raissi）这样的强硬派作为竞争对手，就为了让民众感到害怕，推高投票率。是的，这个做法起了效果。他们又可以声称我们有了民主。"

道拉塔巴迪建议我们去吃饭；走了这么多路，我肯定比他还饿；他常去的餐馆不像那些新餐馆那么光鲜时髦，但是有着全城最好的烤肉串。这家店的主人可不是平白无故做到了烤肉行会的会长的。

"我们坐您的车去吗？"我问，因为我听说过道拉塔巴迪拥有的富于传说色彩的雪佛兰。

"没有车可就少了一半乐趣。"

我们在街上等道拉塔巴迪从地下车库开车出来的时候，他妻子说，每次他傍晚走出家门的时候，她还是会害怕。所以她才决定找一个封闭的小区，因为她丈夫在这里受到保护，每个邻居都认识他。我很快就察觉到了这一点，当道拉塔巴迪开着红色豪华轿车——与伊朗小车比这就是个深海邮轮——从车库里滑行出来，左右两边推童车的母亲、年轻人、老年人恭恭敬敬地说"萨拉姆①，道拉塔巴迪先生"。作家几乎是慈爱地从打开的车窗挥手回应。不仅是这辆老雪佛兰，他的浓密大胡子、高额头和深沉的嗓音都显得很美。和普通老百姓他相处得更好，他妻子说，手工艺人啦，餐馆服务生啦，店铺老板啦，服务人员啦。

道拉塔巴迪显示了另一番模样，当他在方向盘后面和乡下房子管家打电话的时候。管家又做错了事儿，或者是水，或者是工匠，或者是花园里的事儿。道拉塔巴迪责骂管家的凶狠让人都快以为管家这一辈子所有的事儿都做错了。

"我必须和这些人这么说话，"道拉塔巴迪道歉说，他已经用一句咒骂结束了与管家的通话，"不然他们就不会明白。"

"您也可以做一个真正的权威大族长的。"

"肯定的。"道拉塔巴迪大笑，心情飞速好转："我有足够多的机会，可以从我们的地主那儿学到这一套。"

餐馆真的非常简朴，金属盘子，塑料桌布，互相紧挨着而且还都坐着人的椅子。吃饭的时候道拉塔巴迪说，他把父母接到德黑兰以后，他就只回过一次村子。父亲过世，母亲想要再看看他们的亲

---

① 穆斯林见面打招呼用语，意为"愿主赐予安宁"。

戚；她忍受不了在大城市里孤身一人。道拉塔巴迪开车带母亲去了村子，但是找不到自家房子，也完全适应不了，变化太大了。道拉塔巴迪——"我说过的，我容易冲动"——一下子闹起了脾气，拉着母亲回到了德黑兰，无功而返。

"我永远没法原谅我自己，"他今天这么认为，"我当时没有再多努一把力。"

"那是什么时候的事儿了？"

"那肯定是 1980 年。五年以后她就死了。我相信，在德黑兰感受到的孤独是她的死因之一。"

我梦见我发现了一座很高的细窄的塔，我从塔上可以观察这个
城市，城中干着自己的重要工作或者聚起来做体育运动的人以及玩
具一样的汽车。我不知道这是不是德黑兰；也可能是另外一座城市
或者就是一个幻想出的城市。我只知道我是去游览的，然后就爱上
了这座塔，一次又一次去登塔；还有其他人和我一起在这座城里旅
游，他们奇怪地看着我一次又一次回到塔上去，天晓得要在塔上待
多久。回去的旅程——应该是回去的航班，我记得——我都差一点
儿错过，因为我几乎没法从塔上那个平台脱身出来，它那么小，屋
顶那么低，我几乎动不了也站不起来，更不要说四处走动了，只能
爬或者躺。也没有栅栏或者栏杆，也许小小的危险也是游乐该有的
一部分。不管怎样我感觉到的绝不是宏伟或者权力，当我从上往下
俯瞰人群的时候；我知道我只能在片刻之间享受这种风景，最迟在
我要去小解或者肚子饿或者我的导游开始担心我的时候，我就得走
下塔，融入我现在像看一幅画一样看到的人群中去，这也是一片荧
幕，细节部分都是活动的或者也许因为光线落下来而闪动，一部电
影，用极大的远景镜头拍出来的让人看不清细节而只像静物画一样
的生活，是一幅细密画或者一席地毯。

阿亚图拉霍梅尼的陵墓在德黑兰的最南部，在他最忠诚的信徒
的居住区。它根本没有我想象的那么金碧辉煌。当然从外面来看是
华丽的，一个金色圆顶，一个天空蓝圆顶，四座金色宣礼塔，有宾
馆、办公室、餐馆、神学院和会议中心组成的一整个建筑群。这儿
还真是经历了一番大兴土木。在陵墓内部让人印象深刻的也更多的
是规模，大厅的尺寸、屋顶的高度、柱子的巨大体积，但是不是建
筑的设计。设计出奇地缺少灵感：奶油色的天鹅绒地毯和同样奶油
色的墙壁，上面是金色的印花装饰，就像路易十五沙龙里的一样，

还有闪亮的镜子来添加额外的效果。在陵墓中间立了一堵波纹铁皮墙，它不是为了隔出一个女性专用区，而是为了可能出现的修缮工程而建起来的——也不奇怪，只要看看门、窗和粉刷的做工就知道了。尽管又是节假日，是11个殉道者纪念日之一，但是陵墓的访客只略微有点多，几个身着黑色罩袍的女士，孩子在身边乱跑而自己在祷告的父亲，这里或那里有一群群来自巴基斯坦（穿白色加拉比亚长袍）、伊拉克（穿黑色衣服）或者本省（穿彩色罩袍）的什叶派教徒。气氛并不像在马什哈德、卡尔巴拉或者其他葬有伊玛目的地方那么充满敬畏或者哀痛之情，而是稍微冷静而务实的，就像是人们在完成一个出行必做项目一样。

　　有可能什叶派民众的虔诚还没有与一个自然死亡的人形成恰当的联系。如果有什么关于他的儿子、孙子的新闻，也都是尖锐的政治批判。最迟在他的葬礼——当时在德黑兰这葬礼激起了群众性狂热——之后，这个国家就从革命和战争的迷醉中清醒过来。没有人再能声称霍梅尼对此一无所知，因为已经有人透露，他曾一度认定的继任者阿亚图拉蒙塔泽里（Ajatollah Montazeri）跟他谈到过这些话题。蒙塔泽里1989年在霍梅尼死前两个月被踢出局，被软禁在库姆，他2009年在那里死去。但是他的回忆录以盗版的形式在全国传播开来，甚至流布在国家机关内部。他语气坚定地谈论霍梅尼对指责只是耸肩轻视的反应的录音磁带，由他儿子阿玛德（Ahmad）在2016年放到了网上。阿玛德被判21年监禁，但是录音已经传到了全世界。阿亚图拉霍梅尼作为革命领袖还是受到许多伊朗人尊敬，也比今天的国家领导人享有更高的声誉。伊斯兰共和国的信从者也敬仰他，国家宣传将他塑造成第十三个伊玛目——但是像伊玛目阿里那样被人爱戴，伊玛目侯赛因、鲁米或者哈菲斯或者摩萨台博士那样被人爱戴，记忆的碎片被人聚集起来，说过的话被人记在心中和用在祷告里，后人在自言自语中就像对友人、父亲和老师一样对其敞开心扉，这样的爱，阿亚图拉霍梅尼只有从他的革命的最忠诚信徒那里才会得到。当我们离开陵墓的时候，我问一个从书桌后面负责监控的官员，圆顶是不是真的是用金子做成的。不，不，官员语气确定地说，就像是他想安抚我，这只是很便宜的一种材料。

立国者的陵墓给人的印象远比不上贝赫什特－扎赫拉（Behescht-e Zahra）墓地，先知的女儿扎赫拉的安息之所。这一个墓地有一个城市那么大，仅次于同样为什叶派墓地的位于纳杰夫（Nadschaf）的墓地，是世界上第二大墓地，里面有街道、公交车站、餐馆、交通灯、商店和交通标志牌，只不过里面的活人都是访客而已。在战争期间，在殉道者坟墓开始的地方有一口大水井，里面冒出来的都是血红色的井水。这个画面是如此浓烈，如此有冲击力，我自从十三四岁最后一次去了这个在伊朗被称为天堂的墓地之后，它就一直留在我眼前，挥之不去。坟墓是如此紧挨着，要走过去就只能跨过石头，走在隔板之间，隔板里面挂着柔和镜头拍下的黑白肖像照片。墓地似乎永远走不完，一排排坟墓带铁皮屋顶就像是停车位。这里安葬的遇难者有 17、18、19、20 岁的，偶尔也有成年人或者一个老年男士。墓碑上常常看到有死亡日期，但是出生则只有年份，也许是因为村子里的人都不过生日，甚至自己都不知道生日。皮卡车在周围驶过，上面传出来什叶派的哀乐，单调的鼓声几乎像是来自电子乐的鼓音。在一块墓地里躺着一对为了这个国家献出了许多孩子的父母。"我们有两个上了天，五个下了地。"一名看守说道，就好像是在解释他看管的种类。这里也纪念着上万个死于毒气战的遇难者；在战争期间为萨达姆·侯赛因建造毒气厂的是德国公司，这一点深深地印在了伊朗人的意识里。所以贝赫什特－扎赫拉墓地在某种程度上也是一个德国纪念地，是这趟旅途中最后一个，在德国却无人知晓。

与阿亚图拉霍梅尼的陵墓不同，烈士墓地满是人，而且并不仅仅是穿罩袍、留胡子的常见信徒，而是各个阶层的人。我不禁想道：战争过去30年了，但是大多数遇难者是这么年轻，他们几乎都没有过妻子和孩子。那么是谁在悼念他们呢？他们的父母肯定自己都过世了或者肯定都上了年纪了。

"只要烈士的火焰还在跳动，伊斯兰共和国的高炉就会一直燃烧。"一个大概50来岁的男人说，他正往一块墓板上浇水，用一块毛巾擦去灰尘。他穿着牛仔裤、网球衫，脸上刚刚剃干净了胡子，看上去不像是自己会被革命火焰点燃的那种人。他哥哥1985年牺牲，那时候敌人早已经被打退。"几乎100万个烈士，这必须一直牢记在心啊，100万个现在靠捐助、优惠和邮件赡养支撑的家庭，还有伤残的，那又是一两百万的人，加上他们的家庭：这就是他们的资本。霍梅尼不是平白无故地把萨达姆·侯赛因的袭击称为神赐良机的。"

"那您自己呢？"

"我们什么都没得到，什么都没有。"

"为什么呢？"

"唉，就因为我们不是 Chodi。"

这又是一个伊斯兰共和国字典里特有的表达：Chodi 和 gheire-e chodi 是指"自己人"和"非自己人"，将伊朗人划分成了两类人，一类人按照社会出身、穿着和虔诚的类型隶属于体制，而另一类则在体制外。市民阶层作为阶级来说是"非自己人"，所以根本不重要，而"自己人"的批判，来自改革者、阿亚图拉蒙塔泽里或者2009年走在示威游行最前端的伊斯兰学生组织的批判则具有叛徒的光环。与此相应，"自己人"今天构成了政治囚犯中的大多数，与高官的孩子们一起被施行"后庭木"刑罚。

我向一个留着白色胡子茬，扛着两个满满的浇水壶的老先生打听血喷泉。没有，那东西早就没有了，他一边回答，一边放下了水壶。我是第一次到这儿吗？他失去了儿子，并不觉得一个人在战争开始还是在战争结束时遇难有什么区别。反正他儿子是得到了烈士桂冠了。

"很多人认为战争本来应该早点结束的。"我反对说。

"很多人都弄错了。"老人回应道："我们直到最后都有很好的机会打赢的。"

"可是为什么革命领袖还是同意停战？"

"我就是这意思啊，终结来得太突然了，我们差一点就能打赢了的。"

"那这个终结是错误的吗？"

"人们都已经累坏了，这就是真相。"老人说，提到了严重的毒气攻击和美国战舰在波斯湾击落伊朗客机的事件。"我们本来能打赢，但是脚已经支撑不住了。我是说，这也是人之常情。伊玛日看清了我们的弱点。"

对今天的国家，他只满意其中的一半，具体来说就是保守派的那一半：经济一蹶不振，国家治理糟糕，这当然都是总统鲁哈尼的责任，他只要能做到，就会把这个国家卖给西方。然而世界上就没有国家会攻击伊朗，就连美国也不会——"我们"强大的军队，领袖身边的军队，会确保这一点。

"我们从历史中吸取了教训。"老人也为伊朗能造原子弹而高兴。

伊玛目侯赛因广场是由慕尼黑的雕塑家和朋友卡尔·施拉明戈（Karl Schlamminger）重新设计的。按照这个设计来看，有一条宽阔的马路可以通往广场，这条马路就是现在的步行区。德黑兰交通最繁忙的十字路口之一被转变为一块宁静的区域，环绕着被拉长的装饰雕塑。虽然这个步行区是通透的，但将广场与其他连接街道的噪声及周边房屋的最廉价的实用建筑风格隔离开来。卡尔的个人印记还是清晰可见的，虽然也有着缺口，因为区域大部分都被殉道者纪念的标志物所包裹或者遮盖：一个供哀悼集会的大帐篷、黑色旗子、条幅。还有一个用来举行文化活动的舞台，城市管理部门的一块招牌做了说明。文化活动指的很可能是受难剧。另外某个搞笑的家伙还设计了一个民族文化馆，是入口像岩洞一样的混凝纸山，前面有一人高的木偶身着中世纪服装，正好与卡尔的更忠于伊斯兰传统的抽象艺术构成针锋相对的反差。在这一片杂乱中，广场还是显得别树一帜的，或者说杂乱成了它的特色。贫民区里突然出现的安宁，在昔日最热闹、灰尘最多、最丑陋的城市一角，我真没想到这是可能的，这肯定是天赐之福。好吧，很可能人们更想要一个公园而不是现代艺术或者什叶派的哀悼，他们想要的是能乘凉休憩的树木，一块能让自己孩子上去的草坪。

在这个区的犹如不受关注的集市一样的巷子里，我找到了一个茶馆，又可以安享片刻清闲了。就连在贫民区，许多妇女都不穿罩袍。真正认识了那些穿罩袍的人，就会发现她们有着最惊人的见解；年轻的罩袍派也许根本不知道还可以穿其他衣服到公共空间中去，或者多亏有了罩袍她们才能去大学，才能出来工作，才可以不仅仅做个妻子和母亲。改革派同样穿罩袍，恰恰是她们穿得多。罩袍派又都住哪里呢，如果不是住在伊玛目侯赛因广场附近的话？在德黑兰更南边的地方，在沙阿时代那里是贫民窟；在教区，在小城镇。伊玛目侯赛因广场是个老地方，而老在德黑兰就意味着宗教感强，但是并不一定是在体制意义上。

在这个时间点，只有另外三个男人靠在枕头上坐着。店主对我特别殷勤，就像以前对待市民那样，从革命以后这种热情就不是随处可见了。我并不太擅长主动聊政治，反正也想象得到他们怎么想的，他们会像所有伊朗人一样咒骂，也因为抱怨就是伊朗人身份中的一部分。在过去 40 年里告诉我——就像在德国这样的国家里经常听到的——对当前形势大体满意的人，我扳着两只手的手指头就能数完。其中没有一个出租车司机。我在伊朗坐了这么多次出租车，就没有一个司机会说满意。当我第一次作为记者来伊朗时，当时没有人提改革派，而我居然能在一个部长的接待室听到最愤恨的抱怨。但是在伊玛目侯赛因广场这儿，他们因为不满意而选了自称弱势群体、自称反对建制派的真正代表革命大众的艾哈迈迪－内贾德。如果在伊朗要了解一点儿实情不是那么麻烦的话，我可能会问他们选举的事儿。但我还是问问广场吧——这片区域的人会为这种改造感

到开心吗？广场是场灾难，男人们异口同声地说。在他们身后建造工程坚定而无所顾忌地进行着。为什么是场灾难？因为再没有汽车可以开过广场了；所以商人的营销额一落千丈，许多人现在只能卖掉铺子，房产也跌价了。只希望国家至少别再拿这些新潮念头来打扰他们了。在伊朗没有人需要一个步行区。

傍晚时分，我走过南德黑兰的新咖啡馆。南德黑兰？是的，艺术家、耍酷的吃货和德黑兰的花花公子们发现了城南，这里的房产还能买得起，又有适时出现的铜绿。不过，旧在德黑兰就意味着1960年代到1970年代早期。在画廊和小众酒馆中间顶多也就有一栋房子是源自礼萨沙阿时代的，酒馆里面放着放克音乐①，菜单上有传统菜式，人们喝着用古老的伊朗私家配方酿造的草药汽水。在一间被改造为咖啡馆的带内庭的独栋别墅中，墙上挂着第一代住户的黑白家庭照片。它们看上去像是来自神圣美国的图片，父亲穿着西装，打着窄领带，手上牵着精心打扮过的儿子。儿子骑在他的第一辆自行车上。母亲穿着齐膝长的裙子，当然没有戴头巾，洋溢着做家庭妇女的幸福感。店主找到了在革命后移民到美国的一家人，请求他们允许他将这些照片张贴出来。

---

① 起源于美国20世纪60年代中晚期的舞曲音乐，也用于迪斯科。

/ 第五十四天　从德黑兰起飞

在这个伊斯兰历元月里，应该有两三百万人坐飞机、坐火车，部分人甚至走路去了卡尔巴拉。两三百万人，他们肯定不想推翻政府，他们的旅行有高额补贴，大街上有告示。纳杰夫和卡尔巴拉的购物中心我自己见到过：是为了两三百万人而建的。我的飞机比他们的早三个小时，但是我还是困在了去伊拉克的两趟班机的候机长队里。显眼的不仅是在形式上就让人感到源自伊斯兰共和国的衣着，女人戴着遮到下巴上的黑头巾，上面反正还罩了面纱，男人也刻意不剃胡子，穿着廉价西装；更多的是穿艾哈迈迪－内贾德爱穿的运动衫，都没穿牛仔裤。更鲜艳的是皮肤黝黑的脸。对国家的忠诚，在伊朗似乎也带有种族色彩。

在队伍里朝圣者聊着祷告时间，就像其他人聊股市，是五点十八还是五点十九的时候。在伊拉克的祷告时间是怎样的？我们会及时降落吗，还是我们要在飞机上做祷告？即使在崭新的候机楼里厕所也是脏脏的。他们从厕所里出来，高卷起湿袖管，鞋子脱到脚后跟以下，好快速穿进去再穿出来。我在带窗户的机场祈祷室里几乎从没见过有人祷告，但是今天夜里塑料地毯铺到了候机大厅。在另一个祈祷室门口的架子上放满了女鞋。如果他们不去卡尔巴拉朝圣的话，这些人会在哪儿？在大街上见不到他们，也从来不会这么扎堆出现，顶多是国家组织的游行队伍中见得到。他们住哪儿？他们不属于旧城的传统社会，那社会同样也是信教的，虽然远没有这么坚定。或者他们也许根本不那么信教？他们只是在朝圣队伍里显出虔诚的样子，对伊拉克的购物中心更感兴趣，很高兴有这样的补贴出境游，虽然受到种种压迫，对当前形势自己也有种种批评，但不会反对一个给他们出钱度假的国家。我不知道，也不知道他们是谁。两三百万朝圣者，按人口和所有其他朝圣目的地——麦加、纳杰夫、马什哈德和大马士革——测算，再考虑到即使是最忠诚的信徒也不会每个伊斯兰历元月都会飞到卡尔巴拉去，这真是用来兑换人民政权的一个好筹码。

　　河中无水流，一股细流都没有，已经是最糟的境况了。滋养生命的河，扎因代河（Zâyandehrud）。伊朗的田野，以前的城市都赖其造就：颜色足以与沙漠抗衡，梧桐树让主干道全都变成林荫道，在夏天也清凉的狭长运河嵌入街巷，每座房子都围绕一个花园建成，花园正中有可以做天空的镜子的水池，城市周边是田地与果园的饱满绿色，松石绿或黄色的、五彩缤纷的清真寺圆顶像天堂里的花儿一样洒在原野上。从沙漠里刚走出来，颜色才会这么触动人心，无处可比。伊朗的整整五千年文明都建立在巧妙的引水技术上：水从遍布国土的四五千米高的山上引下来，灌溉城市而使之繁荣，滋养最偏远的村庄。如果问在古代世界直到中国，直到罗马，伊朗都有什么备受赞赏，足为楷模；如果问这个国家对世界文明做过什么贡献，那就是让土地变得丰饶的艺术。而其中最光芒璀璨的就是伊斯法罕，穿城而过的宽阔河流在此地已经变得温顺，仿佛被驯化了但依旧带来生命，两座世界上最优美的桥如金带一样浮在河上。

　　伊斯法罕被称为"世界的一半（Esfahan nesf-e dschahan）"，这句话我不仅是从世俗意义上来理解的，即这座城市是多样化的、古老的、美轮美奂的，而且我也一直觉得这是在说，这座人造的城市象征了宇宙的天堂那一半，而沙漠、人不能至的高山、自然界的暴力则是另一半。

剥夺伊斯法罕的河流——不，不是一次性的大屠杀，伊斯法罕在过去几十年里已经经受了如此多的伤害，建筑被拆除，快车道穿过老城区，交通拥挤，喧闹、嘈杂、急躁，人口过剩，有教养的人、艺术家和文学家出走或陷入内心流亡——剥夺伊斯法罕的河流就是致命一击，在我看来。当然伊斯法罕还会继续存活下去；在游客蜂拥而至的纳吾肉孜节[①]，

---

① 伊朗的传统节日，庆祝伊朗新年和春季的到来。

人们还是会分出一部分现在给其他同样发展迅猛的城市用的水来，让它在伊斯法罕流上几个星期。如果联合国教科文组织威胁说要取消世界文化遗产的称号，或者下一届国家领导是出生于伊斯法罕的，人们甚至可能会整年都拧开水闸，这也不是绝无可能的。然后其他城市就只能自己想办法了。但是我现在知道，失去生命力的河流是什么样子了。那个画面我再也没法从脑海中抹去了。我知道，我下一次不会再想回来了。

但是我还是每天早上去已经不是河的河边长跑。还有其他许多人，在空气最可供人呼吸的早上出来活动筋骨。其他人也装作这条河还在的样子。但是这只是一副骨架了，是骨头前后排列成的望不到尽头的长长一串。我尽可能不往那边看。另外我还听说——当然了，人们对此议论颇多——水不仅仅截流给了那些几年前还是穷乡僻壤的城市，不仅仅截流给了在军队或者某个宗教基金会手上的工业企业。据说滋养生命的河水还被引流到了库姆的一个人工湖里，那里有这个多灾多难的政权的精神中心。

如果只是镇压也罢了，如果只是不自由也罢了。那便是当前的恶劣状况。但是他们不会统治。他们就是学不会。仅仅是一个机关，一个普通机关，为了在这个机关拿到某个证件、某个证明，就能让人耗费掉 5 天的工作和生活时间。更不要说已经沦为吵嚷、拥挤、以钱换判决的司法部门了。他们不管人口都已经过剩，干脆中断了生育计划，这一计划在不久前是受到伊斯兰教禁止的。而原因仅仅是那些生很多孩子的人是他们自己的客户。孩子们从小就学会了撒谎，教他们的是在家做事说话和在家门口截然两样的父母，是连自己都不再努力让别人相信他们的老师，是每天晚上都会展示一个和人们自己亲眼看到的不一样的国家的电视台。一切的一切都可以买卖，所以价值、理想和利他主义都已衰落。毒品无节制地扩散，早就已经泛滥成灾。湖泊整片整片地干涸，包括巨大的乌尔米耶湖

（Urumiye），整个环境都受到了毁坏。还是说回到河水：今天早上我才在因特网上读到，联合国推荐使用可循环水的20%；生态红线是40%，使用到了60%就意味着"水紧张"（确实是这么说），80%就是"严重水危机"。可是伊朗却使用了水储蓄量的110%，是刚刚可承受的最大值的三倍还多。这一种掠夺式使用，报道里称，"在国际分类中还找不到对应的类别"。此外还有导致沙漠扩大、冰川消融的气候变化。石油的收入消失之后该怎么办，对此也没有任何计划。少数派又都遭到当头打击，被赶出了国或者被迫起义。这一帮统治者，上位时妄想永久在位，却又苟且度日，朝不虑夕。

现在，我已经在伊斯法罕待到了第七天，却感觉空气在慢慢变好。这当然是错觉。我只是习惯了干燥多灰、废气弥漫的空气。我们前天驾车出城的时候，我在纯净的氧气中感到了偏头痛。人们说，空气之所以变得这么差，是因为没有了能除尘的河流。疾病增多，甚至报纸都公开承认这一点。农民抗议，结果遭到了毒打，以至于他们再也不敢走上街头了。我晚上总会在三十三孔桥下的茶馆——脚几乎伸到了水里——抽的水烟也是遭禁的，整座城里都禁止抽水烟。偏偏在伊斯法罕，生活没法再变慢10%，完全没可能，因为连生活都已经没有了。

这里新开了许多餐馆，漂亮的餐馆，开在古老的天堂般的屋子里，就像我一直希望的那样，但并不违和。去这些餐馆的人都有钱，有家庭。富人就靠他们在这里那里获得的一些额外特许的自由得到安抚。他们在滑雪道上只有自己人的时候都不缠头巾，点很贵的菜再加上水瓶里装的伏特加。旅游现在也得到政府支持，同时游客又都被引向那些最近都提供语音导游的旅游景点，虽然用的都是旧手机。没有人再需要安静的小巷，不起眼的圣地，后庭，可以漫步而行的城市。

不过，还是回到水烟上来：年轻人以前会聚在一起抽水烟，因为很少再有聚会的地方，我是说公共空间。他们也会在河边碰面，不过现在那儿什么都没了，或顶多就有一具骨架。这也殃及了同样喜爱河流的穷人，从其他城市来，在岸边宿营的小人物。就连他们自己的那些只有男性出入的传统茶馆里，这些男人也因为号称的性别平等，而不再可以抽水烟了——无所谓了。如果真要像农民那样硬碰硬，对方也会抽出棍棒来。

*

　　我一分钟接一分钟地往谢赫洛特佛拉清真寺（Lotfollah-Moschee）的圆顶里看，就像喝醉了一样。我站在边上，靠着墙，头仰起来，一分钟接着一分钟。脖子太痛了的时候，我就看看周围，发现其他同样美妙的事物，但是那都不是圆顶，所以我又很快仰起头。半个小时肯定有了，说不定一个小时都过去了，虽然我经常到洛特佛拉里面来，每次我回来这都是我看的第一家清真寺。我几乎没法用言语来表达上面的图案。这毕竟不是伦勃朗或者卡拉瓦乔的一幅油画。甚至都没法开始联想。只会开始忘记。在某种程度上来说，这种印象比上帝的苍穹还要强烈。人造的天空不仅仅是由群星组成，中间还有会让人感到害怕、惊恐的虚无。始终有种神秘感。人造的天空在每一个点上都充满了美。群星只是灯，而人造的天空还包含了许多其他东西，是形体、线条、颜色构成的一整座花园。

　　我时不时地到这儿来，在我无法再忍受现实的时候，我对一个法国游客撒谎道。他仿佛是想夸奖我本人，用英语朝我喊道，他还从没有走进如此美妙的一座清真寺。显然我给他造成了我懂英语的印象。他还向我打听河流，我就全给他讲了一遍，所有的灾难，我的痛苦。在售票处我就已经站在了他身后；他问售票员，波斯语的谢谢怎么说，听到的回答是一个复杂的，但确实正确的词：

sepâsgozâram。他试着发出这个词的音来，但是没成功。我告诉他，伊朗人会直接说 merci，法语的谢谢，日常波斯语里就有这样一些法语词。法国对伊朗来说曾经是文化之国，巴黎对我们来说就是大世界。售票员在家里也说 merci，却只对这位法国人说了一个波斯语的词，要么是爱国，要么是忠于政治路线。

我给法国人讲述了伊斯法罕在我还是孩子的时候是什么样的。在我记忆里它就是个花园，40 年前。法国人很难相信。他是游客，而我不是。游客为依旧保存着的东西表达赞叹，而本地人却怀念没有保存下来的东西。那从外地回来的游子呢？

*

我开始遗忘。停止思想。只剩下了观看，心存感激。不论眼睛看向哪里，那里的细节都不显示意义。语言层面的意义。一切加在一起就是一个象征——象征什么呢？花吧，我以为。但再想想，是个花园。不过花园也被忘记了。象征创世纪？不，那样的话太具体了，创世纪是已经完成之事，被某个人完成，而不是自己生成。我听到了巴赫、斯卡拉蒂（Scarlatti）[①]，巴洛克音乐（同一时期的！），有时候则是莫扎特的钢琴奏鸣曲和洛特佛拉给我的印象最贴近，如果我要在西方语境里寻找对应物的话。但是没有什么比得上这里给眼睛带来的温柔，虽然西方是个图像文化。

后来我又有了新的联想，联想到了一个身体，同样完美，赤裸地躺在你面前；一张脸，上面一切都合宜，即使是微小的疤痕，那只是一块小缺口，就像古代细密画上的胎记，因为毫无瑕疵的完美就不会再是人工所为了。我看向那里的目光也没有分散，我几乎做

---

① 18 世纪的意大利那不勒斯王国作曲家。

不到去触碰它，虽然感觉到了诱惑，但是单纯观看的愉悦占了上风。无功利的快感①，就是指的这个吗？这个词恰好在我脑海中出现。很有可能，确实有点这个意思，但是这个表达不对，它不仅太抽象，太虚弱，太庸俗。我就想最终占有美，为这美折磨自己，在这美中沉溺。我着了魔。不是无功利的。是幸福。我试着在记忆中唤起圆顶的图案；我眼前就有色彩的基调，一种小心翼翼但又有力的黄色，就像夕阳照耀着的黏土。上面是其他颜色，竞相闪光。而图案却从记忆中消失，像是融化在了空气里，我又盯着圆顶看了两个小时。要保存它，解开它的秘密，只有脱离现在，才有可能，比如说我在清真寺里写作或者在写字台前把相片拿在手上。关于这圆顶，至少有一个伟大的解读。这就是亨利·施迪尔林（Henry Stierlin）②写的伊斯法罕之书，但是很有可能还有别的。不过这是另一种接触方式，同样重要，基本可行：是要理解。而另一种只是观看。不理解，只观看，就我来说仅仅看上一个小时，或者更短。我没有欺骗那个法国人：洛特佛拉就像是能量燃料，看了之后我感觉自己得了新生。我这一次没有再去沙阿清真寺的需求了，它倒是更大，也更让人印象深刻；我在孩童时代更喜欢沙阿清真寺。

法国人请我喝茶，在我婉拒的时候还想再说服我。我在外旅行的时候也同样试着和当地人搭话，尤其是他们如果和我一样有许多话要说，也能找到人翻译的话。我本来挺适合进入法国人的旅行中。我也可以和我自己对话。

/ 399

现在我坐在河边，想感受感受并不存在的它。人们还是在岸边散步，虽然比以前少了，我觉得。上了年纪的先生，露着满头白发或者戴着鸭舌帽，胡子都剃得一干二净，一条板凳上坐了三个。其

---

① 这是德国著名哲学家康德对美的定义。

② 瑞士著名建筑史和艺术史作家。

中一个人的歌声传到了我耳边，是老歌。从哪里能察觉到自己正在死去呢——反正万物到最后都难免一死，每个文明都会死去，也包括一个5000年的文明？就从这一点：只觉得过去美好，新事物无一美好。上帝，这听起来真煽情。但并不是哪里都这样，在伊朗以前也不这样，今天在其他地方也不这样。只有在某些东西无以为继、无法充满活力地继续生存下去的地方，我想，在河水不再流的地方。

*

　　我拜访了一个鼓手，一个祖先可以追溯到中世纪的古老神秘主义家族的后裔。现在几乎整个教派都在欧洲；10年或15年前还有的德尔维希①修道院，它们本就只是城市边缘某处的不起眼的建筑，带沙龙式房间的现代住宅楼，在里面集会的男人和女人是分开的，却得到平等对待，长老和他家人住在那里，不仅仅在节庆日布道。现在它们都纷纷被遗弃、摧毁、没收了。许多神秘主义者都进了监狱，如果他们没有被处决的话。这一切都是在艾哈迈迪－内贾德统治下发生的，他的什叶派大众虔信做派恰恰并不是传统。上千新造的伊玛目圣祠（Emamzadeh），也即伊玛目后裔的坟墓，15年前没有人知道它们的存在。在德黑兰南部有口井，据说什叶派的救世主马赫迪（Mahdi）曾在井边现身过，突然之间就被人记起，瞬间成了大众朝圣地，穷人会坐着公共汽车赶来，烤肉串、可乐，一切都是免费的。在救世主落脚地旁边已经有了庆典仪式，我猜。

　　不管怎样，有一个儿子留在了伊斯法罕。神秘主义者还是会在私人居所里聚会，但是他不能以长老的儿子，也就是继承人的身份出现，太危险了。他现在有别的项目，以多媒体方式整理古老的遗

---

　　① 伊斯兰教的一种修士，出家隐居或云游四方。

产，继续敲鼓，但现在是在合成器的云软件上和年轻姑娘组成的一个乐团合作，也有新的自创的鼓曲，还有响板，配上屏幕上的乡间风景照。这是电脑的模拟，出自《列王纪》的诗句却还是由伊斯法罕最优秀的说书人之一来朗诵的，效果很好。年轻姑娘们也会动，有节奏地摇摆上半身，站起来，踩着鼓点互相围着跳舞，费力地将旋转的鼓扔到空中，就像神秘主义者不经意间会做的那样，就那么扔出手，像刚刚发生的那样。鼓手将这份遗产传递给了年轻人，是挺好的事儿，是个意义重大的任务。他把年轻姑娘拉了进来，这在政治上是爆炸新闻，但也是对的。不过这种状况真让人难以忍受，当我想到他以前和自己的兄弟以及传统音乐家敲鼓敲得多么气势宏伟、卓尔不凡、激情四射。那些乐手或多或少都是神秘主义者，今天都在欧洲。

在私人音乐会结束后，鼓手问我们，感觉如何。因为我不想显得不礼貌，所以我回答说，他以前演奏的音乐，会让我沉入内心，现在的却会激起我上千个想法；实际上我想的是，这就像洛特佛拉圆顶和同一时间作画的卡拉瓦乔的作品之间的区别，只不过打鼓和合成交响乐回放形成的多媒体演出当然不是卡拉瓦乔，而是不知所谓之物。幸好鼓手能捕捉到我的思想，并进一步发扬。是的，他以前的音乐是往内心去的，如今的音乐是往外走的，他想了想说，一切都是应时而变。他今天没法走入内心了；教派在流亡，他自己与剩下的神秘主义者隔绝，受到习俗的阻碍。不管怎样我感觉到了他的遗憾；传统是不能用多媒体制造出来的，他其实看得很清楚。

他父亲，即长老去世后，尸体被运到了伊斯法罕。他这个儿子被传唤了 10 次，鼓手记得。至少 10 次；有一次房间里坐满了安全官员。他已经死了，鼓手说，为什么还要这么大费周折？有关部门负责下葬，在发放审批之前想要知道每个人的每一步，甚至还想要知道，墓碑上会写些什么。他们拒绝了鼓手提议的所有墓志铭，因为每个词都有言外之意，即使是死者的名字都会让人浮想联翩，因此鼓手最后说，那好，那我们就放块什么都不写的墓碑；上面连名字都不会有，什么都没有，只有一片空白。人们开始遗忘。但是即使空白，对政府来说还是太多。在10次，至少10次传唤之后，葬礼得到批准；鼓手同意了种种条件，好让他父亲能下葬。然后神秘主义者在墓地突然拿出了他们的达夫，那种大而平、震音撩人的鼓，开始跳舞。在伊斯法罕留下来的所有教徒，许多普通老百姓都跟着一起跳。政府没有预料，也没有预感到，葬礼上能跳起舞来。没有足够的官员来收走鼓，也没有这样的指令。父亲就被大家载歌载舞地抬进了坟墓里。

在之后的传讯中，鼓手受到了盘问。官员太好奇了，那到底是什么。为什么要在葬礼上跳舞，为什么要搞出音乐会来？那不是音乐会，鼓手说，这都是发自内心的，是情感的延续。不是有意为之的，也就是无功利的快感。如果什叶派的忏悔者用锁链抽打背部或者连着几个小时拳击胸部一直到六神出窍——那也是运动啊。是啊，没错，官员们说，但是那是另一回事，那是哀悼。是的，鼓手说，但是他们也会跳舞，而不是抽打自己，会把心跳转换成节奏，转换成美，对神赐予又取回的生命表达感恩，对神对人说话和听人说话所依赖的呼吸表达感恩。人们开始忘记。

*

我靠在一棵树的树干上，把脚后跟提到屁股边，为了拉伸一下大腿。这时我听到背后一个声音："神赐予力量！（chodâ qowwat bedeh.）"这是个友好的示意，就像我在晨跑的时候，其他人都挺友好地打招呼，微笑，而白天在街上就很少能看到，在德黑兰根本就看不到。在德黑兰，我从车里——作为游客我一天大多数时间都是坐在车里——看到的更多的是斗殴而不是笑脸，如今当地人已经是这样剑拔弩张了。但是朝我发出那个声音的老先生表达的不仅仅是友好，还是细腻的情感，一种鼓励，甚至是一种特定的认可，同时也是提醒，提醒我力量最终来自神。也有人嘲笑我，就因为我穿着奇怪的衣服在大白天拉伸身体，而一个普通人是不会这么做的？是的，也许这其中也有嘲讽，当然是柔和的，不易察觉的，就像是对一个亲人、一个朋友的嘲讽。认可、鼓励、提醒、警示、嘲讽——这一切都在这六个字里，在他路过之际。

问候本身本就免不了——两个人独自相遇时，在清晨的城中这孤独就是一道河岸，他们当然就会打招呼。先知自己也说了，唯一一个可容忍的甚至必要的打断祷告的理由，就是问候。我那在祈祷的时候不想被打扰的父亲，我在还是孩子的时候常常听他说，在祷告的时候，哪怕是入室抢劫的人也只能让他随意进屋。我那时候每次都会问，能不能干脆问候一下这个入室盗贼，好阻止他偷东西。不过那位老人本可以用上千种其他方式打招呼，那是普通问候语中都有的，他本可以给这句问候添加上千种其他微妙的含义，日常波斯语本就这么丰富而且还有足够多的宗教词汇。可他看到我在拼命用力的时候不假思索地说出了那句话。当我随后在长跑中赶上他时，我再次向他道了声日安，他很高兴，我能从身后感受到。这些现代的先生们还是知道怎么做到礼貌的，还记得先知的忠告。

*

"在伊斯法罕，建筑表面跃动着一种节奏，一种空间形式和体量上的起伏变化，它们赋予了这座城市魅力。"亨利·施迪尔林在 1976 年写道，"它像一个伟大的探险者一样迎接游客，诱惑他，用永恒的光影，用不息的运动，仿佛它在不停地一呼一吸，仿佛它匆匆离去或者驻足停留，仿佛她的庞大形体在真正爆炸之前都压缩挤紧了似的。……在西方，地面是唯一坐标平面，建筑物在上面建起。它会扩展或缩紧为广场和街道。而波斯的城市规划者却从各式各样的坐标平面中创造了惊人的变化可能性，这些平面会造成不可思议的效果和神奇的反差作用。因为它们彼此之间真的都是清晰分隔的，只要想到一边是沉入暮色中，完全自成一体的集市喧嚣，另一边是在屋顶之上敞开的自由世界，夜风穿过周围的茂密树叶吹来，头上是穹庐之帐的无限星空，呼吸的是安宁的气息。"

关于清真寺他是这么写的："作为结束语，还可以说的是：波斯的清真寺，它的庭院就是上了锁的天国花园；它的四座拱门是清凉的岩洞，这洞里的钟乳岩滴下水来，仿佛出自伊甸园里四条河的永远源泉；它的天空穹顶倒映在洗手池的永恒水面，整个宇宙都收入了它的圆球里；而它的圆屋顶，就像是枝繁叶密、撒播绿荫、永远清新的生命之书。这样的清真寺就会让人感觉看到了永恒之所，什叶派伊斯兰教的神秘主义者也正是这么看的。对这个祈祷之地的重新阐释，正有赖于这美妙的费昂斯 ① 装饰技艺的多色涂画。从这颜色的交响乐中，波斯的清真寺营造了一座无穷无尽的象征宝库，它宣告了天国的丰富多彩。"

*

我骑着我表弟的旧自行车，沿着不再存在的河边。也许正是它，这条河，让我在这次逗留中觉得一切都是悲伤的。德黑兰的朋友根本没有这么绝望，他们指向随处可见的神龛和翻转的地面，那是毫无顾忌地开掘出来的，或因为地表面下的无度开发而加速形成的。

_____

① Fayence，波斯的彩釉陶瓷。

哪还有地面呢？我一直问自己。河流压低了我的情绪，我感觉到了，它也压低了伊斯法罕的情绪，不论察觉与否，它都压在亲戚间的、店铺里的、出租车上的谈话上。在德黑兰，他们没有这样能够被毁灭的美，在那儿新事物更容易兴起。我骑呀骑，路过了变得无关紧要的公园。我继续骑，直到寻常的路在旧火神庙的高地上断掉了。我想了想要不要跑到琐罗亚斯德的庙边，从高处，从久远之所俯瞰伊斯法罕。但是我还是放弃了，我已经够伤感的了；我想要继续感受这条不再存在的河，就在一条碎石小路上骑自行车，小路没了之后还往前骑。到了将路障伸进昔日河水中的大工厂前，我以前是无法再继续骑下去了的；现在我可以在河床上推着自行车走，到了另一边的河岸，看得到一条被人踩出的路。还可以继续向前，穿过草地，横穿田野，然后在田间路上走，从牧童放的羊群中间走过去，羊倌儿看上去就像是意大利老电影里的那样，黑白色，举着一模一样的木棍。

　　这么快就可以走出过分拥挤的城市和它的城市高速公路与公寓楼，这些路与楼在最短的时间里重新造出了整片城区。尤其是在昔日的边缘地带，伊斯法罕变得几乎让人认不出了：以前是沙漠的地方，现在矗立着一座购物中心，以前是果园的地方，现在是个休闲公园。如果我沿着莱茵河骑行，也就是在波尔茨（Porz）、下卡塞尔（Niederkassel）或者巴特洪内夫（Bad Honnef）①骑。而在这里，我就不知到了何处，有时候要扛着自行车，横穿过河岸，到另一边找人踩出的小路。骑了一小时三刻钟，仿佛都是在前工业时代，只是时不时会路过一家工厂，当然工厂也很旧式，还是出自沙阿时代。或者在远处看得到新的卫星城，那些肯定是乏味到无可救药的。这也是我这一代人中只有西欧背景的个人传记中不会出现的，不仅

---

　　①　波尔茨是科隆市区，靠近莱茵河。后两个都是莱茵河边的德国小城。

仅是战争、革命、不自由、恐惧、酷刑、被谋杀的作家、最严峻的
困苦、逃亡、驱逐、人才流失、长途通话作为一家人的惯常交流方
式，以及贿赂作为与官员打交道的惯常形式。在伊朗我还认识了一
个仿佛还停留在俄国革命之前的世界：仿佛固化成石的巨大的阶级
差异、一个信奉世界主义的小资阶级、不通电也没有自来水的村庄，
而这离我们家也就只有几公里。

　　我继续骑，继续骑，在一个村子里歇息了一下，现在这是一个
带路标牌的城市。我在一个空荡荡的小吃店里吃了一个汉堡，味道
还真不差；如果要他们自家做的油煎肉饼要多付 30 分。厨子很想知
道我到底是什么人，戴着知识分子眼镜又是市民模样，满身灰尘，
饿着肚子，远离城市，有这么奇怪的口音，骑着旧得不行的自行车，
这只有穷人才会骑，而且是农民。今天那些年轻的、有钱的都会给
自己弄辆山地车。我没有告诉他。何必呢？这个秘密还会让他挂念
很久，比我留下一个平庸的答复要久。我走过了一片与我的童年记
忆相仿的地段：驴子、马拖小车、穿宽马裤的农民、穿着彩色衣服
在田间劳作的妇女，还有水泊、水井。水井里的水被引上来，沿着
小河道灌溉田地。甚至还有喷泉，有一个喷泉水多到当地人用来洗
车。在离伊斯法罕不远的地方，也有水，在地面，不在河里，河水
之前就已经被抽空了。

　　我继续骑，尽管看到了河，或者正因为看到河而没法停下。河
在这里也不是很深，顶多一两米，在伊斯法罕之外都不是特别宽，
对于科隆人来说简直是条小溪。我之前说过，周围的沙漠让这条河
变得如此珍贵、如此美。地平线上的山峦沉浸在午后阳光里，上面
寸草不生。再没有沿河——如果河还在——而行更美好的自行车之
旅了。我有一次看到两家人在河床正中间野餐；两对夫妇中有一对
争吵了起来。男的跑走了，女的盘腿坐着哭了起来。其他人试着安
抚她。在这样一条河的骨架里野餐，真有可能出问题。我继续骑，

一不小心就骑远了，我本来计划在天黑之前回到伊斯法罕的。突然一个钉子戳进了我的轮胎，一个挺大的钉子。

　　幸好这里的人都还骑自行车；就在尚未消失的几个村庄里，还总找得到那些不做其他事儿专职修自行车的人。我一路问，找到了一个老头，他还在为比我先到的一个小伙子补内胎——今天还真是事儿多。他也没想到问问我是不是着急，我也不知道我在这种从容不迫的气氛里怎么表达我的焦急。好吧，实在不行我就路上拦个顺风车，省得在黑夜里在乡间路上骑自行车。我就一直耐心地站在这位坐在空桶子上的老人面前，注视着他变得缓慢但还是很娴熟的手艺活儿。一个肉眼可见的大洞——您当时眼睛都看哪儿去了，我的先生？就像在慢镜头里一样，他缓缓剪下一截胶乳带，小心翼翼地贴在内胎上，随后在水桶里检查了好几遍看漏不漏气。修轮胎要花3000托曼①。75芬尼吧，老人不想收托曼。城里的价格几乎和欧洲的一样高，而收入也许只有欧洲人的五分之一或八分之一，或者更少。把自行车倒过来车座着地，等活儿干完了再正过来轮胎着地，这都得我自己来干。质量 1A 级别，老人说，英国车，至少四五十年了。这样的车今天已经不造了。

　　等我回到公园，每隔几米就有一小群人聚在一起抽水烟，也有男女混杂的群体和单一的年轻女性群，虽然到处都有告示牌明文禁止。禁止的不只是抽水烟，我猜，男女混杂集群也是被禁止的。游泳同样被禁，露天篝火也是，帐篷更是被禁，露天睡觉也是。是啊，睡觉是明令禁止，躺在草地上勉强容许。可是如果眼睛闭上了怎么办呢？笑是没有禁止的，至少没有告示牌这么写。

---

①　作者写作本书时，伊朗货币为里亚尔，托曼为非官方的标示价钱的方式，1 托曼 =10 里亚尔。2020 年 5 月 4 日，伊朗议会投票通过《伊朗货币和银行法》修正案，将官方货币里亚尔改为托曼（Toman），1 万里亚兑换 1 托曼。——编者注

*

　　我们去伊斯法罕以东的山区侦察——一开始是探访仅存的亚美尼亚村子。结果发现它和其他所有村子一样并不起眼，没有一点点风景如画的样子，也同样陷入贫穷，只是坐在房屋前的妇女不缠头巾。那些房子更像是棚子，但是就连我的姨妈也感到惊讶，乡下在这 40 年里都没怎么变动。还是和我童年记忆里的一样，一样的困窘。不一样的是以前在有的地方还不存在的电缆线，现在真的直到最偏的山谷和最远的荒原都有的中小学校和用卫星转播的流亡电台，从中可以听到领袖的《古兰经》吟诵。难道革命不是为了他们才闹的吗？不是，不是为了留在村子里的他们，而是为了新的城市居民，不是为了农村里的人，而是为了从农村出走的人，这些人要求获得他们应得的社会财富，最终也要求得到尊重。他们是革命的民众，而且仍旧是核心人群。农村在伊朗从来就说不上话。伊斯法罕西南方向不到 80 公里的地方，我们见到了游牧民族的帐篷，真的帐篷。在加油站见到了一些妇女，她们说的话我姨妈都听不懂，她们衣着奇特，手上有文身。革命肯定不是为了她们的，她们还都不会穿颜色鲜艳的衣服，抵制一切进步，因此也就抵制各种形式的意识形态，不过也就反对解放，反对新事物，不论这新的是什么。

*

　　骑马时间。最小的女儿对伊朗也应该拥有尽可能多的美好联想，所以我们不怕折腾，从现在起，我们待在伊斯法罕的每天下午都会坐一个小时的出租车带她去马场，之后再坐一个小时出租车回来。不过，马场倒也挺宁静，几乎有点世外桃源的味道，除了几道栅栏，几乎可以说是片树林。这里有个咖啡馆，不过水烟仅仅是出现在酒单上而已。我们还给女儿买了一个头盔，但是不知道我们到时候怎么把它放进行李箱里去。

骑马教练是一个年轻女士，顶多二十四五，身材苗条，脸很俊俏，长衬衫外面是休闲的连帽衫。头巾和平常所见一样扎在发际线后面。她说话声音很干脆，时不时会翻翻自己的智能手机。我们一开始看她给一个男人上骑术课，而这就已经给我们留下了深刻印象。她的明白无误的权威和他接受权威的那种心甘情愿。还别说，这个男人也是年轻人，比她大个一两岁吧，也属于已经获得了惊人的解放的一代人，至少在市民阶层里。骑马教练给我那个还说不好波斯语，在大白马面前心跳加快的女儿说话时，从第一句开始就用上了正确的语调：清晰、笃定、充满鼓励。同时上课的还有两个成年男人，他们已经能自己骑马了。而我女儿的马还得让人拉着缰绳转圈，一开始是教练站在圆心里拉，然后在我女儿能正确遵从她的指令之后，则是教练的同龄助手拉。她往栏外发出指令——对我女儿轻柔，对男人们严厉——时的自信，作为年轻女性的姿态，是前所未有的，不论在什么阶层。而且另外两个学生也不是什么知识分子或者时髦人士，从他们的衣着、姿态、声调来看更多的是老派爷们，尤其是其中一个，没剃胡子，穿长跑运动外套，有啤酒肚或者叫烤肉肚，还带了个仆人为他牵缰绳，在他命令下不知从哪儿（车里或者换衣间里，天晓得）拿来了马鞭，因为马不乖乖听话（女人们早就不再乖乖听话了）。我猜测他们是商人，传统商人，哪怕不是那么忠于政府，可是谁又真正忠诚呢？这位爷们毫无反抗地听从年轻教练的教导，只是有点儿尴尬或者非常难堪地微笑着，当教练隔着 50 米远嘲笑说，一匹马不能同时懂两个指令，同时又踢它肚皮又拉紧缰绳——这行得通吗？他自己也想了想。在过去的年代里也有过自信的伊朗女性，有过王后、公主、女诗人、神秘主义女教徒、《古兰经》的女解经人。在 19 世纪就有过女权主义者，即使在宗教人士家庭里也常常有根本不愿听自己丈夫指挥的母亲。但是一个随手玩着智能手机的年轻女性教两个明显年纪比她大的男人骑马时所表现的自然从容，她那强势但又迷人的充满优越感的微笑声调——不，这在之前的一代人里是完全不可想象的，就像出租车女司机或者 30 岁左右还完全不想结婚而享受自己的独立的单身女性也是无可想象的一样。这是文学杂志主编说过的最大的剧变，这个变化也会颠覆当前的体制：在年轻人之前女性已经开始了转变。

*

在沙漠里的一个黏土村子：除了欧洲来的背包客——我们也是这副颠沛潦倒的样子吗？——更让人觉得奇异的是伊朗的中产阶级游客，他们都有工作，有或者没有小孩，从徒步旅行者到时髦人士，甚至还有装样子的显摆人物。做工作人员的则是沙漠的居民，他们对形形色色的旅客已经见怪不怪了。就仿佛这片绿洲是她们的私人居所一样，女客人摘下了自己的头巾，首先是伊朗女士，接着欧洲女士用询问的目光看了看也跟着她们一起去掉了头巾。这不仅仅是为了舒适，更多的是一种夺回自由空间的信号，不论政界有什么变动或者还是没有发生更多变化。头巾最终不是一块接一块地滑到肩膀上的，而是直接摘下的；这是另一种行动。当地人显然也不觉得有何不妥，只要她们能把烤玉米、煮土豆、枣子汁、石榴汁以及编织品带给男人。

这个村子还保存得挺好，有狭小得无法通汽车的街巷、地下隧

道、让房屋里有降温凉风的风塔①、许多装修出来供人住宿的带庭院
房屋，里面没有家具，只有地毯和枕头。有时候我会产生这样的印
象，欧洲的背包客比伊朗村民更习惯于坐在地上吃饭睡觉。好吧，
有时候也不是，比如说两个必须在友人和熟人面前为自己的旅行辩
护的柏林人。这都是他们自己告诉我们的。他们的嬉皮式的随意表
现得没有像平时业余时光里那么充分。他们伸开腿，将盘子送到嘴
边，而不是像肢体灵巧的那些人盘腿坐着，身子向盘子倾斜。不论
怎样，这是一个疯狂而奇异的组合，光是这种组合就足以让人在这
儿睡一晚了。尤其是如果精通两门语言，外语与当地语的话，而村
里的伊朗村民几乎和柏林的嬉皮士一样都是陌生人。

　　奇怪的是，伊朗人看上去基本上都只是小队伍出行，但更加咄
咄逼人地占去了这个地方的空间，但是他们说话的音量，他们的欢
乐劲头，他们在村子里做出的大人物派头；背包客在村子里都在努
力适应当地环境，本应该想到穿讲究一点的衣服。但是我们作为背
包客估计在这方面做得也不够。我唯一听不懂的语言，是当地的方
言；这个村子三四个世纪之前还是信琐罗亚斯德教，如今已经彻底
伊斯兰化了。开车送我们去盐湖的出租车租赁公司老板给我们解释
说，此后没有任何神秘主义，音乐只有在婚礼或葬礼上才能演奏。
他们与体制的关系如何呢？所有人都会去参加选举，因为如果他们
的身份证上少了公章，他们就要为自己的养老金和国家其他的赡养
费担忧，但是许多人都只交了一张空的选票。他们反对政府吗？我
问。不，他们是中立的。这也是一种有原创性的信念，我想：中立。
不过这里就像各地一样，住在村里的都是老人；年轻人都走光了。
只有旅游业才会创造出几个新职位来，周末的时候每天会来四五十
辆大巴，这些大巴在绿洲水源旁边停留，游客都住进宾馆里；除此

---

　　①　伊朗的传统建筑，可以在建筑物中制造出自然风。

之外，这里就剩了海枣树和石榴树，另外就——空无一物了。

旅游业则多亏了一个长胡子、长头发的男人，他是唯一一个穿着传统服装的。在 17 年前，他带着自己的妻子，半个法国人，回到了他父亲的家乡，在这整片地区里率先将一座古老的黏土屋改造成了客栈。如今光在这一片就有了 60 家这样的宾馆，玛奇亚（Maziar）不无自豪地说，这里所有人看起来都喜欢他，就像尊敬村长一样尊敬他。光是他低沉浑厚的嗓音、强有力的双手和高大、几乎过于高大的身形，再加上狂乱的头发，就足以让人对他心生敬意了，几乎都不用说他创造出的工作机会了。夏天几乎让人受不了，他抱怨道，气温高达 55℃ 甚至 60℃。他和他的妻子还有九岁的儿子就在欧洲过夏天，也好让儿子不要荒废了第二门语言。

伊朗人开始发现他们乡间风光和过去岁月的美，这是件好事：传统风格的客栈、茶馆、住宅、黏土村庄就和在大自然中郊游一样成了时尚。几个村民就没再搬去人满为患的城市，又多了几个家庭挣得到面包，又有几座房屋免于被拆，又能少建几座卫星城（不，最后一个只是愿望而已，乡村游绝不可能创造出这么多的工作职位，以至于可以抵掉一座城市）。玛奇亚的哥哥和他一样高，但是没有留胡子，开了一家茶馆，晚上就在里面敲鼓；或者也有乐队演奏的波斯古典乐玛卡姆，有时候还有其他民族音乐。他们两人的妻子拥有既通达世事又眷恋故土的神奇组合，格外友好，极为自信，同时又进退得体，更多的是乐于助人而不是刻意热情。在沙阿时代，也许也有过将世事通达与故土情结合的机会，借助外界的洞见来理解内在的价值。毕竟统治者也都是在欧洲接受过教育的。但是那时候人们蔑视古老的黏土村庄，农业遭到毁弃，连带地传统的生活世界也被毁坏，在茶馆里坐着的只有老爷们儿，而其他人都向往西方，或者期待回到从来不曾存在过的世界里去。而今天留存的，仅仅是民俗遗迹而已。可是这还是比卫星城要好，而且肯定对于整个世界来说都是有观赏价值的。在斯丢迪奥苏斯（Studiosus）①名单上，伊朗已经名列出游目的地第一名，宾馆里的一位德国游客说。

　　一个年轻伙计负责照看一切事务，照顾行李、山羊、骆驼、早餐鸡蛋、茶，尤其带着特别的爱心照看我们的女儿，她和厨房帮工的小女儿相处得格外好，自己也成了小保姆，在房子里帮忙做事儿。这位年轻伙计问，这些欧洲人哪来的这么多时间旅游；他一辈子都没有出过这个地方，也从来没有过空闲时间。我给他解释了背包客的性质和资金来源的可能性，在伊朗待四周加上飞机票比在欧洲旅游两周都要便宜。桌上不可以上酒，这点让有些游客不适应，他也发现了，伙计说；不过游客们，如果我确实听懂了柏林人的暗示的话，也就更容易弄到大麻叶，质量上好。并不是缺少酒，而是头巾让很多人都不愿意来，我对伙计说，他刚问要做什么才能让更多外国人来伊朗旅游。另外，我还提到，大众旅游可能扭曲一个国家。现在来伊朗旅游的人还是真正对它感兴趣的；如果游客什么都可以干的话，很快旅游就变成了开派对，那村子的文化就会被改变。说得没错，伙计说，在梅瑟尔（Mesr）村子就是这样了，那是山丘开始的地方，在伊朗旅游业中的终点；那里现在就都是酒客去买醉了。真的吗？我问，有那么一秒还不可思议地设想梅瑟尔是被英国的廉航游客占领了。但是伙计说的是那些只有在假期去梅瑟尔寻欢作乐的伊朗人。

*

　　我还从没在任何沙漠里做过这样一种环视，几乎是360°的。我们坐着长胡子长头发的宾馆老板的四轮驱动车开到了卡维尔盐漠

①　德国旅行社名称。

（Dascht-e Kavir）边缘处的沙丘，这个盐漠宽150公里，长400公里，铺展在伊朗的东北部，里面一片荒芜，没有绿洲，没有活人，只有400公里×150公里的棕色石地（在伊朗的东南部还有一个更大的盐漠）。在五颜六色的风景中有两座绵延的白色石灰岩山峦，在彼此分离的那一边微微上升，在遥相对立的长端则是垂直而下的悬崖，这是"公主宝座"和另一座宝座。站在山上看到的世界就像是月球一样不同寻常，独特又陌生。悬崖在10~20公里远处拔地而起，东南方向的山颜色沉暗，冬天肯定覆盖着白雪，沙丘几乎像是电脑模拟出的人工造物，峡谷在下雨的时候会形成河流，沟壑在沙中穿行，穿过了砂砾，穿过了石灰岩。从白色到金棕色的各种色调层层渲染叠加，上面像小点一样洒着倔强而瘦削，绿得怯生生的小树。在敞开的那一边是无尽的平原直至天际线。绝对的寂静，几乎让听觉失灵，没有动物的声响，没有风声，正是：虚空。我忽然就冒出了这样的愿望，再也不想见到任何人工造物，甚至不想见到艺术品，因为没有什么比这幅没有框架的画更美的了。

玛奇亚以前在德黑兰是陶匠，说具体点是陶艺教授，负责训练手艺工人的。德黑兰的革命呼声越高，政治局势越艰险，他亲近自然，亲近本源，包括自己的本源的愿望就越强烈，而不是像许多他的朋友那样希望逃出国去。他父亲迁居至德黑兰学习航空技术，父亲的村子他是七岁的时候才第一次见到的，在那儿他总觉得很舒适，比在城里更舒服，尽管那时候既没有电也没有自来水，远远近近都没有沥青马路，走到村子的话要花好几天。那时候有超过1000人住在黏土屋里，老的少的，说着他们自己的语言，穿着他们自己的衣服，有着他们自己的习俗，靠他们自己种植的作物为生，就像整个伊朗在几十年前能抵抗干旱、自给自足甚至还能出口食品，农作物、稻谷、胡榛子之类，而且因为多汁水果而闻名整个东方一样。然后国家渐渐开始进步，一开始缓慢，在革命之后就变得像旋风一样迅猛，其中的雄心壮志是要为所有伊朗人，不仅仅是中产阶层，带来现代文明的福祉。今天伊朗90%的食品是进口的。

如果自己有个生病的孩子，有医生确实很好，玛奇亚自己也承认。电话也是好东西，可以用来找医生。一条让人在短短几小时之内就能到达医院的路也好，药品也好，都是好事。人们肯定想要进步，想拥有电视、冰箱等——谁有什么资格能阻止他们获得这些呢？另外尽管说是粮食自给，以前还是经常闹饥荒，玛奇亚说。今天就不再有饥荒了，人们都有养老金或者"亚拉尼（Yarane）"，一种基本收入，是国家从石油财富分配给全体国民的。能从超市里买到日常所需，当然要比用自己的手种植粮食却还要在雨水不足的时候挨饿，为孩子每次感染疾病担惊受怕，更舒服。村子里以前的生活当然是艰苦的，常常是难熬的，而且还有地主的皮鞭，如果他是个恶棍的话。进步当然是人们喜闻乐见的。只是最后的结果是，进步没有让村子得到发展而是破坏了它；只有200人还生活在这儿，还都是老人。他们也活不了多久了。

本来可以发展好的，玛奇亚说，村子本可以更小心地进入现代生活的，在沙阿统治下就有这个趋势了，他的白色革命本意是好的。他从地主手上夺走土地分给农民的勇气也是好的。只是这么做却导致了混乱。一个例子：谁能从地下抽取多少水给哪一块田，这原先是地主来决定的；可能会不公平，有的地主好心，有的坏，但是这是一种秩序。可是秩序被破坏掉了之后，水就不够任何人用了。所以又有了另一场革命，这次是自下而上的。自那以后在国家里占主导地位的也就是那种连在一个村子里自主地分配水都做不到的乡村文化了。不论你去看哪一个政府机关，那里都不是有能力的人在主事，而是烈士和战争英雄的亲属。不过国家还是安宁了，这是伊斯兰共和国不可低估的成就，只要看看伊拉克、叙利亚的公共秩序的崩溃。连着17年在绿洲都没有一桩犯罪事件。人们在本质上还是农民，从来没学过偷盗，不像在卢特盐漠（Dasht-e Lut）①，那里以前就没有正儿八经的农业，人们必须靠别的谋生，通过走私和拦路抢劫。这里如果有辆车停在了路边，玛奇亚解释说，下一个汽车司机肯定会停下来帮忙。

玛奇亚不必和游客一起在沙漠里过夜；他如今认识足够多的其他导游和来自德黑兰的沙漠迷朋友，他们都乐意接替他带人游览。但是他享受这种宁静，很高兴他能让别人燃起对大自然的热情，为他的自然风光感到骄傲。第二天他根本不想自己离开，带我们还去了这里那里风景奇妙的地方，慷慨地告诉我们他的见解、观察和发现，投入地陪我们的女儿玩，给她看沙子表演，也就是在沙子上画出各种形状然后看它们被风吹散。他整个上午都将她放在怀里开着四轮驱动车，沿着沙丘爬上爬下，结果坐车就变成了冲浪。与这个相比，她觉得在梅瑟尔周边骑骆驼都变得很无聊了，她以前已经在摩洛哥沙漠骑过三天骆驼了，这次更多是为了母亲才坐上骆驼的，她母亲倒是第一次骑骆驼。我在等母女两人的时候，和一群来自德黑兰的年轻人一起喝茶，他们在沙漠中别的地方过的夜，其中有两个真正的朋克，或者也可能不是朋克，而是另一种时髦，穿着高筒靴、黑衣黑裤，那个年轻女士头发染成了蓝色。就连柏林嬉皮士在沙漠里都不如这些人更有异国风情。

*

在城里只有少数几个作坊修补自行车内胎。我推着轮胎再次变扁了的自行车，一路问，每次都听人说还有 200 米，一直往前，每一次他们都说再走 200 米就走到了。仿佛是人们都不忍心让我知道

---

① 即前文提到的伊朗东南部的大荒漠。

这悲哀的真相，所以让我的推车而行不会这么快就结束。最后我回到了我问过路的最后一个店铺，抱怨说 200 米远的地方根本没有自行车修车铺，400 米远、600 米远的地方也都没有。那可能就在 800 米远的地方了，店铺老板毫不觉得愧疚地回答说，他建议我坐上车，小心地骑着这辆前胎已瘪的车赶路，这样就不会觉得太远了。结果这个旧车胎由于人行道上的许多铺路石和凸起，受损严重，导致修自行车的老师傅把它连同已经没法修补的内胎都扔进了垃圾堆。奇怪，在伊朗，所有修自行车的师傅似乎都很老，还都看着一模一样的极小的铺子，其实也就是一个小房间——以前就是这样了。老师傅推荐了一个伊朗产的内胎而不是来自中国的便宜货。伊朗的产品应该会更好，这又是一个新的推荐理由。英国的自行车也让他和村子里他的同行一样兴高采烈。

/ 416

我试着在新建的自行车道上骑行，但是过了几个路口就放弃了。有自行车道，也有提示这是自行车专用的指示牌，但是这自行车道到了一个齐膝高的路边石就没了或者被一条金属路障挡住了，必须把自行车扛过去才能继续骑。还一直有小摩托车停在路中间，我就只能把自行车推上自行车道和人行道之间的绿化带上。其实现在统治国家的那些人，他们在乡下的时候肯定见识过自行车道是什么样的！但是并没有：统治国家的那些人已经有两三代都是开小车的，如果有必要，开的还是伊朗产的车，而这个世界上不会有修理工会觉得它们比外国车更好。

我并没有期待汽车司机会小心留意骑自行车的人。实际上是骑自行车的人得时时留意每个无中生有的障碍。他们已经习惯了，或者推着车从障碍旁边过去或者赶紧踩刹车，不然就会撞出大包或者丢了小命。我就这样骑着自行车穿过最密集的交通，只能大着胆子走到汽车前面，忽略司机按响的喇叭。骑自行车的人并不多，不过其中也有女性。我上一次在伊斯法罕的时候还没有。就连我都因为太多汽车排出的废气而失去了骑自行车的兴致，尽可能地躲进旁边支道或者小巷里去，那里也有路边石、停着的汽车、水渠和树木横在路中间，让骑行变成了跑酷，倒也挺娱乐的，但是如果要急着赶去什么地方的话，这样骑就太慢了。许多骑自行车的人脸上戴了口罩和鼻罩，看上去更像是医院里那种而不是为了逗乐戴的。从沙漠的纯净空气里回到城里，我也想戴个面罩对付对付了。

伊斯法罕的日常生活中我所喜欢的一切，我所钟爱的地方，河流、桥、茶馆、书店、水渠边的寂静小巷，我们街坊邻居说的亚美尼亚语，全都像是被一个魔鬼施魔法变走了一样。如果不是我又见到了家人，如果不是女儿在这里玩得开心，如果不是沙漠在这期间提供了幸福的时刻，洛特佛拉清真寺或者其他小的发现让我在许多年之后依然找得到旧城的感觉，我真会沮丧到底了。

*

就连波兰人的遗迹，我都找不到了。是的，我姨妈说，在她的熟人圈子里有过几个波兰女性是嫁给了伊斯法罕来的男人的，但是在革命之后，他们几家人就慢慢都移民走了，不，不是回波兰。他们的孩子都不怎么说波兰语了。他们主要都去了美国。在新西兰，恰恰是在新西兰，也有许多从伊斯法罕去的波兰人。只需要谷歌搜索一下，就会找到不计其数的链接，有书、电影、10万或者30万波兰人的记忆。其中大部分都是妇女儿童，他们在1940年代初的时候，在斯大林1942年要让他们进古拉格的时候，纷纷逃难到了伊朗。这些资料描述了那些超载得可怕的小木船怎么抵达里海海岸的，四处都是恐慌、呼喊，有的小船在靠岸时翻了，因为所有人在同一时间都想抢先得救，孩子吓得哭喊，母亲湿淋淋地抱着自己的婴儿上岸，当地渔民将难民中的老人扛到肩上，浑身湿透的人被裹上了毛毯，他们到了沙滩上还心惊胆战，或者因为得救而欣喜若狂——这样的情景，欧洲在 2015 年秋季的莱斯博斯岛（Lesbos）^①上也见过。在 YouTube 上可以看到，那些金发的女人和男人，常常赤脚，筋疲力尽，胳膊里抱着孩子或者手上牵着孩子，行李放在背包里或者放在驴车上，穿过最典型的伊朗乡野，翻过光秃秃的山峰，走过丰饶的河谷，这些河谷之所以没有呈现深绿，只是因为拍的是黑白片。可以看出来他们忧心忡忡，穿戴齐整。伊朗人看上去还是友好的，至少在波兰人的回忆中是这样，在 YouTube 上可以听到他们说带波兰口音的英语。"难民对他们所客居的国家心怀愧疚和感激，这就像暖流贯穿在所有回忆的文字里。"一个关注自己同胞流亡伊朗的经历的波兰作家写道："伊朗普通老百姓面对波兰人的友善和同理心，波兰人一直念念不忘。"

/ 418

3000 个孤儿，我读到，被送到了伊斯法罕，分散在整座城市的孤儿院和家庭里。我母亲每个星期五就是和这些孩子一起玩耍，因为外祖母把他们从孤儿院接到我们的大房子里，好让他们能在绿色的庭院里跑来跑去，在水池里游泳，就像我在童年时做过的那样，就在同一个水池里。我的姨妈还说，不是所有在伊斯法罕的波兰孤儿都过得幸福的；也确实有人说了恶毒的排斥的话，后来不少女孩子也都沦落为妓女，因为她们缺了父母，过得当然比周围好市民家庭里的伊朗孩子要艰难。这里面还有些龌龊事儿，当这些波兰女孩长大一点的时候，就会被皮条客搭讪，被他们拉入伙。伊朗嫖客尤其喜欢买金发女性，我姨妈说，做了一个憎恶的表情。是这样，她接着又说，不过还是有许多人也读完了中学，上了大学，结了婚，而男人们，尤其是成年男人，据她所知，在战争结束后立刻就离开

---

① 希腊的岛屿，从叙利亚、伊拉克、阿富汗等国家逃往欧洲的很多难民都会乘船先到这里登陆。

了。在网上我发现了一枚波兰邮票，上面画着以波斯地毯为背景的一个金发孩子："伊斯法罕——波兰孩子的城市"，邮票上这么写着，这是几年前印刷的。那时候难道不是拒绝接受任何难民的政教合一的政府掌权吗？

*

我表弟教我在伊斯法罕要怎么骑自行车，他熟知每个连接两条小巷的通道，每座小桥，每个架在排水沟上方的金属板，每个高高的路边石上的斜坡，那是别人用混凝土修筑起来省得在石头前下车的——这真是很让人开心的出行活动，尤其是在旧城里从景点到景点之间最快的路线是哪本导游手册上都没有的，圣墓、宣礼塔、集市的各个彼此远离的曲折角落；这些角落40年来都没改变过。我还看到了同一批老人，虽然肯定是他们的儿子了，听到了熟悉的伊斯法罕口音，它和世界上所有方言一样不知什么时候就会灭绝，看到了集市周围那种富于艺术格调、带有宗教也就是阿拉伯意味的问候仪式：一个商人从另一个商人身边走过或者一个熟客走进店里的时候就有这样的仪式。因为现在是穆哈兰姆[①]月，伊玛目侯赛因在卡尔巴拉战役中遇难的月份，所以许多商人都在大街上赠送茶和冰糖——我每隔200米就能听到邻居之间的聊天。我花了一又四分之一欧元买了两把烧烤用的蒲扇，在吹风效果上它们不逊色于任何电吹风。编织工求我说，每当我在德国给烧烤用的炭扇风时，请务必为他的灵魂祈祷——在整个买卖活动中他都在有节奏地吟诵"毕斯米拉"[②]。

---

① 即伊斯兰教教历一月。

② Basmala，《古兰经》中的语句，常在祷告时念诵，意为"诵真主之名"。

哲学家阿卜杜卡里姆·索罗什（Abdolkarim Sorusch）[1]曾经说过，伊朗的什叶派伊斯兰教如此根深蒂固，只有一场什叶派革命才能将这个根拔掉。实际上，我在整个居留期间只看到一个人祈祷，在伊斯法罕的两周里就看到这一个——但是在这里，在旧城的这些游客不会涉足的角落里，虔信是理所当然的。在圣墓和小一点的清真寺——每一个都美妙动人——我总是吃惊地看到陷入与神的无声对话或者用他们的伊斯法罕口音，也就是每个句子句尾上扬的语调背诵《古兰经》的男男女女。在一处圣墓里，东方守门人用两尊巨大的霍梅尼和哈梅内伊马赛克雕像把塞尔柱式的外墙面变丑陋。萨非帝国的君主也是暴君，我表弟提醒说，但是至少他们保存了美的东西，而且还为之竞争。现在的暴君不仅仅制造本就够糟糕的垃圾，还会将以前的好东西弄丑——就好像他们嫉妒前辈或者感到了自卑似的。你在德黑兰见过阿亚图拉霍梅尼的陵墓吗？

市政机关至少最后还是保护了许多老房子免遭拆毁，而是把它们改造成了博物馆，哪怕里面的展品归根结底还是为领袖歌功颂德的，不论展览本身到底有什么主题。市政机关还在游客可能到访的巷子里用沥青路代替了石子路，就像意大利古城里那样。卡扎尔王朝或者甚至萨非王朝时代建起的豪华住宅——不像德黑兰那种被人当作古建筑的新潮别墅——现在都被用作酒店，或者有艺术品位的私人买下了它们，为了自己的需求进行了翻修。本该让这个国家回到自己的本源的革命已经过去了40年，人们总算不再拆掉本源的建筑，当然已经太晚太晚了；伊斯法罕已经遭受了如此多摧残，只有不知道这么短的时间里都有什么消失掉的外地人才会对这城市感到兴奋。有关部门却还是没有接受教训，虽然最终还是修复了古老的沙漠驿站或澡堂，但还是在小巷、房屋和后庭构成的网状格局正中

---

① 伊斯兰思想家、公共知识分子，在伊斯兰宗教知识运动中最有影响的人物。

间开凿宽马路，拆掉整条街道来造广场。这些广场也许要和古建筑一比高下，但是只是廉价的翻版而已。旧城中间散布在四处的公园肯定有益于居民，但这当然也是一种入侵，伊朗的文物管理局可惜在接下来的三四十年还要扩大这种入侵。过去能在其中徜徉好几个小时的小巷和人行道——有的这么窄，或者挖了太多隧道，结果两个人都不能并排走过去——今天没走几分钟，至多也就一刻钟，就走完了，来到了一条主干道或者一块空地前。只有超过 10 公里的集市，应该是世界上最长的吧，如果我没记错的话，还毫发无损，虽然已经不是处处都热闹了。因为好一点儿的商店都搬进了购物中心。最大的一家叫 Citycenter（市中心），也有波斯语招牌。但是不能再像我们的祖辈那样说 merci 了。我表弟也带我去看了看我兄弟们出生的房子；这房子是 1950 年代中期建的，本来已经是待拆建筑了，之所以没有被公寓大楼取代，是因为房主要改建就要丢掉四分之一的地皮，这地皮在两侧嵌入了早就拓宽的巷子里。

*

　　我每次都会感到惊讶，居然可以亲身感受没有政治意味的毛拉①，他们在最原初的意义上，也就是纪念殉道者的意义上，是传教士，不，是哀歌吟诵者，是讲经人，是舞台艺术家。仪式已经开始了：首先是靠墙坐着的 20~30 个年纪稍大的先生，年纪最大的坐在椅子上，其他所有人都倚在靠垫上。布道者的表演很可能只是序幕。但是这是怎样一个序幕啊，如果不曾见识过这样的表演的话！他盘腿坐在门一样高的布道坛上，裹在黑色的披肩中，缠着白色头巾，

---

① 伊斯兰教的一种尊称，由阿拉伯语经波斯语转化而来，本意是老师或先生，有时也用来称呼宗教领袖。

浓密的黑胡须遮住了脸颊骨，就像先知漫画上一样。他的手一动不动地摆在椅子扶手上。他今天讲述的是宰纳布（Zeinab），侯赛因的妹妹，是在卡尔巴拉大屠杀中唯一一个幸存者。他讲到了她在哥哥帐篷旁度过的最后一个夜晚，讲到了兄妹之情，讲到了普遍意义上的爱，讲到谁在夜里睡去谁就不是爱恋者，讲到了夜的本质，只有在夜里秘密才会被解开。他最后以无与伦比的美讲述了深夜里在莱拉（Leila）的门前等候的玛吉努（Madschnun），他等了一小时、两小时，最后实在忍不住敲了门。是谁？莱拉在门后粗声粗气地问道。是我，玛吉努（这并不是一个名字，字面意思是他为她痴狂）。请开门吧，就开一条缝也好，让我看你一眼吧。再等等，莱拉告诉他，然后让玛吉努就这么站在门外。站了一个小时，两个小时，直到他又受不了，上前敲了敲门。再等等，莱拉还是让玛吉努干站着，一小时，两小时……这样反反复复，这个夜晚在讲述中变得无穷无尽，而玛吉努等了又等，受不了就去敲门，但总是继续留在门前，一小时，两小时，然后他又带着怦怦心跳去敲门，就为了听到对方说他还得耐心等下去。布道者身子前倾，轻声模仿着侯赛因的心跳声——声音轻，仿佛只是吹口气似的，但是又足够响，因为他把嘴唇贴在了麦克风上，几乎要把麦克风吞下去了，所以声音能冲入听众耳中：砰，砰，心在跳，当侯赛因已经很确定自己即将死去而注视着妹妹的帐篷的时候。布道者每次提高声音或者屏住呼吸来增强紧张气氛时都会将嘴从麦克风移开。一个小时，两个小时，他一边讲着让莱拉和玛吉努成为宗教膜拜对象的故事，一边往里加入其他情节或者插一句鲁米的诗，而且时刻眼睛盯着越来越心驰神往的听众，用献给先知及其家人的赐福祈愿迎接显要人物，然后继续讲下去，偶尔也会嘲讽一下心不在焉、眼神游离的某个听众。这位布道者，在戏剧性高潮出现前会出乎意料地将手伸向空中，停在自己头顶上空，手掌摊开，就仿佛他自己都被故事震慑住——这真是了不起的叙述艺术。最后玛吉努睡着了，醒来的时候发现手中有几个胡桃核。他很高兴莱拉表达了对他的关注，想到了他会挨饿，心中充满了感激。这时候莱拉打开了门，轻蔑地说，他还是个孩子，所以她在他手上放了胡桃，出于怜悯；如果他是一个爱慕者的话，他不会对任何胡桃感兴趣，也没法咬下口去。可是你怎么会觉得我不爱你，玛吉努绝望地问。一个爱慕者不会在他爱的人门口睡着的，莱拉回答说。

　　布道者在他家乡布道安灵的时候，有一次有人带来了自己的儿子，23岁、25岁的样子，脸圆如月，正陷入对一个女孩子的疯狂热恋中。父母反对这一恋情，他和她的父母都反对，也不知出于什么原因，反正就是将这对恋人分隔开了。可是，布道者问都没问她是不是爱他，这不是问题的关键。爱恋者总会去爱，不论他的爱得不得到回应。小伙子生病了，骨瘦如柴，脸色苍白，俊美的脸上出现了皱纹，几乎不再说话，要说话说的都是他想见那姑娘，想娶她。请您和他谈一谈，年轻小伙儿的父母和其他亲戚请求道，不管您说什么都好，请让他摆脱灾祸。毛拉请父母和所有亲戚都走出房间去，他们虽然困惑但还是犹犹豫豫地听从了他的命令。只剩毛拉单独和年轻小伙儿在一起的时候，他亲吻了小伙儿的发鬓、额头、双手，甚至还吻了他的双脚。您在做什么？小伙儿迷惑不解地问，您为什么吻我的手？因为你能教我什么是爱，毛拉回答道：我宣称爱伊玛目侯赛因，但是你瞧，我吃饭，我夜里睡觉，你看看我的肚子。我只是宣称我在爱而已，你才是爱恋者。所以我要亲吻你的脚。

　　接着他的故事马上又回到了伊玛目侯赛因的帐篷，在他死前的那一晚。宰纳布躺在旁边的帐篷里，说具体点，只隔了几条从一根杆子垂下来的毛巾。他时不时地往那边瞅，知道他早上就会死去。她也时不时地透过毛巾看过去，知道即将到来的不对等的战争一早就会将她哥哥带走。当侯赛因站到帐篷壁边上的时候，妹妹假装睡着了，免得让他担心。反过来，当宰纳布窥望过去的时候，他也会假装在睡觉。如此交替，一整晚。真不敢相信，夜晚有多长。

布道者从宰纳布和侯赛因度过的最后一个夜晚回到了夜晚的本质，夜晚的秘密。在夜里才看得到谁是爱恋者。侯赛因和宰纳布的目光有一次碰到了一起，仅仅是黑暗中从眼薄膜闪出亮光的瞳孔而已。听众早已经哭了起来，哪怕是最尊贵的先生也抽泣起来了。布道者保持着平静，只是拉长了句子与句子之间的停顿，手臂一动不动地放在宽扶手上。只是讲到告别时刻时，他的声音才有了哽咽。爱恋者的最后一次拥抱，在这里他忍不住哭泣了，眼泪也在他眼睛里打转。听众的痛苦则完全爆发出来。但是在整个讲演过程中，他就像舞台上的演员一样将整个场景和下一场戏都看在了眼里，在第一次流泪之前就用眼神给了助手一个信号，让他在扶手上放了一块手帕，并不是偷偷摸摸的，不，完全是公开的。在这一场叙事戏剧 ① 里，代入感没有因为疏离效果被打断，而是由其促成的，恰恰是对心灵活动的集中关注，对外界幻象的放弃让这种代入感得到增强。

高峰时刻过去之后，布道者迅速回到了他之前的那种越发平静的叙事之流中。听众抹去了眼里流出的泪水，当他们听到安慰人心的、悦耳的题外话时，他们的情绪就完全平复下来了。他也留意着时钟，提到了它，就这么跳出了故事主干，说他还必须把宰纳布的痛苦讲完，在下一个布道者登台之前。高潮还没来。但是他接着却插入了另一个故事。眼泪得先收回，到最后才能好好释放出来，因为关键就是眼泪，眼泪是评判他成功与否的标准。当他贴着麦克风

---

① 叙事戏剧是德国著名戏剧作家布莱希特提出的一套理论，通过制造疏离效果来打破舞台上的逼真幻象，推动观众思考戏剧提出的问题。

低声说侯赛因的死和宰纳布的哀痛时，眼泪奔流而出。眼泪流淌，就像伊斯法罕里的河流终有一天也会流淌，神赐予力量。地毯上所有人都无所顾忌地号啕大哭，只有我表弟厌烦地翻着白眼，这时候放在布道坛宽扶手的那只手最后一次飞快伸向空中，不过这一次伸展出的是食指。现在又开始哭泣的毛拉将嘴放回到麦克风前，提高了音调：别擦去你们的眼泪，让天空看到，你们是爱恋者！

*

  在殉道者纪念活动中还可以像观看祭祀中的一幕剧那样感受殉道文化，参加的只有老人，虽然虔诚，出身平凡，但是与革命民众不一样，是剃了胡子的，也没有身穿西装制服或艾哈迈迪 - 内贾德穿的运动服的官员的做派。在晚上的聚会里，喝着威士忌，聊着每晚都有的政治批评，朋友们几乎都对我去参加了殉道者纪念活动表达了反感，但是我觉得它比大多数现代戏剧表演或者一部新上映的电影要更打动人。听众毕竟不仅仅是为了伊玛目侯赛因而哭，他们也为玛吉努哭，为每一个爱恋者哭，哭出了自己的眼泪，这样哭完后他们就释怀了，就可以欣然回家了。痛苦不是以自身为目的，它应该被克服。何况最初不只有殉道是传统，还有享乐，不仅仅是对殉道者的纪念（Rouzechani），还有 Ruhouzi，就是某种即兴喜剧，可惜后者没有留存到 20 世纪之后。朋友中有一人说，不久前一个宗教人士在一次与政权亲近或者就是由国家政府组织，不管怎样在电视里转播的殉道者纪念活动中要求听众不再咒骂杀害伊玛目侯赛因的凶手，这种做法总是有点儿反逊尼派的。伊玛目阿里就已经原谅了他的敌人，在临死前甚至还原谅了杀他的凶手，这位神职人员提醒说。民众绝没有因此平息怒火，正相反，那位神职人员遭到了……好吧，并没有遭到咒骂，但是还是受了羞辱。听众中有一个人站起来吼叫道，他才不关心伊玛目阿里原谅不原谅杀他的凶手，他是绝不会原谅杀伊玛目侯赛因的凶手的。这位听众也会如释重负，欣欣然回家去吗？

*

我和一个从美国来做客的表弟一起爬上了可以俯瞰伊斯法罕的山，索菲山（Kuh Soffeh）。

我们气喘吁吁地登山的时候，表弟说起他在国内服兵役时间超过了其他所有人，因为不知道出于什么原因服役时间总是被延长，起先是他这一届要延长，然后是他服的护理类兵役被延长，然后他的服役地点又要他延长，很可能也因为他的血型他也会延长服役。不过他还从来没有被派到前线，只是 刚开始的时候在库尔德斯坦的一个山顶待过，他们在那里过得像野兽一样。而这个山顶也是他们的福气，因为伊拉克的轰炸机不会瞄得这么准；在陡峭的斜坡上，只要炸弹落下的时候偏了几米就会掉到深渊中去。除此之外，在山顶的那几个月当然过得很艰苦，虽然绝没有在真正的前线那儿那么苦。他很多朋友都死在了前线。我的表弟的一个朋友被派去埋葬尸体，从此以后就再也不吃肉了，直到今天看到血就会发疯。如果在我这一代人中有人在伊朗长大，他就会有这样的朋友。

到了山顶才看得出，原来那个宁静的满眼绿色的伊斯法罕已经变成了什么样子，一个脏兮兮、灰蒙蒙的庞然大物，吞噬了周边的乡村和小城市。被恰如其分地称为"世界缩影"的广场是马可广场的七倍大，现在也只是一个小块，要在这片城市图景中找到它必须看很久才行。古老的圆顶与新造的水泥球和两座大厦一样高的清真寺宣礼塔一比，也突然显得小了。不过我们还是摆出了世界上最可口的早餐，从伊朗出行必备的保温瓶里倒出了茶，取出了新鲜的贴饼子、羊奶酪、野菜、胡桃核和西红柿。至少伊朗的西红柿还是比世界上任何地方都要更好！不仅仅是自行车内胎有这个荣耀哦。

*

我没有找到波兰的遗迹，但是在一个我在旅行最开始就结识的波兰作家，亚当·扎迦耶夫斯基的书中，我找到了一处可能是写伊斯法罕的议论，那个经受了创伤、抽干了河水、饱受侵扰但仍然魅力十足的伊斯法罕。不过也有许多我走过的其他东方城市。其实他写的是并没有在我旅行路线上的利沃夫——偏偏是利沃夫，偏偏是加利西亚（Galizien）①，但是我们没去过的地方毕竟总是更美的。普鲁斯特（Proust）虽然说过，扎迦耶夫斯基在他未注出日期的日记（多么奇妙的文体！）中写道，想象力总是会指向不在场的、遥远的地区，而我们走着的街道，我们置身其中的房间，我们与之交谈的人却都是不可想象的。但是普鲁斯特还生活在古典时期，在浩劫发生之前，他不可能知道，还有仅剩一半，另一半被丢弃，被丑陋的东西覆盖，失落了一半，只有一半获救的城市。除了第一次海湾战争中的空袭之外，伊斯法罕免于遭受20世纪的大灾难摧残；它的居民也不像利沃夫或者布雷斯劳的居民被整个换掉了；它没有受社会主义城市规划所累，而仅仅是受到了现代伊朗实用派建筑的粗暴的功能主义、自以为是的市政府的狂妄和伊斯兰共和国的东方主义化媚俗风的破坏；它只是一方面经受了农村人口涌入，一方面又有大部分居民尤其是宗教上的少数派移民出走，两方面加起来当然也让城市居民换掉了一半。单单是人口爆炸就让它转变成了一个喧闹、

---

① 原奥匈帝国区域名，位于东欧，如今这个地区分属波兰和乌克兰。

发臭的混沌之城。但是伊斯法罕为此丢掉了自己的河流，那条滋养生命的河流成了骷髅。普鲁斯特没法预见到，经过了 20 世纪，有的城市——扎迦耶夫斯基说的是利沃夫，不过这些话也适用于布雷斯劳或者伊斯法罕——需要一种新型的想象力："他想不到的是，在这些城市里，想象力成了一种额外的感官，也必须这样变化：半是想象力，半是感官，因为通常的可以用经验来证实的生理感官已经不够用了，需要半闭着眼睛，靠直觉来支撑。"

/ 428

＊

这是个广大的国家。不仅仅有德黑兰、伊斯法罕和其他总是挤满人的城市，还有更多的，几乎没有或者完全没有人居住的地区，雨林、沙漠、荒原、冰川。我们在长周末飞到了东南部的马汉（Mahan），从这里又往山区开了一小时车，顶多一个半小时。瀑布，村庄：像世界上各处一样，村里最后一家面包房关了门，对上一代人来说驴子是交通工具。这正是过渡期现象：驮人的驴子还有，但是面包房已经没有了。在峡谷里有狭长的树林，在山坡上有干枯的草原。在夏天这里也和阿尔卑斯山一样一片葱绿，宾馆老板说，他用他的皮卡车载着我们在这片地区走了两天——而在春天，山坡上就会有鲜花组成的一幅画。这样富饶的土地就不能再用起来了吗？以前是有更多的田地用作农田的，我们的主人确认道。为什么今天就少了呢？缺少人手。说什么，人手不够？是啊，年轻人都搬走了，老人更情愿靠养老金、"亚拉尼"和领袖的当地候选人为了赢得地区选举而分发的奖金过日子。

石油财富也能惠及乡村，这是好事。只不过，这里的农田就被废弃了，因为卖食品而不是自己种植，要舒服得多。没有人担心这个二三十年后就没法再从石油上获利并分配给国民的国家的未来。在这片地区毕竟还留有农业，宾馆老板又说，还留有传统的生活、丰富的文化、非常独特的风俗。这个地区还很"纯真无辜"，所以他才这么爱它。确实我们遇到的农民不仅表情友好，而且脸上都有笑容，不仅热诚，而且欢乐：您大驾光临会让我们倍感荣幸，我们能用来招待您的很少，对您来说都微不足道，面包、酸奶、茶、水果、胡桃，但是还是请您进来吧。屋里女性的自信引人注目，她们还穿着彩色的衣服，戴着传统的头巾，而不是革命的统一外套。好吧，她们毕竟要在田里劳作。穿着外套可干不成活儿。

在倒数第二个还有电的院子里，我们买了八大杯蜂蜜，看看到时候送给伊斯法罕的谁。而在最后一个院子之后还有其他院子，从井里打水的妇女，赶着羊群的羊倌儿，蜂箱，然后很长时间什么都看不到。直到我们在3000多米的高处，在一个四周有山环绕的高原找到了游牧民族留下的痕迹。他们在这里过的夏天，也许也是最后一代了。我们摆出了我们自己的早餐，贴饼子、山羊奶酪、胡桃核、西红柿、蜂蜜，甚至还有煎蛋，这是宾馆老板放在野餐小烤炉上煎出来的。

吃饱了以后，我们就沿着小溪散步，直到高原变为一条狭长的峡谷。山下所有农民都问我们，为什么这么晚才往上走，所有花儿都已经开过了呀。我们就喜欢不多的颜色，喜欢广大色块的细微过渡，在阳光照耀下发生的变化。就好像我们在观看一片海洋，都是绿棕色，那么静谧。不，这就好像我们在海上漂游。

回到山谷里，我和小女儿、我哥哥站在皮卡车的货厢平板上，上身靠在挡板上，脸迎着风。这样的乐趣在德国是没有小孩子享受得到的，没有这样的攀岩厅，没有这样的游乐园，成年的孩子们也享受不到。以前我们开车去祖父村子里也是这样，不过是40年前，货厢里有10个人。那时候祖父们都还拥有村子。

*

在卢特盐漠里，风在大地上造出了壮观的雕塑，小山一样高，在边缘处往往是悬崖一样笔直下落，有尖塔，有山墙，有弧形露台。绿洲，就和几千年前一样，是通过地下运河系统来灌溉的，在气温可以达到 70℃——美国太空总署（NASA）证实过的世界纪录——的夏天，人们可以躲进这个运河网里。这儿不仅仅有景色销魂的大自然。伊朗有很大一部分也是人文景观，是与大自然较量中产生的。带圆顶的黏土屋在应对气候方面很理想，夏天能抵挡暑热，冬天能保温。为整个村子提供空调效应的风塔在某些地方还可以使用。现在人们逐渐重新发现了自然药物，关于每种草药的知识。每个罐子都是一件艺术品，每座古老的房门，还有每座房子；一切以前造成而保存至今的东西——都是美的，不是丑的。以前的人也会这么觉得吗？很可能那时候不会有人思考这个问题。其他地方的古老事物也是美的，但是还有新的、独立的事物，发展取得的成就。一切新事物都是丑的，这种文明还怎么能被称为文明呢？

我们在马汉看到了古老、安宁、水源充足因而郁郁葱葱的伊斯法罕的影子，围绕着世界上最重要的泛神教派墓中建起的一座小城，却再没有泛神教派教徒可以在墓中跳舞、欢歌、祷告了。由于是伊斯兰历元月，内室还悬挂着黑色条幅。不过内庭还是和以前一样沉静，树很多，有一个大水池，倒映出伊万和白色圆顶。一个小卖部向游客售卖泛神派音乐。我哥哥认真考虑了一下，要不要买下一套这样带内庭和水井的老房子，在伊朗东南部这里房子价色还是让人支付得起的。伊斯法罕就不用想了，我哥哥说。这时候他又说，我发觉，我一下子就流露了偏爱故乡的情绪，而伊斯法罕人常常为此遭人嘲讽。

*

　　我每次回伊斯法罕，呼吸都变得更为困难。我试着不再注意已经不存在的河，但是我没法在长跑的时候忽视，我已经不能像往常那样吸入空气。我之所以慢慢习惯了这种呼吸，主要原因不是我的健康；而是我的呼吸节奏让我进入了类似冥想的放松，从鼻子吸入，从口呼出，比日常的呼吸要深，但是不费力，虽然步子加快但是绝不是快跑。但是谁要是在一条河的骨架旁边长跑，就会感觉到在伊朗的生活让人呼吸短促。我只能将空气吸到脖子处。我很肯定这样不仅会让人在生理上越来越多病，就像所有人都观察得到，就连媒体都会用数据证明的那样，而且这还会让人神经更紧张，更有暴力倾向。几乎没有哪次坐出租车，没有哪次在晚饭桌上的谈话，没有哪次与一个商人的闲聊，不会有人抱怨说，原来的伊斯法罕已经一去不返了。

*

　　我整个下午都在陪两个来自德国的朋友逛旧城，怀旧的忧伤情绪势不可当，旧世界已经片瓦不存。现在这里有这么多宽阔的新街道，有广场，有小小的公园：伊斯兰共和国的士绅化让孩子众多的客户们有户外活动的场所，也能把新的小汽车停在自家门口。我自己都得一路问，才能找到伊斯法罕的那些珍宝，这些珍宝依然比近东其他任何城市都多，更不用说比马汉这样的巢穴要多了。这一切还在，几乎都还在，圣贤墓、宣礼塔、集市的所有侧院和以前的沙漠驿站。我发现观察外国人脸上震惊、着迷的表情还是挺有趣的，他们没想到在一堵不起眼的墙后会有这么多宝藏，没想到伊朗有这么优雅的品位。我本来想带他们再看看犹太区，也是城里最老的一个区里 12 或 14 座犹太会堂中的几座。我在手机里存了社区领袖的电话号码的，但是我现在才想起来，虔诚的犹太人在安息日是不会接电话的。那就只能明天去看基督教堂了，我会带着两个德国人去焦勒法，说准确点，是新的焦勒法，基督教的伊斯法罕。

当我们沿着漫长曲折的路穿过集市走向广场的时候，外来人的目光让我也觉得伊斯法罕变得美丽了。因为我自己想要与他们告别了，我就送他们去了满是游客的洛特佛拉清真寺。我斜倚着墙壁，仰起头来，再次直瞪瞪地看着圆顶好几分钟。没有比这更美好的世界了。

*

要让我的小女儿也拥有关于伊朗的童年记忆，这是我们在伊斯法罕待了四个星期的最重要原因——她能更好地学习这门语言，认识其他孩子，获得美好的经历。不仅要让她知道，更要让她经历到，还有第二个国家属于她（而她并不属于任何国家）。学校里的款待感人至深，这是她在德国或者在我们同样住过几个月的美国都没见识过的——女同学们立刻就接纳她加入她们，从第一天开始就为了谁可以坐在她身边而争吵。整体而言，这里有极其旺盛的诚挚、温柔，还有成年人与孩子打交道时的灵巧、娴熟。她在四个星期之后就满载着礼物与学校告别了，每个老师都亲热地拥抱她、亲吻她，同学们都不想让她走——正是这些情景会深深印在她脑海中。不过留下印象的还有，课程本身比蒙特梭利（Montessori）① 学校里的无聊多

---

① 由意大利心理学家及教育学家玛丽亚·蒙特梭利发展出的儿童教育法，有针对性地对不同年龄段的儿童进行激励式的教学。

了，都是靠老师一个人讲课，没有讨论。学校制服包括头巾对她来说更像是一种化装，更何况这所高档私人学校的女学生们在从教室到大门的路上已经脱下了自己的制服装。母亲们看上去也不是早上去卡尔巴拉朝过圣的，脚上的高跟鞋像是走时装舞台的，所有的鼻子看起来都整过，许多人头发染成了金色，如果不是天然金发的话；就像人们说的，谁如果金发白肤，他就天然地不会认同政府。那些女孩子们都起了什么名字啊，我的上帝，艾尔维拉（Elvira）、狄安娜（Diana）、塔玛尔（Tamar）、雅尼娜（Janine）。我们在国外费了好大力气才让我们的孩子有了美丽的波斯名字，我们将菲尔多西的《列王纪》从头翻到尾，查阅了《圣经》的波斯语译本，就为了能找到可以体现与民族相连的名字，还求助于姓氏百科书，免得起个全世界都用滥的名字。而在伊朗本土，女孩子的名字都像是出自 RTL 广播电视台①似的。一个戴着面纱的女孩在学校里大概不会像一个来自德国的稀客受到这么热诚的待遇，被同学们包围。我女儿现在非常期待回到科隆，但是也不介意在下一次假期再飞回伊斯法罕来。

---

① 德国最大的私营电视台，欧洲最大的广播电视集团，播出时事新闻和娱乐节目。

比我早两代的族人，会觉得从伊斯法罕到德黑兰的一趟旅行是非同寻常之举，道路的状况恶劣，被拦路抢劫的风险大，身处困境的时候根本找不到援手。让所有人都惊羡的全新的交通工具，是一辆四马马车，所有的马每隔 40~50 公里就会替换，祖父在他的回忆录中写道，可惜这些回忆从来没有被印刷成书。马车也尽可能整夜赶路。上帝保佑，他们就以这种方式经历四天四夜到达了德黑兰。今天开车的话就 4~5 个小时，而我们往往都是坐飞机飞过这段距离。祖父还不嫌刻意地补充写道，马车没有车顶。所以旅行者就不得不忍受炎热而刺眼的夏日和其他季节里的寒冷风雨，冬天还时常要冒雪而行。睡觉也很难：由于车的摇晃，大多时候只能睡几分钟或者半小时。旅行者更多时候因为疲惫或痛苦，酷暑或严寒而处于昏昏沉沉的状态，完全没法交谈，没法思考。一般来说，最坏的情况也不过就是帽子掉出了马车或者围巾落到了地上。只是当马车夫睡着了的时候，就会面临灾祸的威胁。这时候马有可能偏离正路，马车可能翻车，旅行者会互相压到身上，而最上面的人最危险。祖父自己经历过许多次这样的事故，读者自己可以想象得出，他写道，旅行者在野外、在荒原上、在沙漠中或者在山脊上会感到多么不适。一趟出行每个人要花 1 里亚尔，除此之外还要给每个换马的沙漠驿站里的马倌 5 沙里（Schahi）①，给接待马车的邮局官员 1~2 个托曼。这些钱意味着什么呢？

/ 436

祖父在 70 年后描写了他第一次出伊斯法罕时的情景，当时对于亲戚来说这次出行是非常戏剧性的，但是今天的读者只会觉得滑稽好笑——"他们都只剩下了名字"。在他的那些可惜未能印刷出

---

① 伊朗的旧货币单位。大约 20 沙里 =1 里亚尔。

版的记忆中是这么说的。姨妈、表兄弟、表姐妹和其他亲戚都站在门厅里和这个小伙子告别，为他祷告，他们所有人只有名字留了下来。《古兰经》中的雅辛章他们诵读了三次，很多次《古兰经》被高高举起，祖父被推着走到经书下面。亲戚们陪着他走到马车出发的集市，五六十人的一大群。这是要去哪儿啊？邻居、路人和商人惊奇地问。小伙子要坐车去德黑兰！人群中一个回喊道：他要去学校读书，法兰克人的学校！法兰克人，直到今天伊朗人都这么称呼西方人。现已去世的诺鲁孜·阿里·格玛施特（Norouz Ali Gomaschteh）将他举起来，放到马车上。小伙飞快地摆放好了行李，找了个座位。他坐下了，马车还有一会儿才会启程，他感到亲戚们流着泪围住了他，哭得最大声的是他母亲。"我有什么好隐瞒你们的呢？"祖父在他的可惜没印成书的回忆录中写道，"尽管我自己的愿望是去德黑兰，但是我还是没能管住自己。我像个小孩子一样号啕大哭起来。"

在马车旁边用作厢座——祖父用的是个法语词，今天应该叫商务座——的座位上，恰巧坐了一个英国人，阿兰森（Allanson）先生，如果我把这个名字写回英语写得对的话（在波斯语文字中必须自己添加元音），在焦勒法城区——我姨妈今天住在那儿——的主教学校教书的老师；父母的房子离那儿不远，由于至今还有基督徒留在那儿，那儿就成了伊斯法罕最受欢迎的居住区之一。阿兰森先生看到小伙儿在哭，就把他拉到自己面前，把自己的手臂放在他的肩膀上，开始安慰他，说别的话转移他的注意力。看这儿，你以前见过这么强健的马吗？看看那件制服。他的波斯语在小伙儿听来是这么古怪，这么硬邦邦，他居然不知怎么地就笑了起来，在外国人中间也许甚至是一种嘲笑。他现在还心怀感激地感觉得到那只手臂，更像个兄弟而不是父亲那样搂着他的肩，对，就像个大哥哥，尽管阿兰森先生要大他许多，是个真正的男士了。马车已经开动了很久，他们已经把城市留在了身后，眼前是田野和种植园。他们沿着碎石小路穿过沙漠。这时候他又为小伙儿打气。别担心，他说，我们首先，只要上帝保佑，会抵达卡尚（Kaschan）①，会在那里的天堂一样的花园里歇息，你会看到，那座花园比伊斯法罕的四十柱公园还要漂亮；然后是库姆，如果上帝保佑，你会在法蒂玛圣陵②前为父亲母亲祷告。然后我们很快就能到达德黑兰，如果上帝保佑。你会喜欢德黑兰的。上帝保佑。主教学校的这位老师带着英国口音又一次重复道。

阿兰森先生其实之前并不认识小伙儿或者他父母或者他的某个亲戚或老师；他只是出于纯粹的友好接纳了他，当年的小伙子七八十年之后强调说，是出于博爱的精神。尽管祖父在政治上一直是民族主义者，是摩萨台博士的狂热崇拜者，摩萨台将盎格鲁—波斯石油公司收归国有而以此向英国人宣战，直到高龄还向沙阿抗议，要终结美国的霸权，但是我在童年时代就已经注意到，他说起西方来有着怎样的崇敬之情，尤其是说到欧洲的时候，最热烈的当然是说到法国的时候，这个文化民族与英国人、美国人和俄罗斯人不同，与伊朗和平相处（他这样说，就像顺其自然一样，区分了国家与人）。在他家中，对焦勒法的亚美尼亚教堂和修建了医院和学校的外国教士、修女、传教士的尊敬也是不可撼动的。他身上有一种世界主义，简单点说，就是一种意识，意识到世界各地都有这样那样的人。我们之所以都多少拥有这样的意识，我之所以有这样的意识，不是，或者不仅仅是因为我们周游了世界，或者接受了从康德到《资本论》的思想启蒙。这种意识还有其他的遥远的根源，一个

---

① 沙漠中的绿洲城市。

② 法蒂玛是伊玛目阿里·礼萨的妹妹，其在库姆的陵墓被视为伊朗的圣地，有大量什叶派穆斯林前去朝圣。

漫长的历史，我正在阅读这个历史。它的形成有赖于坐着马车从伊斯法罕到德黑兰去的祖父，有赖于我的曾祖父，我带到办公室贴在书桌旁边的照片上的男人：他在图片正中间，缠着头巾，露出牙洞大笑，是他将儿子送去美国学校上学，尽管他自己在告别的时候和其他亲戚一样痛哭流涕——他也会扪心自问，他是不是为儿子做出了正确的决定；这种意识的形成有赖于阿兰森先生，他对小伙儿的友情让他一辈子都不会仅仅因为国与国的敌对而将对方国家的人看作敌人。

当我坐在达姆施塔特①的国立剧院第一排中间而总统宣布我入选德国语言与文学学院院士时，在当时的种种俗套状况下——我身后是一个妒意十足的同行，左边是一位政治家的配偶，前面是三个摄影师，一个几乎贴到了我身上，就为了让我右边那位大人物更好地入镜——我还是浑身感受到了一阵激动和骄傲的战栗。我觉得仿佛不是我得到了这份荣誉，不是我被接纳为院士，而是我的先辈。他们对知识的渴求，他们对世界的渴望，他们发现世界的勇气，他们的抱负和他们的美德，说不定还有我祖父的严肃和毫无幽默感，代代相传以至到最后他们的子孙中有一人被法兰克人的学院授予院士之席。现在我看到了祖父，看到他坐在即将开往德黑兰的马车上哭泣，我想到，比如说在那里，在当时当地，我们的旅程就开始了。小伙儿擦干了脸上的泪水，渐渐重获了他昨天下午收拾行李的坚定信心。现在他也要让人看看他的本事了，他不是爱哭的软包，他想要至少说出两三句英语，只是阿玛尼（Armani）先生在阿丽耶学校费了那么大劲才教会他的英语词汇都已经随风而逝了。阿兰森先生没有嘲笑，他微笑了。最后小伙儿还是用英语说出了他要去德黑兰美国学校读书这句话。啊哈，我也要去那儿的，阿兰森先生叫道。

---

① 德国东南部小城。

乔丹（Jordan）博士邀请他出任美国学校校长。我会给你好好介绍那里的，你会喜欢的，愿上帝保佑。阿兰森先生又转回波斯语，这让小伙儿打开了话匣子。"我永远不会忘记我们在第一天夜里，当街上变得不安全的时候，留在涅扎马巴德（Nezamabad）的情形。本来只是用来换马的沙漠驿站已经坍塌了一半。我们在房子侧翼一处还没塌的屋顶下找到了一个角落，彼此挨着铺开了我们的被褥。我只要醒着，这位尊敬的法兰克人就会用古怪的波斯口音为我驱除忧虑，给我讲令人兴奋的故事，也同样令人兴奋地讲到德黑兰，讲到学校、英国、法兰克人，直到我，感谢上帝，最后睡着。"

在第四天傍晚，马车抵达了德黑兰的拉列萨（Lalehzar）大街，停在了炮兵营广场边的邮局前面，那是以前的城市核心，今天只是德黑兰南部众多毫无颜色的十字路口中的一个而已。旅行者卸下了行李，互相告别。阿兰森先生要再次确认，小伙儿是有地方住宿的。有的，小伙儿说，我父亲给找好了地址。他等到阿兰森先生消失在了人群中之后，叫了个运货工，从他的背包里取出了包含地址的那封信。这是他之前就读的学校的校长莫哈赛伯·奥－多列（Mohaseb ol-Douleh）写给友人米尔扎阿布多瓦哈勃·汗·贾瓦勒里（Mirza Abdolwahhab Chan Djawaheri）的推荐信。尽管他已经能背下这封信了，但是小伙儿还是重新研究了一下地址，突然这封信被人一把抢走了。小伙儿抬起头，看到了一个矮胖的警官站在他面前，蓝色的制服、闪亮的硬袖口、带尖角的头盔和卷曲的大胡子。他用咄咄逼人的气势轮番打量着他和信。信上没有邮票，警官责怪道：这是违反秩序的！小伙儿不敢反驳，也不敢说明他是自己从伊斯法罕把这封信带来的，只是乖乖交了罚款。然后他就和运货工一起往贾瓦勒里先生家去了。

他们走到房门口的时候，太阳早就下山了：这是贾瓦勒里先生的店铺，一个甜品店，百叶窗关着，门锁着。在黑暗中，小伙儿一路问，找到了另一个运货工，他知道贾瓦勒里先生住在哪儿，就住在加兹温（Ghazwin）大门前面，在城市的另一端。幸好他父亲给了小伙儿足够多的钱。由于激动、害怕、疲惫而几乎失去知觉的小伙儿最终还是敲响了贾瓦勒里先生的家门，时间已经是深夜了。自己就出生于伊斯法罕的贾瓦勒里先生都没先读信就将来自家乡的小伙儿收留了下来，何况这还是他的老朋友莫哈赛伯·奥－多列的一个学生。他吩咐运货工卸下了行李，不容分说地给他付了钱。贾瓦勒里夫人往睡衣上添了件罩袍，领着客人进了客厅。小伙儿刚坐到地毯上——还在和人说着话呢——就睡着了。当贾瓦勒里夫妇将他唤醒的时候，第二天的晚饭已经在等他了。谁将他抬到床上，谁给他脱的衣服，小伙儿都不知道，但是他觉得这么舒服，就又闭上了眼睛，只想闭一小会儿，结果很快又睡着了。

节选自：《你的名字》

/ 致 谢

具体来说，这本书中讲述的旅行是由我从 2016 年 9 月到 2017 年 8 月为《明镜周刊》所做的多次旅行，以及 2016 年 10 月到 11 月我在伊斯法罕度过的四个星期共同组成的。此外，我在 2017 年 4 月又回到白俄罗斯度过了一个长周末，以了解切尔诺贝利核泄漏事件造成的后果。这方面的报道已经发表在《时代周报》上。媒体上已经首次发表过的全部内容占了本书大约三分之一。《你的名字》这部小说，我在其他书中已经为此埋下伏笔，我不仅仅从中选取了序和跋；第四十九天的描写在中间也包含了我在《你的名字》中已经写下的印象。

我最要感谢的是《明镜周刊》负责我这本书的编辑，洛塔·格力斯（Lothar Gorris），他为我量身定做了这次旅行并为其后续的许多工作提供了辅导。不过我也要感谢文化部门、资料部门、档案室、摄影编辑部、莫斯科编辑部、《明镜周刊》旅游部的许多其他同事，感谢他们与我的非凡合作，尤其是塞巴斯蒂安·哈莫列勒（Sebastian Hammelehle）、安尼卡·策勒（Annika Zeller）、戈尔登·贝尔施（Gordon Bersch）、克里斯多芬·涅夫（Christoph Neef）、克里斯蒂安·艾施（Christian Esch）和埃尔克·施密特（Elke Schmitter）。我当然也可以单枪匹马地去旅行，但是如果没有一个编辑团队，没有既有能力又有热情的专业人员，没有单凭一人几乎没法筹集的经费，这就会成为另一本书：不会这么厚，没有这么多信息，不像这么有分量，还会犯更多错误。愿《明镜周刊》这样能为新闻报道承担对读者来说无可想见的巨额开销和巨大周折的机构能长存。公共舆论如果缺了它们就会变贫瘠许多。

我也想感谢我的合作人弗洛里安·比格（Florian Bigge），他在我出行前后持续地为我提供信息、联络人员。我感谢在贝克出版社长年辅助我的责编乌尔里希·诺尔特（Ulrich Nolte）博士和他的助手基瑟拉·穆恩－索尔格（Gisela Muhn-Sorge）。我衷心感谢在德国和旅行途中的谈话对象、陪同和提建议的人。除了在书中已给出姓名的那些人之外，还有以下这些人：卡塔云·阿米尔普尔（Katajun Ampirpur）教授（科隆）、玛丽安娜·萨多夫斯卡（Mariana Sadovska）（科隆）、伊利亚斯·乌亚尔（Illias Uyar）（科隆）、奥斯曼·奥坎（Osman Okkan）（科隆）、米凯尔·希施金（Mikhail Shishkin）（巴塞尔）、尼卢法·塔基萨德（Nilufar Taghizadeh）（海德堡）、马尔库斯·本斯曼（Marcus Bensmann）（埃森）、米洛斯·朱里柯（Milos Djuric）（柏林）、诺拉·柏松（Nora Bosong）（柏林）、艾克哈尔德·玛斯（Ekkerhard Maas）（德国高加索协会，柏林）、丹尼尔·格普菲尔特（Daniel Göpfert）（歌德学院克拉科夫分院）、格奥尔格·布鲁霍曼（Georg Blochmann）博士（歌德学院华沙分院）、鲁特·莱泽洛维茨（Ruth Leiserowitz）（华沙）、维陶塔斯·布鲁威利斯（Vitautas Bruveris）（维尔纽斯）、列奥尼达斯·东斯卡斯（Leonidas Donskas）（已故，维尔纽斯）、德特勒夫·M·格里克（Detelef M. Dericke）和奥克瑟·布鲁威利恩纳（Aukse Bruveriene）（歌德学院维尔纽斯分院）、弗兰克·鲍曼（Frank Baumann）、维拉·贾多科（Vera Dziadok）和内里·格勒尼西切娃－库图索瓦（Nelly Golenischtshwa-Kutusowa）（歌德学院明斯克分院）、奥雷格·艾兹贝格（Oleg Aizberg）（明斯克）、萨希科·萨多夫斯基（Sashko Sadovskij）（利沃夫）、吕迪格·波尔茨（Rüdiger Bolz）博士（歌德学院莫斯科分院）、伊莉娜·舍巴科夫（Irina Scherbakowa）（莫斯科纪念馆）、克尔斯汀·凯泽（Kerstin Kaiser）和弗拉迪米尔·福尔门柯（Wladimir Formenko）（罗莎·卢森堡基金会驻莫斯科办公室）、格林涅·阿泰（Golineh

Atai）（莫斯科）、恩尼斯·马姆贝托夫（Ernes Mambetov）（辛菲洛普）、亚历珊德拉·坡多尔斯卡娅（Alexandra Podolskaya）（克拉斯诺达尔）、塔贾娜·卡梅妮娜（Tatiana Kamynina）（克拉斯诺达尔）、施蒂凡·瓦克维茨（Stephan Wackwitz）和塔姆塔·格西塔西维利（Tamta Gochitashvili）（歌德学院第比利斯分院）、塔玛拉·亚娜西亚（Tamara Janashia）（第比利斯）、埃尔文·阿迪哥泽尔（Elvin Adigozel）（戈兰博伊）、卡利达·卡里尔萨德（Khalida Khalilzade）（巴库）、纳兹科·阿尔曼那吉安（Nazik Armanakian）（埃里温）、法吉纳克·贾萨尔杨（Vaghinak Ghazaryan）（埃里温）、别萨德·维拉蒂（Behzad Veladi）（大不里士）、法利巴·法斐（Fariba Vafi）（德黑兰）。

纳韦德·凯尔曼尼的这本书，并非普通的游记。他带着身为伊朗裔德国作家的特殊身份自觉，从德国东部至伊朗"故土"一路走去，体验着欧亚交界地带上曾有过的与正发生的苦难，感知着多种文化与民族混杂的历史与现状，书写着被遗忘被忽略的种种人与事。他在记述自己的旅行见闻时也在回顾不同国家与地区的历史变迁，唤起自己的阅读经验，讨论当前的国际疑难纠纷。而凯尔曼尼的写作语言具有鲜明的个人风格，常常会出现超出德语常规的句式和源自波斯语的词句，仿佛他在写作中也融入了自己不安于单一身份的跳跃与游移的存在体验。

对于译者而言，翻译这本书因而也是一个不小的挑战。除了要处理凯尔曼尼别具特色的德语表达，还要频频进行信息检索工作，了解他所游之地、所读之书、所提之人。但译者因此也经历了一次与凯尔曼尼结伴的精神出游，在旅途中也深受凯尔曼尼叩问历史的勇气和执着的震动。在语言与文化交界处，译者来回奔波，只希望能让中国读者也同样奔赴一次返乡之旅、思考之旅、悼念之旅。

最后还需要澄清的是，德语原著的标题是 Entlang den Gräben。这里的 Gräben 是 Graben 的复数，是战壕之意。中文标题"沿坟墓而行"与之并不完全对应。译者翻译时将标题中这个单词误认作德语 Grab 的第三格复数 Gräbern。也是因为译者在翻译过程中随凯尔曼尼走过奥斯维辛集中营旧址、白俄罗斯罹难者墓地、克里米亚岛小镇墓地、格鲁吉亚墓地、伊朗的摩萨台墓地等纪念之地，一直沉浸于作者营造的悼亡、追思、感怀的气氛中，因而并未察觉那一个字母之差而笃信自己"沿坟墓而行"的阅读感受了。译者为自己这个眼漏深表歉意，但也希望现在这个不再对等于德语原文标题的中文标题依然能传达这本游记中"不可忘却的纪念"的精髓,能让读者们也体会到其中的哀痛与追思之意。

译者李双志

2019 年 10 月 12 日

图书在版编目（CIP）数据

沿坟墓而行：穿越东欧大地走向伊斯法罕 / (德)
纳韦德. 凯尔曼尼 (Navid Kermani) 著；李双志, 王博
译. -- 北京：社会科学文献出版社, 2019.11（2021.1重印）
　ISBN 978-7-5201-5614-1

　Ⅰ.①沿… 　Ⅱ.①纳… ②李… ③王… 　Ⅲ.①东欧-
历史-研究 　Ⅳ.①K510.07

中国版本图书馆CIP数据核字（2019）第210405号

沿坟墓而行
　　——穿越东欧大地走向伊斯法罕

著　　者 / 〔德〕纳韦德·凯尔曼尼（Navid Kermani）
译　　者 / 李双志　王　博

出 版 人 / 王利民
责任编辑 / 周方茹　杨　阳
文稿编辑 / 陈嘉瑜

出　　版 / 社会科学文献出版社·联合出版中心（010）59367151
　　　　　　地址：北京市北三环中路甲29号院华龙大厦　邮编：100029
　　　　　　网址：www.ssap.com.cn
发　　行 / 市场营销中心（010）59367081　59367083
印　　装 / 北京盛通印刷股份有限公司

规　　格 / 开　本：787mm×1092mm　1/16
　　　　　　印　张：30.75　字　数：398千字
版　　次 / 2019年11月第1版　2021年1月第2次印刷
书　　号 / ISBN 978-7-5201-5614-1
著作权合同
登 记 号 / 图字01-2018-7134号
定　　价 / 86.00元